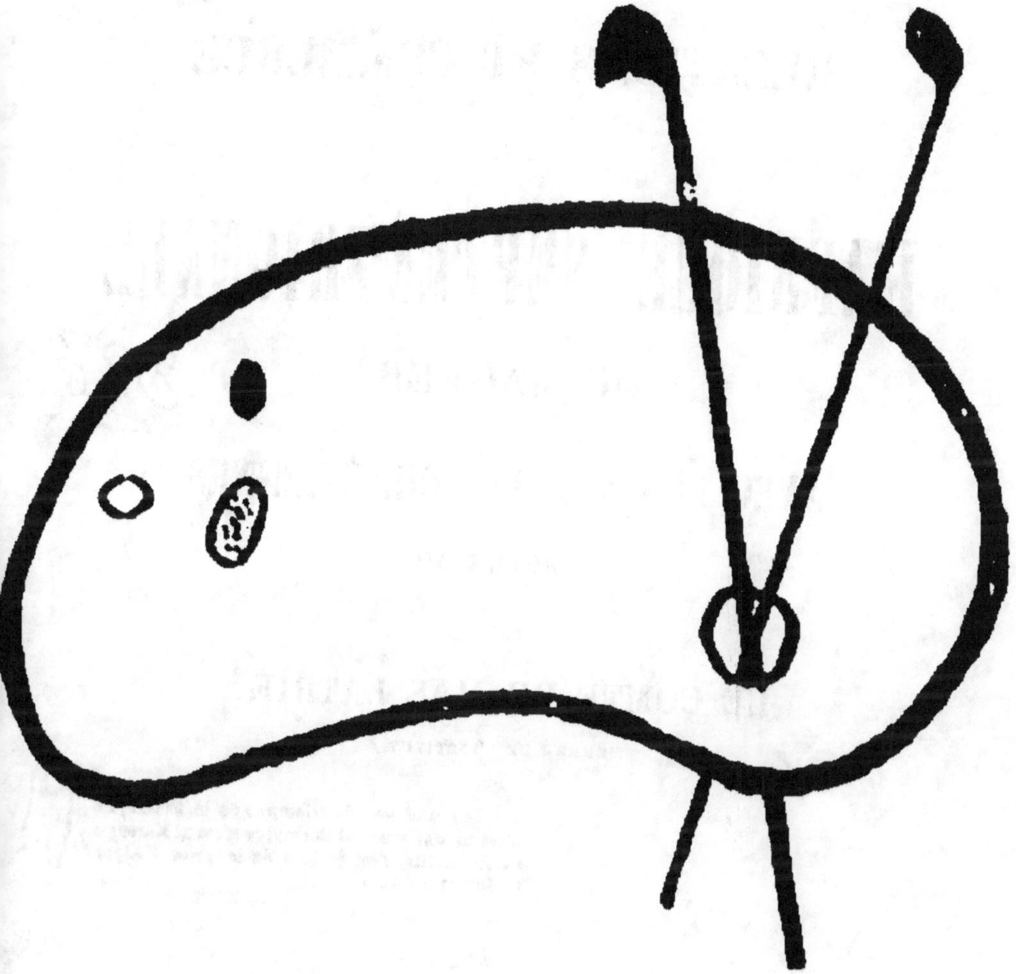

COUVERTURE SUPÉRIEURE ET INFÉRIEURE
EN COULEUR

RELATIONS ET COMMERCE

DE

L'AFRIQUE SEPTENTRIONALE

OU MAGREB

AVEC LES NATIONS CHRÉTIENNES

AU MOYEN AGE,

PAR

LE COMTE DE MAS LATRIE,

MEMBRE DE L'INSTITUT.

> « Le grand jour de triomphe de la France, ce n'est ni Marignan ni Rocroy, ce n'est ni Marengo ni Austerlitz, c'est le jour de la prise d'Alger (5 juillet 1830). »
> O. RECLUS.

PARIS,
LIBRAIRIE DE FIRMIN-DIDOT ET Cⁱᵉ,
IMPRIMEURS DE L'INSTITUT, RUE JACOB, 56.

1886.

DU MÊME AUTEUR.

Traités de paix et de commerce et documents divers concernant les relations des chrétiens avec les Arabes de l'Afrique septentrionale au moyen âge, recueillis et publiés avec une introduction historique, par M. L. de Mas Latrie; supplément et tables. 2 vol. in-4°. Paris, chez Klinsieck, rue de Lille, 11.

RELATIONS ET COMMERCE

DE

L'AFRIQUE SEPTENTRIONALE

AVEC LES NATIONS CHRÉTIENNES

AU MOYEN AGE.

TYPOGRAPHIE FIRMIN-DIDOT. — MESNIL (EURE).

RELATIONS ET COMMERCE

DE

L'AFRIQUE SEPTENTRIONALE

OU MAGREB

AVEC LES NATIONS CHRÉTIENNES

AU MOYEN AGE,

PAR

LE COMTE DE MAS LATRIE,

MEMBRE DE L'INSTITUT.

> « Le grand jour de triomphe de la France, ce
> n'est ni Marignan ni Rocroy, ce n'est ni Marengo
> ni Austerlitz, c'est le jour de la prise d'Alger
> (5 juillet 1830). »
> O. RECLUS.

PARIS,

LIBRAIRIE DE FIRMIN-DIDOT ET Cie,

IMPRIMEURS DE L'INSTITUT, RUE JACOB, 56.

1886.

AVANT-PROPOS.

Au moment où l'Europe, et on peut dire le monde entier, donne une attention particulière à tout ce qui concerne l'Afrique, il m'a semblé utile de publier séparément l'étude que j'ai mise en 1868 comme introduction à un *Recueil de traités conclus au moyen âge entre les chrétiens et les Arabes de l'Afrique septentrionale.*

On n'y trouvera rien sans doute qui puisse aider à la solution des questions devenues l'une des graves préoccupations de la France depuis qu'elle a eu le malheur de sacrifier elle-même la haute influence que lui avait acquise sur les destinées de l'Égypte une série presque séculaire de travaux et d'éclatants services. Peut-être l'industrie y recueillera-t-elle quelques indications utiles au développement de ses entreprises. Mais à un autre point de vue, elle aura, je crois, un avantage qui ne me semble point à dédaigner. Elle vengera, je l'espère, le passé des Régences barbaresques. Elle montrera que la vraie barbarie y a été une importation étrangère. Elle prouvera que ces pays de l'Afrique du Nord, que nous appellerons comme les Arabes le *Magreb*, en attendant leur dénomination définitive, ont connu avant l'arrivée des Turcs des temps prospères et le règne de la justice.

N'eût-elle que ce résultat, je m'applaudirais de l'avoir écrite, et je croirais convenable de la donner de nouveau au public, afin de contribuer ainsi pour ma part à mieux faire connaître une partie de l'histoire générale de la France, car l'Algérie et ses annexes sont bien désormais des terres irrévocablement françaises.

C'est une idée qu'il est bon de propager et de faire pénétrer de plus en plus dans la pensée de nos amis et de nos voisins. Il faut que l'on sache bien que la France est chez elle à Tunis comme à Alger, et qu'elle est résolue à développer son autorité en ces contrées au mieux de ses intérêts et de ses droits. Sa sécurité exige que, sous les formes diverses de la possession, du protectorat ou de la surveillance, elle établisse sa prépondérance d'une façon indiscutable sur tout le littoral maugrebin depuis Tripoli jusqu'à Figuig et à la Mouloura, et plus loin encore, si l'on nous y oblige, en respectant partout les droits de la grande nation espagnole, avec laquelle nous avons tant d'intérêts communs. Mais je ne veux pas m'étendre davantage sur ces considérations de politique militaire qui sortent de mon sujet.

Je réimprime mon introduction à peu près telle que je l'ai publiée en 1868. Çà et là, quelques additions ont été nécessaires pour la mettre au courant de l'état présent des choses. J'y ai donné quelque développement à ce que nous ont appris de récentes découvertes sur l'étendue des relations commerciales de Marseille au treizième siècle.

En la relisant aujourd'hui, mon souvenir reconnaissant se reporte vers la personne aimable et distinguée à qui je dois d'avoir pu livrer à l'impression l'ensemble du travail d'où je la détache. L'amitié de Mme Hortense Cornu fit sortir mon *Recueil* des régions administratives où il eût été peut-être oublié. Je dois ajouter, pour être juste, que la première pensée de l'œuvre générale appartient à M. le maréchal Soult, et plus exactement à M. Laurence, ancien directeur des affaires d'Algérie au ministère de la guerre.

Sans partager l'enthousiasme du publiciste à qui j'emprunte le mot, peut-être vrai, dont je fais mon épigraphe, M. Laurence avait la foi la plus ferme dans l'avenir réservé à l'Algérie pour accroître tout ce qui touche à l'influence française sur la Méditerranée et sur le continent africain.

Quelle ne serait pas aujourd'hui sa satisfaction de voir ses vues réalisées par l'extension de notre autorité sur la Tunisie, et par le développement des voies de communication qui finiront par nous mettre en relations directes avec le centre même de cet immense continent, où vit tout un monde à peine connu.

Là, comme sur les côtes, nous retrouverons les coopérateurs de notre cher et illustre cardinal d'Afrique, patriotiquement secondés par le ministre éminent qui veille à nos intérêts en Tunisie, soutenus et fortifiés, au milieu des plus dures épreuves, par les bénédictions du grand pontife qui a réalisé les espérances de Léon IX en rétablissant le siège primatial de Carthage dans la plénitude de ses droits.

Grâce à ce concours providentiel, avec l'action et le génie de la France se développeront partout les bienfaits de la civilisation, de la vraie, c'est-à-dire de la civilisation chrétienne. Comment en douter quand on voit ceux-là même qui se sont dits chez nous les ennemis de Dieu forcés de devenir, par la marche invincible des événements, les agents inconscients de ses desseins en Orient comme en Occident. Que leurs violences ne découragent donc pas notre dévouement. En vain ils s'agitent contre lui, ils ne sortiront pas de sa main souveraine, et tôt ou tard ils seront contraints de dire avec nous : *Gesta Dei per Francos.*

Les jalouses prophéties de l'étranger n'auront pas plus d'effet que les difficultés de l'intérieur. La France retrouvera sa force et reprendra le cours de sa destinée. La sève des grands cœurs n'y tarit pas encore. Une nation n'est pas près de déchoir quand elle peut présenter en un même jour, aux hommages du monde, un poète sans égal parmi ses contemporains, un amiral qui sait mourir en exécutant des ordres désapprouvés, l'homme de génie qui a conçu et réalisé l'union des deux hémisphères, l'observateur sublime qui découvre et arrête le travail de la nature dans ses plus mystérieuses et cruelles transformations, l'apôtre et le saint qui sur les sièges de Carthage et de Paris ajoutent par le dévouement, le talent et la vertu une gloire nouvelle aux gloires de l'Église et de la France.

RELATIONS ET COMMERCE

DE

L'AFRIQUE SEPTENTRIONALE

AVEC LES NATIONS CHRÉTIENNES.

AU MOYEN AGE.

Le Magreb et ses délimitations.

Les Arabes ont donné le nom de *Magreb* à cette large portion du continent africain, seule connue des anciens, qui fait face à l'Europe et qui comprend toute la côte méditerranéenne depuis Tripoli jusqu'au Maroc. Les navigateurs et les marchands chrétiens du moyen âge appelaient ce pays de son vrai nom, *Berbérie*, c'est-à-dire pays des Berbères, ses premiers indigènes. Dans les temps modernes, le régime politique qu'y établirent les Turcs fit prévaloir la forme de *Barbarie*, en ne la justifiant que trop dans sa nouvelle acception; et ces contrées inhospitalières devinrent pour l'Europe civilisée les *Côtes de Barbarie* ou les *États Barbaresques*.

Le nom de *Magreb*, qui signifie *couchant*, s'explique par la situation occidentale de la côte d'Afrique relativement à l'Égypte et aux autres pays où fut le premier siège de la puissance et de la civilisation arabes. Son acception géographique a d'ailleurs beaucoup varié. Assez étendue quelquefois pour comprendre l'Espagne musulmane tout entière avec l'Afrique du Nord, elle est fort réduite aujourd'hui, et fixée dans le mot Algarves, à l'extrémité méridionale du Portugal.

Aux temps de l'empire romain, le pays avait formé cinq grandes provinces : — l'Afrique proprement dite, comprenant trois subdivisions : l'Afrique proconsulaire ou pays de Carthage, avec la Byzacène, qui renfermait toute la région des *emporia* ou marchés à grains, du golfe de Gabès au golfe d'Hamamet, et la Tripolitaine; — puis à l'ouest, la Numidie, avec Constantine pour capitale, et les trois Mauritanies : la Sitifienne, chef-lieu Sétif; la Césaréenne, chef-lieu Cherchell, et la troisième Mauritanie ou Mauritanie Tingitane, chef-lieu Tanger.

Sans nous astreindre à une précision géographique peu nécessaire à notre objet, nous appellerons Magreb occidental ou Magreb-el-Aksa, tout le pays de l'ancienne Tingitane, formant aujourd'hui l'empire de Maroc, depuis le cap Noun jusqu'à la rive droite de la Moulouïa, qui devrait être à nous, parce qu'elle est notre limite naturelle et historique vers l'ouest; Magreb central ou Magreb-el-Auçath, l'Algérie actuelle, répondant aux deux Mauritanies Césaréenne et Sitifienne et à la Numidie ou province de Constantine; enfin Magreb oriental, les deux anciennes régences de Tunis et de Tripoli. Les écrivains arabes ont généralement conservé à la première partie du Magreb oriental le nom romain d'Afrique, *Ifrikiah;* et il est à remarquer que la régence de Tunis est encore désignée sous le nom traditionnel de *royaume d'Afrique* dans le traité conclu par la France avec le bey Hussein-Pacha, le 8 août 1830.

Les notions qui vont suivre ne forment qu'un exposé bien insuffisant de l'histoire de l'Afrique septentrionale et des relations que les nations européennes ont entretenues avec ce pays jusqu'à l'époque de la conquête turque. Nous chercherons du moins, en les présentant sous une forme historique et suivie, à faire connaître les faits et les institutions qui se rattachent à la négociation et à l'exécution des traités de commerce, parce que le commerce a été, en dehors de la sphère religieuse, l'objet principal de ces relations.

Avant d'arriver à l'époque où les communications pacifiques s'établissent et se régularisent entre les chrétiens et les musulmans occidentaux ou Maugrebins, nous remonterons rapidement aux événements qui amenèrent les Arabes dans le bassin de la Méditerranée. Nous aurons à montrer ainsi, sous ses deux aspects, leur attitude et leur politique vis-à-vis des nations chrétiennes : équitable à l'égard de celles qui acceptèrent le joug de la conquête, impitoyable et inaccessible à celles qui résistèrent, tant qu'ils eurent l'espoir de les subjuguer. Durant les trois siècles de leur prépondérance sur mer, les Arabes ravagent les côtes et les îles de l'Europe chrétienne ; puis, quand leur puissance maritime décline sur la Méditerranée et en Afrique, ils recherchent et entretiennent des relations pacifiques avec les peuples de l'Italie, de la Gaule et de la Marche d'Espagne, qu'ils avaient si longtemps combattus sans pouvoir les soumettre.

Mobiles des invasions arabes.

Deux mobiles déterminèrent les invasions arabes : l'ambition des grandes conquêtes, mêlée à une soif insatiable de pillage, et la pensée religieuse de propager l'islamisme pour gagner les récompenses célestes. La bravoure de son peuple dépassa peut-être ce que la confiance de Mahomet avait rêvé pour lui.

Sortis au septième siècle de la presqu'île de l'Hedjaz et parvenus promptement au bord de la Méditerranée, les Arabes, en s'aidant des indigènes, perfectionnèrent la marine byzantine et eurent bientôt des flottes qui continuèrent leurs conquêtes. L'ancien monde sembla un moment menacé d'un universel asservissement. Les débuts des Arabes sur mer furent des triomphes. Les empereurs purent préserver Constantinople et les provinces voisines, grâce à leur marine plus qu'à leurs armées, mais les îles et les régions méridionales furent subjuguées ou dévastées. Après la Syrie et l'Égypte, les Arabes occupèrent le nord de l'Afrique (692-708), conquirent l'Espagne et envahirent la Gaule. Arrêtés enfin dans les plaines de Poitiers par les Francs unis aux Aquitains, ils sont obligés de rétrograder; ils poursuivent ailleurs leurs succès, et soumettent toutes les grandes îles depuis Candie jusqu'aux Baléares, d'où leurs flottes dominent en réalité la Méditerranée entière.

Gouvernement équitable des Arabes dans les pays subjugués.

Violente et aveugle dans l'action, implacable contre

toute résistance, la conquête arabe était intelligente et équitable dans les pays qu'elle voulait conserver.

En Provence, en Italie, dans les îles orientales et sur les côtes de l'Asie Mineure, contrées où les Arabes se sont bornés à occuper quelques positions militaires, sans fonder un gouvernement, l'histoire de leurs incursions et de leur séjour, du huitième au onzième siècle, n'est qu'une série de spoliations, de massacres et de ruines. Ailleurs ils se sont montrés tolérants et protecteurs. En Septimanie, seule partie de la Gaule où ils aient eu une domination étendue et durable, les habitants, sous l'obligation de payer le tribut imposé à toutes les nations vaincues et non converties, conservèrent leurs usages et leurs comtes particuliers. La loi fut la même en Égypte, en Afrique et en Espagne. Les chrétiens du pays, en se soumettant à la capitation, gardèrent leurs biens, leurs lois et leur religion. Un voyageur arabe, assez éloigné de ces temps, mais bien à même d'en parler par son esprit élevé et son instruction, Et-Tidjani, rappelle ainsi quel fut le sort des indigènes de l'Afrique septentrionale et l'esprit général de l'invasion arabe dans les pays conquis : « Tous ceux, mais ceux-là seuls, qui ne se convertirent pas à l'islamisme ou qui, conservant leur foi, ne voulurent pas s'obliger à payer la capitation, durent prendre la fuite devant les armées musulmanes. »

Le christianisme n'est pas proscrit par eux.

La conversion des peuples n'était pas, en effet, le but suprême des fondateurs et des apôtres de l'islamisme.

L'amour de la domination territoriale, l'attrait du pillage et du butin les poussaient aux invasions lointaines autant que l'ardeur du prosélytisme. L'intérêt politique leur eût commandé d'ailleurs des ménagements, quand le Coran ne les eût pas autorisés. A l'égard des idolâtres seuls, la transaction n'était pas admise, et la rigueur des préceptes, démentie encore par des faits éclatants dont l'humanité eut à se féliciter, prescrivait la conversion complète ou l'extermination. Quant aux hommes du Livre (la Bible), c'est-à-dire quant aux juifs et aux chrétiens, ces derniers surtout, pour lesquels les musulmans eurent toujours moins de répulsion, il suffisait de les soumettre au tribut. Ce n'est qu'exceptionnellement et à la suite de luttes violentes que la force a été employée pour les contraindre à abandonner leurs croyances ou à s'expatrier (1). Les Espagnols, rentrant à Tolède en 1085, après les trois siècles de l'occupation musulmane, trouvèrent leurs autels debout, desservis toujours par des chrétiens. La Sardaigne ne perdit pas les siens, même sous le féroce Muget, dont le règne fut une époque de sang et de larmes pour les îles de la Méditerranée. Les Normands, pénétrant dans la Sicile au onzième siècle, rencontrèrent des populations entières restées fidèles à l'Évangile, qui les aidèrent à chasser les Sarrasins.

Chrétiens indigènes restés en Afrique après la conquête.

En Afrique, le christianisme ne fut pas immédiate-

---

(1) Les fabuleuses exagérations de M. Viardot sur les représailles chrétiennes ne nous rendront pas injustes à l'égard des Arabes.

ment anéanti par les victoires et les violences d'Hassan et de Moussa. Le scheik arabe voyageant dans le Magreb en 1306, dont nous citions tout à l'heure les paroles, l'a remarqué plusieurs fois. En traversant les campagnes du golfe de Cabès, du côté du lac de Touzer et du Djérid ou pays des dattes, il le rappelle de nouveau : « La preuve, dit-il, que cette contrée fut conquise sans résistance résulte de ce que les églises que les chrétiens y avaient élevées subsistent encore de nos jours, quoique en ruines; elles ne furent point démolies par les conquérants, qui se contentèrent de construire une mosquée en face de chacune d'elles. » C'est l'exemple qu'Omar lui-même avait donné à Jérusalem, où pas une église ne fut renversée ni profanée. Mais à l'époque où Et-Tidjani parcourait le royaume de Tunis, il n'y restait vraisemblablement plus une seule de ces tribus indigènes de la Byzacène et de la Proconsulaire qui surent, en petit nombre, résister aux séductions de la conquête, et qui préférèrent, pendant plusieurs siècles de sujétion et d'humiliation, conserver leurs croyances et leurs pasteurs.

Sans avoir à employer la contrainte, l'islamisme fit de rapides conquêtes morales en Afrique, parmi des populations avec lesquelles les Arabes avaient des affinités de sang et de langage. L'honneur de prendre rang parmi la nation conquérante, l'avantage de se soustraire aux vexations inévitables de la domination étrangère, l'attrait de la nouvelle religion, simple et sensuelle, suffirent à détacher dès les premiers temps des croyances et des pratiques chrétiennes de nombreuses familles berbères et des populations entières. D'autres, plus fermes dans la foi, préférèrent, tout en subissant le joug de l'impôt, quitter le pays envahi pour se réfugier dans les montagnes, ou aller plus loin encore abriter leur indépendance dans les pays arides qui avoisinent le Sahara.

Les Djédar reconnus dans le sud Oranais sont les tombeaux d'une dynastie berbère qui paraît avoir persisté au delà de la conquête arabe. Peut-être est-il permis de voir des descendants d'autres tribus chrétiennes, mélangées de Slaves et de Germains, passés en si grand nombre en Afrique sous les empereurs, dans les montagnards de l'Aurès, au teint blanc et aux cheveux blonds, ainsi que dans quelques tribus errantes aujourd'hui vers le grand Désert, qui conservent dans leurs mœurs tant de souvenirs chrétiens, comme la monogamie, l'usage d'une sorte de baptême, et l'emploi fréquent de la croix pour décorer leurs étoffes et leurs armes (1).

Les populations restées chrétiennes ne durent pas s'éloigner des villes et des provinces de la côte, où, malgré la difficulté des temps, les papes et les écrivains ecclésiastiques des siècles qui suivirent l'invasion arabe ne les perdirent pas tout à fait de vue. Elles-mêmes se considéraient toujours comme une nation chrétienne, et plusieurs fois des membres de leur clergé, cherchant une nouvelle patrie, demandèrent à être reçus dans les clergés d'Italie. A Rome, on appelait ces derniers enfants de la grande Église qui avait

---

(1) Les habitants du Sahara appellent les Touaregs « les chrétiens du désert ».

autrefois compté plus de cinq cents villes épiscopales, les *Africains*, parce que le foyer principal s'en trouvait vraisemblablement dans les limites ou dans le voisinage de l'ancienne province d'Afrique, dont la ville de Carthage, en ruines, mais encore habitée, était toujours la métropole.

A la fin du xe siècle, la puissance arabe décline, et les nations chrétiennes reprennent l'avantage dans toute la Méditerranée.

La puissance arabe, irrésistible dans les premiers temps de son expansion par la force de l'unité et de l'enthousiasme religieux, déclinait partout en Occident à la fin du dixième siècle. Charles Martel lui avait pour toujours interdit l'espoir de repasser les Pyrénées. Au huitième et au neuvième siècle déjà, où elle parvint à son apogée maritime, par la conquête de la Sicile en 827, s'étaient manifestés les premiers événements qui devaient arrêter son essor, et bientôt, en la chassant de siècle en siècle des côtes et des îles européennes, finir par la refouler sur le littoral de l'Afrique.

La création du califat de Cordoue avait détaché l'Espagne de l'empire abbasside dès 756; le triomphe de la dynastie des Idricides dans le Maroc en 788, et la concession du gouvernement héréditaire dans le reste de l'Afrique accordé aux Aglabites de Kairouan en l'an 800, avaient consommé la séparation des Arabes d'Occident et des Arabes d'Orient. L'alliance de Charlemagne avec le calife de Bagdad, ennemi des califes d'Espagne, donna à la scission du monde musulman connu des Européens plus de notoriété au moment même où le rétablissement d'une sorte d'empire romain, dans la personne du roi des Francs, venait rendre un peu de sécurité et d'espoir aux populations latines de la Méditerranée, que les invasions arabes avaient ruinées et terrifiées.

C'est du règne des princes carlovingiens que date la réorganisation des marines locales de la Gaule, de la Marche d'Espagne et de l'Italie septentrionale, où toute trace d'industrie maritime avait disparu au septième et au huitième siècle. Dans l'Italie méridionale et dans le golfe Adriatique, la situation n'était pas aussi déchue. La république de Naples, celles d'Amalfi et de Gaëte, comme sujettes de l'empire grec, dont les flottes furent toujours soigneusement entretenues ; la république de Venise, comme alliée et protégée des empereurs de Constantinople, conservèrent toujours quelque marine et quelque commerce.

Dès le règne de Charlemagne, la vie renaît avec la confiance dans les ports de la mer Tyrrhénienne et de la Gaule ; le sentiment d'une défense possible se propage sur les côtes ; la construction navale est reprise ou augmentée partout et fait de rapides progrès. L'histoire positive en témoigne. En 806, en 807 et 808, Pépin, qui gouvernait l'Italie au nom de son père, disposait déjà de ressources assez considérables pour combattre les Arabes dans les eaux de la Corse et de la Sardaigne. Charlemagne envoya le comte Burchard avec une flotte pour défendre la Corse contre les Sarrasins. En 810, les musulmans ayant débarqué dans l'île, son fils Charles les atteignit près de Mariana et les mit en déroute. En 828, une flotte toscane, commandée par le comte Boniface de Lucques, pourchassa les escadres arabes jusque dans le golfe de Tunis, où elle opéra un débarquement. En même temps, une flotte vénitienne venait au secours des Byzantins, qui espéraient encore conserver une partie de la Sicile.

D'autres faits tendent à prouver que déjà, vers la fin du neuvième siècle, les chrétiens occidentaux avaient conquis sur mer une position respectable et possédaient une habileté au moins égale à celle des Arabes. On pourrait croire même que les navires italiens étaient mieux construits et montés par des marins plus expérimentés que ceux des anciens conquérants. Ce qui est du moins incontestable, c'est que dans tous les États chrétiens où le génie maritime s'était depuis peu réveillé, le goût de la navigation se développait, la résistance maritime s'organisait, et que partout, avec le courage de repousser les envahisseurs, se manifestait l'espoir du succès définitif qui fut long à atteindre, mais qui était dès lors assuré.

Les papes aidèrent puissamment à ce grand retour offensif des peuples chrétiens contre les musulmans, que secondaient si heureusement l'énergie tardive, mais persistante, des empereurs de Constantinople et le bon état de leur marine. L'histoire n'oubliera pas plus les victoires de Basile le Macédonien et de Nicéphore Phocas en Syrie et dans les îles helléniques, que les efforts d'Étienne IV, de Léon IV, de Jean VIII, de Benoît VIII, pour couvrir Rome de travaux défensifs, pour fortifier l'embouchure du Tibre, assurer des subsides aux Corses et aux Sardes réfugiés sur le continent, et pour encourager les princes chrétiens à s'entendre et à chercher leur salut dans l'union.

L'avènement des Fatimides, dynastie de princes énergiques qui renversèrent les Aglabites en 909, fut un avantage momentané pour les Maugrebins. De leur capitale d'El-Mehadia, l'*Africa* des chrétiens, citadelle maritime fondée en 920 sur une presqu'île réputée inexpugnable de la Byzacène, partirent des flottes nombreuses qui répandirent longtemps encore le ravage et l'effroi sur les côtes chrétiennes, mais ne purent détruire leurs moyens de défense ni décourager leurs populations.

Les Fatimides tournèrent d'ailleurs leurs vues vers l'Égypte et la Syrie, et transportèrent en 972 le siège du califat africain, le troisième de l'empire musulman, dans la nouvelle capitale du Caire, qu'ils avaient fait construire au nord des ruines de Memphis, pour éclipser Bagdad et Cordoue. Le vizir qu'ils laissèrent dans le Magreb oriental, Bologguin Ibn-Ziri, ne tarda pas à revendiquer pour lui l'autorité souveraine, et fonda ainsi la dynastie des Zirides (972-1149), sous laquelle les chrétiens parvinrent en un siècle et demi, non plus à égaler, mais à dominer le commerce, l'industrie et la marine arabe sur toutes les mers dont l'histoire nous occupe.

Le mouvement était déjà marqué d'une manière évidente et irrésistible sous les Fatimides. Ibn-Haukal, voyageur et commerçant de Bagdad, écrivant à Palerme à l'époque où El-Moëzz-Madd transféra sa cour en Égypte, atteste, en les déplorant, deux faits également manifestes à la fin du dixième siècle, la décadence générale de la fortune arabe dans tout l'Occident, et l'ascendant que reprenaient partout les populations chrétiennes. Grecs et Latins reconquéraient une à une leurs provinces envahies. Candie, boulevard des Arabes dans la mer du Levant, était reprise en 966 par Nicéphore Phocas; la forteresse de Fraxinet, d'où les bandes musulmanes s'étaient si longtemps avancées dans le Dauphiné, la Savoie, la Suisse et le Piémont, tombait au pouvoir de Guillaume de Provence en 975. Aux deux extrémités de la Méditerranée, l'invasion arabe était désormais arrêtée et perdait partout du terrain. Toutes les îles orientales lui étaient enlevées. Dans l'occident de la Méditerranée seulement, elle occupait encore les grandes îles, de la Sicile aux Baléares.

1002-1050. — Les chrétiens, plus confiants, portent la guerre sur les côtes d'Afrique. Ils enlèvent aux Arabes la Sardaigne et la Corse.

Au onzième siècle, la lutte change d'aspect et devient plus acharnée. Les chrétiens ne se contentent pas de défendre leurs territoires et de poursuivre les flottes musulmanes; ils les recherchent et les provoquent. Ils vont débarquer à leur tour en Afrique et livrer aux flammes leurs campagnes et leurs arsenaux. Jamais peut-être les hostilités ne furent plus vives, plus meurtrières, plus incessantes entre les deux peuples, dont l'un, enflammé par ses premiers succès, réparait heureusement ses désastres, et l'autre défendait avec rage la suprématie qui lui échappait. L'histoire a enregistré seulement les principales circonstances de cette série d'invasions, d'incendies, de rencontres maritimes, qui semblent avoir été incessantes.

Nous savons qu'en 1002 les Sarrasins pillèrent Cagliari et Pise, et que la même année les Pisans brûlèrent une flotte musulmane. En 1005, l'émir de Denia, en Andalousie, le célèbre et terrible Muget ou Mogehid, beau-père d'Aben-Abed, roi de Cordoue, incendiait un faubourg de Pise sans pouvoir pénétrer dans l'intérieur de la ville, que le courage d'une femme paraît avoir sauvée ; la même année, les Pisans prenaient une revanche brillante à Reggio. En 1011, autre invasion de Pise par les Maures de l'Andalousie, suivie, paraît-il, de quelques avantages pour les chrétiens. Si la ville de Gênes avait eu dès lors des annales nationales comme Pise, et si Marseille avait écrit son histoire, nous y trouverions sans doute la mention d'événements semblables au compte et à l'honneur des marines de la Ligurie et de la Provence.

Muget reparaît sans cesse dans les chroniques du temps comme l'ennemi le plus terrible des chrétiens par son infatigable énergie, ses flottes aguerries et ses grandes possessions maritimes. En dehors de l'Espagne, il avait la principauté des îles Baléares ; il était maître de la Sardaigne, et la Corse lui obéissait vraisemblablement. Il s'était en outre emparé de la forteresse de Luni, vieille ville de la haute Étrurie, près du golfe de la Spezzia, d'où, comme d'un nouveau Fraxinet, il faisait dévaster les Marches voisines. Des scènes d'horreur souillaient toutes ses victoires.

Les papes avaient essayé plusieurs fois de l'attaquer en Sardaigne, sans y parvenir. Jean XVIII avait promis l'investiture perpétuelle de l'île au peuple qui parviendrait à la lui arracher. Benoît VIII fut plus heureux. En 1015, il leva des troupes aux frais du trésor apostolique, et parvint à déloger les Arabes de Luni par les efforts réunis des Génois et des Pisans. En 1016, l'évêque d'Ostie, son légat, conclut la première alliance des deux républiques de la mer Tyrrhénienne, à l'effet déterminé de conquérir la Sardaigne. Si le succès ne fut pas dès lors définitif, il rendit quelque espoir aux chrétiens de Sardaigne, qui entrevirent le moment de leur délivrance. Muget fut battu sur mer en 1016 par les flottes coalisées ; attaqué et défait en Sardaigne même l'année suivante, il se retira à Denia, où il mourut longtemps après (1044-1045), au milieu des guerres des émirs andalous. Malheureusement, l'année même du triomphe des Génois et des Pisans, éclatèrent les compétitions sanglantes qui devaient si souvent mettre les armes à la main des deux peuples rivaux, et qui alors, en les affaiblissant, facilitèrent le retour des Arabes.

La guerre continua sur mer avec des alternatives de revers et d'avantages. En 1020, une flotte partie d'El-Mehadia ravagea l'Italie centrale ; dans sa retraite les Pisans et les Génois lui enlevèrent son butin. En 1034, un grand succès réjouit la chrétienté. La flotte pisane, renforcée de navires génois et probablement de navires provençaux, s'empara de la ville de Bone, devenue un réceptacle de corsaires, et ravagea la côte de la Proconsulaire jusqu'à Carthage.

En général, l'amour-propre des chroniqueurs chrétiens voit dans chacune de ces expéditions une capitale envahie, un roi sarrasin détrôné et une couronne offerte à l'Empereur ou au pape. L'exagération de ces récits ne doit pas faire mettre en doute la réalité des progrès de plus en plus marqués de la marine et des forces chrétiennes.

L'obscurité des témoignages contemporains laisse encore dans le doute les circonstances d'un événement plus considérable, dont le résultat final est du moins bien certain. La Sardaigne, quoique partagée et disputée entre les Génois et les Pisans, avait développé son commerce et sa population, quand un chef arabe, Muget lui-même suivant les écrivains chrétiens, peut-être son fils ou son neveu, parvint à y rétablir l'autorité musulmane. Le triomphe et l'occupation ne furent pas cette fois de longue durée. Vers l'an 1050, une nouvelle confédération des marines chrétiennes, formée sous les auspices du pape Léon IX, et soutenue par le soulèvement des chrétiens de l'île, chassa définitivement le croissant de la Sardaigne, qui resta depuis lors aux Pisans.

On ne sait rien de certain de l'histoire de l'île de Corse à cette époque. Les écrivains du pays parlent d'une royauté ou d'une administration chrétienne aux neuvième et dixième siècles, ce que rien ne justifie. Il est difficile de croire que la Corse, si voisine de la Sardaigne, et dont la situation avait moins préoccupé le Saint-Siège, ait pu être affranchie, tant que les Arabes restèrent maîtres des passages de Bonifacio et des terres méridionales. Mais nous inclinerions à croire que la délivrance de la Corse fut une conséquence de la conquête de la Sardaigne, et ne dut pas être très éloignée du milieu du onzième siècle.

La fin du siècle réservait aux chrétiens d'autres avantages, dont le plus important fut la conquête de la Sicile.

ix*-xi* siècles. — Au milieu des guerres et des invasions, tous rapports religieux et commerciaux n'avaient pas cessé entre l'Afrique et l'Europe chrétienne.

Les hostilités les plus vives et les plus répétées n'étaient pas, du reste, un obstacle absolu à des communications pacifiques entre les Arabes et les chrétiens. Ce fait étrange et incontestable est facile à expliquer. La guerre, même dans ses excès les plus atroces, n'avait plus le caractère général et confus des premiers temps de l'invasion, où tout ce qui existait en dehors d'eux était un ennemi pour les Arabes. La prise de possession du sol en Afrique et en Espagne avait créé chez les conquérants des intérêts divers qui se trouvaient souvent opposés. Muget ou ses prédécesseurs pouvaient ravager les côtes de la Gaule et de la Ligurie, pendant que les émirs du Magreb avaient des trêves avec ces pays et accordaient des sauf-conduits à leurs envoyés et à leurs marchands; le littoral des États romains et de la mer Tyrrhénienne fut plus d'une fois dans les alarmes, tandis que les marins de l'Adriatique et de la Grande-Grèce jouissaient de la paix et de la sécurité. Le Magreb d'ailleurs, dont l'Espagne s'était séparée au septième siècle, dès le règne d'Abdérame Ier, fut bientôt lui-même partagé en plusieurs États. Les Idricides de Fez ne suivirent pas la politique des Aglabites de Kairouan, lieutenants plus ou moins dociles des califes d'Orient, ni celle des Fatimides, qui leur succédèrent en 909 avec la plénitude de la souveraineté. Les relations des dynasties parvenues au trône du Maroc après les Idricides et avant les Almoravides furent différentes de celles des Zirides, qui remplacèrent les Fatimides dans le Magreb oriental, d'abord (972) comme leurs propres lieutenants, quand El-Moëzz-Madd transporta le siège du califat africain en Égypte, puis (1048) comme princes effectivement indépendants, bien qu'ils reconnussent la suzeraineté honorifique des anciens califes de Damas, établis alors à Bagdad, nouvelle capitale de l'empire abbasside.

Quel fut, au milieu de ces révolutions et des alternatives de la guerre qui en étaient la conséquence, le gouvernement chrétien, en dehors du monde byzantin, qui le premier, après la conquête arabe, osa tenter de reprendre des relations pacifiques avec l'Afrique ou avec les Barbares eux-mêmes? est-ce Rome, Amalfi ou Venise? Quel fut l'intérêt qui inspira ces premières démarches? un intérêt religieux ou un intérêt commercia'? Il ne faut pas chercher une réponse trop précise. En remarquant que presque toujours les deux intérêts, quoique séparés, durent s'unir et s'entr'aider, bornons-nous à rappeler les faits principaux de cette première période, antérieure à nos traités de commerce, et durant laquelle une véritable ardeur de domination et de conquêtes animait encore, on peut le dire, le monde musulman, en Orient comme dans la Méditerranée.

Il est vraisemblable que les communications de l'ordre religieux souffrirent de moins longues interruptions que les relations commerciales, même pour la vente des esclaves, alors un des principaux objets d'échanges entre marchands européens et musulmans. A la moindre occasion favorable, un envoyé ou une lettre du

Saint-Siège risquait la traversée d'Afrique, quand on aurait hésité peut-être à confier des marchandises aux périls de la navigation et de la rencontre des flottes ennemies. Il est constant que du septième au dixième siècle, durant la grande époque des invasions arabes, les papes envoyèrent encore quelques messages, peut-être même des légats, aux Églises d'Afrique, dont le nombre d'ailleurs diminuait d'année en année; on sait aussi que, durant les mêmes siècles de tribulations, les évêques et les fidèles du Magreb eurent le moyen de correspondre quelquefois avec Rome.

Au huitième siècle, beaucoup de clercs et de simples laïques des évêchés de la Proconsulaire et des provinces voisines, fuyant les misères du temps, passaient la mer et venaient chercher le pain qui leur manquait trop souvent, en demandant la prêtrise aux évêques d'Italie. On se défiait d'eux. On craignait l'irrégularité de leurs mœurs, leur penchant au mariage et les restes de l'hérésie que les manichéens avaient introduite dans leur Église. En 723, le pape Grégoire II, renouvelant, à ce qu'il paraît, d'anciennes proscriptions, recommandait aux évêques d'Italie de ne pas admettre à l'ordination ces Africains isolés qui venaient ainsi de temps en temps se présenter à eux. Vers 893, les évêques d'Afrique, divisés par un schisme, invoquèrent la décision du Saint-Siège et envoyèrent une députation expresse au pape Formose. Flodoard le rappelle dans son *Histoire de l'Église de Reims*, en parlant des lettres que le pape écrivit à cette occasion à l'archevêque Foulques, le successeur d'Hincmar, pour lui demander le secours de ses lumières au milieu de la désolation qui affligeait partout l'Église du Christ, particulièrement à Constantinople et en Afrique, et le prier de ne pas manquer de se rendre au prochain concile convoqué à Rome. Les difficultés du temps ne permirent pas à Formose de tenir l'assemblée qu'il avait indiquée et à Foulques de visiter les basiliques des Apôtres. Moins que d'autres, les évêques d'Afrique auraient eu les moyens de se rendre personnellement à Rome. On remarque même l'absence complète des prélats africains aux septième et huitième conciles généraux célébrés à Nicée et à Constantinople en 777 et 869, quoique nous ayons la preuve par un ancien monument qu'il existait encore en Afrique, après le neuvième siècle, près de quarante villes épiscopales disséminées dans les provinces arabes.

Les faits commerciaux, non moins rares que les notions transmises par les sources ecclésiastiques, nous montrent aussi qu'il y eut, du moins à certains intervalles, sur certains points et malgré les hostilités qui éclataient quelquefois à l'improviste, des communications pacifiques et suivies entre les Maugrebins et les populations latines. Les marins de la Sicile, de Naples, de Salerne, d'Amalfi, qui fréquentaient les ports de l'Orient dès les siècles de la basse antiquité, osèrent plus d'une fois, depuis l'invasion arabe, aller commercer sur les côtes de l'Afrique musulmane, où ils obtinrent de quelques princes des trêves ou des traités renouvelés de dix en dix ans. Marseille et Pise, en rapport avec l'Égypte dès le huitième siècle, les suivirent et profitèrent de leurs exemples. L'ambassadeur que Haroun-al-Raschid envoya à Charlemagne passa par le Magreb et débarqua à

Pise avec un officier du gouverneur de l'Afrique. Plus tard, le lieutenant aglabite envoya de Carthage à Charlemagne des reliques de saint Cyprien. L'éléphant offert à l'empereur par le calife fut conduit par les voies de terre jusque dans le Magreb, où on l'embarqua pour Porto Venere. Ces détails, minimes en eux-mêmes, indiquent que l'Italie du nord et la Gaule obtinrent aussi à certaines époques, et au moins sous le règne de Charlemagne, la sécurité réciproque des marchands, et des trêves plus ou moins bien observées.

Venise, qui commençait à étendre dès lors ses relations dans toute la Méditerranée par une politique pacifique et d'habiles négociations, saisissait les occasions propices d'envoyer ses navires en Égypte et dans le Magreb. La république savait concilier les intérêts de ses armateurs avec le respect dû aux décisions des papes et des conciles, qui de bonne heure frappèrent d'interdit la vente des armes, des bois et des marchandises de guerre aux Sarrasins d'Orient et quelquefois à ceux du Magreb. En 971, le sénat, sanctionnant les décisions apostoliques, défendit à ses navires d'apporter la contrebande de guerre en pays musulman, mais autorisa ceux qui se rendraient à El-Mehadia et à Tripoli de prendre pour ces ports toutes autres cargaisons d'objets en bois, tels que vases, ustensiles, écuelles, bâtons, échelles et ensouples ou rouleaux de tisserand ; ce qui indique et la cherté du bois et une fabrication d'étoffes assez active dans le Magreb oriental. Dandolo rapporte que le doge Orséolo II, élu en 991 et mort en 1009, parvint à établir des rapports amicaux et bienveillants avec tous les princes sarrasins de son temps.

Prospérité de l'Afrique aux x⁰ et xi⁰ siècles.

Le nord de l'Afrique, prospère, riche et industrieux encore, comme nous venons d'en recueillir en passant un témoignage significatif, offrait un champ bien digne de tenter les entreprises du commerce européen. Les écrits des géographes et des historiens arabes de ces temps sont intéressants à consulter à ce sujet, et nous ne saurions mieux faire que de reproduire le savant tableau formé par M. Amari des renseignements épars qu'ils renferment.

« Les ouvrages d'Ibn-Haukal, d'Ibn-Adhari et de Bekri, dit M. Amari, nous montrent l'ingénieuse distribution des eaux dans toute l'Afrique proprement dite, la vaste irrigation des champs, la culture générale des oliviers et de beaucoup d'autres arbres fruitiers; la canne à sucre cultivée à Kairouan, le coton à Msila, l'indigo à Sebab, les mûriers et les vers à soie à Cabès; puis les manufactures de toiles fines et de laine à Sousa, l'art de fouler et de lustrer les draps, suivant l'usage d'Alexandrie, à Sfax; des étoffes de coton fabriquées dans le Soudan, les poteries légères à Tunis; des laines et des draps noirs et bleu azur à Tripoli; des draps à Agdabia; la pêche habituelle du corail à Tenès, Ceuta et Mersa-Kharès. Ils nous parlent de l'opulence des marchands de Kairouan, opulence telle que ces négociants payèrent en 976 au gouvernement ziride un subside de 400,000 dinars, et que l'un d'eux fut taxé à 10,000 dinars, c'est-à-dire à 130,000 francs. Nous y voyons l'importation constante des bois précieux de l'Inde, de l'ébène et de l'or brut du Soudan; les marchands espagnols établis à Bone; l'Afrique propre commerçant habituellement avec l'Orient, où elle envoyait surtout des esclaves mulâtres, des esclaves noirs, des esclaves (prisonniers) latins, grecs et slaves. En ce qui concerne particulièrement le commerce italien, il n'est pas douteux qu'on ne vendit en Afrique les toiles de Naples, plus fines que toutes celles de l'Orient et de l'Occident, que les navires vénitiens n'apportassent des ustensiles de bois à El-Mehadia et à Tripoli, que nos navires ne vinssent échanger des marchandises diverses contre l'huile de Tripoli, et qu'ils n'achetassent souvent au comptant l'huile de Sfax. Ce que les chroniqueurs disent de la richesse et du faste de la cour des Fatimides d'Égypte et des Zirides, d'abord préfets, puis usurpateurs de l'Afrique, paraîtrait une fantaisie orientale, si tous ces témoignages venus de sources diverses ne concordaient sur ce point; si les monuments du Caire, comparables à nos plus beaux palais et à nos plus belles églises du moyen âge, n'étaient encore là pour attester la splendeur et la civilisation de ces temps, et si on ne pouvait enfin signaler la cause de toutes ces richesses. Bagdad ayant promptement déchu au dixième siècle même, le commerce des Indes et de la Chine, qu'elle avait attiré dans le golfe Persique, retourna dans la mer Rouge, au Caire et à Alexandrie, où les Fatimides s'efforcèrent de le retenir. Le Magreb profita de sa situation intermédiaire, et ses ports devinrent les échelles de la navigation entre l'Égypte et l'Espagne. Le commerce avec l'Italie et avec le Soudan fut encore une cause de grandes richesses pour le Magreb. »

1048-1052. — Les Zirides, gouverneurs du Magreb au nom des califes d'Égypte, se déclarent indépendants. Invasion des Arabes de la haute Égypte dans le Magreb.

Il survint vers cette époque un événement considérable qui modifia profondément les rapports et la composition des tribus du nord de l'Afrique, et dont nous devons parler, bien qu'il ne nous semble pas avoir influé sur la politique des rois d'Afrique avec les chrétiens de leurs États ou les chrétiens du dehors.

El-Moëzz, le Ziride, gouverneur de l'Afrique orientale au nom des Fatimides d'Égypte, s'étant déclaré indépendant à El-Mehadia en 1048, le calife El-Mostancer résolut de punir sa révolte en lançant contre lui les tribus d'Arabes pillards et misérables, appelés les Arabes Hilaliens, qui erraient dans la haute Égypte. Il les fit assembler et leur dit : « Je vous fais cadeau du Magreb et « du royaume d'El-Moëzz, fils de Badis, esclave qui « s'est soustrait à l'autorité de son maître. Ainsi, doré« navant, vous ne serez plus dans le besoin. » En différentes fois, un million de nomades, autorisés par cette concession facile, envahirent la Cyrénaïque, qu'ils dévastèrent, et peu après, en l'année 443 de l'hégire, 1031-1032 de l'ère chrétienne, pénétrèrent dans l'Afrique proprement dite, où ils mirent littéralement tout à feu et à sang.

On attache une grande importance ethnographique à cette seconde immigration arabe dans l'Afrique septentrionale.

Les descendants des anciens conquérants s'étaient dispersés et avaient été presque absorbés dans les masses de la population berbère, infiniment supérieures par le nombre. L'invasion de 1052 apporta un nouvel élément au sang ismaélique prêt à s'éteindre, et l'on tient tout ce qui reste de purement arabe aujourd'hui dans le nord de l'Afrique pour une provenance des tribus hilaliennes que le ressentiment du calife d'Égypte jeta comme une plaie sur le pays, afin de se venger de la défection de son vizir.

Ces faits de l'histoire intérieure du Magreb ne nous paraissent pas avoir eu la moindre influence appréciable, nous le répétons, sur les relations de l'Afrique avec les souverains étrangers. Les Hilaliens bouleversèrent le Magreb oriental et le Magreb central; pendant trois ans, à la suite de leur irruption, l'anarchie la plus complète et des guerres continuelles troublèrent le pays; et durant ce désordre, qui leur permettait de faire la loi, ils ne parvinrent à fonder aucune dynastie. « Cette race d'en-« vahisseurs, dit Ibn-Khaldoun, n'a jamais eu un chef « capable de la diriger et de la contenir. » Maîtres un moment des places les plus fortes, Kairouan, El-Mehadia, Constantine, ils ne purent en conserver aucune. Presque partout ils finirent par rechercher l'alliance et par accepter la suzeraineté des émirs berbères qu'ils avaient dépossédés. Chassés de toutes les grandes villes, ils se fixèrent dans les campagnes, où ils furent toujours redoutés pour leur insolence et leurs brigandages. El-Moëzz rentra dans El-Mehadia, et ses enfants, quoique affaiblis par la révolte et la perte des provinces occidentales, y compris Tunis, régnèrent encore près d'un siècle sur la partie orientale du Magreb, qui s'étend de la Byzacène à la Tripolitaine.

X^e-XIe siècles. — Persistance et diminution des évêchés et des centres chrétiens en Afrique. Empiétements de l'évêque de Gummi.

Sans avoir été peut-être l'objet de persécutions directes de la part des chefs arabes et des princes berbères passés à l'islamisme, les populations encore chrétiennes de l'Afrique durent nécessairement souffrir beaucoup des événements qui agitaient le pays. L'exemple héroïque donné par la population chrétienne du golfe de Carthage ne put trouver de nombreux imitateurs. Groupée autour d'un chef énergique nommé Mornak, une grande agglomération chrétienne s'était concentrée à Hammam el Lif, localité située à cinq lieues à l'orient de Tunis, où l'on a récemment découvert les ruines d'une synagogue, peut-être d'une basilique, et que nous croyons être l'ancien *Gummi*, sur les confins de la Proconsulaire et de la Byzacène. Elle avait été assez hardie et son chef assez habile pour obtenir de l'émir de Carthage la concession d'un territoire étendu et fertile qu'elle conserva longtemps dans une sorte d'indépendance et auquel serait resté jusqu'à nos temps le nom de Mornak (1). L'auteur arabe éloigné de ces temps qui nous a conservé le souvenir de ces événements, Et-Tidjani, en paraît presque étonné, preuve trop évidente qu'il n'aurait pu en citer beaucoup de semblables.

(1) Voy. *Biblioth. de l'École des chartes*, 1883, p. 72; *Revue Archéol.*, 1883, p. 157 et 234.

Partout, presque partout, les tribus chrétiennes asservies et brutalisées eurent à supporter la plus lourde part des exactions et des tyrannies des vainqueurs. Ne pouvant acheter autrement la paix et la sécurité, beaucoup de tribus restées chrétiennes durent en ces temps de désordres chercher lâchement leur salut dans l'apostasie. Beaucoup de villes épiscopales durent perdre les pasteurs qui avaient supporté jusque-là les difficultés et les humiliations de la conquête. Parmi les évêchés subsistant encore au onzième siècle, le cours des temps, en modifiant l'importance relative des villes, avait amené des changements dans la hiérarchie ecclésiastique.

Nous ne savons rien du nombre de ces évêques africains qui au huitième et au neuvième siècle, à travers les périls de la terre et de la mer, allaient encore prier sur la confession de saint Pierre et demander une direction spirituelle au pontife suprême. Sans doute ils étaient bien loin d'approcher du nombre de deux cents à deux cent dix-sept prélats qu'on avait vus siéger ensemble, même après la persécution des Vandales, dans les conciles de Carthage. Une ancienne *Notice des évêchés*, que ne signale pas Morcelli, nous fournit des enseignements précieux pour le dixième ou onzième siècle, temps où elle paraît avoir été dressée. En y comprenant les îles Baléares et la Sardaigne, cette notice compte en Afrique quarante-sept villes épiscopales ainsi réparties sous quatre archevêques ou *primats*, nom que l'on donnait dans l'Église d'Afrique aux métropolitains :

I. Province de la Byzacène, quatorze évêchés, dont

les plus connus sont : Carthage, *Carthago Proconsularis*, Gafsa et Hadrumète.

II. Province de la Numidie, quinze évêchés : Guelma, Hippone, Constantine.

III. Province de la Mauritanie première, un évêché : *Rhinocucurum*.

IV. Province de la Mauritanie deuxième, dix-sept évêchés : Ceuta, Majorque, Minorque, la Sardaigne.

Ce monument aurait une plus grande valeur si on en connaissait exactement la date et l'origine. De ce qu'il mentionne environ quarante villes épiscopales en Afrique, on ne peut conclure qu'il y eût encore au dixième ou onzième siècle quarante évêques sous la domination musulmane. Ses nomenclatures sont d'ailleurs altérées et imparfaites. Le nom de *Gummi* ne s'y trouve pas, et non seulement Gummi avait un évêque au milieu du onzième siècle, mais ce prélat ne voulait rien moins alors que subordonner l'évêque de Carthage à sa suprématie, le soumettre à sa visite et le convoquer en concile, quand il jugerait convenable, avec les autres évêques de la région. Ces prétentions ne pouvaient avoir été suggérées à l'évêque de Gummi que par l'importance et l'accroissement, au moins momentané, de son siège au milieu de l'amoindrissement des autres. Elles nous semblent une forte présomption en faveur de l'assimilation de Gummi et du moderne Hammam el Lif.

Quoi qu'il en soit de son imperfection, la *Notice* est admise comme sincère et son ensemble témoigne du trouble survenu depuis l'invasion des Arabes dans la hiérarchie des églises et des provinces de l'Afrique.

Nous nous sommes déjà servi deux fois du mot hiérarchie, qui est cependant impropre, car en réalité il n'y avait ni rang ni prééminence attachés aux villes épiscopales dans l'Église d'Afrique. L'évêque le plus anciennement nommé dans chaque province prenait le pas sur les autres et en était, sa vie durant, le métropolitain ou le primat. De là résultait que souvent des villes secondaires avaient quelque temps l'honneur d'être le siège du chef ecclésiastique de la province. De même entre les six primats des temps antiques de la Numidie, de la Byzacène, de la Tripolitaine et des trois Mauritanies, la date de l'ordination donnait la primatie au plus ancien. Seul l'évêque de Carthage, quels que fussent son âge et sa récente ordination, avait la prééminence incontestée sur tous les évêques et sur tous les primats de l'Afrique. Telle était la tradition consacrée depuis la plus haute antiquité de l'Église d'Afrique par les conciles et les papes.

La *Notice* semble déroger à cette règle, en subordonnant Carthage et toute la Proconsulaire à la Byzacène; et une mention de Nil Doxopater, dans un livre dédié vers le milieu du onzième siècle au roi Roger, semble indiquer que cette dérogation était réellement passée dans les faits depuis quelque temps, malgré les efforts du pape pour maintenir la régulière suprématie de Carthage.

1053. — Les papes maintiennent la prééminence du siège de Carthage.

Si déchue que fût Carthage, elle avait un évêque et dans ses vastes ruines s'étaient formés plusieurs gros villages, « beaux, riches et bien peuplés », suivant El

Bekri, qui le reconnaissaient comme pasteur. On ne sait si le titulaire essaya de défendre les prérogatives de sa dignité, ou si, au milieu du découragement et de la décadence générale, l'usurpation et l'irrégularité le laissèrent indifférent. D'autres, du moins, en furent frappés et blessés. Vers l'an 1053, trois évêques d'Afrique, de résidences non indiquées, nommés l'un Thomas, que l'on croit être l'évêque même de Carthage, les autres Pierre et Jean, voulurent revenir à l'ancienne discipline. Ils refusèrent de reconnaître les prétentions de l'évêque de Gummi, et en appelèrent de ses exigences à la décision de l'Église de Rome, qu'ils avaient déjà précédemment invoquée comme leur guide et leur lumière.

Léon IX adressa à cette occasion, l'an 1053, aux trois évêques, deux lettres décrétales, heureusement conservées et qui sont au nombre des plus précieux monuments de l'histoire de l'Église d'Afrique. Elles ont inspiré le glorieux successeur de Léon IX, qui, répondant aux injures par des bienfaits, vient, à la demande de la France, de rendre au siège de saint Cyprien son rang et ses droits dans la hiérarchie chrétienne.

Le pape Léon IX déplore la ruine de cette grande et florissante Église d'Afrique, où le malheur des temps veut qu'on ait peine à trouver aujourd'hui cinq évêques. Il loue la déférence des trois pasteurs à l'égard du pontife romain, que le Seigneur a établi au-dessus de tous les autres évêques comme l'interprète de la loi et l'arbitre des différends de l'Église universelle. Il remercie particulièrement Pierre et Jean d'avoir, de concert avec leurs prêtres, réuni un concile pour s'occuper des affaires ecclésiastiques, suivant l'invitation que le Saint-Siège leur en avait faite; il les engage à tenir une fois au moins chaque année, s'il leur est possible, des synodes semblables, dans l'intérêt de leurs fidèles. Abordant ensuite la question présente sur laquelle il était consulté, le pape établit sans peine l'irrégularité et l'illégitimité des prétentions de l'évêque de Gummi. Il rappelle les décisions des conciles depuis celui du bienheureux Cyprien, et les constitutions apostoliques établissant que dans l'Église d'Afrique l'évêque de Carthage seul reçoit le pallium de l'Église apostolique, que seul et à jamais il est le métropolitain de toute l'Afrique, le primat incommutable de tous les autres évêques de l'Église d'Afrique, quelle que soit l'importance politique ou la population des villes qu'ils habitent. « Carthage, dit le pontife, dans ses lettres pro« phétiques, conservera cette glorieuse et canonique « prééminence tant que le nom de Notre-Seigneur « Jésus-Christ sera invoqué dans ses murs, que ses mo« numents épars gisent toujours comme aujourd'hui « dans la poussière, ou qu'une glorieuse résurrection « vienne un jour en relever les ruines. »

L'histoire ne fait pas connaître la fin du différend soulevé par un honorable scrupule entre les évêques africains et leur collègue de Gummi. A quelque temps de là, nous trouvons le siège de Carthage occupé par un prélat que tourmentaient de non moindres soucis. Ses confrères semblaient bien le reconnaître pour leur primat, mais il éprouvait les plus cruels chagrins de l'insubordination de ses propres ouailles et des exigences tyranniques du prince musulman dont il était politiquement le sujet.

1007-1090. — *Démembrement du royaume des Zirides. Création du royaume berbère des Hammadites dans la Mauritanie orientale, à El-Cala, puis à Bougie.*

Le territoire de Carthage et de Tunis ne dépendait plus alors des rois d'El-Mehadia et de Kairouan. L'invasion des Hilaliens, en désorganisant leur gouvernement, avait consolidé d'anciennes résistances et favorisé de nouvelles usurpations. Déjà, depuis le commencement du onzième siècle, la Numidie, confiée à un prince collatéral de leur propre famille, avait cessé d'obéir aux Zirides. Hammad, fils de Bologguin, nommé par le roi El-Mansour, son frère, gouverneur de Msila, ne s'était pas contenté de son commandement. En 1007 ou 1008 (398 de l'hégire), il avait fondé entre Msilah et Sétif, la ville d'El-Cala, dite aussi Calaat des Beni Hammad, pour y fixer sa résidence. Il fit construire en ce lieu, où n'existe plus aujourd'hui qu'un minaret témoin de son ancienne importance, des mosquées, des caravansérails, des palais, des établissements de toute sorte, « en un mot, dit Ibn Khaldoun, il y « réunit tout ce qui est nécessaire à la culture des scien- « ces, du commerce et des arts, et tout ce qui consti- « tue une vraie capitale ». Il l'entoura de remparts et y déclara son indépendance, l'an 405 (1014-1015), en se plaçant sous la suzeraineté des Abbassides, parce que la cour d'El-Mehadia reconnaissait encore la suprématie du calife d'Égypte.

El-Cala s'accrut rapidement. Hammad y appela les habitants des pays les plus éloignés. « Des artisans et des étudiants des extrémités de l'empire y accoururent. » L'on y voyait encore, à une époque postérieure, quand la fondation de Bougie l'avait réduite à n'être plus que la seconde capitale des Hammadites, une population chrétienne bien traitée des souverains du pays et gouvernée par un chef que les Arabes appelaient *calife* et qui était certainement un évêque. Les fils d'Hammad continuèrent sa politique éclairée et tolérante. Quand les Zirides refusèrent l'hommage aux Fatimides et firent prononcer la prière publique du vendredi au nom des califes de Bagdad, les Hammadites abandonnèrent le parti de ces princes et adoptèrent celui des Fatimides. Ils agrandirent leurs États, maintinrent leur indépendance contre les Zirides, et résistèrent aux attaques des dynasties du Maroc, avec lesquelles leurs provinces confinaient vers l'ouest.

Bone, Constantine, Biskara, Bouçada étaient à eux. Leur royaume nous semble avoir compris toute la Numidie, la première Mauritanie et une grande partie de la Mauritanie Césaréenne, en arrivant peut-être jusqu'au cours supérieur du Chélif, à la hauteur d'Alger, mais sans s'étendre jusqu'à cette ville. Le centre de leur petit empire se trouvait dans la Mauritanie première, dont Sétif avait été le chef-lieu au temps de l'administration romaine. Aussi les papes qui ont été en relations avec l'un de ces princes, le plus célèbre et le plus puissant de tous, En-Nacer, fils d'Alennas, lui donnaient-ils le titre de *roi de la Mauritanie Sitifienne*.

En-Nacer était petit-fils d'Hammad, aïeul de la dynastie. Il succéda en 1062 à son cousin Bologguin, et fonda en 1067 la ville de Bougie sur la côte occidentale de ses États, près des ruines de l'ancienne ville de *Saldæ*, qui appartenait à la Mauritanie Césaréenne. El

Mansour, fils d'En-Nacer, sans négliger El-Cala, transféra en 1090 le siège du gouvernement hammadite à Bougie, merveilleusement située, au fond d'une excellente rade, pour le commerce et les relations maritimes.

1063-1159. — Principauté des Beni-Khoraçan à Tunis.

Peu de temps après l'avènement d'En-Nacer, le peuple de Tunis, désaffectionné du gouvernement des Zirides, et se sentant porté vers la dynastie hammadite à cause de ses succès et de sa puissance, avait envoyé en députation ses principaux scheiks à El-Cala pour demander un gouverneur au prince berbère. En-Nacer leur donna Abd-el-Hack Ibn-Khoraçan, qui se fit aimer des gens du pays en les associant à l'exercice du pouvoir. Attaqué en 1063 par le roi ziride, et n'ayant pu être secouru à temps, il fut obligé de reconnaître la suzeraineté des princes d'El-Mehadia. Il conserva à Tunis, de concert avec les scheiks, une autorité indépendante de fait, et mourut en 1095, assuré de la voir passer à ses enfants. Ahmed, son petit-fils et son second successeur, se débarrassa du contrôle des scheiks; il entoura Tunis de remparts, y fonda des palais, et accrut ainsi sa puissance. Il fut néanmoins obligé, comme ses prédécesseurs, de se reconnaître tour à tour vassal des Zirides ou des Hammadites. Après des vicissitudes diverses et plusieurs guerres civiles, la principauté et la dynastie des Beni-Khoraçan fut détruite par Abd-el-Moumen, au milieu du douzième siècle.

1073. — Difficultés de l'évêque de Carthage avec ses fidèles et avec l'émir du pays.

Ces princes ont eu quelques rapports avec les Européens, et nous citerons plus tard une lettre amicale que le dernier d'entre eux, peu d'années avant sa chute, adressait à la république de Pise, en posant les bases d'un traité de commerce fondé sur les relations antérieures des deux pays.

C'est au règne et à la politique du premier chef de la famille, à Ibn-Khoraçan lui-même, que nous paraissent se rapporter deux lettres de Grégoire VII adressées en 1073 aux chrétiens et à l'archevêque de Carthage, Cyriaque. Elles donnent une triste idée des dispositions de la petite chrétienté, vivant encore dans les hameaux de l'ancienne métropole proconsulaire, à l'égard de son pasteur, homme des temps antiques, observateur des sacrés canons, et résolu à tout souffrir plutôt qu'à les violer.

Il s'agissait d'une ordination ecclésiastique. Le clergé et une grande partie des fidèles, moins scrupuleux qu'autrefois, avaient des préférences pour un candidat que l'on est autorisé à croire dépourvu de quelques-unes des qualités requises d'âge, d'instruction ou de mœurs; et l'émir, indifférent au fond du débat, désirait voir l'archevêque le terminer sans retard en déférant au vœu général. On ne sait si la question s'était élevée au sujet de l'ordination d'un simple prêtre ou d'un évêque, et on ne voit plus en cette circonstance la moindre trace des anciennes prétentions de l'évêque de Gummi à la primatie de l'Église africaine. Rien ne put décourager Cyriaque : les railleries et les accusations de son aveugle troupeau, il supporta tout avec résignation et fermeté. Le roi le fit comparaître en sa présence; il y fut insulté, dépouillé de ses vêtements, frappé de coups. Il ne faiblit point, et ne voulut pas consentir à profaner ses mains en procédant à une ordination illicite. Chassé comme un malfaiteur, il se contenta d'exposer sa conduite au pape en lui demandant conseil.

Les lettres de Cyriaque parvinrent à la cour apostolique après l'élection récente de Grégoire VII, qui s'était rendu à Capoue pour surveiller les entreprises de Robert Guiscard sur la Campanie. On pressent qu'elle dut être la réponse de l'intrépide défenseur de la discipline et de l'omnipotence ecclésiastique. Le 16 septembre 1073, deux lettres furent expédiées à la chancellerie apostolique pour l'Afrique; l'une adressée « au clergé et au peuple chrétien de Carthage », l'autre à l'évêque Cyriaque.

La première est une vive et éloquente exhortation à l'observation des lois canoniques et au respect des pasteurs, si les Africains veulent conserver encore le titre de chrétiens et éviter l'anathème : « L'apôtre l'a dé-
« claré, s'écrie le pape, tout homme est soumis aux
« puissances supérieures. Or, comme il faut obéir aux
« pouvoirs terrestres, à combien plus forte raison ne
« doit-on pas obéissance à la puissance spirituelle qui
« remplace ici-bas Jésus-Christ lui-même! Je vous écris
« ces choses, mes très chers fils, la douleur dans
« l'âme et les larmes aux yeux. Il est parvenu à nos
« oreilles qu'une partie d'entre vous, se révoltant contre
« la loi du Christ et contre notre vénérable frère Cyria-
« que, votre archevêque, votre maître, votre Christ,
« l'a accusé devant les Sarrasins, l'a outragé de ses in-
« sultes, à ce point que, traité comme un voleur, il a
« été mis à nu et battu. O fatal exemple! Honte à vous

« et à l'Église entière! Le Christ est de nouveau captif;
« de nouveau il est condamné sur de faux témoignages,
« frappé comme un larron! Et par qui? par ceux-là qui
« prétendent croire encore à son incarnation, vénérer
« sa passion, respecter ses mystères. Non, je ne puis
« me taire, j'élèverai la voix contre vous; je ne veux
« pas, pour vos péchés, me voir jeté aux pieds de mon
« terrible juge. Mais comme vous ne pouvez venir faci-
« lement à moi, à cause de la longueur et des dangers
« des voyages sur mer, et que je ne puis discerner d'ici
« quelle part il faut faire à la malice et à l'ignorance, je
« vous ouvre les entrailles de la miséricorde. Que vos
« regrets apportent un baume à ma tristesse. Revenez
« à de meilleurs sentiments, sinon je vous frappe sans
« pitié, au nom de saint Pierre et du mien, du glaive
« de l'excommunication. »

Puis il console et soutient Cyriaque: il l'engage à rester toujours inébranlable dans le devoir, dût-il voir ses membres détachés de son tronc et son âme s'envoler aux cieux. Il regrette même de ne pas le savoir déjà martyr de la foi et de la prédication qu'il aurait dû courageusement proclamer au milieu des barbares :
« J'ai su par vos lettres, vénérable frère, les douleurs
« que vous occasionnent les païens et les enfants éga-
« rés de l'Église. J'y ai cordialement compati. Vous
« avez donc à soutenir un double combat : il vous faut
« veiller aux embûches secrètes des chrétiens et sup-
« porter la persécution des Sarrasins, qui menacent
« non seulement ce corps périssable, mais la foi elle-
« même. Qu'est-ce en effet que de demander à un
« prêtre d'enfreindre la loi divine sur l'ordre d'une

« puissance de ce monde, si ce n'est lui demander
« de renier sa foi? Mais, grâce à Dieu, la fermeté de
« votre conviction a paru à tous comme un phare lu-
« mineux au milieu des ténèbres de cette nation dé-
« gradée. Vous avez souffert dans vos membres; mais
« votre confession eût été plus précieuse encore si,
« sous les coups mêmes qui vous frappaient, confon-
« dant l'erreur et publiant la doctrine du Christ, vous
« aviez répandu jusqu'à la dernière goutte de votre
« sang. C'est là, vénérable frère, nous ne vous le dis-
« simulons pas, ce que nous devons à la foi et à la
« vérité : notre corps et notre vie tout entiers. » Il
termine avec affection en ces termes : « Nous ne pou-
« vons être présent personnellement auprès de vous,
« vénérable frère, mais notre pensée ne vous quitte pas;
« nous vous écrirons en toutes occasions propices;
« nous prierons instamment le Dieu des miséricordes
« pour qu'il daigne secourir cette malheureuse Église
« d'Afrique, depuis si longtemps battue des flots et de
« la tempête. »

1068-1076. — Diminution des évêchés et des chrétiens en Afrique.

Ce qui nous reste de la correspondance pontificale
montre Grégoire VII s'occupant encore plusieurs fois
de l'Église d'Afrique et recevant quelques satisfactions
de ce pays, malgré la ruine presque entière de son
Église. Le pape avait consacré lui-même un évêque
pour l'un de ses rares évêchés. A peine le nouveau prélat était-il retourné en Afrique que le siège de Bone
vint à vaquer. Nous apprenons ainsi par ces circonstan-

ces mêmes que la glorieuse ville de saint Augustin conservait encore un fonds de population chrétienne, et nous voyons en même temps qu'on ne trouvait pas alors dans toute l'Afrique les trois évêques dont la présence et la coopération étaient indispensables pour accomplir les rites d'une ordination épiscopale canonique et régulière.

Instruit de ces faits par une lettre de Cyriaque, le pape charge l'archevêque, au mois de juin 1076, de se concerter avec le prélat récemment consacré à Rome pour choisir ensemble un sujet digne de recevoir l'imposition des mains du souverain pontife et capable de défendre avec eux les instructions sacrées qui lui seraient données. « Vous pourrez alors, ajoute le pontife, « pourvoir aux besoins d'autres Églises par l'ordination « de nouveaux évêques, conformément aux canons et « aux constitutions apostoliques. Le peuple chrétien « profitera davantage de la direction de ses pasteurs, « et le labeur écrasant qui dépasse aujourd'hui vos « forces deviendra plus léger, partagé qu'il sera avec « quelques collègues. »

Ainsi plus de trois évêques étaient encore nécessaires au service spirituel des chrétiens d'Afrique; ainsi tous les foyers où l'on adorait le Christ n'étaient pas encore éteints en dehors de Carthage et d'Hippone parmi les tribus berbères. Mais combien l'Église d'Afrique n'avait-elle pas perdu de sièges épiscopaux et de simples fidèles depuis le septième siècle, temps où elle pouvait réunir deux cents prélats, et depuis le dixième siècle, quand près de quarante villes avaient encore le droit de voir résider un évêque dans leurs murs ! On regrette de ne pouvoir dire quelles étaient les trois autres cités qui complétaient le nombre de cinq évêchés mentionnés dans les lettres de 1053.

Vingt années, marquées par l'élévation de dynasties nouvelles et par des guerres incessantes au dehors et à l'intérieur, avaient pu amener des changements ou des déshérences parmi les Églises maîtresses. La ville de Gummi, dont il n'est plus question depuis le pontificat de Léon IX, avait peut-être perdu sa chrétienté et son pasteur. Peut-être l'usurpateur des prééminences de l'évêque de Carthage, condamné par le Saint-Siège en 1053, avait-il, comme tant d'autres, entraîné son peuple dans l'abîme et comblé la mesure de ses fautes par une orgueilleuse résistance et l'apostasie. Peut-être, au contraire, El-Cala, la capitale créée par les Hammadites, et peuplée d'habitants appelés de toutes les parties du Magreb, avait-elle déjà reçu, à la fin du onzième siècle, la colonie chrétienne et le pasteur, vraisemblablement du rang épiscopal, que nous y verrons établi au douzième siècle.

Alger, où se voyait encore l'abside d'une grande basilique byzantine, n'avait plus de population chrétienne. Il semble que les pays du Djerid et de la Byzacène eussent perdu celles dont le nombre donnait, un quart de siècle auparavant, tant d'importance à l'évêque de Gummi. Mais un quatrième siège africain pouvait se trouver à l'ouest du Magreb, dans la Mauritanie Césaréenne, à l'ancienne ville épiscopale de *Timici*, le Tlemcen des Arabes, dont El-Bekri parle ainsi, en 1068 : « On trouve à Tlemcen les ruines de plusieurs « monuments anciens et les restes d'une population

« chrétienne, qui s'est conservée jusqu'à nos jours. Il y
« a aussi une église qui est fréquentée encore par les
« chrétiens. »

1076-1077. — Rapports amicaux de Grégoire VII et d'En-Nacer, roi berbère de la Mauritanie Sitifienne.

Conformément aux instructions de Grégoire VII, l'archevêque de Carthage et son collègue avaient cependant choisi parmi leurs prêtres un candidat à l'ordination épiscopale, en cherchant à répondre autant que possible aux désirs du clergé et du peuple d'Hippone que cette déférence associait ainsi à l'élection. Le prêtre désigné se nommait Servand. Le roi de la Mauritanie, En-Nacer, agréa son choix, et quand Servand partit pour Rome, l'émir lui remit des lettres et des cadeaux pour le pape. Il fit plus. Voulant témoigner à Grégoire VII le prix qu'il attachait à son amitié et l'assurer de ses dispositions favorables à l'égard de ses sujets qui professaient la religion chrétienne, il fit racheter tous les prisonniers chrétiens que l'on trouva dans ses États et les envoya au souverain pontife. Il promit de délivrer de même tous ceux que l'on pourrait découvrir encore.

Ces procédés touchèrent extrêmement la cour apostolique et les Romains. Plusieurs personnages parmi les patriciens et les hauts dignitaires ecclésiastiques voulurent entrer en relations avec l'émir. Ils profitèrent du retour de Servand en Afrique, qui eut lieu en 1076 ou 1077, et envoyèrent avec lui divers messagers chargés de complimenter le roi en leur nom. Le nouvel évêque reportait en outre à En-Nacer une réponse extrêmement gracieuse de Grégoire VII lui-même. Cette lettre, d'un caractère plus expansif qu'aucune de celles qui ont été échangées entre les papes et les rois du Magreb, mérite d'être citée. En voici la teneur tout entière :

« Grégoire, évêque, serviteur des serviteurs de Dieu, à
« Anzir, roi de la Mauritanie, de la province Sitifienne,
« en Afrique, salut et bénédiction apostolique.

« Votre Noblesse nous a écrit cette année pour nous
« prier de consacrer évêque, suivant les constitutions
« chrétiennes, le prêtre Servand, ce que nous nous som-
« mes empressé de faire, parce que votre demande
« était juste. Vous nous avez en même temps envoyé
« des présents; vous avez, par déférence pour le bien-
« heureux Pierre, prince des apôtres, et par amour pour
« nous, racheté les chrétiens qui étaient captifs chez
« vous et promis de racheter ceux que l'on trouverait
« encore. Dieu, le créateur de toutes choses, sans le-
« quel nous ne pouvons absolument rien, vous a évi-
« demment inspiré cette bonté et a disposé votre cœur
« à cet acte généreux. Le Dieu tout-puissant, qui veut
« que tous les hommes soient sauvés et qu'aucun ne
« périsse, n'approuve en effet rien davantage chez nous
« que l'amour de nos semblables, après l'amour que
« nous lui devons, et que l'observation de ce précepte :
« *Faites aux autres ce que vous voudriez qui vous fût fait.*
« Nous devons plus particulièrement que les autres peu-
« ples pratiquer cette vertu de la charité, vous et nous,
« qui, sous des formes différentes, adorons le même
« Dieu unique, et qui chaque jour louons et vénérons
« en lui le créateur des siècles et le maître du monde.

« Les nobles de la ville de Rome, ayant appris par

« nous l'acte que Dieu vous a inspiré, admirent l'éléva-
« tion de votre cœur et publient vos louanges. Deux
« d'entre eux, nos commensaux les plus habituels, Al-
« béric et Cencius, élevés avec nous dès leur adoles-
« cence dans le palais de Rome, désireraient vivement
« se lier d'amitié et de services personnels avec vous.
« Ils seraient heureux de pouvoir vous être agréables
« en ce pays. Ils vous envoient quelques-uns de leurs
« hommes, qui vous diront combien leurs maîtres ont
« de l'estime pour votre expérience et votre grandeur, et
« combien ils seront satisfaits de vous servir ici. Nous
« les recommandons à Votre Magnificence, et nous vous
« demandons pour eux cet amour et ce dévouement que
« nous aurons toujours pour vous et pour tout ce qui
« vous concerne. Dieu sait que l'honneur du Dieu tout-
« puissant inspire l'amitié que nous vous avons vouée,
« et combien nous souhaitons votre salut et votre gloire
« dans cette vie et dans l'autre. Nous le prions du fond
« du cœur de vous recevoir, après une longue vie,
« dans le sein de la béatitude du très saint patriarche
« Abraham. »

Jamais pontife romain n'a aussi affectueusement marqué sa sympathie à un prince musulman; jamais surtout nous n'avons remarqué qu'un pape ait exprimé avec
cette effusion intime et ces ménagements la croyance
commune des musulmans et des chrétiens au même
Dieu, au Dieu unique et immortel, servi et honoré par
des cultes respectables quoique divers. Cette invocation
d'Abraham, ce soin de rappeler les seuls points qui
rapprochent deux mondes religieux si opposés d'ailleurs
sur tout le reste, sont bien éloignés du ton général des

missives échangées entre les papes et les princes musulmans. Quelques égards qu'ils aient témoignés à des califes ou à des émirs, dans les lettres les plus instantes qu'ils leur aient adressées pour demander une faveur ou les en remercier, les souverains pontifes conservent un accent d'autorité, de remontrance ou tout au moins de compassion, que les princes de l'islam prenaient aussi dans leurs missives, mais qui se fait à peine sentir dans les relations d'En-Nacer et de Grégoire VII. L'origine berbère et chrétienne du fils d'Hammad et de sa nation, le secret espoir que pouvait donner une pareille descendance, étaient vraisemblablement la cause de ces ménagements extraordinaires et restés, croyons-nous, sans exemple.

On aimerait à savoir quelles purent être les suites de cette correspondance curieuse. L'histoire les a négligées. Il en resta du moins un bon souvenir dans la population et la dynastie des princes de la Mauritanie. C'est auprès d'elles et sous leur protection que se sont conservées le plus longtemps quelques familles de chrétiens indigènes que nous retrouverons plus tard, et tout porte à croire que la bienveillance des rapports de la dynastie des Hammadites avec le Saint-Siège ne fut pas étrangère à la coalition formée avant la fin du siècle, sous les auspices du successeur de Grégoire VII, contre la dynastie ziride, ennemie de la famille d'En-Nacer.

1053-1082. — Origine berbère des Almoravides. Ils font la conquête du Magreb occidental jusqu'à Alger.

La fondation du royaume d'El-Cala et la création de

la principauté de Tunis n'étaient pas les seules modifications politiques survenues en Afrique depuis l'invasion des Arabes Hilaliens. Dans l'ouest, une révolution à la fois religieuse et politique avait amené le triomphe d'une nation nouvelle. Déjà maîtres de la ville de Fez, de tout le Magreb-el-Aksa et d'une partie du Magreb central, les Almoravides devaient peu d'années après, entraînés par un chef résolu, soumettre l'Espagne musulmane tout entière à leur autorité.

Les nouveaux sectaires étaient animés comme leurs prédécesseurs d'un esprit de vengeance et de cupidité contre tout ce qui s'était élevé dans le nord de l'Afrique. Ils sortaient de la vieille race berbère et sanadjienne répandue dans les vastes plaines sablonneuses du Sahara, entre le Sénégal et Tripoli. De leur vrai nom, ils s'appelaient Lemtouna. Comme les Touareg et les Lamta, ils avaient constamment la face voilée du *litham* percé de deux yeux; ils ne connaissaient d'autres montures, même pour la guerre, que les chameaux de course. Vivant sobrement du lait et de la chair de leurs méharis, ils atteignaient généralement un âge très avancé. La moyenne de la vie était parmi eux de quatre-vingts ans. Convertis de l'idolâtrie à l'islamisme par une confrérie de marabouts établie dans un îlot du Sénégal, ils adoptèrent le surnom d'*Al-Morabetin* ou Marabouts, d'où est venu par une légère déformation le mot Almoravides.

Leur première expédition contre le Magreb est de l'an 445 de l'hégire, 1053-1054 de l'ère chrétienne. Elle n'avait d'abord pour but que d'enlever au gouvernement maghraouien un parc de cinquante mille chameaux, conservé à Sedjelmesse, grande ville aujourd'hui détruite, située un peu à l'est de Tafilet. Le succès de l'entreprise enflamma l'ambition des pasteurs. Les Maghraoua furent taillés en pièces; Sedjelmesse fut conquis et resta au commandement d'officiers almoravides. Bien que le gros de la tribu eût regagné le désert avec son immense butin, le mouvement qui la poussait à envahir les pays cultivés ne pouvait s'arrêter, et dès l'année 1056-1057 Abou-Bekr Ibn-Omar, son scheik, la ramena dans les pays du nord, en la conviant à la conquête du Magreb entier. Il l'envahit aussitôt du côté opposé à Sedjelmesse, en suivant le littoral, et s'empara cette année même du pays de Sous et de Taroudant, au sud de Mogador.

Afin de se concilier la faveur des populations, il annonçait des réformes, il supprimait partout les contributions qui lui paraissaient illégales « et les abus choquant la religion ». La spoliation et les supplices hâtaient au besoin l'adhésion des villes et des tribus. En 1058, Abou-Bekr franchit l'Atlas, que les Berbères appellent le Deren, pénétra chez les Masmouda, le peuple le plus puissant et le plus nombreux du Magreb, et soumit toute la province de Tedla, en massacrant impitoyablement tout ce qui résistait ou lui portait ombrage. Puis, en 1061, sans surprise et sans récriminer contre la fatalité, voyant son cousin Yousouf, fils de son oncle Tachefin, peu disposé à résigner l'autorité qu'il lui avait momentanément confiée, il se démit volontairement du pouvoir en ses mains et rentra dans le désert, pour y finir obscurément.

Yousouf Ibn-Tachefin continua les conquêtes et les

réformes d'Abou-Bekr et fut le vrai fondateur de la dynastie almoravide. En 1062, il jeta les fondements de la ville de Maroc. Destinée à n'être d'abord qu'une forteresse pour la garde de ses trésors et de son arsenal, en maintenant les tribus masmoudiennes de l'Atlas, cette ville devint sous ses successeurs la première capitale de l'empire.

En 1063, il s'empara de Fez, mais ne put s'y maintenir. Méquinez, ville des émirs Miknaça, qui avaient régné à Fez avant les Maghraoua, d'abord protégée par Yousouf, lui demanda des gouverneurs vers cette époque. Il soumit ensuite toutes les montagnes du Rif, à l'exception des deux places fortes de Tanger et de Ceuta. Maître enfin de la ville de Fez en 1069, après un assaut meurtrier, il augmenta ses fortifications, l'embellit, et s'y établit solidement.

En 1080, il passa la Moulouia pour étendre ses conquêtes sur le Magreb central et s'empara d'Ouchda, puis de Tlemcen (1081), où il fit mettre à mort tous les prisonniers. Voulant faire de cette ville un des boulevards de ses États et un dépôt pour ses troupes, il y laissa une forte garnison et continua sa marche. En moins de deux ans il subjugua le pays du Tell, les montagnes de l'Ouaenseris, les campagnes de Tenès et d'Oran, et toute la vallée du Chélif jusqu'à Alger, dont il se rendit maître et où il s'arrêta en 1082.

1082-1100. — De la ville d'Alger. Les Almoravides soumettent l'Espagne musulmane.

Sans avoir alors aucune importance politique comme centre d'un gouvernement ou d'une grande administration, Alger, par son commerce et sa population, n'était pas une possession indifférente. C'était une vieille ville, l'ancien *Icosium*. « Ses monuments antiques et ses voûtes solidement bâties, disait d'elle El-Bekri, qui se trompe d'ailleurs dans ses inductions, démontrent par leur grandeur qu'à une époque reculée elle avait été la capitale d'un empire. » On y voyait encore en 1068 un théâtre antique pavé de mosaïques, et les restes d'une vaste basilique byzantine convertie en mosquée, dont l'abside servait de *Kibla* ou niche indiquant la direction de la Mecque. Son port, abrité des vents d'ouest, était dès lors très fréquenté par les marins « de l'Ifrikiah », c'est-à-dire du royaume de Tunis, de l'Espagne et « d'autres pays ». Cent ans après, Édrisi en parle ainsi : « Aldjezaïr est une ville très peuplée, dont le commerce est florissant et les bazars très fréquentés. Autour de la ville s'étend une plaine entourée de montagnes habitées par des tribus berbères qui cultivent du blé et de l'orge, et qui élèvent des bestiaux et des abeilles. Ils exportent du beurre et du miel au loin. Les tribus qui occupent ce pays sont puissantes et belliqueuses. » La prise d'Alger par Yousouf-Tachefin semble indiquer que la ville ne faisait pas partie du royaume de la Mauritanie Sitifienne, dont le territoire s'approchait cependant du haut Chélif. En-Nacer et Yousouf, devenus des ennemis et des rivaux par leur ambition et le contact de leurs frontières, évitèrent néanmoins de se combattre.

Parvenu à la limite des États des Beni-Hammad, Yousouf-Tachefin rentra dans le Maroc, et il semblait disposé à borner son ambition au développement de son empire africain, quand les événements de l'Espagne l'appelèrent à de nouvelles guerres. Ce fut pour lui, quand il se résolut à agir, une série de nouveaux triomphes.

Déjà depuis 1074 ou 1075, Ben-Abed, roi de Séville, l'un des principaux oualis devenus indépendants à la chute du califat de Cordoue, avait plusieurs fois sollicité ses secours contre les chrétiens. Yousouf hésitait et déclarait ne pouvoir passer la mer tant que la sécurité de ses communications ne serait pas établie par la réduction de Tanger et de Ceuta, les deux clefs du détroit du côté de l'Afrique, dont il tardait toujours à former le siège. En 1077 seulement, il s'empara de Tanger, sans penser encore à quitter l'Afrique. Les progrès des chrétiens devenant plus menaçants, les émirs et les rois andalous, au lieu de chercher le salut dans leur union, suivirent les conseils de Ben-Abed, et appelèrent le roi des Berbères au milieu d'eux. Yousouf fit alors assiéger la ville de Ceuta par son fils, qui s'en rendit maître (1084) au moment même où les nouvelles victoires d'Alphonse VI venaient consterner les oualis. Le roi de Castille, maître de Tolède, dont il fit sa capitale, menaçait Saragosse. De l'Estramadure à l'Aragon, les frontières musulmanes étaient débordées ou menacées. Ben-Abed vint en personne supplier Yousouf de proclamer enfin la guerre sainte et de franchir le détroit, s'il ne voulait voir l'islamisme abattu pour jamais en Espagne. Il lui remit en même temps les clefs de la ville d'Algésiras, dans la baie de Gibraltar, qui complétait la possession du détroit. Résolu à agir, Yousouf mit encore deux ans à ses préparatifs. Il leva des troupes parmi les tribus; il les exerça à marcher en ordre sous des enseignes et au bruit du tambour. Enfin, ses apprêts terminés, il passa le détroit à la tête d'une armée innombrable, le 30 juin 1086. Quatre mois après, la sanglante victoire de Zalaca, près de Badajoz, gagnée le vendredi 23 octobre 1086 sur Alphonse de Castille et ses confédérés, le rendait l'arbitre des rois et des émirs musulmans qu'il venait de sauver.

Quelques auteurs rapportent que Yousouf, à la suite de ce grand succès, se fit proclamer *Émir al-moumenin*, commandeur des croyants, nom dont les Européens ont fait Miramolin. D'autres disent que l'adoption de ce titre souverain, pris également dans la suite par les rois de Tunis et de Tlemcen, et qui n'excluait pas d'ailleurs la suprématie religieuse de l'un des califes d'Orient, n'eut lieu, ce qui est plus vraisemblable, que vers l'année 1100, quand Yousouf, après avoir de nouveau battu les chrétiens et les émirs andalous ligués contre lui, vit son autorité reconnue dans toute l'Espagne musulmane comme elle l'était déjà dans le Magreb-el-Aksa.

A la fin du onzième siècle, il ne restait plus en Espagne une seigneurie musulmane en dehors de l'empire almoravide. Tout avait cédé au prestige ou à la force du nouveau sultan. Les rois de Grenade et de Murcie avaient été détrônés, ceux de Malaga, Jaen, Xativa, Badajoz, Valence, exilés ou mis à mort. Ben-Abed, l'aveugle conseiller des souverains andalous, n'avait pas trouvé grâce devant Yousouf; il mourut peu après captif dans le Maroc. Les émirs de Denia et d'Almeria, chassés de leurs seigneuries, s'étaient réfugiés auprès d'En-Nacer, roi de Bougie, qui leur donna une généreuse hospitalité.

1057-1075. — Nouveaux succès des chrétiens dans le Magreb oriental. Conquête de la Sicile.

Les conquêtes de Yousouf, en réunissant sous une même autorité le Magreb occidental et l'Espagne méridionale, arrêtèrent la désorganisation qui menaçait l'islamisme dans les deux pays, depuis la chute des Idricides du Maroc et des Ommiades de Cordoue. La restauration en ses mains d'une sorte de califat, que maintinrent les Almoravides et les Almohades, retarda pour longtemps le triomphe définitif des Espagnols. En même temps un caractère essentiel de la domination musulmane en Espagne se trouva modifié par ces événements. La nation prépondérante ne fut plus celle des Arabes ou des Asiatiques. Avec les Almoravides et les Almohades, ce fut la nation africaine, ce furent les Berbères, les Maures ou les races de la Mauritanie qui prirent l'influence dans la Péninsule, comme ils l'avaient déjà dans le Magreb.

La prépondérance de la puissance berbère dans l'ouest du Magreb n'eut point d'ailleurs de fâcheux résultats pour les nations chrétiennes en dehors de l'Espagne. Occupés de leurs guerres intérieures, les Almoravides n'inquiétèrent ni la Gaule ni l'Italie, tandis que les forces chrétiennes continuèrent avec plus de succès leurs entreprises et leurs conquêtes dans le Magreb oriental. En 1057, une flotte italienne vint menacer El-Mehadia, où se tenait renfermé le roi ziride El-Moëzz Ibn-Badis, depuis l'invasion des Arabes Hilaliens. Trente ans après, les chrétiens emportaient et livraient aux flammes cet inexpugnable arsenal, la plus forte place maritime de la Méditerranée. En 1063, les Pisans pénétraient dans le port de Palerme, et en rapportaient le riche butin dont le produit servit à commencer la construction de leur belle cathédrale. Ce fait d'armes n'était qu'un incident de la guerre entreprise par les Normands de la basse Italie pour enlever la Sicile aux Arabes.

La désunion des émirs siciliens favorisa ce nouveau triomphe des chrétiens. Sans se constituer en monarchie, comme les Zirides et les Hammadites, les Arabes de Sicile, lorsque El-Moëzz-Madd transféra le siège du gouvernement en Égypte, cessèrent de lui obéir. L'intérêt d'une commune indépendance les lia avec les princes d'El-Mehadia, révoltés les premiers contre les Fatimides en poussant les Siciliens à l'insurrection et leur promettant des secours. Vers l'an 1033, El-Moëzz Ibn-Badis fit passer en effet en Sicile un corps de six mille Africains, Berbères et Arabes, pour veiller à la défense de l'île et y maintenir l'ordre. L'arrivée de ces troupes mécontenta vivement les seigneurs arabes, qui attribuèrent, peut-être avec raison, des projets ambitieux à El-Moëzz. Plutôt que d'accepter sa protection, un parti appela à son aide les Normands de la Pouille, et introduisit ainsi lui-même dans l'île un ennemi plus dangereux encore.

Déjà les Normands de Reggio s'étaient une première fois avancés en explorateurs aux environs de Messine, et ils osaient penser à la possession de ce magnifique domaine. Ceux qui avaient chassé les Grecs de la basse Italie avec une poignée de chevaliers venus de l'extrémité des Gaules, pouvaient bien espérer conquérir une île voisine du pays où ils étaient maintenant établis, et où se trouvait un reste de population chrétienne qui pouvait s'unir à eux. Leur confiance triompha encore en Sicile.

Débarqué près de Milazzo, en 1061, avec cent soixante chevaliers, Roger, frère de Robert Viscard, repousse les premières troupes arabes envoyées contre lui, va chercher en Calabre quelques renforts, s'empare de Messine l'année suivante, s'établit dans le val Démona, où les populations chrétiennes le secondent. Aidé de son frère, il bat les Arabes, étend ses conquêtes sur les côtes du nord et de l'est de la Sicile, et prend enfin Palerme à la suite d'un assaut, le 10 janvier 1072. Un de ses premiers soins fut de rétablir l'archevêque grec, réduit durant la domination arabe à occuper la petite église de Saint-Cyriaque, dans la cathédrale de la ville rendue au culte chrétien. La possession de Palerme aida à la soumission du reste de l'île, qui occupa encore plusieurs années les forces de Roger. Une partie de la population arabe accepta sa domination et préféra lui payer tribut que de quitter une île devenue pour elle une nouvelle patrie; il résista aussi aux dangers du dehors. Temim, fils et successeur d'El-Moëzz, essaya vainement d'arrêter les Normands, en portant la guerre tantôt en Sicile, tantôt en Calabre. Repoussé partout, l'émir prit le parti, après l'année 1075, de faire la paix avec Roger, devenu comte de Sicile, et de conclure avec lui des traités qui furent fidèlement observés.

1087. — Suite des succès chrétiens. Prise et pillage d'El-Mehadia.

Tunis formait alors une sorte de grand fief dépendant

des rois zirides, et quoique la mention peu correcte d'une chronique sicilienne ne suffise pas à prouver l'intervention des Beni-Khoraçan dans les expéditions de Temim contre les Normands en 1074 et 1075, il est bien probable que les émirs de la Proconsulaire durent prendre part aux guerres de leurs suzerains. La Numidie et la Mauritanie Sitifienne au contraire, où régnaient les Hammadites, que nous avons vus en si bons rapports avec Grégoire VII, restèrent étrangères aux hostilités. Les Almoravides, occupés à consolider leur autorité dans la Tingitane, paraissent n'avoir pas soutenu davantage les efforts des Zirides.

Mais la paix avec les Normands n'avait pu faire renoncer les populations du Magreb oriental à leurs anciennes habitudes. Si les navires d'El-Mehadia et des îles de Gerba respectèrent les côtes de la Pouille et de la Sicile, les villes de l'Italie du nord et les îles de la mer Tyrrhénienne eurent à souffrir encore plus d'une fois de leurs déprédations. A l'exemple de ses prédécesseurs, le pape Victor III prit alors l'initiative d'un grand mouvement offensif contre les Arabes de la Byzacène. Par ses soins, une assemblée de cardinaux et d'évêques italiens appela les peuples de la Péninsule à une véritable guerre sainte. La rémission des péchés fut promise à tous ceux qui s'y associeraient. Un étendard aux armes de saint Pierre fut béni par le pontife pour être remis à ses chefs. Peut-être au désir de venger les dernières agressions des Arabes se joignait, chez le successeur de Grégoire VII, le dessein d'affaiblir ou de détruire un royaume hostile aux chrétiens et au fond ennemi des Berbères et du roi En-Nacer, quoique en ce moment allié avec lui.

Au jour désigné, trois cents navires montés par trente mille hommes se trouvèrent réunis. Pise et Gênes eurent le principal rôle dans l'action, mais l'étendue de l'armement indique que la plupart des villes maritimes de la haute et moyenne Italie y participèrent. Quelle que fût la force d'El-Mehadia, elle ne put résister à l'attaque. Le 6 août 1087, fête de saint Sixte ; la chaîne du port fut brisée, les tours de défense démantelées, et la flotte chrétienne entra victorieuse dans la ville conquise. Le grand faubourg fortifié de Zouïla, que les chroniques chrétiennes considèrent comme une ville différente d'El-Mehadia, fut enlevé, ses bazars incendiés et mis au pillage. La ville entière et ses dépendances furent occupées, à l'exception de la grande tour, véritable citadelle, dans laquelle le roi Temim s'était réfugié et qu'on ne put forcer. Maîtres du corps de place, les confédérés engagèrent Roger de Sicile à se joindre à eux afin de pouvoir conserver ou poursuivre leurs conquêtes. Roger s'y refusa par respect du traité qu'il avait conclu avec Temim. Les chrétiens, forcés de négocier, consentirent à se retirer moyennant une rançon de cent mille dinars d'or, somme qu'on peut évaluer à un million trois cent mille francs. Ils eurent de plus la faculté de conserver leur butin et d'emmener tous leurs prisonniers, en payant leur rançon.

Deux poëtes, l'un musulman, l'autre chrétien, ont célébré l'expédition d'El-Mehadia. Le premier se félicita de son insuccès définitif ; le second put vanter la bravoure de l'attaque et l'immensité du butin, en or, en argent, en marchandises et en étoffes précieuses, rapporté en Italie. La part des Pisans fut telle, que, pour rendre de dignes actions de grâces à Dieu, ils fondèrent l'église de Saint-Sixte, protecteur de leur entrée dans la ville d'*Africa*, nom que les chrétiens donnaient à la ville d'El-Mehadia.

1067-1091. — Bougie devient la capitale du royaume des Hammadites. Avantages de sa situation.

En-Nacer, avec qui les Italiens paraissent être restés en paix durant tout son règne, avait dans l'intérieur de ses États à réprimer sans cesse les courses et les attaques des tribus hilaliennes qui, depuis leur expulsion des villes, infestaient la Mediana et les plaines voisines.

En 1067 ou 1068, il fonda la ville de Bougie, au delà des montagnes de la grande Kabylie, au bord de la mer, pour mettre ses trésors à l'abri des incursions de ces hordes vagabondes. Le territoire sur lequel il établit la ville appartenait à une tribu berbère appelée Bedjaïa, qu'il chassa du pays. El-Manzor, successeur d'En-Nacer en 1088-1089, compléta l'œuvre paternelle en conservant El-Cala, qu'il embellit, qu'il habita souvent, comme ses enfants. Ce dernier prince, « doué, dit Ibn-Khaldoun, d'un esprit créateur et organisateur, se plaisait à fonder des édifices publics et à distribuer les eaux dans les parcs et les jardins. Il bâtit quatre grands palais à El-Cala, le palais du Gouvernement, le palais du Fanal, le palais de l'Étoile et le palais du Salut. Mais il fit de Bougie le siège principal et le boulevard de son royaume. Il agrandit et restaura le magnifique palais de la Perle, fondé par son père; il construisit de nouveaux palais et des mosquées, et vint s'établir définitivement à Bougie en 1090 ou 1091. »

La nouvelle capitale occupait l'emplacement de l'ancienne colonie romaine de *Saldæ*, autrefois évêché de la Mauritanie Césaréenne. En-Nacer l'avait appelée *Nacéria*, mais le nom de la tribu dépossédée finit par prévaloir, même parmi les indigènes, et après le règne des Hammadites la ville fut toujours appelée par eux *Bedjaïa*, qui est la forme berbère de Bougie. Son emplacement était des plus favorables et explique la haute prospérité à laquelle elle parvint au moyen âge. Elle est située au fond d'un golfe où des flottes entières pourraient séjourner en sûreté. Des terrains fertiles se trouvent dans son voisinage. Par la vallée de la Soumann, elle peut communiquer avec l'intérieur du continent africain; d'autre part, l'escarpement des montagnes qui l'environnent est tel, que la défense des passages en est des plus faciles contre les dangers du côté de terre. Enfin le port et la rade qui s'ouvrent à ses pieds passent pour les meilleurs et les plus sûrs de l'Algérie. Il est à regretter que le cours des événements n'ait pas fait de cette ville la capitale de l'Algérie.

La ville n'avait pas cent ans d'existence qu'Edrisi parlait ainsi de sa richesse et de l'étendue de ses relations : « De nos jours, Bedjaïa fait partie de l'Afrique moyenne et est la capitale des Beni-Hammad. Les vaisseaux y abondent, les caravanes y viennent, et c'est un entrepôt de marchandises. Ses habitants sont riches et plus habiles dans divers arts et métiers qu'on ne l'est généralement ailleurs, en sorte que le commerce y est florissant. Les marchands de cette ville sont en relation avec ceux de l'Afrique occidentale, ainsi qu'avec ceux du Sahara et de l'Orient; on y entrepose beaucoup de marchandises de toute espèce. Autour de la ville sont des plaines cultivées, où l'on recueille du blé, de l'orge et des fruits en abondance. On y construit de gros bâtiments, des navires et des galères, car les montagnes et les vallées environnantes sont très boisées et produisent de la résine et du goudron d'excellente qualité... On y trouve des fruits, d'excellents comestibles à prix modiques et une grande variété de viandes. Dans ce pays, le bétail et les troupeaux réussissent à merveille, et les récoltes sont tellement abondantes, qu'en temps ordinaire elles excèdent les besoins des consommateurs et qu'elles suffisent dans les années de stérilité. Les habitants de Bougie se livrent à l'exploitation des mines de fer, qui donnent de très bon minerai. En un mot, la ville est très industrieuse... C'est un centre de communications. »

1120-1150. — Le Madhi, chef des Almohades, s'élève contre les Almoravides. Rapides conquêtes de la nouvelle secte dans le Maroc et en Espagne.

Un mouvement populaire, analogue à ceux qui avaient si souvent renversé les anciennes dynasties d'Afrique et qui plus récemment avaient porté les Almoravides au trône de Maroc, ébranla leur puissance dans les premières années du douzième siècle, et finit par les détrôner à leur tour après vingt ans de luttes.

Un homme à imagination ardente, poussé par une conviction intime plus peut-être que par des calculs intéressés, nommé Mohammed Ibn-Toumert, avait réuni en confédération religieuse plusieurs tribus de la race des Masmouda, la plus puissante des nations berbères de l'Atlas marocain. Il se donnait aux populations comme le nouveau *Madhi*, ou *Medhi*, « le guidé de Dieu », l'homme attendu pour établir le règne de la justice et de la paix universelle.

Dans tous les siècles, le monde musulman a été troublé par de semblables apparitions. Le Madhi s'annonce partout comme le réformateur des abus; il déteste les riches; il appelle à lui les déshérités de la fortune, toujours nombreux et faciles à séduire; il attaque les pouvoirs établis; il les dénonce comme dégénérés et corrupteurs, sauf à les imiter plus tard. Néanmoins, et en faisant aussi large qu'on voudra la part de l'ambition personnelle et égoïste, on trouvera toujours dans la doctrine des Madhis (des Madhis musulmans), un fond réel de sincérité et de désintéressement. C'est le propre de l'illuminisme. Nous ne savons ce que l'avenir réserve au Madhi qui tient en ce moment en échec l'Angleterre et l'Égypte. Peut-être, comme tant d'autres, finira-t-il misérablement; peut-être se créera-t-il une domination durable dans le Soudan; jamais l'Europe ne lui permettra de s'établir en Égypte, et jamais il n'aura ni les talents ni la puissance de celui qui fonda l'empire almohade (1).

Pauvre et mal vêtu, Ibn-Toumert parcourait les tribus et les soulevait par ses prédications enflammées. Il blâmait le relâchement général des mœurs; il s'élevait contre les docteurs et les grands; il gourmandait les femmes qui osaient sortir sans voile dans les rues,

---

(1) Au moment où je livre cette page à l'impression, les journaux annoncent la mort du vainqueur de Khartoum.

et brisait dans les mains de ceux qu'il rencontrait les vases à vin et les instruments de musique. Au fond, il avait des doctrines sonnites et cherchait à ramener l'islamisme aux pratiques des premiers siècles. Professant l'unité absolue de Dieu dans son essence et sa nature, il donna à ses adeptes le nom d'*Almohades* ou Unitaires, par opposition aux tendances anthropomorphites des Almoravides. Il mourut en 1128 à Tinmelel, ville et montagne de l'Atlas au sud de Maroc, après s'être fait un peuple dévoué de toutes les tribus masmoudiennes, avec lesquelles il avait déjà soumis une grande partie des provinces méridionales de l'empire almoravide. Quand il sentit approcher sa fin, il remit l'autorité à Abd-el-Moumen, son principal disciple, homme jeune, très beau de sa personne, plein de courage, et doué des qualités d'un véritable homme de guerre.

Le nouvel initiateur, animé de l'ambition du pouvoir et des conquêtes, tint d'abord la mort du Mahdi secrète, afin d'assurer son autorité. En 1130, comptant sur l'assentiment des tribus dont il avait reçu le serment de fidélité, il leur annonça qu'il ne tarderait pas à les conduire au but entrevu seulement par le maître, et il tint parole. En même temps que ses émissaires se répandaient en Espagne, décriant partout le faste et la tyrannie des seigneurs almoravides, il attaqua lui-même leurs partisans en Afrique les armes à la main, et reçut l'adhésion de nombreuses tribus. Dès l'an 1134, établi à Salé, il ne craignit pas de prendre le titre souverain d'*Émir al-moumenin*, et de faire dire la prière publique en son nom. Son habileté autant que sa valeur soumettaient les villes et les tribus. En 1147, Maroc,

Fez, Tlemcen et Oran lui appartenaient ; les garnisons almoravides étaient bloquées à Ceuta, Méquinez et dans quelques autres places fortes, qui toutes furent obligées de capituler peu après. Avant de s'être rendu en Espagne, il avait été déjà proclamé à Xérès, à Cadix, à Cordoue et à Séville. Ses armées continuèrent ses conquêtes, et il vint en 1150 à Salé, sur la côte de l'Atlantique, recevoir l'hommage de presque tous les émirs espagnols qui l'avaient reconnu, pendant qu'un de ses lieutenants obligeait le roi de Castille à lever le siège de Cordoue.

1100-1147. — Milices chrétiennes au service des Almohades et des Almoravides.

D'après Ibn-al-Athir, auteur un peu éloigné de ces temps, la prise de la ville de Maroc par Abd-el-Moumen fut due à la défection d'un corps de troupes chrétiennes (*frendji*) qui était au service des Almoravides. Fatigués de la longueur du siège, entraînés d'ailleurs par l'exemple de l'un des principaux chefs berbères, passé du côté des Almohades, les auxiliaires européens auraient livré aux assiégeants la porte confiée à leur garde par le sultan Tachefin. Quoi qu'il en soit de ce fait de trahison, très possible, mais exceptionnel dans l'histoire de leurs services, nous avons surtout à remarquer ici la première mention de milices chrétiennes faisant partie des armées almoravides. Ibn-Khaldoun, sans rappeler ces circonstances de la prise de Maroc, parle de la milice chrétienne d'Abou-Tachefin et de son chef, nommé El-Zoborteïr, à propos des guerres d'Abd-el-Moumen. Attaquée en 1142 par un corps almohade, comme elle venait d'enlever un butin considérable aux Beni-Senous, la milice fut battue, El-Zoborteïr tué et son cadavre mis en croix.

Les rois de l'Espagne musulmane eurent aussi quelquefois à leur solde des corps de troupes chrétiennes. Nous savons peu de chose de la composition de ces corps auxiliaires dans l'Espagne musulmane, où ils durent être fort rares, car l'Église ne pouvait les approuver. Au contraire, des renseignements nombreux nous sont parvenus sur les milices chrétiennes qui dans le Magreb furent au service des califes almohades et des rois de Tlemcen et de Tunis. Nous aurons occasion d'en parler plusieurs fois.

Nous verrons que ces corps, bien différents des troupes chrétiennes envoyées occasionnellement au secours de tel ou tel roi musulman, momentanément allié d'un prince chrétien, n'étaient point composés de renégats ou de transfuges, comme on serait porté à le croire. Des chevaliers et de hauts seigneurs en ont fait partie. Ces corps étaient à la solde et au service permanent des émirs. L'Église et les gouvernements chrétiens en ont permis le recrutement en Europe. Ses membres ne cessaient point d'appartenir à la religion chrétienne, et des facilités leur étaient données pour la libre pratique de leur culte, au milieu des troupes et des populations musulmanes, et sous un étendard chrétien.

1087-1147. — Alternatives de relations commerciales et d'hostilités entre les chrétiens et les Arabes. Navire des moines de la Cava.

A l'époque où nous sommes parvenus, l'histoire des

relations des Arabes occidentaux et des peuples d'Europe ne se compose encore que de notions éparses concernant des faits de guerre et de commerce, la plupart du temps isolés et entremêlés dans les chroniques, comme ils l'étaient dans la réalité, sans que l'on puisse toujours reconnaître la cause de ces alternatives.

On a vu que Roger Ier, comte de Sicile, avait refusé en 1087 de s'associer à l'attaque dirigée par les villes italiennes contre la capitale des Zirides, en raison de la paix jurée entre lui et le roi Temim. En 1121, Roger II envoya une ambassade à Ali, petit-fils de Temim, pour renouveler la convention conclue anciennement entre leurs pères.

Les documents du temps fournissent un témoignage assez étrange des bonnes relations qui existaient alors, en dehors des faits inévitables de la guerre, entre les chrétiens et les Arabes du Magreb. Le roi Temim eut, dit-on, cent fils et soixante filles. Ne pouvant doter convenablement une aussi nombreuse lignée, force lui fut de laisser ses enfants chercher librement à faire leur chemin comme ils purent. L'un de ses fils, en rapport vraisemblablement avec les Pisans, leur demanda un emploi. Le gouvernement le nomma héraut de la république à Pise même; et c'est lui qui publia dans les rues de la ville le traité conclu, le 1er octobre 1126, entre les communes de Pise et d'Amalfi (1).

La Pouille et la Calabre, dont les intérêts politiques

---

(1) *Per Teminum, Temini regis Africæ filium, præconem Pisanæ civitatis,* Bonaini, *Arch. Stor. Ital.,* 1er s., t. VIII, part. 1, p. 3, 6.

étaient liés à ceux de la Sicile, participaient aux avantages des traités conclus avec les princes maugrebins: A la faveur de leurs dispositions, les marins d'Amalfi, ceux de Trani, connus déjà dans la Méditerranée orientale et sur la côte d'Afrique, les armateurs de la ville de Gaëte, protégés déjà en 1124, paraît-il, par un consul résidant « en Barbarie », purent continuer et développer leurs opérations avec les villes de l'Afrique.

L'Église profita quelquefois de ces bons rapports pour ses affaires temporelles. Les archives de la Cava, monastère bénédictin fondé au milieu des montagnes du golfe de Salerne et d'Amalfi, conservent de curieux témoignages de l'industrieuse administration des moines, qui, non contents de féconder les terres où ils s'étaient établis, allaient chercher au delà des mers les matières nécessaires au vêtement et à la nourriture des frères et aux cérémonies du culte. Le biographe du bienheureux Constabilis, abbé de la Cava, raconte que vers l'an 1124, peu de temps après la mort du saint docteur, « le navire » de l'abbaye fit un voyage à Tunis dans l'intérêt du monastère, sous la conduite d'un moine nommé Jean. A la nouvelle, mal fondée d'ailleurs, d'une attaque des chrétiens contre lui, l'émir, qui était un des princes de la famille d'Ibn-Khoraçan, mit l'embargo sur tous les navires étrangers. Le frère Jean, apprenant les ordres de l'émir, quand déjà son bâtiment avait reçu toutes les marchandises à bord, osa les braver, et mit à la voile malgré la défense. Ramené bientôt dans le port, il s'attendait à subir un châtiment exemplaire, quand le roi, par un mouvement que le biographe ne manque pas d'attribuer à l'intervention miraculeuse de Constabilis, lui permit de retourner en Italie avec toutes ses emplettes.

Le vaisseau de la Cava, dont le port habituel devait être Salerne, fréquentait d'autres mers que celles de Sicile et d'Afrique. Bien souvent, comme ceux du Temple et de l'Hôpital, il transportait les pèlerins et les passagers d'Europe en Terre-Sainte. Il jouissait dans les ports du royaume de Jérusalem de l'exemption des droits d'ancrage, et ses gens pouvaient y vendre ou acheter toutes marchandises sans payer aucun droit.

Si le traité d'évacuation d'El-Mehadia rétablit les relations commerciales entre le royaume des Zirides et la haute Italie, la paix ne paraît pas avoir été de longue durée. Le désir de venger le désastre qui les avait humiliés rendit vraisemblablement les Zirides agresseurs. Les flottes d'El-Mehadia, reconstruites par les soins d'Yahya, fils de Temim, « afin, dit un ancien chroniqueur arabe, de pouvoir attaquer les chrétiens », redevinrent bientôt redoutables. Durant tout son règne, de 1107 à 1116, Yahya paraît avoir été en hostilité avec les républiques de la mer Tyrrhénienne et avec les provinces méridionales de la France. Ses navires exercèrent des représailles et rançonnèrent quelques villes de l'île de Sardaigne, de la rivière de Gênes ou des côtes de Provence, peut-être du Languedoc ; c'est ce que doit signifier cette assertion évidemment excessive d'Ibn-Khaldoun : « Yahya envoya plusieurs expéditions contre les pays de l'ennemi, et força les Français, les Génois et les Sardes, populations chrétiennes d'outre-mer, à lui payer tribut. »

Nous ne savons rien de ce que les villes de l'Italie et

et refusèrent presque toujours d'accorder les renforts et les subsides qui leur furent demandés par les sultans de Damas et du Caire.

Les villes de l'Europe méridionale virent surtout dans les croisades les avantages de leur marine et l'occasion d'étendre leur commerce en Orient. En même temps qu'elles acquièrent en Terre-Sainte des possessions territoriales et des privilèges des princes chrétiens, en même temps qu'elles traitent avec les sultans d'Égypte et de Syrie, elles inaugurent avec les émirs du Magreb une nouvelle ère de relations pacifiques et de rapports commerciaux à l'avantage réciproque de leurs sujets.

Les traités politiques qui, dès la fin du onzième siècle, lièrent les rois de Sicile aux émirs d'El-Mehadia et de Kairouan avaient nécessairement des conséquences favorables au commerce. Si rien n'était défini encore par des actes écrits sur les conditions auxquelles ce commerce pouvait s'exercer, des sauf-conduits étaient au moins délivrés ou garantis sous une forme quelconque aux navigateurs siciliens pour s'y livrer. Pise et Gênes ne tardèrent pas à s'entendre avec les rois arabes pour confirmer aussi par des traités précis les usages et les premières conventions verbales ou écrites qui leur permettaient de fréquenter en sécurité les ports africains.

Les princes arabes, trouvant avantage à ces relations, n'hésitaient pas à en prendre quelquefois l'initiative. En 1133, deux galères africaines vinrent à Pise avec des envoyés du *roi de Maroc,* expression qui ne peut désigner à cette époque que le sultan almoravide Yahya, fils d'El-Aziz, car Abd-el-Moumen, le chef des Almohades, maître seulement des provinces centrales du Maroc, depuis l'Atlas jusqu'à Salé, sa capitale, ne possédait encore ni les côtes de la Méditerranée, ni aucune des trois villes impériales : Maroc, Fez et Méquinez. Un traité ou une *paix*, comme il est dit dans les anciens documents, fut conclu le 26 juin par les ambassadeurs africains avec la république de Pise. Le pacte comprend aussi les États de l'émir de Tlemcen, et mentionne un troisième personnage, peut-être l'émir des Baléares, ou l'amiral de la flotte almoravide, le caïd Meimoun, dont le voyage à Pise pour une négociation importante n'aurait eu rien de surprenant.

Pise avait alors sur la Méditerranée la prépondérance maritime qu'Amalfi et Naples avaient perdue. Elle pouvait armer à Porto-Pisano, vaste bassin intérieur situé non loin de l'embouchure de l'Arno, vers Livourne, des flottes de cent à cent cinquante navires. Elle exerçait un droit de suprématie navale et commerciale sur toute la côte tyrrhénienne, depuis Piombino et Civita-Vecchia jusqu'à Lerici, dans le golfe de la Spezzia.

Quoique les monuments désignent accidentellement les Pisans comme ayant les premiers conclu des traités formels avec les Almoravides, il est incontestable que les Génois, bien que les Pisans leur fussent supérieurs encore par la force de leur marine et l'étendue de leurs relations, obtinrent à peu près à la même époque des privilèges et des comptoirs dans le Maroc.

Gênes, régie par un gouvernement vigilant et jaloux de la puissance pisane, cherchait à accroître partout ses possessions et ses établissements. En Sardaigne, elle avait fini par prendre le dessus sur les colonies pisanes; les seigneurs de l'île, appelés rois ou juges, voulant conserver un reste d'autorité, se mettaient de préférence sous sa protection et secondaient ses efforts pour réparer les ravages des Sarrasins. Gênes relevait Cagliari, dans le sud, construisait Castel-Genovese, aujourd'hui Castel-Sardo, pour protéger le golfe qui fait face à la Corse, et fondait Alghero, fief des Doria, qui fut le port principal dans l'ouest, vis-à-vis des Baléares. En terre ferme, elle amenait ou soumettait à son association politique les villes des deux rivières, depuis Vintimille, près du comté de Nice jusqu'à Porto-Venere, près du golfe de la Spezzia, où commençait le territoire pisan.

La confiance qu'inspirait sa puissance navale faisait rechercher son alliance et sa protection par les villes des côtes de Provence. En 1138, elle se lia d'une manière très étroite avec les communes et les seigneurs de Marseille, d'Hyères, de Fréjus et d'Antibes, en vue surtout de son commerce et de ses rapports avec l'Afrique.

On voit qu'elle avait alors, et depuis un certain temps déjà, une position avantageuse au Maroc. En retour d'une alliance offensive et défensive conclue avec Marseille, la république promit à la commune provençale de l'aider à négocier un traité direct avec le roi de Maroc; elle obtint de toutes les villes maritimes de la région l'engagement de respecter la personne et les biens des sujets de l'émir al-moumenin, et la promesse, si elle lançait quelques corsaires contre les Sarrasins, d'obliger par serment ses armateurs à respecter expressément les Marocains.

1157. — Situation avantageuse des Pisans à Tunis.

A Tunis, où régnait la dynastie des Beni-Khoraçan, sous la suprématie alternative des Zirides et des Hammadites, les Pisans étaient considérés comme d'anciens amis. Ils y avaient un quartier ou fondouc particulier, comprenant plusieurs maisons et clos de murs. Ils y faisaient depuis longtemps le commerce d'importation et d'exportation. On jugera des égards qu'on avait pour eux par les extraits suivants d'une lettre qu'adressa, en 1157, l'émir Abd-Allah à l'archevêque de Pise, chef du gouvernement de la république, pour rappeler les principales bases d'une convention arrêtée verbalement avec l'ambassadeur de la république. Cet ambassadeur se nommait Abou-Temim Meimoun, fils de Guillaume. Il semble avoir été un personnage considérable, peut-être un Berbère chrétien, connu et apparenté également bien en Italie et en Afrique :

« Abd-Allah, Ibn-Abou-Khoraçan, à l'illustre et très noble archevêque de Pise (Villain, primat de la Corse et de la Sardaigne), aux illustres scheiks (anciens), consuls, comtes, notables, et à tout le peuple de la ville, que Dieu les guide!

« Au nom de Dieu clément et miséricordieux!

« Nous vous offrons nos saluts les plus affectueux et les plus distingués. Nous honorons votre nation, dont tous les jours des choses flatteuses nous sont dites, par suite des liens d'amitié et de bienveillance qui existent depuis longtemps entre nos pays, et qui ont amené de fraternels rapports entre nos deux peuples. Nous avons reçu les gracieuses lettres que vous nous avez envoyées par le scheik illustre, le reïs Abou-Temim Meimoun, fils de Guillaume, votre ambassadeur, homme d'une si grande prudence, habileté, etc. Nous louons votre haute sagesse de nous avoir envoyé un tel homme, qui s'est occupé avec intelligence et avec un dévouement infatigable de ce qui était contenu dans votre lettre, et de tout ce qui concerne l'honneur et les intérêts de votre commune.

« Comme c'est le signe de l'amitié d'instruire ses amis de l'état de ses affaires, nous vous faisons savoir, à vous qui êtes ceux que nous aimons le plus dans le monde chrétien, que Dieu nous a délivrés nous et notre État de l'invasion des Masmouda (des Almohades). Nous avons repoussé leurs armées, et nous avons tué un grand nombre de nos ennemis.

« Vous nous parlez d'une galère venue d'Alexandrie à Tunis, laquelle a été bien accueillie par nous, quoiqu'elle eût fait tort aux Pisans; voici la vérité sur cet incident. Nous avions envoyé une galère de course en mer, quand le gros temps la poussa dans le port d'Alexandrie. Elle y fut bien reçue et bien traitée. Nous ne pouvions répondre par l'ingratitude à ce bon procédé. Aussi une galère égyptienne étant peu de temps après venue à Tunis, elle y reçut bon traitement; elle s'y approvisionna, elle y vendit une partie de ses prisonniers et ramena les autres à son départ. Nous ignorions que cette galère eût capturé plusieurs Pisans. Si nous en avions été informés, nous aurions racheté avec empressement les prisonniers de nos propres deniers pour les remettre à vos honorables scheiks en témoignage de notre amitié. Du reste, nous avons remédié pour l'avenir à de semblables inconvénients, et rendu impossible pareille chose à tous ceux qui s'occupent de la vente des captifs et des esclaves dans nos pays. (Cela veut dire que l'émir défendit la vente des captifs et des prisonniers de nationalité pisane dans son royaume.)

« Quant à ce droit qu'il est coutume de prélever ici (sur les grains), à savoir cinq jointées de main par sac, il doit être diminué. Nous avons réglé qu'on devra se contenter de prendre à l'avenir quatre poignées sur le haut de chaque sac.

« Nous avons accordé en outre, au sujet des marchandises que vos marchands ne pouvaient vendre en notre pays, et sur lesquelles on percevait néanmoins (comme sur les marchandises vendues) un pour dix, qu'aucun droit ne serait à l'avenir exigé, et qu'elles pourraient être remportées librement. Au sujet de l'alun, importé par les Pisans, aucun droit ne sera à l'avenir exigé. Nous avons ordonné que tous vos marchands, leurs facteurs, leurs familles, leurs employés ou domestiques qui demeurent entre le mur (de la ville de Tunis) et l'enclos (de leur fondouc ou de leurs maisons), soient traités avec égards et avec une affectueuse attention. Nous en avons donné l'assurance au scheik, le reïs Abou-Temim, et ce sera fait ainsi.

« Nous avons ordonné aussi que tout prisonnier ou esclave pisan trouvé dans nos terres soit délivré ou racheté en mon nom et envoyé à Pise en liberté. Votre envoyé nous a promis la réciprocité.

« Nous avons ainsi éloigné tous sujets de différends entre nous. Nous avons arrêté toutes ces choses avec votre honorable envoyé, l'illustre scheik, les reïs Abou-Temim, par un acte ferme et irrévocable que nous avons sincèrement et en bonne forme ratifié. Nous avons confié au même envoyé la lettre que nous adressons à Vos Seigneuries, que Dieu accroisse leur gloire ! avec la réponse verbale (aux demandes de la république), que son éloquence leur exposera quand il les reverra.

« Nous terminons en vous envoyant nos plus cordiaux saluts, pour les grands et pour les petits, pour les nobles et pour le peuple.

« Dieu est notre espérance et notre meilleur protecteur. »

1087-1157. — Que les premiers traités conclus en ces temps entre les chrétiens et les Arabes furent vraisemblablement des conventions verbales et non écrites.

L'original de cette lettre, écrit en arabe, fut remis à l'envoyé pisan avec une traduction latine exécutée vraisemblablement à Tunis même, peut-être sous les yeux de l'ambassadeur et du roi, suivant un usage assez fréquent, rappelé dans les traités postérieurs. On y remarquera ces mots de la fin, concernant une question de pure chancellerie; ils ne sont pas sans intérêt pour l'histoire des formalités diplomatiques employées dans les relations internationales : « Nous nous sommes entendus de toutes ces choses avec votre envoyé, dit le roi de Tunis à la fin de sa lettre, par un *acte* ferme et irrévocable que nous avons ratifié sincèrement et en bonne forme. »

Malgré le sens précis que semblent avoir ces expressions, nous sommes porté à croire que la négociation du scheik Meimoun à Tunis ne se termina pas par un traité formellement écrit, comme il fut peu après usité dans les occasions semblables. Le seul monument où soient rappelés les points principaux de la convention arrêtée entre l'ambassadeur chrétien et le roi arabe est cette lettre même de l'émir dont nous citions les derniers mots. L'acte ferme et irrévocable dont il y est question, comme ayant terminé les négociations à la satisfaction des Pisans, n'est pas un acte spécial différent de la lettre; c'est la lettre elle-même, c'est la remise de la lettre, remise qui confirmait d'une manière générale la bonne situation des Pisans à Tunis et leur assurait la bienveillance royale.

Plusieurs circonstances justifient, ce semble, notre explication. Il faut remarquer d'abord que les Arabes, dans leurs écrits et leur langage, emploient très fréquemment le passé pour le présent. « Nous t'avons accordé notre fille en mariage », répondra un père à un prétendant, pour dire : « Nous t'accordons notre fille », d'une manière présente et actuelle. Ces mots de la lettre d'Ibn-Khoraçan : « Nous avons arrêté toutes ces choses par un *acte* ferme et irrévocable », signifient : « Nous arrêtons. » Aussi la traduction latine, qui était la coordination résumée des conventions, et non la traduction littérale des termes mêmes du document arabe, se borne-t-elle à dire : « Ces choses ont été ratifiées et confirmées avec l'ambassadeur pour être inviolablement observées et notifiées publiquement à Pise. »

Nulle mention dans le texte chrétien de la conclusion d'un traité spécial et antérieur dont la lettre serait l'annexe et la conséquence, comme il fut plus tard pratiqué. Le seul instrument diplomatique de la négociation de 1157, c'est la présente lettre qui rappelle les points essentiels arrêtés entre le roi et l'envoyé pisan. Et ce qu'ajoute plus loin Ibn-Khoraçan le prouve bien : « Nous avons remis à votre ambassadeur *une lettre* pour Vos Seigneuries et les *réponses verbales* à vos demandes, réponses qu'il vous exposera plus amplement quand il vous verra. »

Au onzième siècle encore, croyons-nous, il arrivait souvent que, les conditions générales du traité une fois convenues et résumées verbalement, on les confirmait sans les écrire par une affirmation publique, par une poignée de main ou par un serment, et le traité était dès lors scellé. Habituellement une lettre remise au plénipotentiaire franc constatait le fait même de l'accord; quelquefois même, comme en 1157, mais non avec autant de développements, la lettre rappelait les garanties principales assurées aux chrétiens, telles que la sécurité des personnes exprimée par le mot arabe *aman*, et la liberté des transactions. L'usage et les précédents réglaient ensuite les questions secondaires qui se rattachaient au séjour, aux douanes, aux ventes et aux achats des marchands.

La procédure diplomatique ne tarda pas à se développer. Bientôt on écrivit les engagements secondaires acceptés verbalement des deux côtés. On ne se borna plus à l'échange de lettres de bonne entente et d'amitié. Il y eut un traité bilatéral et une lettre. Le premier accord que nous ayons dans la forme synallagmatique restée généralement en usage est celui de Majorque de l'an 1181. Déjà dans une lettre de l'archevêque de Pise au sultan Yousouf, de l'an 1181, l'archevêque invoquait à l'appui de ses réclamations un traité écrit qui n'était peut-être pas une simple lettre ou diplôme du calife.

1147-1159. — Abd-el-Moumen détruit la dynastie des Almoravides, le royaume des Hammadites de Bougie et la principauté des Beni-Khoraçan de Tunis.

Ibn-Khoraçan, en se félicitant avec la république de Pise d'avoir repoussé les armées almohades, témoignait une trop grande confiance dans son succès. Il mourut cette année même; et deux ans après, en 1159, son neveu Ali était obligé d'ouvrir les portes de Tunis à Abd-el-Moumen, venu lui-même dans la Proconsulaire à la tête de forces immenses.

Deux auteurs arabes, Ibn-al-Athir, contemporain, mais vivant à Damas au milieu de l'exaltation religieuse que provoquaient les victoires de Saladin, l'autre, El-Tidjani, visitant l'Afrique orientale au quatorzième siècle, ont écrit que le sultan, maître de Tunis, força les chrétiens et les juifs établis dans cette ville à embrasser l'islamisme, et que les réfractaires furent impitoyablement massacrés. Nous doutons de la réalité de toutes ces mesures. Si l'arrêt fatal fut prononcé dans l'emportement du triomphe et pour satisfaire quelques exigences momentanées, il dut être éludé ou révoqué, tant il était contraire au principe de la liberté religieuse respecté jusque-là par tous les princes maugrebins. Ce qu'il y a de certain, c'est que les chrétiens et les juifs ne tardèrent pas à reparaître à Tunis et qu'on voit les chrétiens avant la fin du règne d'Abd-el-Moumen établis à Tunis et y jouissant comme par le passé de la liberté de leurs établissements, de leur commerce et de leur religion.

L'armée qu'amenait le conquérant pour soumettre l'Afrique orientale comptait cent mille cavaliers et un plus grand nombre de fantassins. Ces masses, les chroniqueurs arabes l'assurent du moins, se mouvaient et obéissaient avec un ordre parfait. Les campagnes ensemencées étaient traversées sans que les moissons eussent à souffrir; les haltes et les prières publiques se faisaient dans tous les corps à l'instant précis. Rien ne pouvait plus résister à l'homme qui avait su organiser un tel moyen de puissance.

Déjà Abd-el-Moumen avait renversé l'empire almoravide, dont le dernier sultan, Mohammed Tachefin, chassé du Maroc, avait péri en défendant Oran (1147). Il avait forcé les portes de Tlemcen, soumis Milianah, Alger et Bone; emporté d'assaut la ville d'El-Cala, première capitale de la Mauritanie Sitifienne. Peu de temps après, en 1152, il avait forcé Yahya, fils d'El-Aziz, assiégé dans Bougie, à renoncer au trône et à lui prêter serment de fidélité, mettant fin ainsi au royaume et à la dynastie fondés par Hammad cent quarante-cinq ans auparavant. « Accompagné ainsi par Dieu même dans sa marche, dit un ancien auteur maugrebin, il traversa victorieusement les terres du Zab et de l'Ifrikiah, conquérant le pays et les villes, accordant l'aman à ceux qui le demandaient et tuant *les récalcitrants*. Ces derniers mots confirment notre sentiment sur sa politique à l'égard des chrétiens qui acceptèrent l'arrêt fatal de la destinée.

La conquête d'El-Mehadia et le Tripoli, enlevés aux

Francs quelques années après, couronna son triomphe, en le rendant maître du Magreb entier et d'un empire plus vaste que n'avait été celui des califes de Cordoue.

Pour avoir duré peu d'années, la domination des princes normands sur le continent même de l'Afrique n'avait pas été sans gloire et mérite qu'on rappelle son origine.

1134-1152. — Roger II, roi de Sicile, fait des conquêtes sur la côte d'Afrique et détruit le royaume des Zirides d'El-Mehadia.

Depuis que les enfants de Tancrède avaient achevé la soumission de la Sicile, résultat qui paraît avoir été atteint entre les années 1075 et 1087, l'instinct envahissant de leur race les avait poussés à porter plus loin leurs conquêtes et à prendre pied sur la côte d'Afrique. Le respect des traités conclus avec les rois zirides les empêcha d'aider les Italiens en 1087 contre El-Mehadia ; il ne put contenir indéfiniment des projets si séduisants, qu'encourageaient d'ailleurs la faiblesse du gouvernement des émirs et les sollicitations de leurs propres sujets.

Sous le règne d'Ali, petit-fils de Temim, le gouverneur de la ville de Cabès, descendant des chefs arabes venus de la haute Égypte au siècle précédent, chercha à se soustraire à l'obéissance des princes d'El-Mehadia et à nouer des intelligences avec Roger de Sicile, qui ne les repoussa pas.

Ali, ayant peu de troupes et un État fort restreint, car la ville de Kairouan, occupée comme Cabès par des tribus hilaliennes, était tout à fait indépendante, appela à son aide le sultan almoravide Ali-Ibn-Yousouf. Ce fut le commencement d'hostilités déclarées qui provoquèrent les représailles des Siciliens et ne cessèrent qu'à la chute du trône ziride.

En 1122, une flotte marocaine menaça les côtes de Sicile, pilla un village et emmena une partie de la population en esclavage. Georges d'Antioche, Byzantin passé au service du roi Roger après avoir quitté celui des rois zirides, parut l'année suivante devant El-Mehadia, débarqua au sud de la ville, et se retira sans succès. Plus heureux en 1134, il s'empara de l'île de Gerba, grande et fertile contrée, vis-à-vis de Cabès, dont les populations, restées toujours attachées à l'ancien schisme des Kharedjites, satisfaisaient leurs rancunes politiques en se livrant à la piraterie contre les musulmans et les chrétiens. Les îles de Kerkeni, vis-à-vis de Sfax, à l'autre extrémité du golfe de Cabès, tombèrent ensuite au pouvoir des Siciliens, pendant que les Almoravides, effrayés des progrès d'Abd-el-Moumen, étaient retenus dans l'ouest, où ils avaient peine à défendre leurs dernières positions. L'amiral Georges, n'ayant affaire qu'aux émirs du pays, envieux les uns des autres, triompha à peu près partout où il se présenta. Tripoli, assiégé en 1143, fut conquis en 1146, et remis à un chef indigène qui reconnut la suzeraineté du roi de Sicile; Djidelli, à l'est de Bougie, fut pris et saccagé la même année. Les Francs brûlèrent en ce lieu un beau château de plaisance qu'avait fait construire Yahya, père d'Ali. Peu après, le lieutenant de l'émir de Cabès, s'étant emparé de l'autorité, se plaça ouvertement sous la protection de Roger et reçut de lui, comme le gouverneur de Tripoli, un diplôme de nomination avec les pelisses d'investiture.

Satisfait de ces résultats, qui lui assuraient la possession de tout le golfe de Cabès et l'établissaient fortement près d'El-Mehadia, Roger II accorda un traité à El-Hassan, fils d'Ali, et fit rentrer sa flotte en Sicile.

La paix fut de courte durée. El-Hassan n'ayant pas tardé à chasser le gouverneur institué par les Francs, Roger suspendit ses attaques contre la Morée, où il avait déjà pris ou rançonné Corfou, Céphalonie, Négrepont, Corinthe et Athènes, et envoya une flotte de cent cinquante galères sur les côtes d'Afrique.

L'amiral Georges aurait usé de ruse vis-à-vis d'El-Hassan, pour surprendre la place imprenable. « Vous n'avez rien à craindre, lui aurait-il écrit, suivant Ibn-al-Athir, attendu que notre traité de paix n'est pas encore près d'expirer. Nous sommes venus seulement pour rétablir Mohammed dans le gouvernement de Cabès. Il faut cependant nous fournir un corps de troupes pour cette expédition. » L'émir ne put accéder à la demande des Siciliens. Dépourvu de moyens de défense, il évacua précipitamment El-Mehadia, et les Francs, étant entrés sans difficulté à sa suite dans la ville aux portes de fer, y trouvèrent encore les chambres du palais royal pleines de richesses, d'objets rares et précieux. La conquête est de la fin du mois de juin 1148. Zouïla fut occupé immédiatement, Souça pris le 2 juillet, Cabès peu après, et Sfax, qui seul résista, enlevé d'assaut, mais amnistié et rassuré aussitôt, le 13 juillet.

Après une interruption de quelques années, durant lesquelles la flotte sicilienne eut à défendre Corfou, qu'elle ne put sauver, et s'avança jusque sous les murs de Constantinople, où les Francs lancèrent par dérision leurs flèches dans les fenêtres du palais impérial, Roger renvoya ses galères en Afrique, sous les ordres de l'amiral Philippe de Mehadia, musulman converti au christianisme, que le roi eut la faiblesse de laisser emprisonner et brûler plus tard comme faux chrétien. Bone et quelques autres villes de moindre importance reçurent des garnisons siciliennes ; c'était vers l'an 1152, à l'époque même où Abd-el-Moumen, poursuivant sa marche triomphante, venait de s'emparer du royaume de Bougie.

L'autorité de Roger, sans s'éloigner du littoral, s'étendit alors au delà des limites des Zirides et des Hammadites. A l'exception de Tunis et de Kairouan, toutes les villes maritimes du Magreb oriental, de la Tripolitaine à la Numidie, lui payaient l'impôt et étaient régies par ses agents. Les faits l'autorisaient à ajouter à sa qualification de *roi de Sicile et d'Italie* le titre de *roi d'Afrique,* que l'on dit se trouver sur quelques-uns de ses diplômes.

1134-1154. — Gouvernement éclairé et équitable de Roger à l'égard des Arabes.

Les Arabes ont, d'ailleurs, rendu justice à l'esprit de bienveillance et d'équité qui régla les rapports du roi Roger et de son père avec leurs sujets musulmans. A la fin de son règne, on put reprocher à Roger II quelques actes de faiblesse et de cruauté, tels que la dure répression de la sédition de Sfax et l'abandon de l'amiral Philippe au fanatisme de ses accusateurs ; mais en général, et à l'exemple de son père, il fut le défenseur de la population musulmane et le modérateur des exigences chrétiennes. Son fils Guillaume compromit son autorité en abandonnant cette sage politique.

En Sicile, les Arabes qui ne purent se décider à quitter un si beau pays, comme ceux de la vallée de Mazzara, prirent la place des anciens vaincus de l'islamisme. Soumis au tribut, ils conservèrent entièrement la liberté personnelle et la liberté religieuse. Dans les villes, où ils s'occupèrent d'arts industriels et d'études libérales, ils furent l'objet d'une faveur particulière. Beaucoup prirent place dans les emplois du palais, plusieurs furent appelés aux hautes fonctions du gouvernement. Les rois aimaient à réunir leurs lettrés auprès d'eux. On sait que Roger II fournit à Edrisi, descendant des anciens rois de Malaga, dont il avait fait son ami, les moyens de composer une boule d'argent du poids de huit cents marcs, sur laquelle étaient figurés tous les pays connus, depuis les Indes et la Chine jusqu'au détroit de Maroc. C'est à la demande du roi de Sicile, qui en agréa la dédicace, et pour expliquer les représentations de ce globe précieux, que le savant schérif composa son traité de géographie, si longtemps connu sous la fausse dénomination de *Traité du géographe nubien*.

Son gouvernement fut en Afrique ce qu'il avait été en Sicile, porté à la clémence et désireux de faire vivre en bon accord les deux peuples, sous une égale protection. Les impôts furent modérés, les chefs pris ordinairement parmi les indigènes; les personnes, les biens, la religion du pays partout respectés. Une ville prise ne tardait pas à voir la sécurité et la discipline rétablies dans ses murs. Des mesures généreuses rappelaient les habitants, des constructions d'utilité publique y étaient entreprises. Les auteurs arabes nous donnent eux-mêmes ces témoignages.

« Lors de la prise d'El-Mehadia, dit Ibn-Khaldoun, l'amiral du roi Roger, voyant la haute considération que les habitants avaient pour Omar-Ibn-Abil, le revêtit des fonctions de gouverneur. En repartant pour la Sicile, il emmena avec lui le père de cet homme en qualité d'otage. Tel fut le système suivi par Roger à l'égard de ses conquêtes africaines : il autorisait les vaincus à y rester ; il leur donnait des concitoyens pour chefs, et dans ses rapports avec eux il se conduisit toujours selon les règles de la justice. » Ce que dit Ibn-al-Athir à l'occasion de la prise de Tripoli et de la réparation des remparts, œuvre à laquelle les Francs s'employèrent pendant six mois consécutifs, montre que leurs conquêtes, loin d'apporter le trouble dans les pays envahis, y développaient quelquefois plus d'activité commerciale. « Une amnistie générale proclamée par les vainqueurs de Tripoli avait eu pour résultat la rentrée des fuyards dans la ville. L'ordre s'y rétablit. Les Siciliens et les Roum (les Italiens) y firent de fréquents voyages ; la population s'accrut rapidement et parvint à une grande prospérité. » Il en fut peut-être ainsi d'El-Mehadia.

Et néanmoins la domination des Normands en Afrique fut toujours précaire ; jamais elle ne fut pleinement acceptée par les indigènes, qui à la première occasion favorable se soulevèrent contre eux et aidèrent à leur expulsion.

1159-1163. — Abd-el-Moumen, continuant ses conquêtes, chasse les Francs d'El-Mehadia, et étend l'empire almohade sur tout le nord de l'Afrique.

La possession du littoral africain par les Siciliens

n'était possible qu'à deux conditions : la continuation d'une anarchie qui empêchât l'établissement dans le Magreb oriental d'une dynastie prépondérante, et le maintien en Sicile de grandes forces de terre et de mer prêtes à agir incessamment sur les côtes d'Afrique pour réprimer les révoltes et soutenir le parti des gouverneurs chrétiens, toujours en minorité dans le pays. Ces conditions manquèrent au succès de l'entreprise du roi Roger. Sans cesse occupé dans la basse Italie à étendre ou à défendre ses conquêtes contre la république de Pise, contre le prince de Capoue, contre le pape et contre l'empereur de Constantinople, il ne put entretenir en Sicile les flottes qui lui étaient indispensables. Son autorité, compromise dès la fin de son règne, ne pouvait être relevée par son fils Guillaume le Mauvais (1154), à qui la Sicile même fut disputée. Elle se maintint néanmoins tant que l'Afrique fut divisée; elle ne pouvait résister à Abd-el-Moumen, qui s'approchait avec des forces supérieures et le prestige d'une souveraineté reconnue déjà par les plus puissantes tribus du Magreb occidental et du Magreb du milieu.

Après avoir accordé la paix à des conditions sévères aux habitants de Tunis, Abd-el-Moumen s'était dirigé sans perdre de temps vers El-Mehadia, le seul point dont il pût craindre une résistance sérieuse. Il arriva sous les murs de la ville au mois d'août 1159. Son approche avait porté au comble la confusion et le désordre dans le pays. Sfax et quelques autres villes occupées par les Francs chassèrent leurs gouverneurs.

Quelques tribus étaient disposées à acclamer le nouveau sultan; d'autres, et parmi elles les Rihides de Kairouan, voulaient au contraire s'unir aux Francs pour le repousser. Elles refusèrent d'écouter les propositions du conquérant et se préparèrent à le combattre. Abd-el-Moumen négligea tout pour concentrer ses efforts contre El-Mehadia. El-Hassan, l'ancien roi zirido, accouru dans ses armées, espérait y retrouver des partisans. Le faubourg de Zouïla, abandonné de la population chrétienne, fut occupé par les Almohades; leur flotte vint s'établir dans le port, et le corps de place fut entouré de tous côtés. On compléta l'investissement en coupant par un large fossé l'isthme qui rattache la citadelle au continent. El-Mehadia renfermait alors une garnison assez nombreuse, où l'on comptait, dit un écrivain musulman, « plusieurs princes francs et un grand nombre de chevaliers d'une bravoure éprouvée ». La hauteur des fortifications augmentait leur confiance et rendait l'assaut impossible pour les assaillants; mais six mois de siège épuisèrent leurs vivres et leurs moyens de défense. Ils résistaient encore, et avaient même fait quelques sorties avantageuses, quand la flotte de ravitaillement confiée à l'amiral Pierre, eunuque du palais, soupçonné ici de quelque trahison, fut battue sous les murs d'El-Mehadia, au milieu des vents contraires qui s'opposaient à son approche. Les assiégés, découragés, se décidèrent à traiter alors de la capitulation. Suivant Ibn-al-Athir, le sultan aurait voulu exiger d'eux qu'avant de sortir de la ville ils abjurassent le christianisme. Tout projet d'évacuation ayant été abandonné sur cette condition, Abd-el-Moumen n'y persista pas, et quelques jours après les Francs rendirent la ville, garantis par une honorable convention à la faveur de laquelle ils emportèrent en Sicile leurs armes et leurs biens. Les vainqueurs prirent possession de leur glorieuse conquête le 22 janvier 1160.

Sfax, Tripoli, Gafsa, Souça avaient été occupés pendant le siège d'El-Mehadia; Cabès, qui résista, fut emporté d'assaut; Kairouan et le reste du pays soumis peu après, jusqu'au désert de Barca. Sans avoir à sortir de ses États, Abd-el-Moumen reprit la route du Maroc et arriva à Tanger au mois de décembre 1160. Il réorganisa alors l'administration des pays conquis; il fit restaurer les villes et les ports, et commanda un cadastre général de ses possessions d'Afrique. Les pays arpentés furent divisés par carrés, auxquels on affecta, déduction faite de la superficie des rivières et des montagnes, une quote-part proportionnelle et invariable de contributions à payer en argent et en blé. L'année suivante, pour compléter la défense et la facilité des communications d'Afrique en Espagne, il fonda la ville de Gibraltar. On pressent quelles devaient être ses vues. Il faisait d'immenses préparatifs pour concentrer tous ses efforts contre les chrétiens d'Espagne, quand il tomba malade et mourut à Salé au mois de mai ou de juin 1163.

1153-1188. — Commerce et traités génois dans l'empire almohade.
Associations génoises en vue du commerce d'Afrique.

On s'est demandé si, durant les trois années qui s'écoulèrent entre la prise d'El-Mehadia et sa mort, Abd-el-Moumen permit aux chrétiens d'Europe de commercer avec ses États d'Afrique, ou s'il persista dans l'intolérance dont il avait, dit-on, donné l'exemple à la prise de Tunis (1). Nous ne savons rien de positif sur les relations d'Abd-el-Moumen avec les Pisans, les Vénitiens, les Provençaux, les Siciliens et les autres chrétiens qui venaient déjà commercer dans les ports du Magreb sous ses prédécesseurs. Les circonstances politiques purent le porter à ne pas accorder ses faveurs aux Pisans et aux Siciliens; mais l'activité remarquable du commerce des Génois avec les diverses villes du Magreb pendant tout son règne, et particulièrement à la fin, témoigne d'une façon bien évidente, ce que l'élévation de son intelligence devait faire admettre, qu'il ne put qu'être favorable en principe au commerce avec les peuples étrangers, musulmans ou chrétiens.

Vers l'année 1153 ou 1154, il avait conclu avec la république de Gênes un traité pour assurer la paix et les bons rapports entre leurs sujets. C'est en observation de cet accord, peut-être oral encore, mais connu dans tous les ports et sur toutes les flottes de l'empire, que huit galères almohades ayant cerné à Cagliari un vaisseau génois venu d'Alexandrie avec une riche cargaison, qui fut d'ailleurs vaillamment défendue, cessèrent leur attaque aussitôt qu'elles connurent sa nationalité.

En 1160 ou 1161, peu après le retour du sultan dans l'ouest, les Génois renouvelèrent leurs traités avec une pompe et une solennité particulières. Le consul Ottobone, de la noble famille des Camilla, se rendit auprès d'Abd-el-Moumen, en qualité d'ambassadeur de la république, et fut entouré durant tout son voyage des plus grands honneurs. Reçu à Maroc, il y conclut un

---

(1) M. Amari, préface, p. xxxix.

traité qui assura dans toute l'étendue des terres et des mers almohades la liberté des personnes et des transactions des sujets et des protégés de la république. Le traité fixa à huit pour cent les droits à percevoir sur les importations génoises dans tout le Magreb, à l'exception du port de Bougie, où le tarif était élevé à dix pour cent, attendu que le quart du droit perçu à Bougie devait faire retour à la république de Gênes. Cette réserve se réfère évidemment à des conventions arrêtées antérieurement pour le règlement des conditions du commerce génois à Bougie, depuis qu'Abd-el-Moumen s'était emparé de cette ville (1152); elles remontaient peut-être au temps des souverains hammadites.

Dès le milieu du douzième siècle, il se formait à Gênes, par contrats notariés, des sociétés de commerce et de nolis pour envoyer des marchandises sur divers points de la côte d'Afrique. Des marchands, des armateurs, de simples capitalistes ou propriétaires entraient dans ces associations. Tantôt le voyage du navire s'étendait à toute la côte de Barbarie, en passant quelquefois par la Sicile, avec retour par Séville et la Provence; tantôt l'opération était limitée au voyage d'aller et de retour à l'une des villes suivantes : Tripoli, Tunis, Ceuta ou Salé. Les métaux, surtout le cuivre, entraient pour beaucoup dans les importations. A la rentrée du navire, les bénéfices étaient partagés au prorata de la mise ou du travail de chaque associé. Dès l'an 1156, les habitants de Savone participaient à ces expéditions, comme les Lucquois prenaient part à celles des Pisans. Par une circonstance assez étrange, la plupart des actes d'association de cette nature qui nous sont connus concernent le règne d'Abd-el-Moumen, et presque tous se rapportent aux dernières années de sa vie. Ceux pour Tripoli sont des années 1157, 1160 et 1164; ceux de Tunis, des années 1156, 1157, 1158, 1160, 1162, 1163, 1164; ceux de Ceuta, de 1160 et de toutes les années suivantes jusqu'en 1164; ceux de Salé, de 1162 et 1163.

Les Génois s'assurèrent également des privilèges commerciaux, par des traités de 1149 et 1161, dans le royaume de Murcie et de Valence, qu'Abd-el-Moumen avait laissé subsister, et qui fut réuni à la souveraineté almohade en 1172.

1166-1184. — Traités et relations des Pisans avec les Almohades.

Il est possible que la faveur marquée dont les marchands pisans jouissaient dans l'empire almoravide et à Tunis, du temps des Beni-Khoraçan, ait nui à leurs premiers rapports avec les Almohades. On peut croire au moins qu'elle retarda le renouvellement des garanties accordées par les gouvernements antérieurs à leur commerce dans le Magreb. Peut-être les relations amicales ne furent-elles effectivement établies avec la nouvelle dynastie africaine que sous le règne du fils d'Abd-el-Moumen, et en 1166, à la date où nous en trouvons la première mention dans les chroniques.

Le 6 mai 1166, l'un des consuls de la république, Cocco Griffi, employé déjà dans une ambassade à Constantinople, où il s'était distingué, partit de Pise et se rendit auprès de l'émir al-moumenin, alors Abou-Yacoub Yousouf, fils d'Abd-el-Moumen. En négociant un traité avec le sultan, il devait aussi veiller au sauvetage et au rapatriement d'une galère pisane détachée de la flotte qui avait combattu les Génois à l'embouchure du Rhône, et qui, poussée par la tempête jusque sur la côte de Djidjelli, avait perdu ses gens, tous massacrés ou conduits dans les prisons de Bougie. Sur ces faits de violence, dont les traités postérieurs eurent toujours pour objet de prévenir le retour, Cocco Griffi paraît avoir obtenu pleine satisfaction, bien qu'il n'y eût pas obligation stricte pour le prince almohade, hormis le cas d'engagements préexistants. Il eut à se louer aussi de ses négociations de paix et de commerce, autant qu'on en peut juger par le récit fort succinct de Marangone. Yousouf paraît avoir rendu aux Pisans les franchises et les possessions qu'ils avaient autrefois en Afrique; il leur reconnut notamment le droit de fondouc à Zouïla, le grand faubourg d'El-Mehadia, particulièrement habité par les marchands européens; et il déclara la *paix*, c'est-à-dire le traité de leur nation, valable pour toute la durée de son règne. Il remit à l'ambassadeur, lors de son départ, de nombreux présents destinés aux chefs de la république.

Il semble néanmoins que les Pisans n'aient pas regagné tout de suite et partout leur ancienne situation. Dans le royaume de Bougie surtout, les agents almohades leur témoignaient du mauvais vouloir. Les consuls de la république s'en plaignirent à Yousouf par des lettres successives des 1er avril, 19 mai et 1er juillet 1181, qui nous font connaître les procédés arbitraires dont leurs nationaux avaient à souffrir. Tantôt on les empêchait d'acheter des cuirs et des maroquins; d'autres fois, quand ils voulaient se rembarquer après avoir terminé leurs opérations, on trouvait de vains prétextes pour les retenir. Un jour, l'employé de la douane de Bougie, délégué à l'expédition des affaires de la nation pisane, leur notifia qu'en vertu d'ordres supérieurs il ne pouvait plus permettre aucun acte de commerce qu'à ceux de leurs compatriotes qui justifieraient de la possession d'un certain capital, environ cinq cents dinars ou sept mille francs, comme garantie de leurs opérations. Exigence inouïe, injustifiable, et « contraire, disait la république, au traité existant entre vous et nous, traité dont on ne peut ni altérer ni scinder les stipulations, attendu qu'elles sont également obligatoires pour vous et pour nous, qu'elles sont confirmées et renouvelées par un acte écrit et en bonne forme, en vertu duquel nos marchands doivent être bien traités dans vos États et n'y doivent payer d'autres droits que le dix pour cent, perçu habituellement sur eux » (c'est-à-dire sur les marchandises vendues par eux).

Des dispositions aussi peu bienveillantes s'étaient manifestées du côté de Tripoli. Un navire pisan, chargé de grains en Sicile, ayant voulu renouveler son eau sur un point de la côte appelé *Macri*, où les vents l'avaient poussé, les gens du pays s'y étaient opposés; une corvette tripolitaine, survenue sur ces entrefaites, s'était emparée du navire; une partie de l'équipage, réfugiée à Tripoli sur le grand canot, fut capturée et spoliée par ordre du gouverneur. « Nous vous prions, seigneur prince des croyants, » disaient l'archevêque et les consuls de Pise dans le texte arabe de la lettre expédiée par eux au sultan, « nous vous prions d'ordonner la mise en liberté de nos concitoyens et la restitution de leurs biens, attendu qu'ils sont protégés par le traité existant entre vous et nous, en leurs personnes et leurs biens, dans toute l'étendue des pays des Almohades, de telle sorte qu'ils n'aient à supporter d'autres charges que le dix pour cent ordinaire. »

En même temps qu'elle réclamait et protestait contre des griefs dont elle obtint peut-être réparation, la république de Pise témoignait par ses actes de son désir d'observer les traités et de punir les infracteurs autant qu'il dépendait d'elle. Un capitaine pisan ayant dévalisé un navire de Gafsa venu à Malte, dont il jeta l'équipage à la mer, les consuls de la république rachetèrent le navire et la cargaison à un Alberto Bulsi, qui avait cru pouvoir s'en rendre légitime adjudicataire, restituèrent le tout au propriétaire arabe, et consignèrent la maison et les biens du capitaine à Bulsi, jusqu'à ce qu'il se fût indemnisé de la valeur de sa perte, évaluée à deux cents livres pisanes. Cette décision, que l'on peut trouver indulgente, est du 9 février 1184.

Des faits semblables aux précédents ne devaient pas être rares. Sans arrêter le commerce, ils l'inquiétaient, ils affaiblissaient dans l'esprit des Arabes et des chrétiens le respect dû aux conventions publiques. Il était devenu nécessaire pour les Pisans de renouveler les accords qui pouvaient en prévenir le retour et garantissaient d'une manière générale leurs droits en Afrique. Pise aurait probablement obtenu la sanction nouvelle de ses privilèges du sultan Yousouf, quoique le traité de 1166 eût été promulgué pour toute la durée de son règne, si le prince ne fût mort sur ces entrefaites au siège de Santarem, le 28 juillet 1184. La république ne tarda pas à en faire la demande à son fils Yacoub,

Abou-Yousouf Yacoub-el-Mansour, le célèbre Almanzor, à qui elle envoya une ambassade dès son avènement.

1186. — Diplôme commercial accordé par Almanzor aux Pisans.

L'acte impérial délivré par Yacoub aux Pisans, le 15 novembre 1186, est au fond, quoique sous forme de charte octroyée et quoique la mutualité d'engagements n'y soit pas expressément stipulée, un acte réciproquement obligatoire. Notifié par une seule partie, il n'en est pas moins un traité synallagmatique. Il fut toujours désigné et considéré comme un acte bilatéral, et il fut renouvelé comme tel en 1211. Ses conditions, étendues à une durée de vingt-cinq ans, furent déclarées valables pour tous les États de la république de Pise, qui sont ainsi délimités : de Civita-Vecchia au cap Corvo, près de la Spezzia, avec les îles de Sardaigne, de Corse, d'Elbe, et les îles Capraia, Monte-Cristo, Giglio et la Gorgone. La convention oblige les Pisans à punir tout sujet de la république ayant fait acte de piraterie contre les sujets de l'émir des mêmes peines qui protégeaient ses propres citoyens contre les pirates. Elle rappelle et prescrit toutes les mesures assurant la liberté des personnes, des biens et des transactions des Pisans dans les États almohades, sous la seule obligation de l'acquit de dix pour cent sur les marchandises vendues à des marchands arabes ; la vente d'objets, navires ou marchandises entre chrétiens n'était assujettie à aucune contribution.

Elle renferme cependant quelques dispositions empreintes encore de certaines défiances à l'égard des Pisans. Les relations amicales qu'avait eues la républi-

que avec les anciennes dynasties rendaient peut-être
ces précautions nécessaires pour le gouvernement almohade. Ordinairement les navires chrétiens venant
commercer en Afrique pouvaient aborder à toutes les
villes du littoral où se trouvaient des bureaux de douane
destinés à la perception des droits royaux. Le diplôme
de Yacoub, dans une forme particulièrement impérative et rigoureuse, limite absolument la faculté de commerce donnée aux Pisans à cinq villes de ses États
d'Afrique et d'Espagne, à savoir : Ceuta, Oran, Bougie,
Tunis et Almeria. Les ports des quatre premières villes
étaient indistinctement ouverts à leurs importations et
à leurs exportations. A Almeria, ils pouvaient seulement se ravitailler et réparer leurs nefs. En aucun autre
lieu ils ne devaient aborder, si ce n'est pour chercher
un abri momentané au milieu d'une tempête ; et en ce
cas il leur était défendu de vendre ni d'acheter quoi que
ce fût, ni même de parler d'aucune affaire avec les gens
du pays, sous peine de confiscation ou de mort. Si Tripoli et El-Mehadia appartenaient encore à cette époque aux Almohades, comme tout l'indique, il est difficile
de ne pas voir quelque motif politique dans l'exclusion
aussi formelle de commercer avec ces villes, où les
Pisans avaient eu jusque-là des magasins et des établissements considérables.

1180-1181. — Traité de paix et de commerce entre le roi almohade Yousouf et le roi de Sicile.

Le rétablissement des bons rapports entre les souverains almohades et les Normands de Sicile se fit plus
longtemps attendre que l'accord avec les Pisans. Une

circonstance fortuite les détermina, après vingt années d'hostilités continuelles entre les deux pays.

Vers l'an 1180, sous le règne de Guillaume le Bon, fils de Guillaume Ier, dont la mauvaise administration n'avait pas peu contribué à la perte d'El-Mehadia, la flotte sicilienne saisit un navire arabe à bord duquel se trouvait une fille du sultan Yousouf, que l'on conduisait à un émir, son fiancé. La princesse, amenée à la cour du roi Guillaume, y fut traitée avec égards et ramenée peu après dans le palais de son père. Touché de ce procédé, Yousouf envoya aussitôt un ambassadeur en Sicile pour remercier le roi et s'entendre avec lui sur le renouvellement des anciennes trêves qui réglaient les relations des deux pays. Les négociations ne furent pas longues, et l'année suivante (1181), au mois d'août, un traité de paix et de commerce, d'une durée de dix ans, fut signé dans la ville de Palerme, où l'envoyé almohade s'était rendu. Les sujets du roi de Sicile obtinrent, par suite de cet accord, la faculté de rétablir leurs comptoirs à Zouïla et à El-Mehadia. Il n'est pas possible de donner plus de portée à ce que Robert du Mont dit de la *restitution* des deux villes de *Sibilia* et d'*Africa*, faite par le roi de Maroc au fils de Guillaume Ier, à qui elles avaient été enlevées en 1160.

1181. — Origine du tribut payé par les rois de Tunis aux rois de Sicile.

C'est vraisemblablement dans ces circonstances, ou peu après, que s'établit entre l'Afrique et la Sicile une convention par suite de laquelle Tunis, redevenue capitale d'un royaume indépendant au treizième siècle, dut payer annuellement au roi de Sicile une sorte de redevance, dont Charles d'Anjou avait à réclamer quelques arrérages au moment où saint Louis détourna momentanément de son but la seconde croisade qu'il avait entreprise, pour aider son frère à se faire rendre justice. Aucun monument ancien n'indique l'époque à laquelle ce tribut fut consenti pour la première fois. Les traités et les chroniques n'en parlent qu'au moment où l'obligation fut déniée par le roi de Tunis; son origine paraît remonter, si ce n'est au temps de la domination des Siciliens sur la côte du Magreb oriental, du moins au temps où le traité de Yousouf et de Guillaume II rétablit les relations entre les deux pays.

Les auteurs chrétiens ont d'ailleurs exagéré, dès le moyen âge, l'importance et la nature de la convention qui avait établi le tribut. La redevance n'avait aucun caractère politique et n'impliquait aucune sorte de sujétion du royaume de Tunis vis-à-vis de la Sicile. C'était un simple abonnement, une prestation consentie par les rois de Tunis pour sauvegarder leurs sujets de toute attaque de la part des corsaires siciliens, pour leur garantir le libre accès des ports de la Sicile et la faculté d'y acheter du blé en franchise quand leurs récoltes avaient été insuffisantes. Jusqu'en 1830, la plupart des États d'Italie ont acheté à leur tour aux régences barbaresques par un tribut analogue la sécurité de leurs côtes.

Un document du treizième siècle constate que l'assurance de Tunis était d'une somme annuelle de 33 ou 34,333 besants d'or, somme répondant à peu près en valeur absolue à 326,163 francs de notre monnaie actuelle.

1181-1203. — Traités des Pisans et des Génois avec les Ibn-Ghania, prince des Baléares, jusqu'à la conquête de Majorque par les Almohades.

Sur le déclin de la monarchie almoravide, et avant que les Almohades eussent entièrement affermi leur puissance en Afrique, une branche des Ibn-Ghania était parvenue à se constituer une seigneurie indépendante dans les îles Baléares, après en avoir reçu le gouvernement des Almoravides. Cette famille tirait son origine d'Ali-Ibn-Yousouf-el-Messoufi, chef d'une tribu influente, à qui le sultan almoravide Yousouf-Ibn-Tachefin avait donné en mariage une de ses parentes, nommée Ghania. Les enfants issus d'El-Messoufi et de Ghania préférèrent le nom plus illustre de leur mère, et s'appelèrent, avec toute leur descendance, les Ibn-Ghania, ou les Beni-Ghania, les fils de Ghania. Les deux premiers furent Yahya, ouali de l'Espagne occidentale, qui résida à Cordoue, et Mohammed-Ibn-Ghania, à qui Tachefin confia, en 1126, le commandement des Baléares.

Mohammed, secondé par l'assemblée des notables de Majorque, administra les îles comme un domaine particulier, sans tenir grand compte du sultan almoravide. Il conserva le pouvoir jusqu'à sa mort et le transmit à son fils Abd-Allah; celui-ci fut remplacé par un de ses frères, nommé Ishak, l'Abou-Ibrahim-Ishak-Ibn-Ghania des documents diplomatiques, qui passe pour avoir assassiné son frère Abd-Allah, et qui n'est pas tout à fait pur du soupçon de parricide. On a deux traités de ce prince, l'un conclu avec les Génois en 1181, l'autre avec les Pisans en 1184; nous y voyons qu'Ishak ne prenait pas le titre royal d'*émir* et se contentait de celui de *fakih* ou *alfaqui*, docteur ou seigneur. Son autorité était néanmoins à peu près souveraine. Aussi Ibn-Khaldoun, en rapportant sa mort, survenue en 580 de l'hégire, 1184-1185 de l'ère chrétienne, dit qu'il *mourut sur le trône*. Ses nombreux enfants se disputèrent pendant vingt ans la principauté des Baléares et des États qu'ils parvinrent à fonder dans les provinces orientales du Magreb, à Bougie et à El-Mehadia.

L'aîné de ses fils, Mohammed, ayant cru prudent de reconnaître la souveraineté de Yousouf, fils d'Abd-el-Moumen, au moment où le sultan almohade se rendait en Espagne pour recommencer la guerre sainte, ses frères, indignés de sa faiblesse, le dépouillèrent du pouvoir et lui substituèrent Ali, qui était le second des enfants d'Ishak. Mais Ali, une fois établi à Majorque, eut des visées plus hautes; il voulut conquérir un plus grand royaume dans les tribus et les villes de l'est, toujours portées à résister aux souverains du Maroc. Il abandonna le gouvernement des îles à son oncle Abou-Zobeïr; il équipa trente-deux navires, réunit un corps de troupes d'environ quatre mille hommes, composé de partisans almoravides, et alla débarquer à Bougie, accompagné de trois de ses frères, Yahya, Abd-Allah et El-Ghazi. Après s'être emparés assez facilement de Bougie, où Yahya resta pour gouverneur, les fils d'Ishak assiégeaient Constantine, quand la nouvelle leur parvint que leur frère Mohammed, restauré par Abou-Zobeïr, et revenant à ses premières dispositions, avait fait hommage au nouveau sultan almohade

Yacoub-el-Mansour, proclamé à la mort de son père Yousouf, en juillet 1184.

Abd-Allah quitte aussitôt le siège de Constantine; il laisse Ali et Ghazi continuer la guerre en Afrique, demande une flotte au roi de Sicile, qui la lui accorde, s'il faut en croire Ibn-Khaldoun, débarque heureusement à Majorque, chasse Mohammed et se fait proclamer à sa place. Il put repousser quelques troupes envoyées par le sultan, et en 1187 il se vit maître incontesté de l'autorité, qui était devenue une véritable souveraineté, car les actes de son règne le qualifient d'*émir* et de *roi*.

Almanzor, occupé tour à tour dans le Magreb et en Espagne, ne put réduire ou négligea les Baléares; mais dans le courant du mois de rabi Ier, novembre-décembre 1203, son fils En-Nacer parvint à les reconquérir, en dirigeant sur Majorque une flotte et des troupes nombreuses. La population, craignant la vengeance du sultan, ne soutint pas la cause des Beni-Ghania. Abd-Allah fut assiégé, pris et massacré avec une grande partie de ses partisans par l'armée triomphante. Depuis lors les îles Baléares, plus ou moins paisibles et dociles, restèrent aux Almohades jusqu'à la conquête qu'en fit Jacques d'Aragon en 1228, à l'époque des désastres de l'Espagne musulmane.

Abd-Allah, le dernier des Beni-Ghania de Majorque, dont le vrai nom est Abou-Mohammed Abd-Allah Ibn-Ishak Ibn-Mohammed Ibn-Ali Ibn-Ghania, avait conclu, au mois d'août 1188, un traité de paix et de commerce de vingt ans avec la république de Gênes, par l'intermédiaire de Nicolas Lecanozze, venu dans les îles en qualité d'ambassadeur de la république. Son père et ses frères avaient comme lui favorisé les relations des commerçants étrangers. Ils purent même en retirer quelques avantages politiques dans leur résistance aux Almoravides et aux Almohades.

Ainsi, dès le 1er juin 1181, Rodoan de Moro, ambassadeur de la république de Gênes, arrêtait à Majorque, avec Ishak Ibn-Ghania, un traité de dix années par lequel la réciprocité de protection et de bon traitement sur terre et sur mer était stipulée entre les États de la république jusqu'à Corvo, près de la Spezzia, et les habitants des quatre îles de Majorque, Minorque, Iviça et Formenteira. Promesse était donnée de part et d'autre de n'aider ou assister aucun des ennemis de l'une ou l'autre puissance, de traiter en ami tout sujet génois ou baléare saisi sur bâtiment ennemi, de sauvegarder partout les personnes et les biens des navires naufragés. Le traité, rédigé en double copie arabe, dont l'une, celle qui était destinée à la république de Gênes, reçut au dos du parchemin une version abrégée en latin, se termine ainsi dans le texte arabe, toujours plus développé que la rédaction chrétienne : « Le très illustre alfaqui Abou-Ibrahim-Ishak, fils de Mohammed, fils d'Ali, que Dieu l'aide de son secours! ainsi que l'ambassadeur Rodoan de Moro, pour ceux au nom desquels il contracte, se sont garanti réciproquement, en se frappant dans la main et en jurant au nom de Dieu, l'observation fidèle du présent traité. »

Le 1er juin 1184, Ishak conclut sur des bases analogues aux précédentes une convention de dix ans avec la république de Pise, qui associait nominativement la commune de Lucques aux avantages et aux obligations du traité. Sigier di Ugucionello de Gualandi, ambassadeur pisan, avait été chargé de la négociation. En notifiant ses bons résultats à l'archevêque et aux consuls de Pise, Abou-Ishak répondait à la lettre qu'il en avait reçue, et témoignait de son désir d'entretenir toujours des rapports d'amitié avec eux.

1200-1203. — Importance du commerce des Pisans à Tunis sous le gouvernement du cid Abou-Zeïd Abou-Hafs.

Peut-être est-ce une conjecture sans fondement de croire que les facilités accordées aux Pisans par les Ibn-Ghania furent un motif de défaveur pour eux dans les États almohades. Tant que leurs rapports avec les princes des Baléares n'allaient pas jusqu'à suggérer ou favoriser des agressions directes contre les sultans, il était permis aux Pisans commerçant à Majorque de se livrer à tous actes de négoce, et par exemple d'y vendre des armes ou d'y louer des navires. Aussi conservèrent-ils sous tous les régimes les comptoirs qu'ils y avaient fondés. On les retrouve vingt ans après dans les Iles, sous l'autorité restaurée des Almohades, et peu avant la conquête de Majorque par le roi d'Aragon.

Le privilège d'Almanzor, accordé en 1186 pour une durée de vingt-cinq ans, protégeait toujours leur situation dans l'empire de Maroc. Nous ne savons si quelque déclaration d'En-Nacer, successeur d'Almanzor en 1199, avait modifié avantageusement la clause de ce diplôme qui limitait pour les sujets de la république de Pise la faculté du séjour et du trafic aux seuls ports de Ceuta, Oran, Bougie et Tunis. Mais une abondance exceptionnelle de documents montre que leur commerce fut extrêmement actif à Tunis sous le règne de ce prince. Ils y étaient nombreux et bien vus par la population comme par le gouvernement, eux et leurs facteurs, leurs alliés et leurs protégés, comme les Lucquois. Des bâtiments nombreux, de toute force et de toute dimension, s'y rendaient et en partaient librement. Ils y apportaient beaucoup de marchandises, et en rapportaient en quantité considérable des cuirs, des peaux, des laines et du blé. On était bien loin du temps où les navires chrétiens croyaient faire un acte périlleux en risquant un voyage sur la côte d'Afrique.

Une agression insensée de quelques-uns de leurs marins vint troubler tout à coup ces rapports amicaux, sans changer les bonnes dispositions du gouvernement almohade vis-à-vis de la nation pisane et des autres marchands européens. Ce fait, longuement traité dans les documents du règne d'En-Nacer, et qui n'était pas sans précédents, montre jusqu'où allait quelquefois la confiance des chrétiens dans la loyauté et la modération du gouvernement maugrebin, pour que leurs marins aient osé concerter et perpétrer de pareils méfaits dans le port de Tunis, et presque à la portée de la flotte royale.

Vers la fin du mois de juillet ou dans les premiers jours du mois d'août 1200, deux nefs pisanes, d'une espèce particulière appelée en arabe *mosattah*, l'une nommée *l'Orgueilleuse* et l'autre la *Couronnée*, voyageant avec deux galères pisanes, se trouvaient dans le port de Tunis, non loin de trois navires musulmans, dont l'un complètement chargé et prêt à partir. Tout à coup, les gens de la chiourme pisane assaillirent les navires musulmans, maltraitèrent et blessèrent les équipages, outragèrent les femmes et amenèrent les trois navires aux capitaines des *mosattah*. Les écrivains de la douane de Tunis affectés aux affaires des Pisans, qui étaient là plupart des employés chrétiens et les drogmans de la douane, prévenus de l'aventure, arrivèrent aussitôt sur les navires et voulurent faire relâcher les musulmans et leurs navires. Ils n'y purent réussir. Vainement ils menacèrent les assaillants de la colère et des châtiments des magistrats de Pise, qui leur avaient fait jurer suivant l'usage, avant leur départ, de respecter les biens et les personnes des musulmans. A grand'peine, « les brigands et les voleurs », ainsi que les appellent avec raison les pièces musulmanes, renvoyèrent les deux bâtiments vides; ils retinrent le navire chargé, et mirent peu de temps après à la voile avec leur prise, en véritables forbans. Ils n'étaient pas encore sortis du golfe de Tunis qu'ils rencontrèrent la flotte entière du sultan, à l'ancre au cap Farine.

En pareille circonstance, les Turcs, sans s'inquiéter des traités existants, auraient capturé les bâtiments chrétiens, massacré ou jeté dans les fers leurs équipages. L'amiral almohade procéda tout autrement. Informé de la nationalité des navires, et sachant que les ordres du sultan étaient de protéger partout les Pisans, il défendit de faire aucun mal aux équipages chrétiens, et se contenta de reprendre la nef musulmane, sans exiger même qu'on restituât les marchandises, les objets divers et l'argent déjà transportés sur les mosattah. Quant aux pillards, ils se bornèrent à dire aux Arabes :

« Vous n'avez qu'à vous indemniser de vos pertes sur les patrons de la *Rondella* et des autres vaisseaux pisans stationnés à Tunis; et nous, nous les indemniserons, s'il y a moyen, lors de leur retour à Pise. »

Le gouverneur de Tunis ne fut pas aussi débonnaire que l'amiral. C'était alors le cid Abou-Zéïd, prince de la famille d'Abou-Hafs, descendant d'Abd-el-Moumen, que le sultan En-Nacer, son cousin, avait récemment nommé au commandement supérieur des provinces orientales de l'empire. Il convoqua les patrons, les marchands et les marins des navires dévalisés dans la grande mosquée de la ville, au lieu destiné à rendre la justice; il fit déclarer à chacun d'eux, sous la foi du serment, le montant de ce qu'il avait perdu, et les fit indemniser intégralement sur le prix du blé appartenant aux marchands pisans, qui fut immédiatement vendu à la douane. Le blé des Pisans ne suffisant pas, on vendit le blé des Lucquois, et on fit dresser par un secrétaire de la nation pisane un rôle authentique du nom des propriétaires et des quantités de blé appartenant à chacun.

Abou-Zeïd pria ensuite la république de Pise d'indemniser les propriétaires du blé sur les biens des patrons des mosattah, en les châtiant d'ailleurs d'une manière exemplaire, afin d'assurer le respect dû aux musulmans. « Vous le devez, » disait-il en écrivant, le 11 septembre 1200, à l'archevêque et aux consuls de Pise, — comme l'inspecteur en chef des douanes de la Tunisie l'avait demandé de sa part aux mêmes magistrats le 9 septembre, — « vous le devez, en vertu des *traités de trève et d'accord* qui existent entre nous pour la protection et le bon traitement de nos concitoyens (le diplôme d'Almanzor de 1186); et vous ne pouvez vous y refuser, parce que vous savez que la Haute Majesté de notre souverain n'a jamais cessé de protéger les marchands chrétiens. Nous voulons que vous les punissiez comme font les Anciens de la république de Gênes, qui ne manquent jamais, dans les circonstances analogues, de donner satisfaction au seigneur calife, et de châtier les délinquants, en démolissant par exemple leurs maisons, ou en les frappant d'une autre manière. »

La république de Pise, tout en se réservant sans doute d'agir en ce sens à son heure et à sa convenance, n'approuva pas les procédés d'Abou-Zeïd, et refusa d'indemniser les marchands dont le blé avait été saisi un peu arbitrairement, il faut le reconnaître. L'inspecteur des douanes arabes se plaignait encore de la résistance des consuls dans une lettre du 27 mai 1201, et l'on ne sait pas trop comment l'affaire se termina. Il est peu important de le rechercher. Mais il faut observer combien le refus de la république de Pise était fondé en raison et en droit. Accéder trop promptement aux désirs d'Abou-Zeïd, c'eût été autoriser pour l'avenir l'emploi de pareilles mesures arbitraires. En résistant, les chrétiens amenèrent les musulmans à changer à leur égard ces procédés expéditifs et irréguliers qu'ils suivaient assez généralement entre eux. Et, en effet, il fut reconnu dans les traités postérieurs conclus dans le Magreb ou pour le Magreb, que la conséquence des méfaits, des délits et des dettes restait personnelle au coupable, au débiteur ou à ses garants, et ne devait pas retomber indistinctement sur d'autres nationaux. Si le gouvernement musulman ne pouvait atteindre les vrais auteurs ou leurs répondants, il devait réclamer le concours du gouvernement chrétien, et ne jamais rendre l'ensemble, ou le consul, ou quelques membres de la colonie, passibles des suites de l'acte d'autrui. C'est, comme on le voit, un principe international tout autre que celui que subissaient les chrétiens dans les États mameloucs et des Turcs, où le consul était en quelque sorte l'otage responsable des actes de ses nationaux.

1200-1203. — Lettres de marchands arabes à des Pisans.

A la suite de l'équipée des mosattah, la plupart des marchands pisans, craignant l'irritation populaire, avaient quitté Tunis. Leurs biens furent mis sous le séquestre à la douane, mais il n'y fut pas touché. Ceux de leurs compatriotes qui restèrent ne cessèrent pas d'être bien traités par le gouvernement. Avant le règlement des réclamations qu'entraîna l'affaire, on se hâta même de rappeler ceux qui s'étaient éloignés. L'empressement des particuliers seconda les bonnes dispositions du gouvernement. Les marchands, les drogmans et les employés de la douane écrivirent aux Pisans qu'ils connaissaient pour les engager à revenir au plus tôt, sans conserver la moindre appréhension : rien ne serait changé pour eux, ils retrouveraient leurs marchandises, chacun avec son compte, telles qu'ils les avaient laissées. Plusieurs de ces lettres ont été conservées, et on les lit aujourd'hui avec intérêt. Les rapports confiants des marchands chrétiens avec les marchands arabes, et la loyauté de la douane dans ses relations avec les uns et les autres, s'y manifestent à chaque ligne.

Othman, le drogman, écrit à Pace, fils de Corso :
« Je suis fâché que tu ne reviennes pas régler toi-même
tes affaires ici. Le sultan est très peiné de tout ce qui
s'est passé. Si tu en as l'intention, n'hésite pas à rentrer;
tu trouveras partout excellent accueil, et tous ceux qui
viendront avec toi de même. Les marchandises sont à
bon prix, tu pourras faire tous les achats que tu voudras. Si Siguiero, Forestano et Cristiano pensent au
voyage, qu'ils viennent, ils seront bien reçus. »

Un marchand au même Pace : « Tu as quitté la Goulette le jour où tous ces malheureux événements sont
arrivés. Pierre Cocolla est parti avec toi : c'est ce Pierre
Cocolla dont tu étais caution pour deux cent dix dinars,
prix de seize cents peaux, sur lesquelles il avait seulement payé dix dinars. Tu devais en outre, mon cher
ami, pour ton propre compte, soixante-treize dinars et
demi pour neuf cents peaux, et trente dinars pour neuf
quintaux de laine, sur lesquels tu m'as remis un àcompte de cinq dinars. Tu as une excellente réputation
parmi nos marchands, mon cher; il faut la conserver.
Si Cocolla n'avait pas été avec toi, nous ne l'aurions
pas perdu de vue une heure. Nous voudrions que tu
vinsses toi-même régler tes affaires à Tunis. Ibn-Kasoum dit que tu n'as plus en compte à la douane que
pour six dinars. Mais tout cela n'est rien. Toutes tes
marchandises sont conservées sous le séquestre, comme
celles des autres. »

La lettre d'un autre marchand au même Pace montre
que les armateurs se permettaient quelquefois d'apporter en Afrique certains métaux, les fers et l'acier, même
quand l'importation en pays musulman en était prohi-

bée : « Tu es parti au moment où ces malheureux événements sont arrivés par la volonté irrésistible de Dieu, en laissant ici toutes tes marchandises, tes comptes et tes dettes. J'avais vendu à ceux de la *Téride* (probablement le navire sur lequel Pace quitta Tunis), à Greco et à Hildebrand, mille trente et une peaux, à raison de seize dinars le cent, par l'intermédiaire d'Abd-Allah-ez-Zekkat. Greco était caution d'Ibn-Kasoum, et en partant il ne m'a rien payé. Je te dirai, mon cher ami, que j'avais des créances sur ceux qui ont porté ici l'acier en contrebande, entre autres une créance de soixante-treize dinars sur Sabi. A valoir sur cette somme, qui est ma propriété, j'ai acheté du cuivre à l'Enchère (à 'Halka); mais quand j'ai voulu relever mes comptes à la douane, après le départ de Sabi, on m'a dit que je n'avais pas de créance sur lui. Or ma créance résulte d'un acte notarié, et il m'est bien dû cent soixante-dix dinars par Sabi et ses associés, qui ont apporté l'acier. Je te prie de voir à me faire payer, et de me dire quels sont ceux qui vivent et ceux qui sont morts. Je dois le cuivre à Sabi, mais il me devait auparavant (soixante-treize dinars); il reste mon débiteur pour sept dinars. S'il est mort, il a pu te charger de régler cette dette pour lui. Toutes vos marchandises sont sous le séquestre. Le sultan a défendu d'y toucher jusqu'à votre retour. »

Autre lettre d'un marchand arabe à Pace : « Je t'ai vendu, à toi, mon ami Pace, treize cent vingt-quatre peaux, à treize dinars le cent, par l'intermédiaire de ton associé Tamim, le fourreur, et des drogmans Othman, Ali-Ibn-Badis et Ali-Ibn-Mestura. »

Ibrahim, le corroyeur, à Forestan, Paco et Corso :
« Mon cher Paco, tu me dois, sept cent cinquante peaux de mouton, que tu m'as achetées, à sept dinars le cent, par l'intermédiaire du drogman Othman. Quant à l'ami Forestan, il me doit deux cent vingt-cinq dinars pour quatorze cent vingt-huit peaux de mouton, vendues par l'intermédiaire de Jean Kitran. Je te préviens, mon cher Corso, qu'Ibn-Kasoum dit partout que tu n'as plus rien à la douane. Pour toi, mon cher Paco, ne viens pas sans les marchands avec qui tu as contracté, parce qu'ici toi seul es connu. Rien ne manquera à vos marchandises. Venez donc faire un règlement général par doit et avoir. Je t'engage, Corso, à ne pas tarder à te faire payer du plomb que tu as vendu à Othman d'El-Mehadia, parce qu'il est parti pour Alexandrie. »

Sadaka, le corroyeur, à Forestano, Benenato, Albano et autres Pisans : « Je vous rappellerai que depuis votre départ, après la triste affaire des mosattah, je n'ai pu rien toucher encore sur votre compte à la douane pour ce que vous me devez, à savoir : deux cent cinquante et un dinars et six dirhems pour quatorze cent quatre-vingt-cinq peaux d'agneau, vendues par le drogman Othman-Ibn-Ali. Vous êtes d'honnêtes et considérables marchands. Venez, je vous en prie, régler vos comptes avec moi, ou envoyez un remplaçant avec votre procuration et une lettre du prince de Pise pour le gouvernement de Tunis. Vous feriez mieux de venir vous-mêmes. Les marchandises sont à bon prix. La tranquillité et les affaires sont en bon état, mieux même qu'à l'époque de votre départ. Vous serez reçus et traités ici parfaitement bien comme autrefois. »

Le cid Abou-Zeïd, de son côté, donna les plus amples assurances à la république de Pise. Il expédia un sauf-conduit ou *aman* général pour tous ses sujets; il les engagea à rentrer à Tunis, en les assurant qu'ils y jouiraient comme par le passé de toutes les garanties « du traité existant »; vraisemblablement le diplôme impérial de 1186, toujours en vigueur. Et il se montra en effet très favorable aux marchands pisans pendant les quelques années qu'il lui fut donné de se défendre encore à Tunis contre les révoltés majorcains.

1184-1203. — Ali et Yahya Ibn-Ghania relèvent le parti almoravide contre les Almohades, et règnent quelque temps à Bougie et à Tunis.

L'invasion des Beni-Ghania dans le Magreb oriental, dont nous nous sommes un peu éloigné, était une nouvelle insurrection almoravide, suite et conséquence de la révolte des Baléares. Le fond du petit corps d'armée avec lequel Ali-Ghania ne craignit pas d'entreprendre son audacieuse expédition était presque entièrement composé d'anciens adversaires des Almohades. Il se recruta bien en Afrique des mécontents qu'avait faits la chute de la dynastie hammadite et des Arabes nomades, ennemis de tout gouvernement établi; mais sa force principale lui vint des tribus et des chefs attachés encore aux souvenirs et aux doctrines des marabouts. Après la conquête de la ville de Bougie, que Yahya, son frère, se chargea de gouverner en son nom, il soumit, avec leur concours, une grande partie du Magreb central jusqu'au Chélif : Alger, Mouzaïa, Miliana, El-Cala des Beni-Hamad, qu'il emporta d'assaut, arborèrent ses drapeaux. Il vint mettre ensuite le siège devant Constantine.

Menacé sous les murs de cette ville par une armée almohade qui n'avait eu qu'à aider le vœu des habitants pour chasser ses préfets, Ali se rejeta sur les provinces de la Byzacène et de la Tripolitaine. Il y trouva un secours inespéré dans les bandes d'Arabes et de Ghoss qu'y avait conduites un aventurier nommé Karacoch, alors seigneur de Tripoli. C'était un des vassaux de Saladin, Turcoman arménien de naissance, chargé par l'émir d'aller conquérir à profits communs les pays qu'il pourrait enlever aux princes du Magreb, tous également étrangers à ses yeux depuis qu'ils s'étaient séparés de l'obédience politique et religieuse des califes de Bagdad. On croit que dans la pensée de Saladin, alors seulement vizir en Égypte, l'expédition de Karacoch lui préparait une retraite, au cas où sa rupture avec Noureddin le forcerait de quitter l'Égypte. Ses succès servirent à son lieutenant, sans le détacher, du moins tout d'abord, de la déférence qu'il devait à son maître.

Arrivé à Tripoli, Ali conclut une alliance étroite avec Karacoch contre les Almohades. Il appela à lui les descendants des anciens Arabes hilaliens, les restes des tribus de Lemtouna et de Messoufa, qu'Abd-el-Moumen avait persécutées, et parvint à reconstituer un État assez étendu au sud-est de la Tunisie, dans la région qu'on nomme Beled-el Djérid à cause des magnifiques palmiers que le terrain y produit spontanément. « Ayant établi dans ces contrées la domination de son peuple, dit Ibn-Khaldoun, Ali réorganisa l'empire almoravide, dont il ressuscita tous les usages, et fit proclamer la suprématie religieuse des Abbassides. » Saladin, suivant les avis du divan de Bagdad et les intérêts de sa propre politique, approuva complètement l'union d'Ibn-Ghania avec Karacoch; il fit expédier des diplômes royaux à Ibn-Ghania par le califc, et recommanda à Karacoch de le seconder, pour relever ensemble en Afrique la suprématie morale des Abbassides, admise toujours en principe par les Almoravides.

Ainsi unis et fortifiés, les confédérés ne craignirent pas de s'avancer au-devant d'Almanzor, qui avait conduit des troupes à Tunis en apprenant l'invasion du Djérid. Ils battirent d'abord l'avant-garde de l'armée almohade à Ghomert, mais ils furent entièrement mis en déroute à El-Hamma (oct.-nov. 1187) par le sultan en en personne. A la suite de sa victoire, Almanzor soumit les villes du Djérid, châtia les tribus indociles, fit partir pour l'ouest les plus dangereuses, puis il rentra lui-même au Maroc, en traversant rapidement le petit désert au sud de l'Atlas. Son éloignement ramena Ali dans les lieux qu'il avait si souvent occupés et rançonnés. Il y mourut en 584 (1188-1189), à Nefzaoua, percé par une flèche perdue. La direction du parti almoravide passa alors à son frère Yahya Ibn-Ghania, appelé plus souvent, comme son frère, le *Mayorki*, dans les histoires du Magreb. La trahison de Karacoch, qui se soumit d'abord aux Almohades, revint ensuite auprès de Yahya, et finit par être tué en état de révolte contre son ancien allié, ne découragea pas Yahya. Plus hardi et plus heureux qu'Ali, pendant les années qu'Almanzor consacra à la longue guerre d'Espagne, dont la bataille d'Alarcos fut la plus célèbre victoire, et pendant les premières années du règne de son fils En-Nacer, il s'empara de Tripoli, de Cabès (1193), de Bedja (1201), de

Sfax, de Kairouan, de Constantine, de Biskara, où il fit couper les mains aux vaincus, de Tebessa et de l'ancienne capitale ziride El-Mehadia, dont il donna le gouvernement à son frère El-Ghazi. Cette dernière conquête, effectuée sur un chef indépendant des Almohades, est de l'année 1202 ou 1203 de l'ère chrétienne. Le cid Abou-Zeïd Abou-Hafs, gouverneur almohade du Magreb oriental, ne reçut du sultan En-Nacer que des secours insuffisants, et fut bientôt obligé de se défendre à Tunis même.

Au bout de quatre mois de siège, Yahya emporta la ville d'assaut (1203); il fit prisonnier Abou-Zeïd et deux de ses fils, il frappa les habitants d'une contribution de cent mille dinars d'or, et se fit proclamer, comme les sultans, *Émir al-moumenin*, en conservant toutefois, dans la prière publique du vendredi, le nom du calife abbasside.

1204-1207. — Le sultan En-Nacer reconquiert le Magreb oriental, et nomme Abou-Mohammed, le Hafside, son lieutenant à Tunis. Fin des Ibn-Ghania.

En-Nacer, retenu dans l'ouest de ses États et préoccupé surtout de la soumission des Baléares, paraît avoir cherché à augmenter pourtant sa marine dès les premières années de son avènement, pour agir à la fois contre les Ibn-Ghania de Majorque et de l'Afrique.

On le voit, au mois de février 1201, durant son séjour à Ceuta, où les Génois étaient toujours nombreux, charger un notable de cette nation, Angelo Spinola, d'engager les magistrats pisans à lui envoyer un ambassadeur pour conférer d'affaires essentielles. Majorque ayant été reconquis vers la fin de l'année 1203, En-Nacer prit la direction personnelle de forces considérables et choisies qu'il fit avancer par terre et par mer vers les provinces orientales. La plupart des chefs almohades désapprouvaient son expédition et l'engageaient à traiter avec les Ibn-Ghania. Presque seul Abou-Mohammed Abd-el-Ouahid, fils d'Abou-Hafs, grand scheik de l'empire, parent du cid Abou-Zeïd et du sultan lui-même, et qualifié du titre de cid comme tous les descendants d'Abd-el-Moumen, lui conseillait d'abattre à tout prix une révolte qui, triomphante dans l'est, pouvait ébranler la monarchie entière. Il n'eut qu'à se louer de suivre ces avis. En 1204, il s'empara de Tunis, obligea Yahya Ibn-Ghania à s'enfuir vers Kairouan, chargea Abou-Mohammed de le poursuivre, et vint mettre le siège devant El-Mehadia, où commandait El-Ghazi Ibn-Ghania, que l'on dit tantôt le frère, tantôt le neveu de Yahya.

Le grand scheik, s'avançant dans la Byzacène, rencontra Yahya fortement établi avec ses femmes et ses trésors à Tadjera, dans les montagnes de Demmer, près de Cabès; il l'attaqua aussitôt, le culbuta au milieu de ses retranchements, tua son frère Djobara, et rejeta dans le désert son armée désorganisée, qui laissa échapper dans la déroute le cid Abou-Zeïd, retenu jusque-là prisonnier. Ce combat décisif eut lieu le 27 octobre 1205. « Le butin que l'armée d'Ibn-Ghania abandonna aux Almohades dans cette journée, dit un écrivain arabe, formait la charge de dix-huit mille chameaux, et se composait d'or et d'argent, d'étoffes précieuses et de meubles. »

En-Nacer, non moins heureux devant El-Mehadia, obligea El-Ghazi à capituler le 9 janvier 1206; il eut encore par ses généraux quelques avantages dans la Tripolitaine et jusque dans la Cyrénaïque. L'année suivante, avant de rentrer dans le Maroc, cherchant l'homme le plus capable de rétablir l'ordre dans le pays et d'y commander à sa place, il investit de pouvoirs illimités le cid Abou-Mohammed, son conseil et son bras droit pendant la guerre. Mohammed refusa longtemps la dignité qui lui était offerte. Contraint d'accepter, au moins pour un temps, il réorganisa l'administration et pacifia le pays. Il repoussa plusieurs tentatives de Yahya, et établit sur les frontières un système de défense dont les bons effets se continuèrent après sa mort. Quand l'émir, qu'aucun échec ne put abattre, était signalé sur un point quelconque, des troupes promptement prévenues se réunissaient et repoussaient ses hordes dans les déserts et les pâturages où elles campaient habituellement, vers le sud de la province de Constantine et de la Tunisie. De cette retraite, Yahya dirigea encore pendant vingt-huit ans des expéditions ou des razzias incessantes contre les pays cultivés, parcourant toute la longueur de l'Atlas méridional, de Sedjelmesse à Barca, apparaissant un jour dans les campagnes de Tlemcen, pénétrant une autre fois à travers les montagnes jusqu'à Bougie, envahissant peu après le Djérid. Il mourut seulement en 1233. Avec lui s'éteignit la renommée, et peut-être même la race des Beni-Ghania (1).

(1) Faut-il croire avec quelques Algériens que la famille moderne de Ben

Les tribus à la face voilée qui avaient fondé la puissance almoravide, dit un savant orientaliste, affaiblies par leurs guerres continuelles dans les pays du nord de l'Afrique du douzième au treizième siècle, rentrèrent tout à fait au quatorzième dans le centre de l'Afrique, et ne quittèrent plus les confins du pays des nègres.

1207-1221. — Bonnes relations des commerçants d'Italie et de Provence avec la Tunisie, les Baléares et le Maroc pendant l'administration d'Abou-Mohammed, le Hafside.

Abou-Mohammed Abd-el-Ouahid, qui prit possession de sa vice-royauté à Tunis au mois de mai 1207, se montra ce qu'on l'avait toujours connu, général habile et résolu, administrateur prévoyant et sage. Il repoussa personnellement les attaques d'Ibn-Ghania, en réparant quelquefois les imprudences de ses lieutenants; il ramena les tribus à l'obéissance, il protégea le commerce et assura la perception des impôts. Au bout de quelques années de gouvernement, et après un grand avantage obtenu sur Ibn-Ghania, croyant la voie suffisamment préparée à ses successeurs, il avait demandé à être relevé de son commandement. Il dut obéir et rester au poste où il était si nécessaire, et où il mourut, en 1221, sous le règne d'El-Mostancer, fils et successeur d'En-Nacer. L'administration d'un homme aussi capable ne pouvait que rendre plus faciles et plus prospères les relations des marchands étrangers avec le pays. Nous en trouvons le témoignage dans les monuments du temps.

Gênes, Pise, Venise commerçaient alors régulière-

Gannah, une des plus puissantes du Zab constantinien, conserve encore le sang des anciens Ibn-Ghania, dont elle descendrait?

ment avec le Maroc et avec le Magreb oriental. Depuis que les Almohades avaient chassé les Ibn-Ghania des Baléares, bien que leur autorité n'y fût pas longtemps respectée, les navires étrangers n'avaient cessé de fréquenter Majorque. Les marchands génois, pisans et provençaux y étaient nombreux et bien traités avant la conquête du roi d'Aragon. Les Génois se trouvaient en relations plus particulières avec Ceuta et Bougie. Ils y avaient des consulats permanents, et ils affermaient chaque deux ans les revenus de la chancellerie (*scribania*) de ces deux villes. Les annales de Gênes mentionnent l'envoi de Lanfranc della Turca, en 1210, auprès du sultan almohade pour négocier peut-être un traité.

Comme les Génois, qui avaient favorisé leurs premiers accords avec les rois du Maroc, les Provençaux fréquentaient surtout les villes de Ceuta et de Bougie. Les Pisans et les Vénitiens paraissent en rapports plus fréquents avec Bougie et avec Tunis. Dans la ville de Bougie, qui dépendait du gouvernement d'Abou-Mohammed, les Vénitiens étaient assez influents, et portaient une certaine jalousie aux Pisans. Une demande adressée le 22 novembre 1207 par un Arabe à un riche Pisan, Lambert del Vernaccio, pour obtenir la place de drogman de la nation pisane à Bougie, fait allusion à cette rivalité : « Je désirerais que votre générosité m'accordât une grande faveur. Voudriez-vous prier les Anciens de votre ville d'écrire une lettre scellée au caïd Abou-Sedad (directeur de la douane de Bougie), pour que je sois nommé drogman à la douane et courtier à l'*Halka* (bureau des enchères publiques), au service spécial des Pisans? Cela est conforme à l'usage et aux privilèges des Pisans, attendu que nul ne peut être nommé courtier ou drogman pour eux, sans leur agrément. Les Vénitiens ont beau dire, je ne réclame rien que d'entièrement conforme aux usages. Eh! mon Dieu, soutenez donc en cette circonstance vos droits et ceux de votre serviteur. »

Les usages, l'habitude, les précédents, réglaient ainsi pour chaque nation les questions de détail et d'application qui ne pouvaient être déterminées par les traités, alors très généraux et peu explicites, même quand ils étaient écrits.

Le commerce pisan se trouvait encore pour ses conditions générales, dans tout le Magreb, protégé par le diplôme qu'Almanzor avait accordé à la république en 1186. Avant d'arriver à l'année 1211, durant laquelle le privilège devait parvenir à son terme, on s'occupa de le renouveler. On ne voit pas s'il y eut à cette occasion un nouveau firman remplaçant l'ancien diplôme, ou un traité bilatéral analogue à ceux que les Pisans avaient déjà conclus avec les émirs de Majorque, et à ceux qui devinrent peu de temps après d'un usage commun entre chrétiens et musulmans. Il se peut qu'on se soit borné à l'échange de lettres prorogeant l'ensemble du privilège de 1186, que l'on avait toujours dénommé et invoqué jusque-là comme un vrai traité délibéré entre deux contractants.

La république de Pise envoya aussi un ambassadeur à Tunis, et nous avons la réponse d'Abou-Mohammed, remise le 9 septembre 1211 à l'envoyé pisan, pour adhérer en ce qui concernait son gouvernement aux conventions arrêtées ou renouvelées avec En-Nacer pour tout l'empire. Le souvenir de l'affaire des mosattah, encore présent à tous les esprits, rendait nécessaire une sanction particulière des obligations des Pisans dans la Tunisie. Elle y est formellement et itérativement exprimée.

« A l'illustre consul, Geoffroy Visconti, prince de Pise, de la part d'Abd-el-Ouahid, fils du scheik Abou-Hafs. Que Dieu accorde une perpétuelle et glorieuse victoire à notre seigneur l'imam, le calife En-Nacer-li-din-illah, le prince des croyants, rejeton des califes, etc., etc. Nous avons reçu votre lettre et nous y avons vu la promesse d'observer scrupuleusement et loyalement les conditions (*patti*) arrêtées avec le puissant Gouvernement. Votre ambassadeur Gérard nous a dit tout ce que vous lui aviez particulièrement recommandé au sujet de vos soins constants et louables pour entretenir une bonne paix entre nous, et des recommandations que vous faites à tous ceux qui partent de vos pays, de respecter les musulmans et leurs biens, d'éviter de leur occasionner aucun tort ou de les tromper. L'effet de vos intentions était déjà manifeste par la conduite des voyageurs vos compatriotes, et celle de tous vos gens. Aussi le *traité* stipulé avec vous est extrêmement bien vu des Almohades, et votre empressement à le maintenir notoire à tout le monde. Ici, nous agissons de même avec tous ceux qui viennent de votre part ou qui jouissent de votre protection. »

Nous ignorons, du reste, si les accords conclus avec les Pisans, postérieurement à l'ambassade de 1186, avaient modifié les conditions du diplôme qui leur fut accordé cette année; ou si, tout en demeurant réellement favorables aux Pisans, les nouveaux princes almohades les obligèrent, comme Almanzor, à concentrer leur commerce aux quatre ports de Ceuta, Oran, Bougie et Tunis.

1177. 1119-1206. — D'Abd-el-Kerim et d'Ali Ibn-Ghazi Ibn-Ghania, souverains d'El-Mehadia.

En parlant précédemment du privilège de 1186, qui rouvrit les mers du Magreb aux navires pisans, nous avons remarqué l'absence du nom d'El-Mehadia parmi les ports où Almanzor leur permettait d'aborder, bien que les sujets de la république de Pise eussent reçu, dès l'an 1166, du roi Yousouf, père d'Almanzor, le droit formel d'habiter et de faire le négoce au faubourg de Zoulla.

La déchéance du commerce d'El-Mehadia entre ces deux dates n'expliquerait pas suffisamment une semblable omission, qui était une exclusion formelle. La crainte de voir les Pisans habiter une ville où l'autorité almohade avait été si souvent menacée la justifierait mieux peut-être. Nous en trouverions la cause plus naturelle encore et plus certaine dans l'occupation d'El-Mehadia, dès le mois de septembre 1177, par un capitaine berbère nommé Mohammed Ibn-Abd-el-Kerim, si le texte arabe de l'ouvrage où se trouve cette notion ne paraissait un peu confus à de très savants orientalistes.

Ce qu'il n'est pas permis de révoquer en doute, c'est que Mohammed Ibn-Abd-el-Kerim, de la tribu de Koumia, né à El-Mehadia même et enrôlé fort jeune dans la milice soldée que les Almohades entretenaient dans cette ville pour réprimer les courses des Arabes d'alentour, se révolta contre le gouverneur, qui voulait partager avec lui le butin enlevé aux maraudeurs. Ayant réussi à s'emparer des fortifications au mois de juin 1199, il se fit proclamer prince d'El-Mehadia, et ajouta à son nom une qualification regardée comme une déclaration d'indépendance. Il osa peu après marcher contre le cid Abou-Zeïd Abd-er-Rahman lui-même, qui commandait alors à Tunis au nom des Almohades et s'avança jusqu'à la Goulette. Il ne se retira, à la prière des habitants, que pour marcher contre les Ibn-Ghania, maîtres du Djérid et de la Tripolitaine.

Repoussé de Cabès, battu sous les murs de Gafsa, il fut obligé de se renfermer précipitamment dans Mehadia. Yahya Ibn-Ghania, secondé par deux navires de guerre qu'Abou-Zeïd lui envoya de Tunis, vint assiéger El-Mehadia, contraignit Abd-el-Kerim à un accord, et, profitant du moment où il était sorti de la forteresse sous la foi d'une amnistie, le fit périr par trahison, lui et son fils. Ces événements se passèrent en l'année 599 de l'hégire, 1202-1203 de l'ère chrétienne.

Une lettre arabe du 23 mars 1202 prouve qu'Ibn-Abd-el-Kerim occupait encore El-Mehadia à cette date. Abou-Zeïd Abd-er-Rahman, de qui elle émane, y recommande expressément aux magistrats de la ville de Pise de refuser toute assistance à « Ibn-Abd-el-Kerim, ce vil brigand, ce traître de Mehadia »; il prie la république de prévenir Comita, juge de Torrès en Sardaigne, que, s'il continuait à favoriser les entreprises du rebelle contre le gouvernement légitime, il verrait bientôt arriver une flotte almohade sur ses côtes.

El-Ghazi Ibn-Ghania, à qui son frère Yahya avait donné la seigneurie d'El-Mehadia pendant que lui-même allait conquérir Tunis, était fort désireux de rappeler les commerçants chrétiens dans ses États. Les Pisans, de leur côté, avaient tout intérêt à reprendre des relations qui avaient pu cesser entièrement, si le diplôme almohade de 1186 avait été rigoureusement exécuté. Ils durent pressentir le nouveau maître d'El-Mehadia, et trouvèrent auprès de lui les plus favorables dispositions. Le 27 mai 1201, El-Ghazi leur faisait écrire, en effet, par un de ses officiers : « Nous avons entendu dire de telles choses de vos qualités et de votre réputation, de l'étendue de vos relations et de votre crédit, que notre souverain est très désireux de vous connaître et d'entrer en rapports avec vous. Notre souverain a les meilleures intentions de seconder vos désirs, de favoriser votre commerce et vos affaires. Il nous a ordonné de vous faire savoir ce qu'il voudrait faire sans tarder avec votre pays, afin que des rapports amicaux s'établissent entre nous et se resserrent par la réciprocité des bons offices. »

Mais tous ces projets de restauration et d'amélioration, si naturels chez les nouveaux souverains, ne purent se réaliser devant l'attaque des armées almohades, qui écrasèrent les partisans majorcains et almoravides durant cette même année 1201.

El-Ghazi se conduisit d'ailleurs, dans ces circonstances, en homme loyal et probe. Même après la défaite de son frère à Tadjera, en 1203, il lui resta fidèle. Par sa valeur et sa dextérité, il parvint à repousser plusieurs fois les troupes du sultan En-Nacer. Il résista encore dans El-Mehadia, assiégé et battu par des mangonneaux puissants qui lançaient des masses de pierre pesant un quintal. Le tir d'une de ces catapultes brisa un jour dans la ville la moitié d'une porte de fer massif ornée de lions de cuivre roulant sur des gonds de verre. Le 9 janvier 1206, après quatre mois de siège, il obtint des Almohades une honorable capitulation qui assura la vie et les biens de ses compagnons. Il reçut même d'En-Nacer, à cette occasion, de riches cadeaux, parmi lesquels on remarquait deux robes ornées de pierreries, qui venaient d'être envoyées de Ceuta au sultan par un de ses affranchis. El-Ghazi entra peu après dans les armées almohades, et mourut en Espagne martyr de la guerre sainte.

1114-1192. — Persistance et diminution des populations chrétiennes en Afrique. L'église de Sainte-Marie d'El-Cala des Beni-Hammad.

Les guerres et les dévastations périodiques des provinces orientales de l'empire almohade ramènent notre attention sur les anciennes populations chrétiennes de ces contrées, que les bouleversements politiques atteignaient sûrement plus que toutes les autres, parce que le vainqueur n'était jamais de leur parti. Diminuées et affaiblies de siècle en siècle, nous les retrouvons cependant encore au douzième, mais à des dates et au milieu d'événements que le cours de notre récit a déjà bien dépassés.

Les princes hammadites accueillirent, à une époque vraisemblablement assez voisine de la fondation d'El-

Cala, une colonie nombreuse de chrétiens berbères parmi les tribus qui vinrent peupler leur première capitale, et qui continuèrent à l'habiter encore longtemps après la fondation de Bougie. La bonne entente existant entre ces princes et le Saint-Siège donnait une entière sécurité à leurs sujets chrétiens.

En 1114, les chrétiens d'El-Cala, tous Africains et Berbères, avaient une église dédiée à la vierge Marie. Leur évêque habitait une maison voisine de l'église. C'est le dernier prélat indigène dont nous puissions constater l'existence; et déjà la population, peut-être ses propres fidèles, envahis d'année en année par l'influence du langage et des habitudes arabes, le désignaient sous le nom musulman de *calife*. Pierre Diacre conserve lui-même cette dénomination, en rappelant les circonstances miraculeuses de la mort du bienheureux Azzon, moine du Mont-Cassin venu pour le visiter; il ne pouvait ignorer qu'elle désignait un dignitaire chrétien du rang épiscopal, ce que Pagi a le premier fait remarquer.

En cette année 1114, des moines du Mont-Cassin, revenant de Sardaigne en Italie, tombèrent entre les mains des pirates et furent conduits en Afrique. Peu de temps après, une tempête ayant poussé sur les côtes de Sicile d'autres religieux que l'abbé renvoyait en Afrique pour racheter leurs frères, le comte Roger, jaloux de rendre hommage au glorieux père Benoît, dit Pierre Diacre, s'empressa d'envoyer ses propres messagers au roi de la ville de *Calama*, que les Sarrasins appelaient *Alchila*. Ce roi, qui accéda d'ailleurs à toutes les demandes du comte Roger, était El-Aziz, arrière-petit-fils d'En-Nacer, le Berbère de la dynastie des Hammadites, fondateur de Bougie. Grégoire VII donnait à ces princes le titre de *Rois de la Mauritanie Sitifienne*, et nous voyons ici qu'ils étaient désignés en Italie, au douzième siècle, comme rois de la ville d'El-Cala, où ils devaient résider souvent, bien qu'ils eussent transféré le siège principal de leur administration avec leurs trésors dans leur nouvelle capitale de Bougie, dès l'an 1090.

Le pieux auteur de la Chronique du Mont-Cassin n'a garde de négliger cette occasion de célébrer la gloire de sa maison et les mérites de ses frères. Il accorde, en attendant sa béatification, et comme un moyen d'y parvenir, l'honneur de miracles nombreux à Azzon, doyen de l'abbaye, l'un des moines vendus par les pirates, mort durant sa captivité, et inhumé à El-Cala, devant l'autel principal de l'église de Sainte-Marie.

Un soir, tandis que la lune brillait dans le ciel, un indigène non chrétien, passant devant l'église, fut tout surpris de voir le vertueux doyen du Mont-Cassin, qu'il avait connu sans doute de son vivant, assis au pied de la porte, lisant paisiblement un livre ouvert devant lui. Il prévint aussitôt d'autres Sarrasins : « Venez, accourez, leur dit-il; vous savez, ce prêtre des chrétiens qui est mort ce mois-ci, venez le voir lui-même assis au seuil de l'église. » On s'empresse : la vision avait disparu. Une autre nuit, la lampe placée devant l'autel au-dessus du lieu où le corps d'Azzon avait été déposé, que l'on avait soin d'éteindre tous les soirs, se ralluma d'elle-même; et depuis le phénomène se renouvela toutes les nuits, bien que l'on eût mis de l'eau à la place de l'huile. Le roi fit fermer et surveiller l'église. Le miracle ne cessa pas. De la maison du *calife* des chrétiens contiguë à leur église, l'émir vit lui-même un jour une étoile descendre sur la lampe et l'enflammer. Frappé de ces prodiges, il fit rouvrir l'église aux fidèles.

On ne sait quel fut le sort de la population chrétienne d'El-Cala lorsque, vers l'an 1152, Abd-el-Moumen, avant de détrôner le dernier descendant d'Hammad, s'empara de la ville d'El-Cala et en dispersa les habitants. Nous ignorons si la ville de Bougie, qui fut si hospitalière pour les marchands chrétiens venus de l'étranger, avait dans ses murs des chrétiens indigènes; si elle abrita l'évêque d'El-Cala, obligé peut-être de quitter la Mediana avec sa tribu par les conquêtes des Almohades, les invasions des Ibn-Ghania et les ravages des Arabes. Nous ne savons si l'empire d'Abd-el-Moumen, lorsqu'il s'étendit du désert de Barca à l'Atlantique, renferma encore un seul des évêques indigènes, dont nous avons vu le nombre réduit successivement de deux cents à quarante au dixième siècle, à cinq en 1053, à trois ou même à deux seulement en 1076.

Il faut nous contenter des faits épars et incohérents recueillis dans les monuments; nous pouvons rappeler que Tunis renfermait en 1159, dans sa population indigène, de nombreuses familles juives et chrétiennes qu'Abd-el-Moumen aurait forcées de se convertir à l'islamisme pour éviter la mort; et qu'en 1192 on voit l'archevêché de Carthage figurer encore dans le *Liber censuum* sur lequel le chancelier de l'Église romaine inscrivait le nom des évêchés redevables d'un cens au Saint-Siège.

Mais peut-être cette mention n'était que le simple souvenir d'un ancien état de choses, maintenu dans les cadres de l'administration ecclésiastique pour conserver le droit organique de la ville de Carthage à la suprématie de l'Église africaine, toujours défendue par le Saint-Siège.

Au seizième siècle encore, quand la cour de Rome nommait des évêques *in partibus infidelium*, aux titres purement nominaux alors de Bone ou de Constantine, les bulles de nomination rappelaient aux titulaires la dépendance de leur siège de celui de Carthage et leur obligation d'obéir au métropolitain de l'Église d'Afrique, s'il en était jamais institué, nonobstant le serment qu'ils prêtaient au souverain pontife.

1114-1192. — Colonies européennes éparses dans le pays.

Indépendamment des débris des anciens centres chrétiens indigènes, il y avait encore çà et là dans l'Afrique maugrebine, particulièrement dans l'est, quelques colonies de chrétiens européens fixés sur le sol, à la suite de capture, de déportation violente ou même d'émigration volontaire. Leur existence a laissé quelques traces dans l'histoire générale du pays.

Non loin de Kairouan et de Djeloula se trouvait une colonie de chrétiens enlevés anciennement de vive force de l'île de Sardaigne. On les avait établis dans un territoire qui de leur nom s'appela *Serdania*. Ils en avaient fait, par la culture, un endroit délicieux. « On ne peut rien voir de plus beau dans toute l'Ifrikiah, dit El-Bekri. Les fruits de ce canton sont excellents; l'on y compte environ mille pieds d'orangers. » Plus loin, au fond du golfe de Cabès et à quinze lieues dans les terres, au delà d'un vaste et dangereux étang salé, se trouvait une autre peuplade chrétienne plus nombreuse encore, répandue dans un canton du Djérid appelé *Castilia*, autour de la ville de Touzer, qui fut particulièrement nommée elle-même Castilia. Il ne faut pas, paraît-il, chercher de rapport entre ce nom et l'origine des émigrés venus ou transportés dans le canton. C'étaient pour la plupart des habitants de l'île de Sardaigne, auxquels s'adjoignirent volontairement, en des temps divers, d'autres chrétiens esclaves ou réfugiés, sous la condition de payer le tribut. Leur pays possédait les palmiers les plus beaux et les plus féconds de l'Afrique et du Djérid. A la longue, les habitants perdirent leur langage et leur religion. Le souvenir de leur origine franque se conserva néanmoins parmi eux, et ne s'est pas encore éteint dans les trois villes du canton, qui sont Touzer, Hamma et Nefta.

Ces colonies de chrétiens agricoles ont dû être toujours bien rares, et l'expatriation des Européens qui venaient librement s'y adjoindre quelquefois ne pouvait avoir toujours des motifs bien avouables. Les chrétiens que les courses des pirates et les événements de la guerre faisaient tomber en esclavage et exposer dans les marchés publics n'aspiraient qu'à une chose : le rachat et le retour dans leur pays. Quelques-uns, une fois libérés, pouvaient rester dans les villes commerçantes de la côte où ils trouvaient à s'employer dans les comptoirs chrétiens ; bien peu, s'il y en eut, cherchaient à s'attacher au sol.

1198-1226. — Les Almohades protègent les ordres religieux. Dévouement des franciscains, des dominicains et des rédemptoristes.

Le nombre des prisonniers chrétiens ou musulmans augmentant sans cesse par suite des excès de la course de mer qu'aucune puissance ne pouvait réprimer, et de la continuité des hostilités en Espagne, comme en Syrie, l'ordre spécial de la Rédemption des captifs avait été fondé dans le but d'atténuer les maux de la guerre et de rendre les malheureux prisonniers à la liberté. Innocent III avait recommandé les membres de la pieuse institution au sultan Almanzor, dans une lettre du 8 mars 1189, qu'on voudra lire, pour voir comment s'exprimait alors le souverain pontife de la loi chrétienne, en s'adressant au chef de l'islamisme occidental. Ce n'est plus l'intime épanchement et la commune adoration du Dieu d'Abraham des lettres de Grégoire VII à En-Nacer. Il y a dans la bulle d'Innocent III, non de la hauteur, mais un sentiment absolu de supériorité et de compassion vis-à-vis de croyances erronées, que le pontife affecte de confondre avec le paganisme et qu'il désigne du même nom. On y trouve néanmoins une confiance positive dans les favorables dispositions du sultan.

« Innocent, évêque, serviteur des serviteurs de Dieu,
« à l'illustre Émir al-moumenin, roi de Maroc, et à ses
« sujets. Qu'ils parviennent à connaître la vérité et
« qu'ils y persévèrent pour leur plus grand avantage!

« Entre les œuvres miséricordieuses recommandées
« par Notre-Seigneur Jésus-Christ dans l'Évangile, la
« rédemption des captifs n'est pas la dernière. Nous

« devons donc accorder la protection apostolique à ceux
« qui se dévouent à de pareilles entreprises. Des hom-
« mes généreux, au nombre desquels sont les porteurs
« de nos présentes lettres, se sont donné récemment,
« sous l'inspiration divine, la loi et l'obligation de con-
« sacrer le tiers de ce qu'ils possèdent et posséderont
« à l'avenir au rachat des captifs. Afin de réaliser plus
« complètement leur projet, il leur a été permis de ra-
« cheter aussi des captifs *païens*, pour qu'ils puissent
« quelquefois, par le moyen des échanges, retirer de
« l'esclavage quelques captifs chrétiens. Comme une
« telle œuvre ne peut qu'être avantageuse aux païens
« et aux chrétiens, nous avons cru convenable de vous
« en donner connaissance par ces lettres apostoliques.
« Que Celui qui est la voie, la vérité et la vie, vous fasse
« reconnaître la vérité, c'est-à-dire le Christ, et vous
« conduise au plus tôt à elle! Donné à Latran, le 8
« des ides de mars, deuxième année de notre ponti-
« ficat. »

Les termes de païens ou mécréants, *pagani*, par lesquels la missive apostolique désignait les musulmans,
n'auraient pu blesser le roi de Maroc. La traduction
arabe, jointe ordinairement aux documents chrétiens
destinés à être remis ou lus aux princes sarrasins, pouvait, en conservant la même désignation, être complètement changée par le traducteur. D'ailleurs, si la pensée même d'idolâtrie qu'exprimait le mot *païen* était
parvenue dans la lecture jusqu'au sultan, elle ne lui
aurait inspiré vraisemblablement qu'un sourire d'étonnement et d'indifférence. Au fond, les intentions et les
procédés étaient bienveillants. Si nous avions la réponse

d'Almanzor, il est probable que nous y retrouverions à peu près les mêmes sentiments, et, en même temps, la preuve que le pape et le sultan tombèrent d'accord pour faciliter l'œuvre du rachat des captifs, également recommandable aux yeux des musulmans et des chrétiens.

Les religieux franciscains et les religieux dominicains qui vinrent dans le Magreb sous les fils d'Almanzor furent aussi bien accueillis que les rédemptoristes, dont ils complétaient et agrandissaient la mission dans le monde chrétien. En Afrique, ils desservaient les oratoires des marchands européens, ils administraient les sacrements et vaquaient aux soins de la prédication. Ils parcouraient les villes de la côte; ils visitaient les pauvres captifs et leur apportaient des secours avec quelques paroles, plus précieuses encore, de sympathie et d'espérance. Obligés de s'accommoder aux habitudes du pays et de dissimuler quelquefois leur présence au milieu de populations grossières, ils furent autorisés en 1226, par le pape Honorius III, à modifier leur costume et à porter la barbe longue durant leur séjour en Afrique. L'usage étant aussi de faire les aumônes en argent, et les règles des ordres mendiants ne permettant pas aux religieux de posséder du numéraire, le pape les autorisa encore à déroger sur ce point à leurs statuts généraux.

Les successeurs d'Honorius III eurent à remercier plusieurs fois les rois de Maroc de la faveur particulière qu'ils accordaient aux chrétiens et aux religieux, devenus assez nombreux dans leurs États pour avoir en 1223 un évêque à leur tête; mais on ne sait pas d'une manière certaine si les nouvelles lettres émanées du Saint-Siège, de l'an 1233 à l'an 1251, furent toutes destinées encore aux sultans almohades, ou si quelques-unes n'étaient pas adressées aux chefs mérinides qui dès la seconde moitié du treizième siècle régnèrent à Fez, quand déjà l'empire d'Abd-el-Moumen penchait vers sa ruine.

1212-1238. — Démembrement de l'empire almohade.

Les princes almohades ne conservèrent pas longtemps, en effet, le vaste État que le chef de leur dynastie avait fondé, qu'Almanzor avait dû restaurer, et qu'En-Nacer, malgré sa valeur et ses nouvelles conquêtes, vit décliner avant sa mort. A peine rassuré sur le Magreb oriental, En-Nacer, craignant pour ses provinces espagnoles, proclama la guerre sainte sur les deux continents, et débarqua dans la Péninsule avec la plus formidable armée qui eût encore passé le détroit. La bataille de Navas de Tolosa, gagnée en 1212 par les rois chrétiens confédérés venus à sa rencontre, détruisit son immense armement, hâta sa fin et commença la désorganisation de l'empire.

Dès le règne de son fils Yousouf El-Mostancer (1214-1224), jeune homme inexpérimenté et dissolu, mort à vingt-six ans, des chefs ennemis se montrèrent sur les frontières méridionales du Maroc, et les gouverneurs des provinces, la plupart membres de la famille impériale, dénièrent les ordres souverains en aspirant à l'indépendance. Deux sultans, déposés et massacrés en quatre ans, avaient succédé à El-Mostancer, et le trône était occupé par Yahya, second fils d'En-Nacer, quand une partie des scheiks marocains, portés d'abord à préférer à ce prince encore adolescent son oncle El-Mamoun, fils du grand Almanzor, gouverneur de Séville, éloignés ensuite de cette résolution par la crainte de se donner un maître trop sévère et despotique, envoyèrent de nouveau leurs offres de soumission à El-Mamoun, déjà proclamé par les émirs d'Andalousie.

Aux facultés supérieures dont il était doué, Abou'l Ola-Idris El-Mamoun joignait des avantages acquis par le travail et la réflexion : l'éloquence, une grande instruction dans les sciences historiques et politiques, une profonde connaissance du Coran et de ses commentateurs ; il était « docteur ès sciences sacrées et profanes »; il a laissé plusieurs écrits. Dans sa vie publique il savait habilement mêler aux récriminations politiques contre les anciens émirs des pensées religieuses qui se propageaient parmi la foule et lui gagnaient des adeptes. On croit qu'il y avait dans ses projets de réforme un désir de concessions au moins apparentes aux idées chrétiennes. Il reprochait entre autres nouveautés aux successeurs d'Abd-el-Moumen d'avoir prétendu qu'Ibn-Toumert, le fondateur de la croyance almohade, était le *Mahdi* ou « l'Être dirigé, l'Imam impeccable », attendu, disait-il, qu'il n'y a d'autre Mahdi que Jésus, le fils de Marie.

Aidé de douze mille cavaliers castillans, qu'il obtint de Ferdinand III, et qui restèrent depuis à sa solde, il passa en Afrique, s'empara de la ville de Maroc (1228), et obligea Yahya à se réfugier dans la montagne de Tinmelel, berceau des Almohades. La cession de dix places fortes sur les frontières de Castille, et la construction à

Maroc même d'une église ayant le droit exceptionnel de sonner les cloches pour l'usage des soldats chrétiens, fut le prix des secours de Ferdinand. Il fut en outre promis au roi de Castille que les magistrats musulmans refuseraient l'apostasie d'un chrétien, et qu'ils ne pourraient s'opposer à la conversion d'un musulman. Ces dernières concessions, accordées sous l'empire d'une nécessité pressante et contraires à tous les sentiments et à tous les usages de l'islamisme, ne purent être longtemps observées. Quant à l'église construite à Maroc, quoique démolie peu après, dans une rentrée victorieuse d'Yahya, elle dut être rétablie ou remplacée plus tard, car les auxiliaires chrétiens restèrent en faveur au Maroc sous les derniers Almohades et sous les Mérinides.

Le génie d'El-Mamoun ne put arrêter la dissolution de la monarchie almohade, que le nouveau calife était digne de reconstituer à son profit. Il n'y avait plus chez les musulmans occidentaux de sentiment supérieur et commun, au triomphe duquel pussent concourir, comme aux premiers temps de la conquête, les idées, les efforts et jusqu'aux ambitions particulières. El-Mamoun employa sa rare énergie et son règne trop court (1228-1232) à combattre des révoltes que son exemple avait autorisées, à prévenir la défection des émirs andalous, toujours prêts à se soumettre aux princes chrétiens s'ils pouvaient s'assurer par cet abaissement la possession de leurs domaines. L'Espagne musulmane, séparée de l'Afrique, s'affaiblit de règne en règne; et le Magreb se divisa en trois États dont les limites ont varié, mais qui n'ont jamais été réunis depuis lors sous un pouvoir unique. L'Espagne chrétienne, au contraire, se relevait et reculait partout ses frontières.

Ainsi, pendant qu'au début même du règne d'El-Mamoun, le roi Jacques Ier d'Aragon enlevait définitivement Majorque à l'islamisme (1229), que, sous le règne d'El-Rechid, fils d'El-Mamoun, il s'emparait du royaume de Valence (1238), et que le roi Ferdinand de Castille prenait Cordoue (1236), le démembrement des États almohades se poursuivait en Afrique. Les Hafsides, soutenus par l'assentiment des populations, proclamaient leur autonomie à Tunis en 1228, et l'émir de Tlemcen se faisait un royaume, en 1235, de toute la partie du Magreb central qui ne dépendait pas du royaume de l'Afrique propre. Refoulés dans l'ouest, les descendants d'El-Mamoun et d'El-Moumen ne possédèrent plus bientôt que l'ancienne Tingitane, empire actuel des schérifs, où avait déjà paru la nation des Mérinides (1213-1216), qui devait en un demi-siècle achever de détruire leur empire et fonder sa puissance sur ses ruines.

Il faut s'arrêter aux événements particuliers qui se rattachent à la création de ce royaume des Baléares et à la formation des nouveaux États musulmans, sortis les uns et les autres de la dislocation de l'empire d'Abd-el-Moumen.

1229-1262. — Origine du royaume chrétien de Majorque.

Les Almohades, parvenus à réduire les Ibn-Ghania des Baléares en 1203, n'avaient pu les maintenir dans l'obéissance après la bataille de Tolosa et les troubles qui suivirent ce désastre. Les îles avaient un seigneur particulier indépendant, quand le nouveau roi d'Aragon, Jacques Ier, dont nous avons déjà rappelé les conquêtes, résolut de s'en rendre maître.

Il était jeune, à peine âgé de vingt ans, valeureux comme son père; rien n'avait encore marqué son règne. Un riche armateur de Tarragone, chez lequel il accepta un jour un festin, lui vanta la fertilité de ces belles îles, si voisines de ses domaines; il avait à se plaindre de quelques faits de piraterie dont on rejetait tous les torts sur le roi des Baléares ou sur ses sujets. Plus de motifs qu'il n'en fallait se trouvaient réunis pour décider les hostilités, sans compter l'espoir d'humilier les Sarrasins, et de gagner le ciel si l'on mourait en les combattant. A l'appel du prince, la guerre fut résolue d'enthousiasme par les cortès convoquées à Tarragone, et les trois États y contribuèrent dans les diverses provinces, surtout en Catalogne, dans le Béarn et dans les seigneuries de Roussillon et du bas Languedoc, que la maison de Barcelone possédait encore au delà des Pyrénées.

La ville de Montpellier, flattée d'avoir donné le jour à Jacques Ier, fournit des subsides et voulut suffire elle seule à l'armement de la galère royale sur laquelle devait monter le prince. Narbonne équipa un navire à trois ponts et envoya plusieurs chevaliers de haut parage, entre autres Olivier de Termes, qui, réconcilié plus tard avec le roi de France, s'illustra en Orient. Marseille et Gênes, sans que nous sachions les motifs de leur rupture avec l'émir majorcain jusque-là favorable aux marchands de leur nation, s'associèrent à l'expédition par l'envoi de quelques navires, d'hommes et de machines de guerre. La confiance était si grande parmi les sujets du roi Jacques, qu'ils réglèrent d'avance par des actes publics les conditions du partage des villes et des terres à conquérir entre eux et la couronne. Le succès répondit à ces espérances.

L'expédition, forte environ de quinze mille hommes de pied et de cinq cents cavaliers, quitta le port de Salou et la plage de Tarragone au commencement du mois de septembre 1229. Le 31 décembre suivant, la ville de Majorque, appelée plus tard Palma, était emportée dans un dernier assaut qu'avait préparé le travail prolongé des mines et des catapultes. Le roi répartit les terres de sa conquête suivant les conventions arrêtées.

Il établit à Majorque de nombreux bourgeois de ses domaines de France et d'Aragon. Le registre de la répartition dressé à cette occasion mentionne beaucoup d'émigrants de Montpellier, de Narbonne, de Perpignan et de Marseille, qui se fixèrent alors et firent souche dans la ville conquise. La commune de Montpellier reçut peu après la possession exclusive de cent maisons abandonnées par leurs habitants. Le roi fit publier des bans portant qu'aucun des habitants « de la ville de Majorque, qu'il fût chrétien, juif ou Sarrasin, n'aurait à payer de droits sur ses marchandises ou ses biens, ni à l'entrée ni à la sortie ». Grâce à ces dispositions, dit Muntaner, Majorque est devenue une des plus nobles cités de l'univers, pleine d'abondantes richesses. Le roi Jacques dota en même temps le clergé, à la tête duquel Raymond de Pennafort, délégué du Saint-Siège, institua peu après un évêque, et promit la paix aux habitants des îles de Minorque et d'Iviça qui respecteraient sa conquête. Il fonda ainsi le royaume demeuré toujours chrétien et un des plus beaux joyaux de la couronne des Espagnes. Uni d'abord à l'Aragon, le royaume de Majorque en fut distrait plus tard par la cession que fit, en 1262, le roi Jacques Ier à son fils cadet, du même nom que lui; mais en 1343 la conquête le réunit de nouveau à l'Aragon, dont il n'a plus été séparé depuis.

Un intérêt particulier nous amènera plus d'une fois à nous en occuper. Le comté de Roussillon et la seigneurie de Montpellier, compris dans la donation du roi Jacques Ier, ont suivi jusqu'au quatorzième siècle les destinées du royaume de Majorque et participé aux conditions des traités publics de ses princes avec les rois du Magreb et les autres souverains étrangers. Quand Jacques II, de Majorque, vendit la seigneurie de Montpellier (18 avril 1349) au roi de France, le Roussillon resta à l'Aragon, qui le conserva, on le sait, plusieurs siècles encore.

1227-1258. — Commerce de l'Aragon avec l'Afrique.

L'occasion se présente ici de rappeler les premières notions historiquement connues sur les rapports commerciaux de l'Aragon avec l'Afrique. Comme toujours, les faits commerciaux ont précédé les relations diplomatiques. L'envoi d'une ambassade, la négociation d'un accord public, n'étaient la plupart du temps que la conséquence de relations antérieures ouvertes par l'initiative privée. Le traité venait régulariser et étendre les tentatives intermittentes et courageuses qu'avaient inspirées le zèle religieux ou l'intérêt commercial.

Les plus anciens traités de l'Aragon avec le Magreb sont de la fin du treizième siècle; et déjà dès l'an 1227, au milieu des démêlés de l'émir des Baléares et du roi Jacques le Conquérant, nous voyons les navires catalans faire habituellement le commerce de Bougie, de Ceuta et de Majorque. La même année 1227, pendant qu'il préparait l'expédition des Baléares, le roi Jacques décidait que les marchandises d'origine aragonaise destinées aux ports d'Égypte ou au port de Ceuta ne pourraient être embarquées sur un navire étranger, à moins que nul des bâtiments catalans stationnés à Barcelone ne pût prendre ce chargement. Le tarif de la douane de Tamarit, près de Tarragone, et diverses ordonnances de police maritime signalent d'autre part, vers 1243 et 1258, les fréquents voyages des navires catalans en Barbarie. On constate dans les histoires particulières du pays d'autres indices plus manifestes encore de l'accroissement de la navigation et de la population dans tout l'Aragon, double résultat dû au mouvement général imprimé par les croisades aux marines chrétiennes et à la bonne administration des princes de la maison de Barcelone.

1223-1236. — Établissement de la dynastie des Hafsides à Tunis sous Abou-Zakaria Ier. Prédominance de Tunis dans l'islamisme occidental.

Dans l'Afrique, le malheur tournait contre les Almohades les moyens mêmes qu'ils employaient pour conserver leurs provinces. Abou-Mohammed-Abou-Hafs, nommé gouverneur de Tunis par En-Nacer, avait si bien réussi dans sa vice-royauté, qu'à sa mort les habitants du pays refusèrent de reconnaître d'autres maîtres que ses enfants. Après quelques essais de résistance, En-Nacer ou son successeur fut contraint d'abandonner le gouvernement à la famille Abou-Hafs, que la force des événements élevait ainsi en rivale et en ennemie de leur puissance.

Le Hafside Abou-Mohammed, fils du précédent Abou-Mohammed-Abou-Hafs, régnait en réalité dans toute la Tunisie ou l'Ifrikiah, secondé par deux de ses frères, l'un gouverneur à Bougie, l'autre à Cabès, quand l'avènement d'El-Mamoun vint précipiter la perte définitive de la partie orientale de l'empire, par la désunion qu'il suscita entre les enfants d'Abou-Hafs. Dès sa proclamation au califat, El-Mamoun avait envoyé l'ordre à Abou-Mohammed II, qui refusa d'y obtempérer, de lui faire prêter le serment de fidélité par les Almohades de son gouvernement. Le préfet de Cabès, à qui le calife s'adressa ensuite, Abou-Zakaria-Yahya, agit autrement que son frère ; il promit d'obéir, et reçut de lui le diplôme de *gouverneur de l'Ifrikiah*. Abou-Mohammed était sorti de Tunis pour combattre son frère, quand, arrivé à Kairouan, il fut déposé par les troupes, qui proclamèrent Abou-Zakaria à sa place. Le nouveau vizir, escorté de l'armée entière, fit son entrée solennelle à Tunis au mois de redjeb 625 de l'hégire, juin ou juillet 1228.

Le succès accrut son ambition. Une fois établi dans la capitale, Abou-Zakaria rompit ouvertement avec El-Mamoun ; il prononça la déchéance du sultan, substitua son propre nom au sien dans la prière du vendredi, et s'arrogea peu après, peut-être dès l'année 1228, le titre royal d'*émir*. Pour justifier sa rupture, il alléguait l'excès de la réaction d'El-Mamoun contre les doctrines almohades, et sa cruauté à l'égard de ses frères (1), comme s'il eût oublié que lui-même avait exilé Abou-Mohammed, fait périr le secrétaire de ce prince dans les tortures, et contraint son neveu Abd-el-Aziz à se sauver en Europe pour éviter la mort. La réussite excuse et la fatalité explique tout, dans le monde musulman.

L'adoption du titre d'émir confirmait la déclaration d'indépendance et complétait la prise de possession du rang suprême. Abou-Zakaria-Yahya Ier paraît n'en avoir jamais pris d'autre dans les actes de son gouvernement. Il refusa constamment d'ajouter les mots sacramentels d'*al-moumenin* au titre d'*émir*, bien qu'il fût devenu maître d'un empire aussi grand que celui des derniers Almohades, lorsqu'il eut soumis le royaume de Tlemcen, qu'il vit son autorité reconnue par les villes les plus importantes des côtes de l'Adoua, entre autres Ceuta et Tanger, et que sa suzeraineté fût un moment acceptée jusqu'en Andalousie (1237-1245). Mais plus tard, en 1258, à la chute des Abbassides d'Orient, ses successeurs, restés avec des États moins étendus que les siens, plus puissants que les rois de Maroc, prirent à leur égal le titre suprême réservé aux sultans et aux califes, d'*Émir al-moumenin*, qui signifie *commandeur des croyants*, ou *des musulmans*.

Tunis commença dès lors à être considéré comme le centre de l'islamisme occidental. L'influence religieuse de ses souverains et de ses docteurs l'emporta même

---

(1) Il reprochait aussi au sultan d'avoir donné la forme carrée aux monnaies, et autres énormités.

sur ceux du Caire, où étaient venus se réfugier, sous la protection des sultans mamelouks, les successeurs oubliés des califes de Bagdad. Abou-Zakaria se plut à embellir sa capitale et y appela les savants de l'Andalousie. Il y éleva de nouveaux palais, des bains et des caravansérails nombreux; il y rassembla une bibliothèque restée longtemps célèbre.

Ainsi fut fondée la dynastie des Hafsides, qui a régné à Tunis pendant trois cents ans, et que les Turcs ont renversée au seizième siècle. Durant sa longue existence, plusieurs membres de la famille d'Abou-Hafs se séparèrent à leur tour de la métropole et portèrent quelque temps le titre de roi, tantôt à Bougie, tantôt à Constantine. D'autres prétendants s'élevèrent aussi dans les provinces plus orientales et furent momentanément maîtres de Tripoli et des îles de Gerba. Ce dernier pays forma même au quatorzième siècle une principauté chrétienne. Mais dans l'ensemble de leur durée, les Hafsides ont étendu leur domination de la Mauritanie Sitifienne à la Cyrénaïque, depuis Tripoli jusqu'à Bougie et jusqu'à Alger, ville qui fut longtemps un sujet de compétition entre les royaumes de Tunis et de Tlemcen, avant de former un troisième État pris sur les dépendances des deux autres.

1235. — Formation du royaume des Beni-Zian à Tlemcen.

La proclamation d'Abou-Zakaria avait détaché de l'empire almohade toute l'Afrique orientale; la constitution du royaume de Tlemcen lui enleva le Magreb central, de la Moulouïa jusqu'au Chélif. Sans se séparer complètement d'El-Mamoun, dont il consentit à recevoir l'investiture, le chef des Abd-el-Ouad, Yaghmoraçan, fils de Zian, se conduisait en souverain. Il en avait la cour et le cérémonial. Ses armées, dans lesquelles se trouvait un corps de lanciers chrétiens, ne combattaient que pour lui; l'impôt lui appartenait intégralement.

Tlemcen, capitale dès le douzième siècle d'une principauté considérable, était désignée par sa situation et son importance comme centre d'un État ou d'un grand gouvernement. Elle se trouvait sur la route suivie alors par toutes les caravanes du nord de l'Afrique qui se rendaient au Maroc. Ses habitants, industrieux et commerçants, passaient pour les plus riches du Magreb. Quoique éloignée d'une dizaine de lieues du rivage, position qui la mettait à l'abri d'une invasion maritime, elle avait presque tous les avantages du voisinage de la mer par ses faciles communications avec le port d'One ou Honeïn, petite ville très forte à l'embouchure de la Tafna, restée florissante jusqu'à l'époque des expéditions de Charles-Quint en Afrique. « Les enfants de Yaghmoraçan-Ibn-Zian, dit Ibn-Khaldoun, ayant pris Tlemcen pour siège de leur empire, y bâtirent de beaux palais et des caravansérails pour les voyageurs; ils y plantèrent des jardins et des parcs, où des ruisseaux habilement dirigés entretenaient la fraîcheur. Devenue ainsi la ville la plus importante du Magreb (central), Tlemcen attira des visiteurs même des pays les plus éloignés; on y cultiva avec succès les sciences et les arts; on y vit naître des savants et des hommes illustres dont la réputation s'étendit aux autres pays; elle prit l'aspect d'une vraie capitale musulmane, siége d'un califat. » Les traces de ses anciennes fortifications montrent encore son étendue.

Les Abd-el-Ouad, qu'on nomme aussi les Beni-Zian, eurent presque toujours les armes à la main pour défendre leurs frontières. Les Mérinides, les Hafsides, les Almohades, menacèrent tour à tour leur indépendance. Les armées des rois de Tunis et de Maroc pénétrèrent quelquefois jusques au cœur du pays et les contraignirent à l'hommage; elles ne purent jamais les abattre complétement. Aidés de milices chrétiennes aguerries, sûrs, quand les Hafsides triomphaient, de trouver l'appui des sultans de Maroc pour les repousser, les Beni-Zian parvinrent toujours à reconquérir leur capitale et purent souvent porter la guerre sur le territoire ennemi. Ils occupèrent quelque temps Médeah, Milianah, Alger même; ils s'avancèrent jusque dans la grande Kabylie et assiégèrent plusieurs fois Bougie. Après les vicissitudes les plus diverses, le royaume de Tlemcen existait encore au seizième siècle, quand Barberousse fit la conquête d'Alger.

1213-1248. — Origine et fondation de la dynastie des Mérinides à Fez.

Pendant que les Almohades perdaient les possessions orientales de l'Afrique et de l'Espagne, le Maroc même était troublé et envahi. Les révoltes des scheiks de Salé et de Téza furent réprimées. Rien ne put éloigner l'ennemi opiniâtre et avide qui s'était emparé des frontières du Fezzan, d'où il finit par subjuguer la Mauritanie occidentale en entier.

Les Mérinides, dont il a été déjà question plusieurs fois, formaient une réunion de tribus agrestes et patriarcales habitant avec leurs troupeaux les pays arides du Zab, au delà de l'Atlas, au midi de Tlemcen. Un scheik vertueux et austère, nommé Abd-el-Hack, les avait réunies sous son autorité vers la fin du douzième siècle. Les historiens et les poètes vivant au temps de leurs rois ont dépeint aussi leur marche vers le nord : « Les Beni-Merin vinrent au Magreb de leurs pays barbares, après avoir traversé le désert et les plaines de sable sur le dos de leurs chameaux et de leurs chevaux, comme avaient fait les Lemtouna (les Almoravides) avant eux. Ils trouvèrent les rois almohades déjà détachés de leurs affaires et de leurs devoirs, adonnés au vin, à la luxure et à la mollesse; aussi entrèrent-ils sans peine et commencèrent-ils aussitôt à envahir les kessours (les villages). C'est que la volonté de Dieu les avait appelés pour régner sur le Magreb; et, comme des nuées de sauterelles, ils eurent bientôt envahi le pays, où ils se répandirent partout. Actifs et francs guerriers, ils ne cessèrent de s'étendre et de s'affermir de plus en plus, s'emparant du pays morceau par morceau. »

Leurs premières invasions dans l'empire almohade remontent à l'an 1213, l'année même de la mort du sultan En-Nacer, à la suite de la bataille de Tolosa. Ils se dirigeaient vaguement vers les pays maritimes, attirés par l'appât de campagnes fertiles et de riches bourgades. Ils ne rencontrèrent pas d'abord de résistance et plantèrent leurs tentes dans un pays dont la souveraineté était contestée, entre l'oasis de Figuig et le cours supérieur de la Moulouïa, rivière qui séparait autrefois la Tingitane de la Césaréenne et qui devrait former aujourd'hui la limite occidentale de l'Algérie. De là, se mêlant aux tribus marocaines dans les marchés du Tell, et ne négligeant aucune occasion de butiner sur le territoire ennemi, ils employèrent contre les Almohades cette guerre d'hostilités incessantes et de dénigrements politiques qui avait si bien réussi aux Almohades contre les Almoravides. Ils s'annonçaient à leur tour comme des réformateurs résolus à réprimer les abus et à soulager les opprimés. Ils représentaient les Almohades comme des souverains impies et prévaricateurs, adonnés au vin, condamnés par la destinée à perdre promptement un pouvoir qu'ils étaient indignes d'exercer. Une armée de vingt mille hommes, envoyée par le sultan Youçouf pour réprimer leurs déprédations, ayant été battue en 1216 par Abd-el-Hack, près de la rivière Nekkour, au pays de Badès, le bruit de cette défaite frappa l'empire d'étonnement et de crainte. « Les peuples, dit un écrivain arabe, cessèrent aussitôt d'acquitter les impôts, des troupes de brigands infestèrent les grands chemins; les émirs et les agents du gouvernement, depuis le sultan jusqu'aux moindres fonctionnaires, s'enfermèrent dans les villes. »

Abd-el-Hack, qui aurait pu se donner comme un nouveau Madhi, se borna à profiter de la confusion pour étendre ses conquêtes. Il reçut l'hommage de plusieurs tribus influentes, auxquelles il accorda l'aman, et s'empara d'un grand nombre de villes ou villages des deux côtés de l'Atlas. La soumission donnait aux pays conquis le droit de conserver leurs avantages; la résistance amenait l'extermination. El-Mamoun lui-même ne put arrêter le développement de sa puissance. Malgré ses succès, malgré la longue durée de sa vie et de son autorité, il ne fut pas donné néanmoins à Abd-el-Hack de conduire ses compagnons au triomphe définitif; il leur en montra du moins la route et leur en assura les moyens. L'année qui suivit sa mort (1243), son fils Abou-Yahya s'empara de Méquinez, et trois ans après, en 1248, maître de la ville royale de Fez, il y établit le siège de son gouvernement. Les historiens de la nation font dater la nouvelle dynastie de ces événements, et considèrent Abou-Yahya-Abou-Bekr Ibn-Abd-el-Hack comme le fondateur de l'empire mérinide, dont les princes ont régné sur le Magreb occidental jusqu'à l'avènement des schérifs au seizième siècle.

La prise de la ville de Maroc, dernier succès qui devait compléter la conquête du pays, fut retardée par quelques revers; les Beni-Merin furent obligés de chercher un appui chez les Hafsides de Tunis, dont ils reconnurent momentanément la suzeraineté. Mais en 1269, par un nouvel effort de la nation, Abou-Yousouf Yacoub, frère et successeur d'Abou-Yahya, s'empara de Maroc après une sanglante bataille, dans laquelle Abou-Debbous-el-Ouathec, dernier sultan almohade, perdit la vie. Il ne resta plus rien alors, que le souvenir, de la vaste monarchie fondée par El-Moumen cent trente-neuf ans auparavant.

Déjà, à l'époque où est parvenu notre récit, l'empire almohade avait perdu toute l'Espagne, à l'exception du royaume de Grenade, les îles Baléares, l'Afrique propre ou l'Ifrikiah, et les provinces de la Tripolitaine et d'Alger, qui suivaient d'ordinaire la destinée politique de Tunis ; le royaume de Tlemcen était près de lui échapper ; des partisans ennemis venus de l'Andalousie et de divers points du Magreb s'étaient joints à ses propres sujets pour pousser à la rébellion les provinces du Rif et de la Mouloïa.

1234-1235. — Les Génois rançonnent la ville de Ceuta.

On peut juger du désordre et des difficultés du gouvernement dans les provinces de l'Afrique par ce qui se passa vers ce temps à Ceuta. Dès la seconde année de son règne, El-Mamoun avait été obligé de quitter la capitale et de venir former le siège en règle de la ville de Ceuta, où son frère le cid Abou-Mouça s'était fait proclamer souverain avec l'appui d'Aben-Houd, roi de Séville. Yahya, l'ancien sultan détrôné, apprenant l'éloignement de son oncle, quitta précipitamment les montagnes de Timmelel et fondit sur Maroc, où son premier soin fut de démolir l'église bâtie pour les chrétiens. El-Mamoun parvint à reprendre Maroc, et Abou-Mouça, craignant son retour, abandonna la ville de Ceuta à Aben-Houd, qui le nomma gouverneur d'Almeria. Le dépit de voir le sultan d'Andalousie maître sur son propre territoire de la place qui commandait les communications d'Espagne au Magreb, et qui était en même temps la ville la plus commerçante de ses États, occasionna à El-Mamoun la maladie à laquelle les historiens attribuent sa mort, survenue le 16 ou le 17 octobre 1232.

On ne sait si la ville de Ceuta obéissait encore à El-

Cachetini, gouverneur nommé par le roi de Séville, ou si déjà, ce qui ne tarda pas beaucoup, elle s'était mise en révolte contre le sultan de Maroc et donné un nouveau commandant nommé El-Yamechti, quand une flotte chrétienne, armée, à ce qu'il paraît, par les ordres militaires d'Espagne et jouissant du privilège des croisés, vint l'attaquer dans la seconde moitié du mois d'août 1234.

Les marchands génois, fort influents alors à Ceuta, où leurs établissements avaient acquis une grande extension, se concertèrent avec le gouverneur pour la défense de la ville, en lui faisant leurs conditions. Ils avaient d'ailleurs des griefs personnels contre ces nouveaux croisés, pour la capture de plusieurs navires dans le port de Cadix. Ils firent approcher dix de leurs meilleurs vaisseaux ancrés dans ces parages; et, le commandant de Ceuta offrant de payer la moitié des frais de l'armement de vingt-huit galères, ils s'empressèrent de les appeler soit de Gênes, soit d'ailleurs. La défense de Ceuta assurée, ils menacèrent la flotte croisée de l'incendier, si elle ne se retirait; mais alors, le danger passé, leurs exigences s'accrurent et les bonnes dispositions du gouverneur changèrent. Les chroniques chrétiennes donnent à ce gouverneur le titre de sultan de Ceuta, parce qu'il se trouvait peut-être dans la situation d'indépendance que pouvait avoir El-Yamechti à l'égard des rois d'Espagne et du Maroc. Il résista aux prétentions de ses libérateurs qui voulaient le contraindre à les indemniser de tous les dommages occasionnés par les croisés à leur commerce. Le peuple livra aux flammes les magasins génois. De nouveaux vaisseaux arrivèrent heureusement d'Italie, des troupes furent enrôlées par les Génois chez les musulmans de Séville, Ceuta fut bloquée pendant plusieurs mois (1234-1235), et la flotte génoise ne s'éloigna qu'après avoir arraché à la ville une contribution de 400,000 dinars d'or, environ quatre millions de francs.

Quelques années après, Ceuta se donna au sultan almohade El-Rechid, et, quand ce prince vint à mourir, ses habitants, à l'exemple de ceux de Tanger et de Séville même, dès la mort d'Aben-Houd, séduits par la puissance d'Abou-Zakaria, qu'ils croyaient destiné à relever l'unité de l'empire, lui adressèrent leur soumission.

1229-1236. — Traités de commerce d'Abou-Zakaria-Yahya Ier, roi de Tunis, avec les chrétiens.

Le triomphe et le prestige d'Abou-Zakaria, d'ailleurs tardifs, ne furent que momentanés. L'Espagne musulmane, réduite au royaume de Grenade, cessa de reconnaître le roi de Tunis. Le Maroc, partagé entre les Almohades et les Mérinides, demeuré enfin à ces derniers, reconquit l'Adoua; Yaghmoraçan rentra dans Tlemcen. Abou-Zakaria et ses enfants durent se borner à développer leur puissance dans le Magreb oriental. Ils n'y faillirent pas.

Doué, comme son père et la plupart des princes de sa famille, de talents politiques, Abou-Zakaria favorisa le commerce de ses États avec l'Europe; il augmenta et réglementa l'ensemble des garanties qu'avaient eues jusque-là les marchands chrétiens. Nous possédons plus ou moins intégralement les dispositions des actes qu'il échangea à cet effet avec les républiques italiennes et avec Frédéric II, comme roi de Sicile, pays que la reine Constance, héritière des rois normands, avait apporté à l'Empereur. Nous savons que les Marseillais avaient négocié un traité direct avec l'émir, antérieur à celui que Vibald, envoyé impérial, obtint à Tunis le 19 ou 20 avril 1231. L'extension que prend à cette époque le commerce de Marseille ne permet pas d'en parler incidemment. Nous nous y arrêterons d'autant plus volontiers qu'une publication du savant archiviste des Bouches-du-Rhône vient d'apporter des éléments tout nouveaux et du plus haut intérêt sur cette question.

Les Pisans, à la suite de l'ambassade de leur podestat Torrello de Strada, conclurent pour trente ans, à une date restée indéterminée, en 1229 ou en 1234, un traité qui associait aux avantages de leur commerce dans le royaume de Tunis tous les sujets de la république et de ses dépendances, comprenant à des titres divers la Sardaigne, la Corse, les petites îles voisines, et le littoral de la mer Tyrrhénienne depuis la Spezzia jusqu'à Civita-Vecchia.

Venise envoya aussi un négociateur à Tunis et obtint, le 5 octobre 1231, dans un accord spécial, la garantie pour quarante ans des droits nécessaires et probablement déjà reconnus à ses navigateurs pour leur commerce. Le développement de ses relations avec l'empire de Constantinople et l'Égypte ne devait pas avoir fait négliger à la république l'intérêt de son commerce au Magreb, où ses navires marchands avaient paru déjà au dixième siècle.

On sait les rapports des Génois avec tout le littoral, de Ceuta jusqu'à Tripoli, dès le douzième siècle. Ces relations ne firent qu'augmenter avec la fortune de Gênes durant les croisades. Le traité pisan de 1230 signale même cette circonstance, que l'entrepôt appartenant aux marchands génois à Tunis était plus vaste que celui des Pisans; en revanche, les Pisans, dégagés des restrictions du diplôme de 1186, tombé en désuétude par suite des événements politiques, avaient, à ce qu'on voit, des établissements commerciaux dans un plus grand nombre de ports que les Génois. C'étaient autant de motifs de récriminations entre les deux nations. Des difficultés, nées peut-être de cette jalousie, paraissent s'être élevées entre la république de Gênes et Yahya au commencement de son règne. Le roi de Tunis en écrivit à la cour de Rome. Le pape répondit à l'émir qu'un traité régulier pouvait seul terminer les contestations et en prévenir le retour. L'an 1235, Grégoire IX chargea le frère Jean, ministre des religieux mineurs de Barbarie, de s'entendre avec le roi, et c'est vraisemblablement par l'entremise du religieux franciscain que Conrad de Castro, ambassadeur génois, obtint en 1236 le traité qui donna satisfaction à la république et assura pour dix ans les avantages de son commerce dans le royaume de Tunis.

1138-1255. — Commerce des Marseillais. Son étendue et son importance au XIII° siècle.

Les relations de Marseille avec le Magreb sont bien antérieures au règne des Hafsides. En 1138, la république de Gênes lui offrait ses bons offices pour régulariser et protéger par un traité définitif avec le sultan almoravide les rapports qu'elle avait déjà avec le Maroc (1).

Marseille avait depuis le commencement du douzième siècle des privilèges, des comptoirs et des possessions territoriales en Syrie (2). Sa marine s'accrut rapidement, son port devint un des principaux entrepôts des fers du Nord, si recherchés par les musulmans tant en Orient que dans le Magreb. En 1190, le roi Richard d'Angleterre y nolisa des navires et y compléta ses armements. Vers 1198, saint Jean de Matha y fondait l'ordre de la Trinité, voué à la rédemption des captifs chrétiens. En 1221, les actes du martyre de Daniel de Belvedere parlent du fondouc que les Marseillais avaient à Ceuta, en dehors de la ville musulmane, dans le faubourg où se trouvaient aussi les entrepôts des Génois et des Pisans. Frère Daniel et ses courageux compagnons furent mis à mort pour avoir, malgré les défenses, pénétré dans la ville arabe et osé célébrer sur les places publiques les louanges du Christ.

Les statuts municipaux de 1228 s'occupent longuement des vins transportés de Marseille aux fondoucs de la nation à Ceuta, Bougie, Tunis et Oran. La vente du vin s'y faisait en gros et en détail, au moyen de mesures poinçonnées par la commune, et les musulmans comme les chrétiens pouvaient publiquement s'y approvisionner. L'ensemble de ces statuts, confirmés par ceux de 1255, indique entre Marseille et l'Afrique l'existence de relations régulières que devaient garantir des accords écrits ou verbaux. Aussi n'est-il pas

---

(1) Ci-dessus, p. 70.
(2) *Hist. de Chypre*, t. II, p. 24, 25, 28, 126, 291 et 350.

étonnant qu'en 1231 le traité de Frédéric II et d'Abou-Zakaria rappelle que les Marseillais avaient déjà négocié, de leur côté, un traité avec le roi de Tunis.

Les statuts de 1255 renferment des dispositions relatives aux voyages des navires marseillais à Alexandrie et en Syrie d'une part, à Ceuta et à Bougie de l'autre, et aux consuls de mer ou consuls temporaires qui accompagnaient les vaisseaux. D'après l'autorisation donnée aux marchands marseillais de conférer en certains cas à l'un d'eux les droits de consul en Orient ou en Afrique, il paraîtrait que la commune n'avait pas encore à cette époque de consul permanent dans tous les ports étrangers que fréquentaient ses vaisseaux.

Quoi qu'il en soit de ce point spécial de son histoire municipale, dont nous ne méconnaissons pas l'intérêt, les traités et les témoignages généraux constatent que son commerce s'était extrêmement développé depuis les croisades, et que son pavillon paraissait alors dans la plupart des grands ports de la Méditerranée.

La découverte des comptes d'une maison de commerce marseillaise au treizième siècle a ajouté une page infiniment précieuse à l'histoire de ce commerce (1). La publication de M. L. Blancard soulève un coin du voile qui nous cachait le détail des opérations maritimes, rarement abordé par les traités; elle nous en fait mieux connaître la nature et l'importance.

Les Manduel marseillais n'ont guère marqué dans l'histoire; leurs relations maritimes et probablement

---

(1) *Documents inédits sur le commerce de Marseille au moyen âge*, publiés par Louis Blancard, archiv. en chef des Bouches-du-Rhône, in-8°, t. Ier; Marseille, 1884.

leurs richesses ne paraissent pas avoir été moindres cependant que celles de tant d'illustres maisons de Venise, de Gênes ou de Florence, avant la catastrophe qui les ruina et les punit de s'être mêlés de politique en conspirant contre Charles d'Anjou. On peut admettre que la maison des Manduel fut la plus considérable de Marseille, mais elle n'était pas la seule ; à côté des siens se trouvaient, autour du vieux bassin phocéen, les navires et les comptoirs de bien d'autres armateurs et banquiers ; et dès lors la connaissance des affaires de cette seule maison permet d'entrevoir l'ampleur et la variété acquise dans son ensemble par le commerce de Marseille au milieu du treizième siècle. Les Manduel avaient des correspondants et envoyaient leurs navires dans les principaux ports de la Méditerranée. Leurs registres mentionnent particulièrement des rapports fréquents avec Naples, les Baléares (où ils possédaient de grands domaines), Saint-Jean d'Acre, Chypre, Alexandrie, Tunis, Bougie, Tlemcen, Oran et Ceuta. En cette ville se trouvait un fondouc spécial pour les Marseillais et les Provençaux (1). Au nord, ils commerçaient directement avec l'Angleterre, où ils expédiaient du sucre, de l'alun et des épiceries. En France, leurs facteurs fréquentaient régulièrement les foires de Champagne et le Lendit de Saint-Denis, sans parler des marchés voisins de Nîmes, Avignon et Montpellier, où ils étaient en permanence. Le transport des ballots se faisait généralement par bêtes de somme, sans charrettes.

On voit que l'aliment le plus considérable des af-

---

(1) *Actum in Septa, in fondico marcillienci* (en 1236), p. 108.

faires de leur maison était la banque et le change, les avances d'argent, le trafic général des monnaies et des métaux précieux. Ils faisaient aussi en grand le commerce des draps, des toiles, du fil, des soieries, du coton, de l'alun d'Alep, des cuirs, du corail, du vif argent, du fer, de l'étain et de l'épicerie. Çà et là, quelques rares mentions d'esclaves. Aïssa, Sarrasine, probablement négresse, est vendue à un Marseillais 8 livres 12 deniers, environ 91 francs en valeur intrinsèque, suivant M. Blancard (évaluation qui nous paraît bien faible), soit 400 francs en valeur relative. Les draps les plus variés figuraient sur leurs comptoirs : des draps gris d'Avignon, des draps verts de Cambrai; des draps de Douai, d'Arras, de Saint-Quentin, de Louviers; des draps bleus, verts et blancs de Châlons; puis des *biffes* de Paris, étoffe de laine, ordinairement rayée; des *pers* de Provins, des boucrans, des fils de Bourgogne, des toiles d'Allemagne; beaucoup de soieries venant des Cévennes.

A Tunis et à Bougie, ils importaient surtout des épiceries, du sel, des draps de France, des peaux tannées, des balles de coton, des cotons filés, des toiles, de l'*estanfort* ou étamine forte d'Arras, et des soieries ouvrées venant des Cévennes; à Ceuta, un drap appelé *vintain*, du vin, de la farine, du fil de Bourgogne, du coton, du *spic* (drap léger), de l'aloès, du corail, des bois de teinture et toujours beaucoup d'épicerie.

Principes généraux des traités conclus entre les chrétiens et les musulmans du Magreb.

La Provence entière, comme toute l'Europe méridionale, profitait des événements qui s'étaient accomplis en Afrique depuis un siècle.

L'avènement des Hafsides, princes éclairés et tolérants, et la création des royautés nouvelles de Bougie et de Tlemcen avaient multiplié des relations qu'une cause antérieure et plus générale avait amenées et ne cessait de faciliter. En refusant dès le commencement des croisades de faire cause commune avec les Arabes d'Orient, en les laissant supporter seuls l'invasion européenne, les musulmans africains avaient inauguré une politique d'apaisement et de bons rapports qui n'avait pas tardé à porter ses fruits. La loyauté des douanes maugrebines dans le règlement des droits à percevoir par acomptes successifs, l'existence de comptes courants entre marchands chrétiens et arabes, les correspondances confiantes échangées entre eux, en sont les preuves manifestes, non moins que la permanence des milices chrétiennes dans les armées de Maroc, de Tlemcen et de Tunis.

C'est au moment même où les guerres des croisades redoublent en Syrie et en Égypte qu'un mouvement contraire, fondé sur les bonnes relations et le commerce, se prononce dans l'Occident.

Toutes les villes commerçantes de la Méditerranée y prirent une part plus ou moins directe, et il n'est pas impossible que les nations septentrionales elles-mêmes, attirées vers la Terre sainte par le sentiment religieux, n'aient aussi profité de l'occasion comme les autres et tenté directement quelques opérations de négoce vers la Barbarie. Leur pays renfermait en abondance les bois, les métaux et les pelleteries qui font défaut en

Afrique. Pour les marchands du Midi, d'irréguliers rapports ne leur suffisaient plus. Ceux qui avaient commencé à commercer avec l'Afrique y multiplient leurs voyages et y fondent des comptoirs; après les Pisans et les Génois, étaient venus les Provençaux, les Aragonais, puis les Vénitiens, et bientôt, sous le patronage et le pavillon des grandes villes maritimes, les armateurs des petits ports de la Ligurie et de la Dalmatie, et les riches marchands de la Toscane et de la Lombardie. Dès le règne d'Abou-Zakaria, on voit les principales nations chrétiennes posséder des établissements permanents en Afrique, y entretenir des consuls et des facteurs pour protéger leurs intérêts et diriger leurs affaires.

Les traités présentent le tableau général et complet de cette situation. A part quelques prescriptions secondaires passées dès lors en usage, mais écrites plus tardivement, ces traités établissent les conditions essentielles sur lesquelles ont reposé pendant quatre siècles les rapports des nations chrétiennes avec l'Afrique du Nord, jusqu'à la conquête des Turcs.

Nous tenons à donner d'une manière assez précise l'exposé de cette législation, dont l'esprit libéral supporterait avantageusement la comparaison avec les principes du droit des gens pratiqué alors en Europe. Nous ne bornerons pas nos observations à ce qui est particulier aux traités du règne d'Abou-Zakaria; nous les étendrons à tous les traités maugrebins antérieurs ou postérieurs à ce temps, afin d'en embrasser l'ensemble et de n'avoir pas à revenir sur les mêmes questions à propos de chacune des négociations où elles ont été confirmées ou légèrement modifiées.

Les traités, comme les privilèges royaux, qui n'étaient souvent au moyen âge qu'une forme particulière donnée à la promulgation des conventions commerciales, renferment deux ordres de mesures et de prescriptions : 1° les garanties stipulées pour la protection des personnes et des biens des chrétiens; 2° les obligations incombant aux chrétiens, en retour des droits qui leur étaient accordés.

Les principes de sauvegarde et de liberté peuvent se grouper à peu près sous dix chefs distincts :

1. Sécurité des personnes et liberté des transactions.
2. Juridiction et irresponsabilité des consuls.
3. Propriété de fondoucs, d'églises et des cimetières.
4. Responsabilité individuelle.
5. Proscription du droit d'aubaine.
6. Proscription réciproque de la piraterie.
7. Protection des naufragés et abolition du droit d'épaves.
8. Admission d'étrangers sous pavillon allié.
9. Garanties pour le transport, la garde, la vente et le payement des marchandises.
10. Réexportation en franchise des marchandises non vendues.

Les devoirs et les obligations d'ordre général et de police concernant les marchands chrétiens et leurs gouvernements sont de diverses natures. Ils se trouvent tous compris à peu près dans l'énumération suivante :

1. Des ports ouverts au commerce chrétien.

2. De la liberté du culte.
3. Prescriptions diverses.
4. Droits de douane. Importations et exportations. Droits principaux.
5. Mesures contre la contrebande.
6. Droit de préemption.
7. Arrêt de prince.
8. Réciprocité de protection et de traitement due aux sujets et marchands arabes.

I. — Mesures protectrices des chrétiens.

§ 1.

Sécurité des personnes. — Liberté des transactions.

Sécurité et protection étaient d'abord assurées à tous marchands ou sujets chrétiens de la puissance avec laquelle le sultan avait conclu un traité ou à laquelle il avait accordé un privilège. Les garanties s'étendaient tant au séjour dans les villes qu'aux voyages sur mer. Quelques traités vont jusqu'à préciser cette circonstance, que les sujets de la puissance alliée peuvent compter sur les bons rapports et les bons offices des navires musulmans, soit qu'ils naviguent avec leurs propres navires ou sur des navires d'une autre nation. Ils étaient ainsi placés, eux et leurs biens, sous cette haute main royale qu'exprimait au moyen âge le mot de *sauvegarde* chez les chrétiens, et le mot d'*aman* chez les Arabes.

Les méfaits d'un musulman vis-à-vis d'eux étaient passibles des sévérités de la loi; et la douane, dans le cas de dommage occasionné d'une façon quelconque, devait poursuivre le délinquant jusqu'à la réparation du tort éprouvé par le sujet chrétien. Leurs intérêts étaient placés à cet égard, comme en général pour toutes les affaires de commerce avec les Arabes, sous la protection spéciale du directeur de la douane, l'alcade, ou l'alcaïd arabe.

Nul, ni officier ni sujet musulman, ne devait gêner leurs opérations de commerce. Les chrétiens restaient entièrement maîtres de vendre leurs marchandises ou de les renvoyer en Europe, s'ils ne trouvaient pas à s'en défaire avantageusement. Ils étaient libres d'acheter toutes marchandises en Afrique, et, à l'exception du plomb, dont l'exportation paraît avoir été réservée aux Vénitiens, les traités n'admettaient pas qu'une nation chrétienne pût prétendre accaparer tel ou tel produit pour nuire au commerce d'un autre peuple. Il était d'ailleurs convenu et pratiqué qu'au cas de guerre les navires des nations alliées poursuivis par leurs ennemis trouveraient sur les côtes du Magreb abri, sûreté et au besoin secours pour repousser les agresseurs hors des eaux de l'émir ou du sultan.

Les expressions par lesquelles les anciens documents chrétiens traduits de l'arabe expriment l'état de nation alliée sont celles-ci : *esse in pace* ou *habere pacem*. *Pax* n'indique pas seulement l'état de non-hostilité, mais les relations, l'alliance et la confédération effective résultant d'un traité formel.

§ 2.

Juridiction et irresponsabilité des consuls.

Le représentant de la nation à l'étranger était le consul. Ce n'était pas une sorte d'otage, comme en Orient. On reconnaissait comme principe qu'en tous lieux où un peuple chrétien allié possédait un établissement commercial, exclusif et permanent, appelé *fondouc*, il pouvait entretenir un consul. Mais en fait il n'est pas certain que partout où existait un fondouc chrétien se trouvât un magistrat de la même nation ayant rang et autorité de consul.

Les consuls résidaient au milieu de leurs nationaux et de leurs marchandises, au fondouc même, dont la haute surveillance leur appartenait. Ils étaient à la nomination de l'autorité de leur pays, et jouissaient quelquefois du droit d'instituer directement des vice-consuls; ils avaient charge d'administrer la colonie, de remplacer vis-à-vis d'elle et vis-à-vis des Arabes la souveraineté même de la patrie, de rendre la justice entre ses nationaux, de recevoir par eux ou par leur chancelier, notaire, secrétaire ou écrivain, les actes de la compétence civile, de dresser, par exemple, les inventaires après décès et de recueillir les successions *ab intestat*; ils devaient enfin défendre d'une manière générale les intérêts des absents et des présents vis-à-vis de la douane et du gouvernement musulman.

Les traités leur reconnaissaient à cet effet le droit d'être admis au moins une fois par mois à l'audience du sultan et d'exposer au prince les doléances et les observations de ses nationaux. Pareil accès était à plus forte raison assuré chaque mois auprès des gouverneurs aux consuls qui habitaient d'autres villes que la capitale. Les simples marchands obtenaient aussi quelquefois la faveur de porter personnellement et directement leurs griefs au sultan. Ce privilège, reconnu formellement aux Génois par Abou-Zakaria et son fils, mais non exprimé dans les traités postérieurs à ces règnes, put être néanmoins maintenu au quatorzième siècle pour les Génois et pour d'autres chrétiens, car Malipiero rapporte que des marchands vénitiens le réclamèrent et l'obtinrent plusieurs fois. C'était néanmoins une faveur exceptionnelle; en droit strict, les consuls et le directeur de la douane arabe étaient les intermédiaires réguliers entre les marchands chrétiens et le souverain.

Dans toutes les questions de juridiction, au civil et au criminel, les consuls seuls connaissaient des procès entre leurs nationaux. Cet usage était si naturel et si peu contesté, que beaucoup de traités négligeaient de le rappeler.

Entre deux chrétiens de nationalité différente, la question de juridiction semblait encore établie par la coutume. C'était devant son propre consul que le défendeur devait être appelé. De même, quand un Sarrasin était demandeur contre un chrétien, il devait porter sa plainte devant le consul chrétien. L'usage indroduisit quelques modifications à ces règles. Il fut dit que, à défaut du consul chrétien, absent ou ne rendant pas justice, le plaignant pourrait s'adresser à la douane arabe. Les Pisans firent en outre insérer dans leurs traités diverses dispositions pour être autorisés à déférer la cause, quelle que fût leur position de demandeurs ou de défendeurs vis-à-vis d'autres chrétiens, aux juges arabes, quand l'affaire était « de grande importance ». C'était le directeur de la douane, ou bien le gouverneur du pays (ouali), ou le commandant de la forteresse. Quand le musulman était défendeur, le juge musulman devait seul connaître de l'affaire.

Les consuls, nommés à Venise et à Gênes par le doge, à Pise par le conseil des consuls de mer, recevaient leur institution à Marseille du recteur ou maire de la commune. Les statuts marseillais donnaient aux marchands qui se trouvaient dans une ville quelconque de la Syrie ou de la Barbarie, au nombre de vingt ou de dix au moins et sans consul, le droit d'investir l'un d'eux de la pleine autorité du consulat, qu'il devait exercer, sans refus possible, jusqu'à l'arrivée du magistrat régulièrement nommé par la commune.

La durée des fonctions des consuls était généralement très limitée; chez les Marseillais et les Vénitiens, c'était un an ou deux. A Gênes, les droits et la charge de chancelier du consulat s'affermaient généralement pour deux ans.

Les consuls d'Afrique, afin de tenir honorablement leur rang, devaient avoir auprès d'eux un chapelain et plusieurs serviteurs, dont l'un sachant écrire. Il fallait qu'ils fussent pourvus au moins de deux chevaux. Ces prescriptions sont du treizième siècle. Plus tard leur maison et leurs prérogatives furent accrues. Leur traitement se composait généralement d'une partie des droits de chancellerie et de navigation, dont la totalité appartenait en principe à l'État qui les nommait. Les consuls catalans eurent pendant longtemps une délégation sur les revenus des douanes arabes de Tunis et de Bougie.

Dès le treizième siècle, paraît dans les statuts marseillais la règle, conservée par la législation française, de ne pas confier les fonctions de consul à des sujets intéressés personnellement dans les affaires de commerce ou de courtage.

Le principe qui assurait la responsabilité individuelle et dégageait les nationaux de toute espèce de solidarité collective garantissait d'autant plus l'irresponsabilité des consuls, principe si absolu et si respecté par les Maugrebins, qu'il est rarement exprimé dans les traités; mais il ressort de toutes les dispositions des actes publics, et les faits confirment l'importance qu'on y attachait. En 1397, par une dérogation extraordinaire et contraire à tous les usages, dérogation que put motiver la guerre des Génois contre Tunis, à laquelle quelques navires pisans avaient pris part, la république de Pise elle-même voulut rendre ses agents consulaires responsables des agressions dont les musulmans pourraient souffrir par le fait de leurs administrés; il dut être impossible de maintenir longtemps une pareille législation.

En Égypte, au contraire, les consuls n'étaient que trop souvent considérés comme des sortes d'otages responsables des actes et des dettes de leurs nationaux. Sous le régime turc, malgré les traités et les capitulations les plus sacrés, qu'on foulait aux pieds, le consul et la colonie, ou quelques-uns de ses membres les plus riches, arbitrairement désignés, avaient presque toujours à expier les torts réels ou imaginaires d'un compatriote.

§ 3.

Propriété de fondoucs et d'églises pour les chrétiens.

Nous avons souvent parlé des fondoucs. On nommait ainsi, d'un mot arabe signifiant littéralement *entrepôt* et *marché*, les établissements destinés à la garde ainsi qu'à la vente des marchandises et à l'habitation en commun des chrétiens. Ils étaient situés soit dans l'intérieur de la ville, où ils formaient un quartier à part, soit dans un faubourg et tout à fait en dehors de la ville arabe, comme à El-Mehadia et à Ceuta. Les textes du moyen âge désignent ces lieux sous les noms de *fonticus, fundigus, fondegus, fonticum, fundigum, alfundega*, en latin; *fondaco*, en italien; *fondech, alfondech*, en catalan; *fondigues, fondègues*, en français. Le préposé ou surveillant en chef, subordonné toujours au consul, se nommait le *fundegarius*.

Le fondouc chrétien au Magreb était une sorte de *cité*, dans le sens moderne et municipal de ce mot, très semblable aux khans particuliers des marchands étrangers situés dans l'enceinte ou dans le voisinage des bazars d'Orient, tels qu'on en voit à Constantinople, à Smyrne, à Damas et au Caire. Un mur de pierre ou de pisé séparait complètement le fondouc de chaque nation des établissements voisins. Si un voyageur, dans le but déterminé d'en faire la recherche, prend la peine de suivre la série des échelles de la côte d'Afrique depuis Tripoli jusqu'à Ceuta, nous sommes porté à croire qu'il y retrouvera encore les restes reconnaissables des anciens quartiers chrétiens du moyen âge.

Nous nous représentons à peu près ainsi les principaux de ces établissements, ceux de Tunis, d'El-Mehadia et de Bougie, par exemple, aux treizième et quatorzième siècles, qui fut l'époque la plus active et la plus prospère du commerce maugrebin.

Une porte unique, forte et assez basse, donnait accès à une ou plusieurs cours plantées d'arbres, arrosées d'eaux vives (quand on pouvait), entourées de galeries sous lesquelles se trouvaient l'entrée des habitations, et les boutiques particulières des marchands, des artisans et des ouvriers dans les diverses spécialités de chaque nation. Les Vénitiens avaient certainement là des bureaux de changeurs et d'écrivains publics, puis quelques boutiques où étaient exposés en vente des bijoux et des verroteries, modeste répétition de la place Saint-Marc.

La nation possédait aussi quelquefois des boutiques en dehors du fondouc; les Marseillais avaient l'habitude, à Tunis, de louer une boutique particulière dans l'entrepôt général de la ville, où se faisait la vente publique du vin aux Sarrasins eux-mêmes, du moins en 1228. La commune de Marseille prescrit, à cette date, à ses préposés de Ceuta, d'Oran, de Tunis et de Bougie, de louer dans le fondouc de la nation une seule boutique pour la vente du vin aux chrétiens; elle les autorise à louer une autre boutique à un tailleur, une autre à un cordonnier, deux à des peaussiers ou fourreurs; elle leur recommande enfin de réserver deux boutiques, l'une pour eux, l'autre pour un écrivain. Le statut ordonne de plus de veiller à ce qu'il y ait toujours, à l'usage des marchands, des poids et des mesures vérifiés et marqués par la commune. Il interdit d'élever des porcs dans le fondouc et de permettre à aucune courtisane de venir s'y établir.

Un four commun devait se trouver dans chacun des fondoucs. Comme ils n'étaient pas tous pourvus de bains, les traités stipulaient pour chaque nation chrétienne que l'un des bains publics de la ville serait un jour par semaine mis à sa disposition, si elle en manquait dans son propre fondouc.

Une partie spéciale des habitations était réservée au consul et à sa chancellerie, *scrivania*. Cette demeure, embellie quelquefois de colonnes et d'une terrasse, aux armes de la nation, s'appelait la *loge*. Au bas, quelques pièces servaient de bourse, de prétoire et de prison. Dans une cour ou dépendance particulière communiquant aux précédentes étaient l'église et le cimetière de la nation. Jamais les souverains chrétiens n'ont stipulé avec les émirs maugrebins pour leurs nationaux le privilège d'avoir des maisons et des magasins distincts constituant un fondouc, sans convenir en même temps que l'établissement renfermerait un cimetière et une église ou une chapelle, dans laquelle les chrétiens seraient libres de remplir tous leurs devoirs religieux et de célébrer leurs offices, ce qui comprend le chant à haute voix.

Ces petites églises devaient être en certains lieux plus grandes que de simples oratoires. Celles des Génois et des Pisans à Tunis étaient sous l'invocation de sainte Marie. Le *capellanus ecclesiæ Sanctæ Mariæ in fontico Januensium in Tunexi* figure parmi les témoins du traité de 1287. Le chapelain des Pisans à Tunis avait le titre de curé : *Opitho, presbyter ecclesiæ Sanctæ Mariæ de Tunethi*. Comme le curé pisan de Bougie, il dépendait de l'archevêque de Pise et lui payait un cens annuel. Une des boutiques du fondouc de Tunis appartenait à la cure, qui la louait à sa convenance. Dans le traité de 1251, les Vénitiens se réservèrent le droit de refaire et d'agrandir à leur gré et à leurs frais leur église de Tunis. En 1460, l'église du fondouc génois à Tunis reçut le corps du B. Antoine de Rivoli, lapidé pour avoir publiquement outragé la loi de Mahomet, en cherchant à réparer ainsi un moment d'erreur qui avait été presque une apostasie. Ses reliques furent depuis transportées à Rivoli.

Les fondoucs des diverses nations chrétiennes étaient tous dans le même quartier de la ville et assez rapprochés l'un de l'autre, ou même contigus. Il est souvent question dans les traités des travaux à exécuter pour les séparer néanmoins exactement, afin que chaque nation fût close et bien fermée chez elle. Les dépenses générales de construction, d'entretien, d'agrandissement et de réparation étaient à la charge de la douane, c'est-à-dire du sultan. Cependant, en 1281, le grand conseil de Venise prescrivit à son consul de Tunis d'employer une partie des droits de location des boutiques et des droits du four banal à la réparation du fondouc.

L'ensemble des établissements européens ainsi distincts et rapprochés devait former ce que l'on a longtemps appelé le *quartier franc* dans les villes d'Orient.

Nous n'avons vu nulle part qu'on ait pris vis-à-vis de ces *cités* chrétiennes, enclavées quelquefois dans les villes du Magreb, les mesures de défiance humiliante auxquelles les Européens furent contraints de se soumettre souvent dans quelques ports du Levant, notamment à Alexandrie, où chaque soir des agents fermaient les portes des rues et des quartiers francs, pour ne les ouvrir qu'aux heures fixées par l'autorité musulmane.

La police intérieure du fondouc appartenait absolument au consul de la nation et à ses délégués. Des portiers, généralement des indigènes bien famés, étaient préposés à l'entrée et avaient droit de refuser le passage à tout individu, chrétien ou musulman, suspect, ou non autorisé du consul, à moins qu'il ne fût accompagné de l'un des drogmans ou employés de la douane. Sous aucun prétexte, ni pour s'assurer que des marchandises avaient pu être soustraites aux droits fiscaux, ni pour suivre l'instruction d'une affaire civile ou criminelle, les officiers arabes ne devaient entrer d'autorité dans le fondouc, s'y livrer à des perquisitions ou en extraire un sujet chrétien. Quand il y avait lieu d'agir contre un membre ou un protégé de la nation, l'autorité musulmane devait s'entendre avec le consul et ne rien entreprendre sans sa participation, à moins d'un déni formel de justice et de concours.

Les Pisans, les Florentins, les Génois, les Vénitiens, les Siciliens, les Marseillais, les Majorcains, les Aragonais, et avec ces derniers les habitants du Roussillon et du comté de Montpellier, sujets jusqu'en 1349 des rois de Majorque ou d'Aragon, sont les principaux marchands européens qui aient eu des établissements commerciaux dans le Magreb.

Les villes où se trouvaient leurs fondoucs les plus importants étaient Tunis, El-Mehadia, Tripoli, Bone, Bougie, Tlemcen, Ceuta et Oran. Les Pisans et les Génois eurent aussi des comptoirs à Gabès, Sfax et Salé, dès le douzième siècle. Mais les traités arrivent rarement à ces désignations locales. C'est très incidemment, dans un document d'Aragon, que nous apprenons que le commerce de Gênes avait une agence permanente et des franchises particulières à Djidjelli, ville rapprochée de

Bougie, dont il n'est pas fait mention dans les documents génois. Il n'y avait pas lieu d'ailleurs d'établir partout de vrais fondoucs; dans les villes secondaires où les nations européennes étaient autorisées à faire le commerce, il leur suffisait d'avoir un local quelconque, distinct des autres factoreries chrétiennes, où elles déposaient leurs marchandises sous bonne garde : « Vous « aurez dans nos villes des fondoucs particuliers, disait « le privilège du roi de Maroc aux Pisans, en 1358; et, « à défaut de fondoucs, vous aurez au moins une mai- « son à vous seuls, séparée de celle des autres chré- « tiens. » Chaque nation jouissait de la même faculté.

§ 4.

Responsabilité individuelle.

Nul chrétien ne pouvait être inquiété ou recherché pour la dette, la faute, le crime ou le délit d'un autre chrétien, à moins qu'il ne fût sa caution. Ce principe si naturel, et si nécessaire à la sécurité du commerce, s'étendit même aux faits de piraterie. Il est consacré pour toutes les nations admises en Afrique et par les traités de toutes les époques, sauf une seule exception à nous connue, celle qui fut stipulée dans un traité de Maroc avec Pise en 1358 :

« Quand un procès s'élèvera entre Sarrasins et Vé- « nitiens, qu'aucun Vénitien ne soit pris ni poursuivi « pour un autre, à moins qu'il n'ait été son fidéjusseur. « Si un Vénitien, débiteur d'un Sarrasin, s'enfuit avec « son argent, que le consul et le seigneur doge le fassent « rechercher, punir et payer. » Et ailleurs : «Si un na-

« vire ou une galère de course sort de la ville de Venise
« et occasionne du dommage à un Sarrasin, qu'aucun
« Vénitien commerçant en Barbarie ne soit inquiété
« pour ce méfait. Que le doge de Venise fasse indemni-
« ser les Sarrasins lésés sur les biens des coupables,
« en quelque lieu qu'il puisse les saisir. » — « Nul mar-
« chand génois ne doit et ne peut être atteint ou arrêté
« dans sa personne ou dans ses biens pour le méfait
« d'autrui. » — « Si un Génois ou protégé génois in-
« sulte un Sarrasin ou un chrétien, ou une personne
« quelconque, ou lui occasionne un dommage (dans les
« États du roi de Tunis), qu'aucun Génois ou réputé
« Génois n'ait à souffrir de ce fait dans sa personne
« ou dans ses biens, ni le père pour le fils, ni le fils
« pour le père, ni aucun autre, si ce n'est le vrai cou-
« pable. » — Si un Pisan, dépositaire ou débiteur d'ar-
« gent ou de marchandises appartenant au sultan ou à
« un musulman, s'enfuit, que ni le consul ni aucun mar-
« chand pisan ne soit poursuivi à sa place, à moins qu'il
« n'ait répondu pour lui. » — On lit enfin dans les traités des Pisans et des Florentins de 1397 et 1421 : « Que
« nul d'entre eux, en matière criminelle, religieuse ou
« pécuniaire, ne soit emprisonné ou inquiété pour les
« actes d'autrui. »

Contrairement à tous ces précédents et par une dérogation dont nous ne connaissons ni la cause ni la durée, le privilège du sultan mérinide Aboul-Einan, accordé aux Pisans en 1358, établit, avec leur assentiment même, la responsabilité collective de la nation
pour certains cas un peu vaguement indiqués, mais en
ces termes formels : « Nous sommes encore d'accord avec

« vous sur ceci, que, si l'un de vous se rendait coupa-
« ble de fraude ou de trahison (*inganno o tradimento*) à
« l'égard des personnes ou des biens des Sarrasins,
« tous les autres Pisans soient retenus (*sostenuti*) dans
« nos terres (que Dieu les garde!). Que lesdits mar-
« chands soient toutefois considérés, honorés et proté-
« gés dans leurs personnes et leurs biens, jusqu'à ce
« qu'ils aient restitué ce qui aura été enlevé ou volé, et
« qu'alors ils soient tous rendus à la liberté. »

§ 5.

Proscription du droit d'aubaine.

Le droit d'aubaine, en vertu duquel, dans l'Europe féodale, les biens de l'étranger décédé étaient dévolus au seigneur du lieu, n'avait pas d'application dans le Magreb. On admettait généralement et l'on exprimait souvent dans les traités que les biens et les effets de tout chrétien mort en Afrique devaient être remis à son exécuteur testamentaire, s'il en avait désigné, au consul ou à ses compatriotes, s'il mourait *ab intestat*. Dans le cas de décès en un lieu où ne se trouvaient ni consul ni nationaux de l'étranger, ses biens étaient placés sous la garde de l'autorité arabe, particulièrement de l'alcaïd de la douane, partout où il y avait une douane. Le magistrat faisait dresser par-devant témoins un état sommaire de ce qui les composait, et les biens étaient délivrés à la personne désignée par le gouvernement du décédé.

Nos traités démentent ainsi à cet égard les prescriptions théoriques du droit musulman, en vertu desquelles les biens de l'étranger non musulman mort dans un pays de l'islam n'étaient remis à ses héritiers qu'à ces deux conditions, savoir : 1° que l'étranger fût un voyageur, et 2° que ses héritiers fussent connus.

§ 6.

Proscription réciproque de la piraterie.

La piraterie était absolument et réciproquement proscrite par les chrétiens comme par les Arabes. Mais les plaintes incessantes des gouvernements et les prescriptions continuelles des traités publics montrent toute l'étendue du danger qu'on voulait conjurer et la difficulté de s'en préserver. La piraterie a été le fléau permanent et irrémédiable du moyen âge, jusqu'à la formation des grands États et des grandes flottes modernes, qui ont eu encore tant de peine à nous donner la sécurité des mers.

Il faut ici rejeter ce préjugé historique qui imputait aux seuls Arabes les déprédations des corsaires dans la Méditerranée. Le mal était universel. Les Grecs, les Sardes et les Génois de la Ligurie et de l'Archipel en ont été les plus infernaux agents. On doit même remarquer que les stipulations des traités, jusqu'au quatorzième siècle, concernent bien plus les corsaires chrétiens que les corsaires musulmans. Il n'est pas un des peuples en rapport avec le Magreb à qui les sultans n'aient demandé, et qui n'ait été dans la nécessité d'édicter, contre les excès de ses propres corsaires les mesures les plus rigoureuses. Il n'est presque pas de traité qui, directement ou indirectement, ne concerne la piraterie ou l'une de ses conséquences les plus déplorables et les plus habituelles, le commerce des prisonniers.

Trois causes principales en avaient amené le développement chez les nations chrétiennes : 1° l'extension même du commerce maritime dû aux croisades; 2° la possibilité, admise si longtemps par le droit public, de se servir de la course comme arme légitime et régulière pendant la guerre; et 3° enfin l'absence ou l'insuffisance des marines d'État qui, en protégeant la marine marchande, pussent faire observer la distinction des faits de course et des faits de piraterie, réprimer ces derniers, en admettant et secondant librement les autres contre l'ennemi.

Il était rare au moyen-âge qu'une nation se trouvât en paix avec tous les autres pays. Le droit de guerre privée s'étendait aux villes et aux particuliers. Il y avait donc toujours, du côté des chrétiens, des peuples, des communes, de simples armateurs autorisés à équiper des navires de guerre pour agir hostilement contre le territoire, les sujets et le commerce de l'ennemi, ou pour s'indemniser par les représailles d'un dommage éprouvé. Sans doute la course était seulement un droit contre les étrangers avec lesquels on se trouvait en guerre, ou momentanément et pour des cas exceptionnels contre les sujets de l'État déniant justice; mais il était bien difficile, dans un temps où la police des mers n'existait pas, que l'abus ne suivît de près l'usage et qu'à côté du navire autorisé à attaquer les cargaisons de l'ennemi ne sortît une voile de vrais forbans, résolus à piller indistinctement les bâtiments et les côtes de tous les pays, les étrangers comme leurs propres compatriotes.

Sans parler de ce qui se passait dans les mers du Nord, où les hauts faits du pirate et les exploits du guerrier étaient célébrés par les mêmes chants de triomphe; sans parler de l'archipel grec, où les bénéfices de la piraterie égalaient peut-être ceux du commerce régulier, nos documents font voir combien la course et la piraterie étaient entrées partout dans les habitudes des populations maritimes même en Occident.

On lit dans le privilège accordé aux Pisans sous forme de traité, en 1186, par le calife de Maroc : « Si un homme « considérable de Pise ou des pays soumis au gouverne- « ment de Pise prend la mer pour voler ou attaquer les « musulmans, ou leur nuire de quelque manière que ce « soit, les Pisans sont obligés de poursuivre et de pu- « nir le coupable comme s'il eût méfait contre ses « propres concitoyens. » Le 11 juillet 1251, un marchand arabe de Tunis, nommé Bocher, promet aux hommes de la ville de Porto-Venere, sur la rivière de Gênes, qui avaient armé un corsaire, d'abandonner les poursuites exercées contre eux par-devant le podestat de Gênes moyennant une indemnité de vingt-cinq livres d'or à partager entre lui et ses associés. « Si un Génois, ou un chré- « tien réputé Génois, prend la mer pour attaquer les « Sarrasins, » porte le traité de 1236, rappelant un principe général, « que sans tarder les Génois le saisissent, « le mettent à mort et remettent ses biens aux Sarrasins. « Si on ne peut s'emparer de sa personne, que ses biens « soient confisqués et remis aux musulmans. Si les Sar- « rasins arment contre le malfaiteur, que les Génois ar-

« ment également et agissent contre lui de concert avec
« les Sarrasins. »

Le traité conclu à Tlemcen, en 1339, par Aboul-Hassan avec Jacques II, roi de Majorque, seigneur de Roussillon et de Montpellier, renferme les dispositions suivantes : « Il est notifié à tous les corsaires sujets des
« rois de Majorque et de Maroc qu'ils ne doivent faire
« aucun tort aux sujets desdits seigneurs rois. Si, no-
« nobstant ces défenses, un corsaire attaque un sujet
« de l'un des deux États, ou lui occasionne un dom-
« mage, que les seigneurs rois exigent une indemnité du
« malfaiteur et fassent justice de sa personne, afin
« qu'une bonne et loyale paix se maintienne entre les
« seigneurs rois et leurs sujets. » — On lit en d'autres
traités : « Que nul Pisan ne se permette de naviguer
« sur un navire qui fasse la course contre Sa Majesté le
« roi de Tunis; mais que les Sarrasins sujets dudit roi
« soient à l'abri de toute attaque de la part des Pisans,
« à Pise et ailleurs. » — « Si un corsaire florentin ou
« pisan entre dans l'un des ports du royaume de Tunis,
« où se trouve un navire de sa nation, les gens du na-
« vire devront armer aussitôt pour donner la chasse
« au corsaire et le capturer. » — « Si l'un des sujets de la
« république de Florence et de Pise achète d'une nation
« alliée avec le sultan un navire qui ne soit pas notoi-
« rement adonné à la piraterie, il ne payera aucun droit
« sur l'acquisition. »

Les gouvernements de Pise et de Gênes s'engagèrent
publiquement à unir leurs galères aux navires que les
émirs pourraient diriger contre les pirates. Les souverains chrétiens et musulmans se promirent non seule-

ment de défendre réciproquement la course, de ne pas permettre à un bâtiment corsaire de naviguer avec les bâtiments marchands, de punir de la mort et de la confiscation de tous biens ceux de leurs sujets qui armeraient contre la puissance alliée, mais encore de repousser de leurs ports tous corsaires qui auraient attaqué ou menaceraient d'attaquer la puissance alliée, de leur interdire le feu et l'eau, de les empêcher par tous les moyens possibles de profiter de leurs rapines, en prohibant expressément toute mise à l'encan ou vente quelconque, sur leur territoire, des produits de leurs brigandages, et autorisant la confiscation immédiate et sans indemnité, dans les mains des acheteurs, de tous objets et marchandises enlevés par les pirates. On cherchait surtout à empêcher la vente des gens capturés et réduits en esclavage par les corsaires. On promit souvent de racheter immédiatement et de restituer sans rançon les esclaves de la nation alliée; mais il faut reconnaître que dès le quatorzième siècle les émirs musulmans négligèrent ces engagements ou furent impuissants à les faire respecter. Les rois de Tunis tolérèrent même sous leurs yeux une véritable traite des esclaves chrétiens, qui devançait les horreurs du régime turc, tandis que dans l'Europe chrétienne, au contraire, la piraterie et la capture des esclaves tendaient plutôt à diminuer, grâce à l'affaiblissement du régime féodal et à la création par la royauté de flottes et d'armées nationales.

§ 7.

Protection des naufragés et abolition du droit d'épaves.

Les prescriptions relatives à la protection des navires,

des biens et des gens naufragés sur les côtes du Magreb, étaient généralement mieux observées que les prohibitions concernant la course, sans qu'il fût cependant possible aux gouvernements les mieux intentionnés d'en garantir dans toutes leurs provinces la fidèle exécution. C'était déjà une condition bien supérieure à celle de beaucoup d'États européens, où le droit de bris subsista dans toute sa rigueur jusqu'au seizième siècle. Il y avait une première et sérieuse sécurité pour les armateurs commerçant avec l'Afrique dans ce fait seul, acquis à la notoriété publique de toute la Méditerranée, qu'au cas de sinistre, les traités et l'usage du Magreb obligeaient les gens du pays à porter secours aux bâtiments en péril ou jetés à la côte, à respecter les naufragés, à les aider dans leur sauvetage, et à garder sous leur propre responsabilité les marchandises, les épaves et les personnes préservées du désastre.

Tel est en effet le principe qui paraît avoir été admis généralement dans la Mauritanie dès le treizième siècle, peut-être auparavant, et qui fut publiquement promulgué et généralement pratiqué par les rois hafsides dans toute l'étendue de leurs domaines, d'Alger à Tripoli. Les traités d'Abou-Zakaria et de ses successeurs en développent l'application à toutes les circonstances du naufrage : « Quand un navire chrétien sera jeté par la
« tempête sur les côtes de Barbarie, que tout soit sauvé
« et gardé sous notre protection; si une partie de l'é-
« quipage a péri, que tout ce qui sera retiré du naufrage
« soit remis aux survivants; si tous ont péri, que la
« douane veille sur le navire et les objets sauvés, jus-
« qu'à ce qu'arrivent des lettres de leur *roi* désignant la

« personne à qui les biens recueillis doivent être déli-
« vrés. » Le séjour, les réparations et les approvisionnements des naufragés étaient exemptés de tous droits. On leur demandait seulement de ne pas profiter du temps d'escale forcée pour se livrer à des actes de commerce, ce qui était de toute équité.

Sans préciser autant les circonstances et les conditions de la protection due aux naufragés, les traités des rois du Magreb occidental, dans le Maroc et les Baléares, proscrivent formellement le droit de bris, et garantissent la protection des naufragés.

§ 8.

Admission d'étrangers sous pavillon allié.

Il est manifeste que l'esprit général des traités maugrebins, très favorable aux relations avec les chrétiens, permettait aux nations alliées d'amener sur leurs navires des marchands étrangers et de les associer, dans une certaine mesure, aux privilèges dont elles jouissaient elles-mêmes. C'est grâce à ces dispositions, d'où sortit plus tard ce principe maritime, non admis encore alors en Europe, *le pavillon couvre la marchandise*, que les Pisans purent faire participer les Florentins, les Lucquois et les marchands des Romagnes à leurs expéditions africaines. La même tolérance permit aux armateurs des deux rivières de Gênes, alors même qu'ils étaient indépendants de l'autorité de la république, de se livrer à l'abri de son pavillon au commerce d'Afrique.

Rien n'était pourtant bien réglé à cet égard; les usages et le traitement ont varié suivant les temps et les nations. Les traités mêmes du règne d'Abou-Zakaria n'ont pas de dispositions uniformes sur l'état des protégés. Le traité des Pisans se borne à dire : « Si un « étranger vient avec eux en Afrique, il ne doit pas payer « moins que les Pisans. » Les prescriptions du traité génois sont plus précises et moins favorables : « Si les « Génois transportent sur leurs navires des hommes qui « soient en paix avec les Sarrasins, *qui sint in pace Moa-* « *dorum* (c'est-à-dire liés avec eux par des traités), ces « hommes seront considérés comme Génois. S'ils ne sont « pas *dans la paix* des Sarrasins, ils ne jouiront pas de « la sauvegarde royale (l'*aman* des Arabes), ni pour leurs « personnes ni pour leurs biens. » Les textes latins exprimaient cette situation par les mots : *Sit defidatus in persona et in rebus.*

Les passagers génois appartenant à une nation non alliée avec les rois de Tunis faisaient donc le commerce d'Afrique à leurs risques et périls, sans pouvoir légalement invoquer, au cas de besoin, la protection génoise, et en payant probablement des droits de douane supérieurs à ceux des Génois, tandis que les passagers de nations alliées étaient comme de vrais protégés assimilés aux Génois pour toutes les conditions de leur séjour et de leur commerce au Magreb. Le principe est maintenu, au moins dans sa rigueur écrite, par les traités de 1250 et 1272. Nous croyons néanmoins qu'en réalité le double intérêt des Génois et des Arabes dut rarement le laisser appliquer, et que de fait il tomba promptement en désuétude. Nous n'avons que des confirmations générales des traités génois du quatorzième siècle et de la fin du quinzième ; mais dans le traité spécial de 1433 on ne rappelle plus l'ancienne clause contre les étrangers non alliés, et l'on se borne à déclarer que tout sujet d'une nation chrétienne alliée venant en Afrique avec les Génois sera en toute circonstance traité comme un Génois, à l'exception des gens qui auraient méfait contre le roi de Tunis.

Les traités vénitiens ne déterminent pas la condition faite aux marchands étrangers naviguant sur leurs bâtiments. Il est possible que la république, cherchant toujours à assurer à son commerce les bénéfices considérables du fret et de la commission, fût parvenue à assimiler à ses propres sujets tout étranger confiant sa personne ou ses marchandises aux navires vénitiens.

On voit par les dispositions des traités pisans et génois que des marchands privés de marine, ou n'ayant qu'un petit cabotage, puisqu'ils recouraient aux vaisseaux de leurs voisins pour les grands voyages, pouvaient cependant avoir des relations réglées par des traités directs avec les souverains de l'Afrique. Telle était la situation des Florentins, qui obtinrent des conditions personnelles du fils d'Abou-Zakaria pour leur commerce à Tunis, tout en continuant à opérer leurs voyages et leurs exportations sur bâtiments pisans.

La protection due à la personne et aux biens des marchands est si naturelle, et si nécessaire au commerce, qu'il est difficile de croire qu'en fait elle n'ait pas été accordée même aux étrangers non alliés naviguant sous pavillon chrétien, alors même que les traités autorisaient le gouvernement arabe à la dénier. Elle est, du moins, implicitement assurée dans les traités pisans postérieurs au traité d'Abou-Zakaria, qui ne la men-

tionne pas. « Tout homme bien famé, dit le traité de
« 1264, venant avec les Pisans, sera traité et payera
« comme un Pisan. » — « Tout marchand étranger ve-
« nant avec eux, portent les traités de 1313 et 1353, aura
« les mêmes droits et les mêmes devoirs que les Pi-
« sans. »

Avec le temps, le principe se confirme et s'étend
expressément à tout étranger naviguant sous pavillon
pisan et florentin, qu'il appartienne ou non à une nation
alliée des Sarrasins ; mais aussitôt une distinction
s'établit, quant aux droits de douane, entre les alliés
et les non alliés : « Que tout chrétien ayant ou n'ayant pas
« la *paix* avec le roi de Tunis, venant en Afrique sur
« un navire pisan, soit traité et réputé pour Pisan, et
« cela quant au bénéfice général de l'*aman*, et rien de
« plus. » Le traité de 1421 répète les mêmes dispositions
au nom de la république de Florence, et le traité de
1445 la consacre de nouveau en l'expliquant très clairement : « Tous hommes d'une nation non alliée, *non con-
« federata* (traduction italienne du texte arabe), venant
« sur leurs vaisseaux, payeront à la douane comme les
« étrangers non alliés, et le patron du navire sera obligé
« de faire connaître leurs noms au directeur de la douane ;
« et, par le fait du payement, ils seront en toute sé-
« curité pour leurs personnes et leurs marchandises. »

§ 9.

*Garanties pour le transport, la garde, la vente et le payement
des marchandises.*

En même temps que des engagements d'ordre supérieur assuraient aux Européens les garanties nécessaires à la protection de leurs personnes et de leurs biens, les traités, entrant souvent dans les particularités d'exécution, stipulaient pour eux les mesures et les garanties propres à faciliter leur commerce et leurs rapports avec les indigènes.

Ces prescriptions, qui seraient aujourd'hui du ressort des règlements d'administration publique ou de simples ordonnances de police, assuraient d'abord aux marchands européens dont les navires ou les facteurs arrivaient en Afrique les moyens de trouver, à des conditions équitables, les bateaux et les gens nécessaires pour le débarquement et l'embarquement de leurs marchandises, soit à la douane, soit à leurs fondoucs.

Les dépôts principaux des marchandises étaient vraisemblablement dans les fondoucs. Une grande partie restait cependant dans les magasins de la douane. Quant aux ventes et aux achats, ils pouvaient se faire soit aux fondoucs, soit à la douane. La plupart des marchés arrêtés avec les indigènes s'effectuaient à la douane même; la forme la plus suivie pour la vente était la mise à l'encan, à l'*halka*, mot que les chrétiens prononçaient *calega*. Une compagnie d'interprètes, gens probes et sûrs, choisis par l'administration, donnait aux étrangers les moyens de communiquer en toute sécurité avec les marchands du pays et avec les agents royaux chargés de vendre les produits du domaine. La douane répondait du payement des marchandises vendues par tous ses agents. Des écrivains spéciaux à chaque nation, de vrais teneurs de livres, inscrivaient le compte des opérations effectuées par chaque négociant et des sommes dues au trésor public sur les importations et les exportations. Ces mesures d'ordre simplifiaient les relations des chrétiens avec le gouvernement et les sujets arabes, en leur donnant toutes les sûretés désirables pour le payement de leurs créances et le règlement de leurs affaires.

§ 10.

Réexportation en franchise des marchandises non vendues.

Des droits de douane étaient exigés de toutes les nations chrétiennes commerçant au Magreb. C'est la première obligation qui leur incombât, après la nécessité de respecter les lois et les usages du pays. Toutefois une disposition qui finit par passer en coutume à l'égard de tous les chrétiens, et qui fut très souvent formulée explicitement dans les traités, limitait la perception du droit aux marchandises effectivement vendues, en autorisant la libre réexportation de toute marchandise non vendue.

Le privilège de la franchise au cas de mévente, dû au désir des princes maugrebins d'accroître le commerce des chrétiens avec leurs sujets, ne paraît pas cependant d'institution bien ancienne en Afrique. Vraisemblablement les douanes ne l'admettaient pas encore au commencement du douzième siècle. Il datait pour les Pisans, à Tunis, de 1157, puisque Abou-Abd-Allah écrivait cette année à l'archevêque de Pise qu'à l'avenir il ne serait perçu de droit d'importation (10 pour 100) que sur les marchandises *vendues* par les sujets de la république dans ses États.

II. — **Prescriptions d'ordre général et de police concernant les chrétiens.**

Au-dessus des prescriptions de police maritime et de police urbaine auxquelles les chrétiens venant commercer en Barbarie étaient tenus de se conformer, deux obligations principales dominaient tous leurs rapports avec le pays et ses habitants. L'une était diplomatiquement formulée dans les actes; l'autre, pour n'être pas expressément écrite, n'en était que d'une plus étroite et nécessaire observance.

C'était 1° de n'aborder, hors des cas de force majeure, qu'aux seuls ports du littoral africain désignés par les traités ou par un usage formel et notoire comme marchés ouverts au commerce étranger; c'était 2° d'éviter avec soin tout ce qui pouvait blesser les habitudes et les sentiments religieux des Arabes, et, comme conséquence légitime, de n'user de la liberté du culte chrétien qu'à l'intérieur des églises ou des établissements destinés à l'habitation des étrangers, comme les fondoucs.

§ 1.

Des ports ouverts au commerce chrétien.

La manière dont la liberté de commercer est limitée dans quelques traités à certains points déterminés du littoral pourrait tromper beaucoup sur l'esprit de la mesure. Il faut, pour en apprécier exactement le motif et le caractère, l'examiner dans l'ensemble de tous les traités où elle est plus ou moins nettement exprimée.

Rarement le texte de l'accord indique nominativement, pour en fixer le nombre, les ports où les chrétiens pourront aborder et commercer. Seul peut-être le traité d'Abou-Yousouf Yacoub, de 1186, désigne aux Pisans comme escales et marchés exclusifs les ports de Ceuta, Oran, Bougie et Tunis dans le Magreb, et d'Almeria en Andalousie. L'interdiction de jeter l'ancre sur tout autre point du littoral almohade, si ce n'était pour une impérieuse nécessité, est articulée dans ce diplôme, nous l'avons vu, avec une rigueur particulière : les biens des transgresseurs devaient être confisqués; leurs personnes abandonnées à la merci du sultan, qui pouvait les mettre à mort. Mais nous sommes évidemment ici en présence de faits exceptionnels, et nous ne nous arrêterons pas aux hypothèses historiques qui pourraient les expliquer.

En général, sauf les ports de Tunis et de Bougie, désignés naturellement comme marchés habituels en raison de leur condition de villes capitales, les traités ne nomment pas les villes où il était permis aux navires chrétiens de relâcher pour séjourner. L'usage les faisait seul connaître. Les traités se bornaient à dire que les chrétiens devaient débarquer leurs marchandises dans les lieux où ils avaient coutume de se rendre : *in locis consuetis;* ils ajoutaient ordinairement qu'à moins de circonstances urgentes, telles que le manque de vivres, le danger d'une tempête ou la poursuite de l'ennemi, il leur était interdit de jeter l'ancre en aucun autre point de la côte.

Nulle intention politique n'a dicté ces mesures restrictives, qui semblent, mais qui ne sont aucunement en contradiction avec la tendance constante des traités à faciliter et à augmenter les relations commerciales des chrétiens avec les Arabes maugrebins. L'intérêt de la douane et des finances royales les avait seul fait adopter. On ne cherchait nullement à restreindre le commerce chrétien, mais on voulait avant tout assurer la perception des droits royaux. La comparaison des traités vénitiens et aragonais et certains détails de la rédaction des traités pisans et génois, moins explicites que les autres néanmoins, ne laissent aucun doute à cet égard.

Le traité de 1186 lui-même, si dur dans ses sanctions pénales, que prescrit-il aux chrétiens forcés par les circonstances de jeter momentanément l'ancre dans l'un des ports fermés en temps ordinaire à leurs vaisseaux? Il leur recommande « de ne vendre ni d'acheter quoi « que ce soit en ce lieu (*sous-entendez* sauf les vivres « et les agrès maritimes), de n'y faire aucun acte de « commerce, de n'y parler (*sous-entendez* de commerce) « à aucun habitant. » Le traité génois de 1236 explique parfaitement, en les complétant, ces dispositions trop absolues pour avoir jamais pu être observées strictement : « L'émir Abou-Zakaria, » porte l'article 1er du traité, que nous réduisons à ses mots essentiels, « l'émir « accorde aux Génois la sauvegarde pour leurs personnes « et leurs biens dans toute l'étendue de son territoire, « depuis Tripoli de Barbarie jusqu'aux confins du « royaume de Bougie, afin qu'ils puissent vendre et « acheter librement dans ces limites, particulièrement « aux lieux où les Génois commercent habituellement. « Quant aux lieux (quant aux ports) où les Génois n'ont « pas coutume de séjourner pour leur négoce, l'émir ne « leur permet ni d'y aborder ni d'y vendre quoi que ce « soit, si ce n'est dans une absolue nécessité, pour réparer leurs navires ou pour acheter des vivres. Et,

« dans ces cas, il leur est interdit de contracter aucune
« opération de commerce ou de parler même d'aucune
« affaire avec les gens du pays. »

Les traités concernant l'Aragon, la Sicile, le royaume
de Majorque et la seigneurie de Montpellier, en 1271 et
1285, expriment le même ordre d'idées, toujours commerciales et fiscales : « Nos sujets ne doivent débarquer
« dans les États de l'émir al-moumenin qu'aux lieux où
« il leur est permis d'aborder, à moins qu'il n'y ait ur-
« gente nécessité pour eux de réparer leurs navires ou
« de renouveler leurs vivres. Mais qu'en ce cas ils ne
« puissent rien vendre, ni acheter, ni converser (*aver*
« *noves*) avec les gens du pays. »

En limitant ainsi les lieux sur lesquels les chrétiens
pouvaient commercer, les sultans d'Afrique n'entendaient en aucune manière, nous le répétons, gêner leurs
rapports avec les Arabes; ils voulaient seulement régulariser ces communications, empêcher la contrebande, et veiller aux intérêts de leur trésor, en concentrant toutes les affaires d'importation et d'exportation
sur des points déterminés, où il leur fût possible, au
moyen de bureaux de douane, d'assurer la perception
des droits qui leur étaient dus. La mesure est toute
fiscale et n'indique aucune défiance vis-à-vis des
étrangers.

La règle était donc celle-ci : que les chrétiens alliés
avec les émirs avaient le droit d'aborder et de commercer dans tous les ports du Magreb *où se trouvaient des
bureaux de douane*. Ce principe, implicitement confirmé
par tous nos traités, déjà bien apparent dans les articles
précédemment cités des traités de 1236, 1271 et 1285,

est plus précisé encore dans quelques autres traités dont nous rappellerons les termes mêmes. On le trouve, par exemple, exprimé ainsi dans le traité vénitien de 1231 : « Quand un Vénitien arrivera pour vendre ou pour « acheter en un lieu quelconque du royaume de Barba- « rie *où il y aura une douane,* que personne ne l'en em- « pêche. »

Cette disposition du traité de 1231, répétée dans le traité de 1251, devient, à partir de 1305, l'article 1er de tous les traités de la république de Venise avec le roi de Tunis, concernant la liberté commerciale et la sécurité personnelle des sujets de la république : « Que « tous marchands et tous hommes de Venise et de son « territoire, abordant en un port quelconque des États « de Sa Hautesse *où existera une douane,* soient saufs et « protégés dans leurs personnes et leurs biens. » Enfin le principe est encore plus nettement marqué dans l'article 20 du traité de 1313, conclu entre don Sanche, roi de Majorque, de Roussillon et de Montpellier, et le roi de Tunis, lequel est conçu en ces termes : « Il est dé- « fendu à nos sujets de débarquer en aucun lieu des États « de l'émir al-moumenin *où il n'y a pas de douane,* excepté « pour prendre des vivres, des cordages ou des a: ès « indispensables, et à la condition de ne rien vendre ou « acheter en ce lieu. »

§ 2.

De la liberté du culte.

On a vu que les traités autorisant les nations chrétiennes à posséder des fondoucs en Afrique omettaient rarement de mentionner la circonstance que ces établissements pouvaient comprendre une église ou une chapelle et un cimetière à l'usage de la nation concessionnaire. La liberté du culte à l'intérieur de l'entrepôt et de ses dépendances était suffisamment garantie par ces dispositions. Sans aucun doute les chrétiens pouvaient ainsi, à leur convenance et hors de toute contrainte, se livrer dans l'enceinte de l'enclos aux prières publiques, aux chants religieux, à la prédication et aux processions, que leur piété devait aimer à prolonger, sous les portiques et les allées de leurs bazars, embellis en ces occasions de fleurs et de tentures.

Le traité conclu à Tunis quand l'armée chrétienne campait encore à Carthage n'ajouta rien à ces franchises, et ce serait se tromper beaucoup de répéter, avec quelques anciens chroniqueurs, que les rois chrétiens, en quittant l'Afrique, obtinrent l'autorisation de faire prêcher l'Évangile parmi les infidèles, et l'assurance que tout musulman pourrait librement demander le baptême. L'article 6 du texte arabe de l'accord de 1270, conservé à Paris, exprime ainsi les garanties de la liberté religieuse assurée aux chrétiens commerçant ou séjournant en Afrique : « Les moines et les prêtres
« chrétiens pourront demeurer dans les États de l'émir
« des croyants, qui leur donnera un lieu où ils pourront
« bâtir des monastères et des églises et enterrer leurs
« morts; lesdits moines et prêtres prêcheront et prie-
« ront publiquement *dans leurs églises*, et serviront
« Dieu suivant les rites de leur religion et ainsi qu'ils
« ont coutume de le faire dans leur pays. »

Les sujets des princes dont la mort de saint Louis

avait fait échouer l'expédition, c'est-à-dire les Français et les Siciliens des deux côtés du Pharo, purent invoquer cet article pour réclamer le rétablissement des fondoucs qui leur avaient autrefois appartenu en Tunisie, ou la création de nouveaux fondoucs avec leurs accessoires, le tout aux frais du trésor arabe, conformément à un usage déjà ancien; mais la concession ne comportait pas d'autres avantages. Les monastères dont il y est question ne peuvent être des établissements religieux isolés dans les villes ou la campagne, analogues à ceux que les pays chrétiens possédaient en si grand nombre. C'était vraisemblablement le presbytère même du fondouc, la maison du desservant, agrandie peut-être et convertie en couvent pour les religieux, auxquels était généralement confié le service des oratoires chrétiens.

Sans doute le zèle des disciples de saint François, de saint Dominique, de saint Jean de Matha, ne bornait pas leur tâche aux soins du ministère dans les quartiers européens. Respectés et bienvenus des indigènes, admis auprès des sultans en toutes les grandes occasions où la nation devait agir en corps, ils allaient partout librement dans la ville, conversant avec les scheiks, visitant les captifs, les soutenant de leurs exhortations, et s'occupant du soin de les racheter. Beaucoup portaient plus loin l'ambition du dévouement; ils auraient voulu ramener à la foi les populations que l'islamisme avait conquises en Afrique. Ce fut une glorieuse illusion. Dès qu'ils sortirent du cercle des discussions privées, auxquelles les Arabes lettrés ne répugnaient pas, ils durent voir l'inutilité et le péril de leurs controverses, au milieu de ces populations plus fanatiques et plus obstinées que les idolâtres. S'ils ne purent gagner une âme, les chrétiens du moins n'en perdirent pas. Mais combien de généreux missionnaires, moins illustres que Raymond Lulle et Antoine de Rivoli, payèrent de la vie leur héroïque imprudence !

Tout acte de la vie religieuse devait se renfermer dans l'église ou le fondouc chrétien. Nul écho ne devait retentir hors de cette dernière enceinte, et il est vraisemblable que les religieux chrétiens, prêtres ou moines, comme encore aujourd'hui dans beaucoup de villes d'Orient, ne pouvaient dans le Magreb user de grosses cloches pour donner le signal extérieur des prières, ni orner d'emblèmes chrétiens les dehors de leurs églises, si elles donnaient accès sur la voie publique. Tant qu'ils évitèrent de provoquer la susceptibilité des musulmans, tant qu'ils respectèrent l'esprit et la lettre des traités acceptés par leurs souverains, ils trouvèrent dans la population et dans les gouvernements maugrebins les égards et la protection la plus équitable.

§ 3.

Prescriptions diverses. — Bains. — Police du port.

Les traités indiquent quelques-unes des coutumes et des prescriptions particulières de la police urbaine et de la police maritime, dont l'ensemble, connu par la notoriété publique, était évidemment obligatoire pour tous les habitants, indigènes ou étrangers.

Les traités portent que, lorsque les fondoucs pisans ne renfermeront pas de bains, l'un des établissements de la ville sera mis un jour par semaine à la disposition de la nation. Les Vénitiens paraissent avoir fait admettre quelques facilités plus grandes encore pour les usages balnéaires à leur égard.

La police du port était placée dans les attributions du directeur de la douane. A Tunis, le directeur déterminait le moment de la fermeture du port et les heures pendant lesquelles les marchands et les marchandises pouvaient librement circuler de la rive aux navires et des navires au rivage.

Quelque fait particulier, peut-être quelque odieux abus de pouvoir d'un fonctionnaire arabe, motiva cette déclaration du privilège délivré en 1271 par le roi de Tunis à Jean Dandolo, pour renouveler les anciens traités de la république de Venise : « Sous aucun pré-« texte, nul Vénitien ne doit être soumis à la torture. » Rien de semblable ne se retrouve dans les traités des autres nations, et la république de Venise elle-même crut inutile de demander le maintien de cette disposition dans les traités que ses ambassadeurs allèrent plus tard négocier à Tunis.

§ 4.

Des droits de douane sur les importations et les exportations.

Le principal avantage que les princes maugrebins attendissent de leurs rapports avec les Européens étant le commerce, des droits avaient été établis dans leurs États à l'entrée et à la sortie des marchandises. La franchise entière du commerce accordée aux Génois par les émirs des Baléares, au douzième siècle, est un fait exceptionnel et passager. Dans tous les pays musulmans, les chrétiens avaient à payer certains droits au trésor royal sur les marchandises qu'ils vendaient en Afrique et sur celles qu'ils en exportaient. Une administration douanière plus ou moins considérable, mais ayant à peu près partout les mêmes règles et les mêmes procédés, était établie dans tous les ports ouverts aux chrétiens.

Les énonciations des traités sont insuffisantes pour suivre les changements apportés aux tarifs d'importation et d'exportation, suivant les temps et les nations. Il est évident que les usages du pays et certaines conventions orales, librement débattues entre les chrétiens et les administrations locales, suppléaient à tout ce qui manque à cet égard aux textes écrits.

Dans l'origine et dans les plus anciens actes rien n'est précisé. La lettre de 1157 servant de traité entre les Pisans et le roi de Tunis rappelle bien qu'il sera perçu quelques droits dans ses États, mais ne distingue pas entre les importations et les exportations. L'émir, voulant, diminuer certaine perception qui se prélevait en nature, sur les grains vraisemblablement, dit qu'au lieu de prendre cinq jointées de main par sac, on se contentera à l'avenir de quatre poignées. En abolissant le droit de *un pour dix* sur les marchandises non vendues, il semble indiquer, et il ne l'exprime pas, que le 10 pour 100 était le tarif ordinaire sur les importations. La même lettre abolit un droit de 38 *miliaresi* et demi par quintal sur l'alun. La coutume et la pratique suppléaient aux lacunes et aux imperfections nombreuses des actes écrits, dont les populations n'avaient qu'une connaissance assez vague.

Peu à peu les faits et les principes se dégagent. Le traité de 1186 entre la république de Pise et le calife almohade Abou-Yousouf Yacoub établit nettement le droit de 10 pour 100 sur les importations, en laissant encore à l'usage le règlement de beaucoup de questions essentielles : « Les Pisans doivent payer le dixième « (*decima*) qui se lève sur eux suivant les coutumes « anciennes et les traités bien connus, sans aucune aug-« mentation ni aggravation à laquelle ils n'aient pas « été soumis par le passé, à l'exception des marchan-« dises vendues entre eux et à l'exception des navires. « Dans ces deux cas on ne pourra exiger le dixième. » A partir des traités du règne d'Abou-Zakaria, les règles s'affermissent, les distinctions essentielles s'établissent, les énonciations se multiplient, et bien qu'il reste encore beaucoup d'indéterminé dans les actes écrits, on peut y retrouver les conditions générales auxquelles avaient lieu les transactions entre chrétiens et Arabes.

Le commerce et la navigation furent soumis en Afrique à deux sortes de droits, que l'on retrouve à peu près partout et dans tous les temps : les *droits principaux* et les *droits additionnels*. Les uns et les autres se percevaient, avec de nombreuses exceptions et des modifications plus ou moins appréciables aujourd'hui, sur les importations et sur les exportations.

Le droit général sur les importations des nations alliées, c'est-à-dire liées par des traités avec les émirs, fut de 10 pour 100 ; il varia peu. Le commerce était tellement habitué à payer ce droit en Afrique (comme dans le reste de la Méditerranée), qu'on l'appelait partout le dixième, *decima, decimum*, ou simplement le droit, *drictum*. On omettait même quelquefois de le rappeler dans la traduction des traités, tant son exigibilité était notoire et générale. Les exportations étaient soumises au 5 pour 100, ou au demi-droit : *medium drictum* ou *vinctenum*.

En revenant plus loin, avec les détails nécessaires, sur la nature et la perception de ces droits, nous ferons connaître les articles et les marchés divers qui en étaient partiellement ou totalement exempts. La franchise entière s'appliquait surtout aux métaux précieux, aux bijoux, aux navires et aux agrès maritimes, dont les émirs avaient intérêt à faciliter l'importation. On favorisait l'exportation en exemptant des droits les marchandises achetées en Afrique par chaque marchand avec le produit de ses importations.

Les droits additionnels, qui se percevaient pour les interprètes, pour le pesage des marchandises, pour le droit d'ancrage et autres services ou coutumes accessoires, n'avaient pas tous le caractère fixe et déterminé des premiers. Presque jamais leur taux n'est arrêté par les traités. Les conventions qui les avaient établis les modifiaient suivant les circonstances et suivant les convenances des diverses nations. Ces variations amenaient en définitive une différence dans la totalité des droits payés par les diverses nations. Ces différences étaient toutefois peu considérables et ne paraissent avoir produit des écarts quant aux importations que de 10 à 10 1/4 et 10 1/2. Pour les Florentins seuls peut-être, l'ensemble des droits, accessoires et principaux, portait le tarif total sur les marchandises les plus imposées à 11 1/2 pour 100.

Dans la première moitié du quinzième siècle, la douane de Tunis paraît avoir élevé le droit d'importation de 10 pour 100 à 10 1/2 pour 100. La suppression de quelques prestations secondaires amena vraisemblablement cette augmentation, que le traité florentin du 23 avril 1445 considère comme généralement appliquée à toutes les nations alliées, et à laquelle cependant nous voyons les Génois ne pas être soumis par le traité du mois de décembre de la même année.

Voici, quant aux tarifs fixes et aux droits principaux, ce que les documents permettent de savoir comme faits positifs pour les diverses nations chrétiennes en rapport avec le Magreb.

1° *Importations.* — *Droits principaux.*

Les Pisans. — Les sujets et clients de la république de Pise, dont le territoire, successivement réduit ensuite, comprenait au douzième siècle tout l'ancien littoral étrusque, de la Spezzia à Civita-Vecchia, payaient 10 pour 100 en 1157, 1181, 1186, 1234, 1264, 1358. — Après 1421, ils payent comme les Florentins.

Les Florentins. — Tant qu'ils ont fait le commerce sous le pavillon pisan, ils ont payé pour leurs marchandises en général, tous droits compris, 11 1/2 pour 100. Pegolotti le rappelle, et on croirait néanmoins, d'après ce qu'il dit du transport de l'or et de l'argent à Tunis, que les Florentins ne payaient sur les métaux précieux que 5 1/4 pour 100 comme les autres chrétiens.

Après le traité de 1421, ils payèrent 10 pour 100; après 1445, 10 1/2 pour 100.

Les Génois. — 1160. En vertu du traité conclu avec le sultan almohade, les Génois ne devaient payer que 8 pour 100 dans tout le Magreb, excepté à Bougie, où le taux s'élevait à 10 pour 100, le quart du produit de la douane en cette ville étant réservé à la république de Gênes. Ce droit ne fut pas maintenu, et le tarif de 10 pour 100 finit par être accepté par les Génois. On le voit établi sur leurs importations dès le traité de 1236, et maintenu pour eux, et pour tous les marchands naviguant avec eux, jusqu'à la fin des dynasties arabes, du moins dans les traités de 1250, 1272, 1433, 1445 et 1465.

Les Vénitiens. — Sauf les matières exemptées de la totalité ou d'une partie de la taxe douanière, et indépendamment des droits additionnels, dont le principal paraît avoir été le *mursuruf* ou drogmanat, les Vénitiens ont payé 10 pour 100 sur leurs importations, en vertu des traités de 1231, 1251, 1271, 1305, 1317, 1356 et 1392. Pegolotti, dans son livre écrit vers 1350, marque qu'ils payaient en effet à Tunis 10 pour 100. Par suite du traité de 1438, ils payèrent 10 1/2 pour 100.

Lors de l'établissement des Turcs en Afrique et à l'époque de leurs guerres avec les Espagnols, les tarifs varièrent. En 1518, le sénat exposait ses doléances à Charles-Quint de ce que le commerce vénitien, qui n'avait à payer autrefois à Oran qu'un droit de 10 pour 100, était obligé, depuis que cette ville appartenait à la couronne d'Espagne (1508), à payer 10 pour 100 à l'entrée et 10 pour 100 à la sortie. D'autre part, on voit qu'en 1540 une taxe de 12 pour 100 était appliquée à Tripoli aux importations vénitiennes.

Catalans, Majorcains, Siciliens, Provençaux, Roussillonais et Languedociens de la seigneurie de Montpellier. — Les marchands de ces divers pays, en tant que sujets des couronnes d'Aragon et de Sicile, ont payé en Afrique 10 pour 100 comme les autres nations. Cela résulte des traités de 1271, 1285, 1313, 1314, 1358.

2° *Exportations.* — *Droits principaux.*

Il est très rarement fait mention de la taxe perçue sur les exportations dans les traités. C'est même généralement d'une manière indirecte, et à propos des marchés affranchis d'une partie ou de la totalité du tarif, qu'il est question du droit lui-même, dont on n'énonce pas d'ailleurs la quotité. Nous avons quelques renseignements clairs et précis qui suffisent pour nous fixer et sur l'existence du droit en lui-même et sur le taux auquel il s'élevait. Ainsi, lorsque les traités stipulent qu'il ne sera perçu aucun droit sur les marchandises achetées avec le prix du nolis d'un navire, lorsqu'ils disent que les chrétiens seront traités comme d'habitude à l'entrée et à la sortie, *tam introïtus quam exitus*; ou bien qu'à la sortie, les Florentins et les Pisans auront à payer les droits exigés des Génois, ni plus ni moins, la perception d'un droit d'exportation en Barbarie est là bien nettement établie.

Quant au taux même du tarif, la mention fréquente de la perception du demi-droit *medium drictum*, *mezza decima*, sur certains objets et certains marchés privilégiés, indiquerait déjà suffisamment qu'il était de 5 pour 100, attendu que le droit de 10 pour 100 est désigné d'une manière générale dans tous les traités et ailleurs par l'expression indéterminée de droit, *drictum*. Sans énoncer aucune disposition générale, les traités génois de 1236 et 1250 indiquent cependant qu'un droit d'exportation de 5 pour 100 était prélevé sur certaines marchandises.

La règle était, du moins dans le royaume d'Afrique propre ou le Magreb central, de percevoir 5 pour 100 sur les exportations excédant la quotité des importations de chaque marchand. Pegolotti consigne ce renseignement, que nos traités nous fournissaient déjà, dans son chapitre relatif à Tunis :
« Chi ne trahe tanto quanto ha messo, non paga nulla; ma
« chi trae e non ha messo, paga mezzo diritto; » ce qui veut

dire que chaque négociant avait le droit d'exporter en franchise une quantité de marchandises égale en valeur à la valeur des marchandises importées par lui en Tunisie, et que le surplus ou la totalité de l'exportation d'un marchand qui n'avait rien importé était frappé du demi-droit, c'est-à-dire de 5 pour 100. On voit ici, à son origine et dans sa cause principale, la nécessité des comptes courants tenus à la douane arabe pour chaque marchand chrétien.

§ 5.

Mesures contre la contrebande.

L'esprit de bienveillance et d'honnêteté du gouvernement berbère vis-à-vis des marchands chrétiens se révèle dans les dispositions concernant la contrebande comme dans les autres mesures prescrites par les traités. Celles-ci sont d'une telle modération, qu'il est impossible qu'elles n'aient été souvent éludées par la fraude.

Les marchandises importées ou exportées sans avoir été déclarées à la douane étaient simplement soumises aux tarifs ordinaires en principal et accessoires. Ni amendes, ni confiscation, ni aggravation exceptionnelle de taxe n'étaient imposées. Le gouvernement s'était même interdit le droit de visiter les navires ou les fondoucs quand il savait ou soupçonnait que des marchandises y avaient été clandestinement transportées. Seulement, en ce cas, il prévenait le consul, et la perquisition s'opérait sous la double surveillance de commissaires arabes et d'un délégué chrétien ou du consul lui-même. La contravention constatée, on percevait les droits comme si la marchandise eût été régulièrement présentée à la douane.

Ce régime durait encore en Barbarie au milieu du quatorzième siècle, quand Pegolotti écrivit son *Guide du commerçant*. Il le remarque, et ajoute de sages conseils sur l'intérêt qu'avaient les marchands à ne pas abuser de la confiance ou de la négligence des Arabes. Ses observations s'appliquent surtout aux métaux précieux et aux espèces monnayées, dont les Florentins faisaient un très grand commerce : « L'or et l'argent « importés à Tunis par les chrétiens, dit Pegolotti, « payent 5 pour 100. Avec le *vin* (pourboire) qu'il faut « donner aux Sarrasins et autres serviteurs, le droit « s'élève à 5 1/4 pour 100. Si on l'introduit en cachette « et que la fraude ne se découvre pas, on ne paye rien. « Si la fraude est constatée au moment du transport, il « faut payer simplement le droit, sans amende. Si la « fraude est signalée quand le métal est déjà porté à « l'hôtel des monnaies, le droit n'est pas perçu. L'or peut « être assez facilement soustrait aux droits de douane, « parce qu'il est de petit volume; avec l'argent, c'est « plus difficile. Mais bien que les métaux entrés clan-« destinement ne soient soumis, si on les découvre, « qu'au simple droit, vous y perdez la bonne renommée « et l'honneur, et les Arabes, ayant trouvé un marchand « en faute, ne lui accordent plus autant de confiance. »

Les rois de Tunis finirent par changer de procédés, et déclarèrent que les marchandises saisies en fraude payeraient un double droit. Les Vénitiens, tout honnêtes qu'ils fussent, paraissent s'être quelque temps refusés à accepter le nouveau règlement. En 1392, leur

ambassadeur présenta aux commissaires chargés de préparer un nouveau traité de commerce un article dans lequel la contrebande n'était encore soumise qu'au simple droit : « On dit que les Vénitiens sont des hom-
« mes loyaux, lui fit observer le plénipotentiaire arabe,
« et tu voudrais que ceux qui font le mal reçussent le
« bien? Cela ne peut être. Préfères-tu que la marchan-
« dise saisie en fraude soit confisquée ou qu'elle paye
« le double droit, comme tous les chrétiens y ont con-
« senti ? » Le traité décida que les délinquants payeraient le double droit, et la règle paraît n'avoir pas été modifiée depuis lors.

§ 6.

Droit de préemption.

La faculté d'acheter avant tous autres les marchandises apportées par les navires étrangers, c'est-à-dire le *droit de préemption*, n'est stipulée en faveur du sultan d'une manière directe dans aucun de nos documents; mais elle est implicitement comprise dans tous les traités. L'exercice du droit, injuste s'il avait pour effet de diminuer les bénéfices d'un libre marché, était admis et sollicité même en Afrique par les marchands chrétiens, les achats ayant toujours lieu moyennant un payement convenable et effectué par la douane au nom des émirs.

Diverses dispositions, surtout dans les traités pisans, concernent les achats faits par les souverains ou en leur nom. Le traité de 1358 déclare que, si un Pisan apporte au Maroc une marchandise quelconque qu'il désire montrer au sultan (comme des bijoux, des étoffes, des armes, des oiseaux de chasse), nul préposé ne devra la soumettre à la visite. Si l'objet agréait au prince, aucun droit d'entrée n'était perçu; si le sultan n'achetait pas la marchandise, les droits étaient acquittés à l'époque voulue et suivant le mode ordinaire.

Afin d'éviter des retards dont les agents royaux n'étaient pas toujours personnellement la cause, mais qui pouvaient préjudicier aux marchands, il était dit dans quelques traités que, si le sultan demandait à voir les objets apportés par un marchand européen, ces objets ne devaient pas être retenus plus de dix jours au palais royal. Passé ce délai, le sultan devait renvoyer la marchandise ou en faire payer le prix.

Quant aux ventes effectuées à la douane même pour le compte du sultan ou de sa maison, concernant probablement les grosses fournitures de toiles, de draps et autres objets que le prince ne pouvait avoir souci de choisir lui-même, il était déclaré que le marché devenait irrévocable dès qu'il était fait au nom du roi, à la douane, en présence des témoins ou inspecteurs, et que le *mostaghil* qui avait conclu la convention, ni son successeur, ne pourrait sous aucun prétexte s'y soustraire, à moins qu'il n'y eût erreur ou dol sur la marchandise livrée. Quant au payement, il suffisait au vendeur de montrer la charte de vente écrite en présence des témoins pour être immédiatement satisfait par la douane.

Les traités catalans portent que, si des marchandises vendues au compte du roi de Tunis par des sujets de la couronne d'Aragon avaient payé le *delme*, c'est-à-dire le droit principal, ces marchandises devaient être affranchies du *malcem*, qui était un droit additionnel. Les conditions des ventes faites pour les sultans variaient un peu, comme on le voit, à Tunis et au Maroc.

§ 7.

Arrêt de prince.

Dans le droit maritime, l'arrêt de prince est la détention forcée d'un navire par ordre du souverain. Les sultans d'Afrique ont exercé vis-à-vis des navigateurs chrétiens un droit de réquisition dérivant évidemment du droit d'arrêt; mais la mainmise s'exerçait dans les limites et dans les conditions déterminées d'avance par les traités. Si l'émir ou les officiers de sa cour venaient à manquer de navires pour un service public ou pour transporter d'un port à l'autre les revenus du domaine royal ou les contributions publiques payées en nature, ils étaient autorisés à retenir un navire sur trois, ou le tiers de tous les navires de chacune des nations alliées dont les bâtiments stationnaient dans les ports de l'État, et qui avaient adhéré au principe de la réquisition.

Des mesures équitables réglaient d'ailleurs le choix et le nolis des navires ainsi retenus. La désignation des bâtiments appartenait au consul de chaque nation. Le prix du loyer était librement débattu par le patron avec les agents royaux pour toute la durée du service. Un navire dont le chargement était commencé ne pouvait être retenu. Si un navire était requis et arrêté par la cour pour recevoir un chargement ou pour remplir une mission quelconque, et si l'agent royal renonçait ensuite à employer le navire, le sultan n'en devait pas moins payer le nolis convenu au patron.

Le traité d'Aragon de 1323, qui semble, par exception, ne pas limiter la faculté de l'arrêt au tiers des navires ancrés dans les ports d'Afrique, tandis que les traités de la même couronne des années 1271, 1285 et 1314, sont essentiellement limitatifs du droit, porte que le patron d'un navire mis en réquisition moyennant salaire pour le roi de Tunis et de Bougie, n'aura pas à payer le droit de *quint* du nolis.

La république de Venise avait fait exempter sa marine de la réquisition, qui pouvait déranger les expéditions de ses armateurs, parce qu'il restait, quoi que l'on fît, un peu d'arbitraire et d'imprévu dans l'application du droit. A la réquisition Venise avait préféré l'obligation pour chaque navire arrivant dans le royaume de Tunis de payer trois doubles d'or et une *squarcine*. Les sultans, trouvant cet arrangement avantageux à cause du nombre assez élevé de navires vénitiens qui fréquentaient leurs ports, se refusèrent à le modifier quand le doge Venier en fit la demande en 1392. Abou'l-Abbas insista même pour que l'on conservât sur ce point à l'égard des Vénitiens l'ancienne coutume. Mais sous le règne d'Abou-Farès, en 1427, lors du renouvellement du traité de 1392, on supprima d'un commun accord l'abonnement des deux doubles d'or par voile, et les Vénitiens rentrèrent dans l'usage général. Le tiers de leurs navires abordant en Tunisie dut être, pour les cas prévus, à la disposition du sultan, qui payait aux patrons un juste prix de nolis.

§ 8.

Réciprocité de protection et de traitement due aux sujets et aux marchands arabes.

Les traités du moyen âge, on a eu l'occasion de le remarquer plusieurs fois, ne renferment pas toutes les clauses qui paraîtraient indispensables aujourd'hui à la régulière et complète rédaction d'un engagement diplomatique et bilatéral. Ils n'ont pas l'étendue de prévision des traités modernes. Dans ceux qui nous occupent, les conditions et les mesures les plus essentielles de sécurité et d'ordre général, concernant les sujets des parties contractantes, sont quelquefois omises, précisément parce qu'on ne pouvait supposer que de bons rapports pussent exister entre pays alliés sans l'observation de ces principes d'équité et de droit universel. La nécessité de respecter les lois et les usages des habitants du pays étranger dans lequel se rendaient les chrétiens ou les musulmans est une de ces obligations si manifestes et si légitimes, qu'on ne l'a jamais formulée expressément dans nos traités. La réciprocité de protection et de sauvegarde pour les marchands ou sujets arabes voyageant ou séjournant en pays chrétien y est tardivement et rarement stipulée. Néanmoins elle est manifestement admise et supposée par tous les documents et par tous les traités.

La différence des habitudes et du commerce des deux peuples explique la différence dont les conditions de leurs relations et de leur séjour à l'étranger sont exprimées. Les traités que nous avons publiés ont été faits la plupart pour régler les conditions du commerce des

Européens en Afrique; ce n'est que par occasion qu'il y est question des intérêts des musulmans, soit sur mer, soit en pays chrétien. Le commerce à l'extérieur n'occupait pas un assez grand nombre d'indigènes, même dans les villes où leur présence pouvait être familière, comme Barcelone, Marseille et les villes d'Italie, pour que leurs gouvernements aient cru nécessaire de le protéger autrement que par des stipulations générales.

Quelques cas de réciprocité, relatifs à la navigation, au commerce et aux voyages des Arabes, y sont prévus: l'abolition du droit de naufrage, la proscription de la piraterie, le rachat des prisonniers, la protection due au navire poursuivi soit par l'ennemi, soit par les corsaires, l'assurance que tout chrétien débiteur ou agresseur d'un musulman sera puni dans sa personne et dans ses biens. On n'y trouve pas, en ce qui les concerne, ces stipulations détaillées, relatives aux tarifs de douane, au mode et à la liberté des marchés, à la responsabilité des interprètes, que les chrétiens tenaient à voir figurer dans leurs traités.

Les Arabes n'ayant pas de consuls en pays chrétiens étaient placés, eux et leurs biens, sous la protection directe des gouvernements. C'est en application de ce principe que le traité du roi de Tunis avec les Florentins, de l'an 1445, déclarait la république responsable des biens et de la personne de tout sujet tunisien voyageant sur les navires de l'État; en retour, et pour sa propre garantie, la république exigeait qu'un musulman, sujet de l'émir de Tunis, ne pût s'embarquer sur un bâtiment florentin ou pisan sans avoir un répondant connu, *senza malleveria*.

Quant au culte, qui ne nécessite pas chez les musulmans l'intervention des ministres de la religion, les émirs ne paraissent pas avoir jamais rien stipulé pour leurs sujets dans les textes arabes des traités; et il est douteux que les Européens eussent permis qu'on énonçât dans les rédactions chrétiennes des prérogatives semblables à celles qu'on leur laissait en Afrique. Hormis ce cas, et ce cas seul peut-être, les musulmans auraient vraisemblablement obtenu en Europe l'égalité complète de traitement, si les plénipotentiaires arabes, chargés presque toujours de la première rédaction des traités, dont le texte latin n'était qu'une version interprétative, avaient cru opportun de la stipuler pour eux.

Observations générales.

Nous dirons en outre, en résumant ce long exposé, trop long peut-être, que la réciprocité de traitement, quoiqu'elle ne soit pas ordinairement exprimée dans les traités, et bien qu'elle soit légèrement formulée dans quelques-uns seulement, était dans l'esprit et au fond de toutes les conventions commerciales conclues entre les Maugrebins et les Européens. A y regarder de près, on voit même que la réciprocité d'égards et de bons traitements pour leurs nationaux est attendue et désirée par tous les princes musulmans, soit qu'ils concèdent bénévolement aux chrétiens des diplômes royaux, soit qu'ils concluent des traités avec leurs envoyés. S'ils ne l'ont pas toujours expressément stipulée, c'est qu'elle semblait aller de soi et qu'ils y comptaient absolument, préoccupés qu'ils étaient surtout d'énoncer les avantages promis au commerce chrétien, incomparablement plus important que celui de leurs propres sujets en pays chrétien.

Tel est l'ensemble des principes et des usages qui ont pendant quatre siècles régi et facilité les communications des Européens et des Arabes de l'Afrique du Nord. On reconnaîtra que, sur bien des questions importantes touchant à la navigation et au commerce, comme le droit de bris et de naufrage, le bien des aubains, le respect du pavillon marchand, ces principes étaient d'une équité supérieure à ceux de l'Europe féodale, supériorité due incontestablement aux traditions de l'ancien droit maritime romain et aux vagues souvenirs qui en restaient encore parmi les populations chrétiennes des bords de la Méditerranée.

Chaque peuple trouvait d'ailleurs avantage à cette libérale législation, et concourait au commerce qu'elle protégeait suivant la diversité de ses moyens et de ses besoins. Les Européens apportaient aux Arabes des métaux, des draps, des toiles, des étoffes de luxe, des cordages, des navires, des agrès, des bijoux et autres objets d'industrie; les Arabes, comme producteurs, fournissaient aux Européens les revenus de leurs terres et de leurs troupeaux : les laines, les cuirs, la cire, les sels et le blé, que plusieurs pays d'Europe ont eu de tout temps à demander à l'Afrique.

Ces faits nous permettent de reprendre sans autre transition la suite de notre précis historique, depuis longtemps interrompu.

1230-1350. — Commerce des Génois en Afrique.

La république de Gênes, renfermée dans un territoire étroit et peu fertile, fut poussée par une nécessité qui fit sa fortune vers le commerce maritime. Après le transport des blés et des sels, qu'elle alla chercher au loin pour la nourriture de sa population, l'industrie que les relations maritimes développèrent plus particulièrement fut le tissage des laines et la fabrication des draps. Le gouvernement y donna des encouragements particuliers. De bonne heure, les Génois firent un grand trafic de laines brutes et de laines teintes avec les villes de la Provence, du Languedoc et de la Catalogne. Ces laines, façonnées en bougrans, en futaines et en bonnets de couleur, étaient ensuite réexportées par eux en divers pays, et en Afrique même, avec les draps supérieurs et les toiles qu'ils achetaient en France. La manufacture des étoffes de laine ayant pris chez eux une grande extension, ils durent se ménager des approvisionnements réguliers dans les villes de Bone, de Bougie et de Tunis, où ils trouvaient des laines à meilleur marché et de qualité au moins égale à celles que l'Espagne, la France et les États romains leur avaient jusque-là fournies exclusivement. Les Pisans cherchèrent à susciter des difficultés à leurs concurrents ; les Génois défendirent énergiquement les droits dont ils étaient en possession, et les navigateurs toscans, battus en 1200 dans le port même de Tunis, furent obligés de partager avec eux le commerce du nord de l'Italie.

Les laines n'étaient pas le seul article de leurs exportations maugrebines. Les contrats et les actes privés, où l'on trouve des désignations de marchandises plus souvent que dans les traités, nous montrent qu'ils achetaient aussi en Afrique de l'alun, de l'huile, des plumes d'autruche, des pelleteries, des maroquins, des cuirs communs, des écorces tanniques, de la cire et des fruits secs. Outre les draps, les toiles et les métaux, outre les navires et les agrès maritimes, ils y apportaient de l'or et de l'argent monnayés ou en lingots, des objets de quincaillerie et de mercerie et des épiceries du Levant; car ils se livraient comme les Pisans, et concurremment avec les Arabes eux-mêmes, au commerce entre la Barbarie et l'Égypte, où ils avaient conclu des traités avec les sultans dès le douzième siècle.

1230-1276. — Commerce du Languedoc et du Roussillon.

L'impulsion donnée par les croisades à tout le commerce méditerranéen ne fit pas seulement sentir ses heureux effets en Italie et en Provence. Des pays moins bien partagés pour le commerce maritime, mais voisins de la mer, en profitèrent aussi. Si le Roussillon put coopérer aux expéditions des rois d'Aragon contre les Baléares et les Maures d'Espagne, c'est qu'il avait une marine marchande déjà nombreuse et active. A l'exemple de Marseille et d'Arles, Montpellier, Nîmes, Saint-Gilles et Narbonne se lient à cette époque avec les villes voisines pour le commerce intérieur, avec les communes d'Italie et la ville de Barcelone pour le commerce du dehors.

Déjà en 1115 et 1147, les marines de Montpellier et de Narbonne avaient aidé les Génois et les Pisans dans les expéditions d'Andalousie et de Majorque. Associés aux armements des Italiens, jouissant comme eux de privilèges et de concessions commerciales en Orient, dans les États chrétiens et les États musulmans, il est probable que les armateurs de ces deux villes ne négligeaient pas la navigation des côtes d'Afrique. En 1173, Benjamin de Tudèle remarque qu'il y avait à Montpellier beaucoup de négociants étrangers, particulièrement des marchands venus « du Magreb, de la Syrie, de la « Lombardie, de Rome, de Gênes, de Pise, de l'Égypte, « des Gaules, de l'Espagne et de l'Angleterre. »

Montpellier devait sa première prospérité au gouvernement des Guillaume, devenus ses seigneurs particuliers au dixième siècle, puis à sa propre constitution en commune au douzième. Passée en 1204 sous la domination des rois d'Aragon, devenue en 1276, avec le comté de Roussillon et le royaume de Majorque, l'apanage du fils cadet de Jacques Ier, la ville de Montpellier trouva dans cette association avec des pays prospères et puissants les moyens d'étendre encore ses relations. Sa population, son commerce et sa petite marine, que desservait le port de Lattes, à l'embouchure du Lez, s'accrurent rapidement. En 1229, elle contribua efficacement à la conquête des Baléares, et reçut de Jacques Ier, qui affectionna toujours Montpellier comme sa ville natale, des privilèges et des maisons à Majorque. Depuis, ses habitants participèrent, comme ceux du Roussillon, aux avantages des traités conclus entre les rois d'Aragon et les rois de Majorque, leurs souverains, et les Arabes d'Afrique, à partir de l'an 1271; nous ne voyons pas que la commune ait négocié directement avec les émirs du Magreb, bien qu'en 1240 ses représentants aient traité dans le port de Saint-Jean d'Acre avec les Marseillais, et qu'au quatorzième siècle, à l'époque où la seigneurie de Montpellier fut achetée par le roi de France (avril 1349), la commune ait obtenu des privilèges personnels des princes d'Orient. Le quatorzième siècle fut le plus beau temps de son commerce.

Les faits concernant la ville de Narbonne, qu'Ausone citait au quatrième siècle comme un des entrepôts du Levant, sont encore plus rares que ceux de Montpellier. Nous retrouverons Narbonne aussi florissante que sa voisine au quatorzième siècle, sous la double impulsion d'une administration vicomtale énergique et la souveraineté médiate du roi de France. Déjà à l'époque antérieure, quand ses vicomtes étaient encore vassaux des archevêques ou des comtes de Toulouse, le souffle des croisades avait considérablement développé sa marine et son commerce. Le décret du concile de la Narbonnaise, réuni à Montpellier en 1195, qui frappa d'anathème le transport des armes et du fer chez les Sarrasins de Syrie et d'Espagne, sans parler d'autres Sarrasins, n'exclut en aucune façon la possibilité de relations avec les musulmans du Magreb. Ceux-ci ne faisaient point cause commune politique avec l'islam oriental, on ne saurait trop le répéter. Il est donc possible (nous ne pouvons l'affirmer) que les Narbonnais aient envoyé leurs navires aux échelles du Magreb avant le quatorzième siècle, puisqu'on les voit durant tout le cours du douzième et du treizième siècle multiplier leurs traités et leurs relations non seulement avec les villes voisines, Marseille, Hières, Toulon, Nice, Savone, Vintimille, mais avec des villes maritimes plus éloignées toutes en rapport avec l'Afrique comme Gênes, Pise et Tortose sur l'Èbre. L'accusation portée en 1213, au concile de Lavaur, contre Raymond VI, comte de Toulouse, alors leur souverain, lors même qu'elle ne serait pas fondée, prouve combien les chrétiens et les Arabes d'Afrique étaient familiarisés avec l'idée de communications pacifiques entre leurs princes. Un des griefs des prélats de Lavaur fut que Raymond VI, privé de l'appui du roi d'Angleterre, et ne pouvant trop compter sur le concours de Narbonne, avait cherché à obtenir des secours du roi de Maroc lui-même pour résister à Simon de Montfort. Des troupes chrétiennes, soldées et payées par les émirs, servaient dans les armées maugrebines, et les papes n'ont jamais blâmé ces engagements. L'union d'un roi musulman et du patron avoué des hérétiques albigeois eût seule soulevé l'indignation de l'Église.

1200 1216. — Ménagements d'Innocent III pour les Arabes de Sicile.

On n'était plus au temps où chrétiens et musulmans se considéraient comme naturellement ennemis sur la Méditerranée. La fin des invasions, la rupture patente des musulmans occidentaux avec les musulmans de Syrie, auxquels ils refusèrent des secours depuis Saladin, et le développement du commerce avaient amené des relations qu'on respectait de part et d'autre sur les deux rives de la Méditerranée. L'Église même, nous en avons recueilli de nombreux témoignages, tout en réservant les questions religieuses, traitait dans ses rapports les princes et les peuples du Magreb à l'égal des autres nations. Lors du soulèvement des Arabes de Sicile contre Frédéric II, pupille du Saint-Siège, Innocent III n'agit pas autrement. Il apporta même dans cette circonstance des ménagements extraordinaires. Il ne parle contre les révoltés ni de croisade ni d'extermination. Il s'adresse à eux et les dissuade d'écouter les fallacieuses promesses de Marcuald. Vainqueur, le traître ne se fera faute de les persécuter, comme si sa rigueur vis-à-vis des infidèles devait faire oublier ses iniquités à l'égard des chrétiens et lui concilier la faveur divine. Il les exhorte à rester fidèles au jeune roi; il leur promet, s'ils se soumettent, que rien ne sera changé dans leur situation; qu'ils auront, comme par le passé, la pleine possession de leurs coutumes, et par conséquent l'entière liberté du culte et de la foi de leurs pères.

Voici les paroles mêmes de la proclamation qu'Innocent III adressa aux Arabes de Sicile, à la première nouvelle du mouvement de Marcuald et de quelques chefs musulmans : « Innocent, évêque, serviteur des « serviteurs de Dieu, aux Sarrasins habitant la Sicile : « qu'ils nous soient dévoués, et qu'ils continuent à être « fidèles au roi! Nous avons appris avec joie que vous « avez toujours gardé vis-à-vis de vos maîtres la fidélité « à laquelle vous êtes tenus. Nous désirons surtout que « vous conserviez aujourd'hui ces sentiments à l'égard « de notre cher fils dans le Christ, Frédéric, roi de Si-« cile, et que vous résistiez aux sollicitations et aux vio-« lences de Marcuald. Vous connaissez par expérience « la cruauté du tyran; ceux-là seuls sont épargnés qu'il « ne peut atteindre. Vous savez comment il a fait pré-« cipiter des prêtres dans la mer, comment il en a con-« damné d'autres à la prison ou au bûcher. Jugez de

« ce qu'un pareil homme ferait contre des Sarrasins. Il
« sévirait avec d'autant plus de fureur contre eux, qu'il
« croirait devoir répandre un sang païen pour se ren-
« dre agréable à Dieu. En méconnaissant le père qui l'a
« retiré de la poussière et du fumier, il a montré ce
« dont il est capable. Si vous ne repoussiez ses avances,
« vos biens et vos richesses deviendraient la proie des
« siens. Celui qui a violé vis-à-vis de nous les serments
« publics, observerait-il les promesses qu'il vous pro-
« digue parce qu'il a besoin de votre assistance? Voyez
« la vérité et gardez la fidélité de vos pères; ne soyez pas
« ingrats, n'oubliez pas les bienfaits des rois de Sicile à
« l'égard de votre nation, et sachez que le Saint-Siège
« apostolique veut non seulement conserver, mais aug-
« menter les libertés et les droits dont vous jouissez,
« si vous gardez au roi la foi et le dévouement que vous
« lui devez.

« Nous mandons à ces fins en Sicile le cardinal de
« Saint-Laurent in Lucina, l'archevêque de Naples et
« l'archevêque de Tarente. Nous faisons partir en même
« temps nos chers cousins le maréchal Jacques et Othon
« de Palombaria, avec une forte armée, qui aura facile-
« ment raison de Marcuald. »

Ces sages avis ne purent prévenir le soulèvement des
Arabes, dont le chef fut tué dans une première bataille;
mais, après la victoire, Innocent III, en prescrivant à
ses commissaires de poursuivre sans relâche les Siciliens révoltés, recommande d'accorder une amnistie
immédiate aux Sarrasins, s'ils donnent des garanties de
soumission à Frédéric. La mesure dut avoir de bons
effets. Six ans après, le pape félicitait ainsi les Arabe

du val de Mazzara d'avoir résisté aux provocations des fauteurs de désordre : « Innocent au cadi et à tous les « caïds d'Entella, de Platano, de Giato, de Ragalicelsi, « et généralement aux caïds et à tous les Sarrasins de « Sicile. Qu'ils connaissent enfin et qu'ils aiment la vé- « rité, c'est-à-dire Dieu lui-même ! Nous sommes heu- « reux, et nous apprécions hautement la loyauté de votre « obéissance, en vous voyant mépriser les excitations « incessantes qui vous sont adressées. Rien n'a pu vous « détourner de la fidélité que vous devez au roi Frédéric, « votre seigneur. Persévérez, et vous serez récompensés. « Le jeune roi grandit en âge et en talents; le temps « approche où il pourra distinguer les bons des mauvais « et traiter chacun suivant ses mérites. Notre désir est « de le voir dignement récompenser la soumission que « vos bonnes dispositions et nos soins lui auront con- « servée. » Innocent III mourut sans avoir eu à regretter sa modération et sa condescendance.

1220-1226. — Soulèvement des Arabes de Sicile. Les dernières familles musulmanes de l'île sont transférées à Lucera.

Plus tard néanmoins les dispositions des Arabes de Sicile changèrent, et, quand Othon de Brunswick prétendit à la couronne impériale, ils se tournèrent contre Frédéric, en chargeant un émissaire secret d'aller offrir leur adhésion avec de magnifiques présents à son compétiteur. Les affaires d'Allemagne ayant été heureusement réglées, Frédéric, couronné empereur à Rome en 1220, des mains d'Honorius III, qui reçut de lui le nouveau serment de passer en Terre sainte à la tête de forces considérables, ajourna tout projet de croisade pour s'occuper avant tout de la pacification de la Sicile.

Le foyer principal de l'insurrection était toujours dans le sud-ouest de l'île, au val de Mazzara, partie la plus rapprochée du continent d'Afrique, où la population musulmane s'était naturellement fixée en plus grand nombre. Les premières troupes envoyées par l'Empereur furent repoussées. Le soulèvement prit même tout à coup un caractère très inquiétant. Les insurgés, ayant reçu des renforts des Arabes du golfe de Cabès, lièrent leurs opérations avec celles de l'ancien amiral de Sicile, Guillaume Porc, associé depuis son bannissement avec un célèbre pirate marseillais nommé Hugues Fer. Il fallut agir énergiquement en Sicile et en Afrique; la répression demanda du temps, mais elle fut complète.

Dans une suite de campagnes de quatre années (1222-1226), qu'il dirigea souvent en personne, pendant que sa flotte ravageait l'île de Gerba, Frédéric poursuivit les Arabes dans les montagnes de Jato et de Mirabello, où ils s'étaient fortifiés, s'empara de l'émir Ben-Abed, qu'il fit pendre à Palerme avec Guillaume Porc et Hugues Fer, détruisit leurs villages et transporta la plus grande partie de la population dans la Capitanate, où il fonda pour elle, en 1226, la ville de Lucera, sur l'emplacement de la vieille cité samnite.

Des règlements sévères et de hautes fortifications assurèrent la discipline de la colonie, et Frédéric, libre de revenir à ses dispositions bienveillantes pour les Arabes, finit par s'attacher leur confiance et leur dévouement. Leur troupe forma une armée d'élite qu'il employa dans ses guerres en Italie, tantôt contre les communes lombardes, tantôt contre les armées du Saint-Siège. Il s'en fit une garde particulière, qu'il tint à montrer aux musulmans d'Orient quand il se détermina à se rendre en Terre sainte. Plus tard, le reste de la population africaine du val de Mazzara s'étant encore mutiné, Frédéric fit déporter à Lucera tous les individus dont on s'empara. La population de la colonie sarrasine s'éleva alors environ à soixante mille âmes. Le tiers en était consacré exclusivement au métier des armes, et tous les esclaves musulmans que l'Empereur pouvait se procurer allaient grossir les rangs de ces nouveaux mamelouks.

1227-1242. — Bonnes relations de Frédéric II avec les princes arabes d'Égypte et du Magreb.

L'intérêt de ses propres affaires dirigea seul la conduite de Frédéric dans la question de la croisade. Étranger aux sentiments qui avaient inspiré et qui soutenaient encore l'effort de l'Europe chrétienne pour délivrer les saints lieux, il ne se détermina (1227-1228) à réaliser les promesses réitérées par lui depuis plus de sept ans que lorsqu'il jugea possible de faire reconnaître ses droits à la régence du royaume de Jérusalem et à la suzeraineté de Chypre. Il se rendit même en Orient à une époque où la cour de Rome lui défendait de partir avant d'avoir purgé l'excommunication qu'il avait encourue et avec les ressources dérisoires qu'il avait réunies. Frédéric, comptant sur son prestige et son habileté, avait assuré d'avance l'éphémère succès de sa croisade par une clandestine négociation suivie à Palerme avec un ambassadeur égyptien. Le traité de Jaffa du 18 février 1229 lui ouvrit en effet les portes de Jérusalem, d'où les plus puissants princes d'Europe avaient depuis quarante ans vainement tenté d'approcher. Il y ceignit à la hâte la couronne royale, et quitta la Palestine mécontent et méconnu. Sans abandonner le titre royal qu'il avait reçu de la reine Isabelle et au nom de son fils, il le défendit faiblement, et à la majorité de Conrad il ne fit aucun sérieux effort pour empêcher que la souveraineté de Jérusalem passât aux d'Antioche-Lusignan, les plus proches parents de la reine Isabelle remplissant les conditions exigées par le droit des Assises.

Devenu indifférent dès son départ au sort du royaume de Terre sainte, Frédéric ne se préoccupa dans ses rapports avec les princes arabes que des avantages de ses États, particulièrement de la Sicile, où son autorité n'avait plus rien à redouter. C'est alors qu'il conclut avec Abou-Zakaria-Yahya le traité de 1231. L'accord garantissait pour dix ans la liberté du commerce, la répression réciproque de la course, la sécurité des navires musulmans naviguant d'Afrique en Égypte, et la possession par le roi de Sicile de l'île de Pantellaria, près du cap Bon, dont les impôts devaient être partagés avec le roi de Tunis. Frédéric ne chercha jamais à reconquérir les villes que les rois normands avaient autrefois possédées sur la côte de la Byzacène; il paraît néanmoins certain, quelque surprenante que soit l'absence d'une mention à ce sujet dans le traité de 1231, que l'Empereur et l'émir maintinrent l'abonnement ou tribut annuel établi sous leurs prédécesseurs pour l'importation éventuelle des blés de Sicile dans le royaume d'Afrique.

Vers l'année 1236, l'arrivée en Italie d'Abd-el-Aziz, neveu d'Abou-Zakaria, dont le père avait été dépouillé de la vice-royauté de Tunis par Abou-Zakaria, à l'époque de sa rupture avec le Maroc, vint ajouter aux causes de dissentiment qui séparaient déjà la cour de Rome et Frédéric. Grégoire IX espérait que le prince almohade demanderait le baptême, et il affirmait, peut-être prématurément, que telle était sa volonté formelle ; l'Empereur, en assurant que l'émir n'avait aucune intention de quitter la religion de ses pères, le retenait néanmoins, et probablement malgré lui, dans la Pouille. Les Vénitiens et les Génois, alliés alors avec le Saint-Siège et les communes guelfes, paraissaient projeter sur ces entrefaites quelque entreprise maritime contre l'Empereur ou les Gibelins d'Italie. Il semble que Frédéric ait même craint de voir Abou-Zakaria favoriser les projets des coalisés, dont il ménageait le commerce. L'amiral de Sicile ayant demandé des instructions en vue de cette situation, il reçut l'ordre d'éviter tout conflit avec le roi de Tunis, et l'autorisation d'armer des navires pour attaquer, s'il le jugeait à propos, la caravane des marchands de Venise et de Gênes qui devait prochainement faire son grand voyage du printemps de Terre sainte en Italie. Abd-el-Aziz, retenu dans la Pouille, alla finir obscurément sa vie au milieu des Arabes de Lucera, et Frédéric ouvrit avec Abou-Zakaria-Yahya une négociation qu'il eut le talent de faire réussir comme les précédentes. Le traité de 1231 paraît avoir été renouvelé en effet au terme même où il devait expirer, et il y eut dès lors entre Frédéric et le roi de Tunis les meilleurs rapports de voisinage. Les bons procédés survécurent aux souverains qui les avaient vus naître, car les partisans des princes de Souabe trouvèrent toujours un accueil bienveillant chez le fils d'Abou-Zakaria dans leurs démêlés avec Charles d'Anjou.

Nous savons peu de chose des rapports de l'Empereur avec les rois de Maroc. Nous avons cependant la mention d'une ambassade d'Hubert Fallamonaco, que Frédéric envoya au sultan El-Rechid, fils d'El-Mamoun, vers le mois de septembre 1242.

1237-1254. — Rapports amicaux des rois du Maroc avec les papes.

Des modernes ont dit que les relations de Frédéric II avec les musulmans durent scandaliser ses contemporains. Les âmes chrétiennes purent souffrir des dédains que témoigna l'Empereur, en maintes occasions, à l'égard du Saint-Siège et des lois de l'Évangile. Ses communications avec les rois sarrasins et la présence d'auxiliaires africains dans ses armées n'étonnèrent certainement ni les peuples ni la cour de Rome. Nous verrons dans le cours des événements suivants Grégoire IX et Innocent IV continuer avec les émirs berbères la correspondance bienveillante qu'Innocent III et Grégoire VII avaient eue avec leurs prédécesseurs, nous les verrons autoriser les chrétiens à rester auprès d'eux en temps de paix comme en temps de guerre, et à les servir toujours fidèlement.

Au-dessus de toutes les préoccupations du Saint-Siège, était toujours l'espoir d'amener les peuples arabes à la religion chrétienne. Ce fut, on peut le dire, l'effort constant et la généreuse illusion de tous les pontificats. Comme Grégoire IX s'était flatté de la conversion du neveu d'Abou-Zakaria, Innocent IV, sur quelques apparences qui nous semblent aujourd'hui bien trompeuses, crut que le royaume de Salé, détaché un moment de l'empire marocain par l'ambition d'un émir, allait se donner corps et âme à l'ordre de Saint-Jacques. On ne sait pas les circonstances au milieu desquelles se manifesta cette pensée, révélée par une lettre apostolique au grand maître de Saint-Jacques; le souverain pontife ne dut rencontrer dans cette voie que difficultés et déceptions, malgré l'espoir que pouvaient autoriser les troubles survenus dans le Maroc.

1233-1251. — Évêché de Fez ou de Maroc.

En conservant ces hautes pensées si difficiles à réaliser, le Saint-Siège ne négligeait pas d'assurer d'abord les avantages précis accordés par les sultans almohades. Il avait été créé naguère à Fez, avec leur agrément, un évêché transféré peu de temps après à Maroc même, à cause du dangereux séjour d'une ville exposée sans cesse aux incursions des Mérinides, qui finirent par s'en emparer en 1248. La première mention que nous trouvions du nouveau siège est de l'an 1233, l'année qui suivit la mort d'El-Mamoun et l'avènement de son fils El-Rechid. Grégoire IX écrit à l'émir al-moumenin ou *Miramolin*, titre qui ne pouvait désigner alors qu'El-Rechid lui-même. En espérant de lui voir reconnaître un jour les vérités chrétiennes, dont il lui avait plus amplement parlé dans des lettres antérieures, Grégoire IX remercie l'émir de sa bienveillance pour Agnello, évêque de Fez, et pour les autres frères mineurs habitant ses États. Quelques années après, sous le règne du même sultan, le pape se félicitait avec les fidèles de la Mauritanie de l'heureux progrès du christianisme dans le pays : « Nous « nous réjouissons, écrivait-il aux chrétiens du Maroc dans « un style imagé qu'animait l'espérance, nous nous ré- « jouissons de voir l'Église du Maroc, restée jusqu'ici sté- « rile, se féconder aujourd'hui, sous l'action de la grâce, « et la synagogue des pécheurs se dépeupler. Nous « sommes heureux de voir les frais et verts roseaux « croître dans le lit desséché des dragons, et les lis odo- « rants pousser dans les pâturages brûlants de l'au- « truche. »

Il se trouvait encore, en effet, à cette époque dans le Maroc un reste assez compact des anciennes populations chrétiennes, plus nombreuses même que dans l'est du Magreb, et partout distinctes des chrétiens européens attirés en Afrique par les soins du commerce ou les devoirs du service militaire. C'est à l'ensemble de ces chrétiens que s'adressaient les félicitations du Saint-Siège. Depuis l'extinction des anciens évêchés de Carthage, de Gummi et d'El-Kala, situés dans le Magreb oriental, c'est à l'évêque du Maroc que revenaient le droit et la charge de leur direction spirituelle. Il n'y avait pas alors d'autre église indigène en Afrique : *Sane Marrochitana ecclesia sola et unica in partibus ipsis filia Romanæ ecclesiæ*, disait Innocent IV en 1246. Le pape ne recommande pas seulement l'évêque Loup aux bonnes grâces du roi de Maroc ; il prie les émirs de la Mauritanie orientale, les rois de Tunis, de Gafsa et de Bougie d'accorder leur protection au nouveau titulaire. Il demande la même assistance pour les religieux que le prélat, accrédité en quelque sorte comme primat auprès des rois de toute l'Afrique septentrionale, jugerait à propos d'envoyer dans leurs États suivant les besoins « des « chrétiens qui les habitent et de ceux, en plus grand « nombre, qu'y appelle le commerce. » Les lettres de 1251 considèrent toujours l'évêque de Maroc comme le chef unique du christianisme dans le Magreb.

1227-1253. — Chrétiens servant dans l'armée et le gouvernement des rois de Maroc et de Tlemcen.

Les chrétiens jouissaient alors en Barbarie d'une véritable faveur; ils y avaient même momentanément une réelle influence politique. El-Mamoun avait gardé d'une manière définitive à sa solde le corps de dix ou douze mille Espagnols qu'il avait amené de l'Andalousie. A l'exemple des sultans almoravides, il avait ainsi créé dans son armée un corps d'auxiliaires francs, que ses fils entretinrent par des enrôlements successifs et que les Mérinides conservèrent à leur tour. Son harem renfermait plusieurs esclaves chrétiennes qu'il laissait librement, comme les soldats européens, pratiquer les lois de leur religion. L'une d'elles, appelée Habeb la chrétienne, femme d'une intelligence supérieure, donna le jour au calife El-Rechid. A la mort d'El-Mamoun (1232), Habeb avait appelé auprès d'elle les généraux de l'empire, dont l'un, nommé Francyl, était le chef des auxiliaires chrétiens; c'est de concert avec eux qu'elle fit proclamer son fils émir al-moumenin sous les murs de Ceuta, au milieu du camp où était mort son père, c'est elle qui l'intronisa peu après à Maroc même.

La considération acquise au nom chrétien par ces événements survécut à Habeb. La milice franque, commandée par des chefs de sa religion, rendit à El-Rechid et à El-Saïd d'aussi bons services que ceux qui lui avaient valu la confiance d'El-Mamoun, leur père. Brave et disciplinée, servant fidèlement les princes dont elle recevait régulièrement la solde, elle fut d'un puissant secours aux califes, tantôt contre les Beni-Zian, indépendants à Tlemcen, tantôt contre les Mérinides, maîtres déjà des provinces du sud-ouest. Il est souvent question des auxiliaires francs dans le récit de ces guerres incessantes au milieu desquelles s'affaiblissaient la dynastie et l'empire d'Abd-el-Moumen.

En 1242, l'émir des Mérinides, Mohammed le Balafré, fut tué par un officier de la milice européenne d'El-Saïd, dans la première campagne que le calife entreprit après son avénement. Quelques années auparavant, Mohammed avait reçu près de Méquinez, de la main d'un chevalier chrétien, la blessure qui lui valut son surnom. En 1244, un général marocain fut envoyé vers les Beni-Zian avec une bande d'archers et un « peloton de la milice chrétienne » pour tenter une démarche de conciliation. El-Saïd fut tué en 1248, près d'Oudjida, en explorant une position où il espérait faire prisonnier Yaghmoraçan, premier roi des Beni-Zian, ayant à ses côtés un affranchi européen nommé Nasch et le commandant de la milice européenne, que les Arabes appelaient Akhou'l-Comt, *le frère du comte*. Ces deux officiers périrent auprès de leur maître avec l'escorte presque entière qui l'entourait, et l'armée almohade, frappée de terreur, se mit aussitôt en déroute. Yaghmoraçan prit peu de temps après à sa solde une partie des troupes chrétiennes du Maroc, environ deux mille hommes, et les emmena avec lui à Tlemcen, afin de fortifier son armée et d'ajouter à la pompe de ses fêtes militaires. C'est le même sentiment qui faisait venir naguère à Paris des turcos et des spahis. Ce corps, qu'Ibn-Khaldoun appelle quelquefois les « lanciers chrétiens », acquit trop d'autorité dans le nouveau royaume; il devint exigeant et insubordonné. Yaghmoraçan fut obligé de le licencier, mais ses successeurs le reconstituèrent plus tard.

Les Almohades n'admirent pas seulement les chrétiens dans leurs armées, ils leur confièrent souvent des emplois de confiance dans leur maison et leur gouvernement. Le nombre de ces serviteurs ou fonctionnaires chrétiens dut être toutefois très limité. La majorité de la population chrétienne habitant alors le Magreb était composée d'individus ou de familles adonnés au commerce ou aux armes. Mais l'ensemble des hommes de guerre chrétiens dut être assez considérable sous le règne d'El-Saïd, comme on en peut juger par la demande que le pape crut devoir adresser peu après au sultan en leur faveur.

1246-1251-1266. — Innocent IV demande à El-Saïd et à Omar-el-Mortela l'occupation de quelques places fortes dans le Maroc pour les auxiliaires chrétiens.

C'est la lettre même d'Innocent qu'il faut lire, si l'on

veut avoir une juste idée des rapports du pape et du sultan, et pour connaître la vraie situation en ce moment des chrétiens d'Afrique. Datée de Lyon le 31 octobre 1246, elle est adressée « à l'illustre roi de Maroc » :

« Nous nous félicitons, dit le pape, de ce qu'à l'exemple
« des princes chrétiens, et en conformité de tes propres
« actes et des actes de tes prédécesseurs, qui ont con-
« féré à l'Église du Maroc des possessions et de nom-
« breux privilèges, tu as non seulement défendu cette
« Église contre les attaques des gens malintentionnés et
« opposés à la foi chrétienne, mais encore augmenté ses
« immunités et ses privilèges, et accordé aux chrétiens
« appelés par tes prédécesseurs des faveurs nouvelles
« et des bienfaits considérables. Aussi espérons-nous
« que tu es disposé à protéger encore davantage les éta-
« blissements pieux et les chrétiens qui se trouvent
« dans tes États. Le monde connaîtra ainsi que ton nom
« n'est pas moins glorieux que celui de tes pères, et
« nous, préoccupé de tes intérêts, nous emploierons
« tous les efforts de la puissance ecclésiastique à te pré-
« server de l'attaque de tes ennemis. »

Ces débuts annoncent déjà des relations et une disposition à une communauté de vues et d'efforts plus intime que Frédéric n'en eut peut-être jamais avec aucun roi du Magreb. La suite de la lettre n'est pas moins curieuse. Le pape expose les raisons qui lui font demander pour les chrétiens des places de refuge où ils puissent se mettre, eux et leurs familles, à l'abri des incursions qui de toutes parts menaçaient les rois de Maroc. « Tu as des ennemis acharnés et puissants qui
« cherchent à s'emparer de ton royaume par les ma-

« chinations et par les armes. Les chrétiens, sachant bien
« que l'assistance céleste plus que le nombre donne la
« victoire, leur ont jusqu'à présent énergiquement ré-
« sisté; ils en ont souvent triomphé pour la défense
« de leur foi et pour la protection de tes États. Ils ne
« s'épargnent pas à ton service, et tu sais que plus
« d'une fois ils ont laissé un grand nombre des leurs sur
« les champs de bataille. Il est possible qu'un jour la ruse
« ou une invasion soudaine les surprennent mal prépa-
« rés; on peut craindre qu'à la longue le nombre ne
« l'emporte sur la valeur. Il faut prévenir par une me-
« sure efficace un pareil malheur, aussi désastreux pour
« les chrétiens que pour ton royaume. Nous prions donc
« Ta Sérénité de donner aux chrétiens quelques lieux
« fortifiés où ils puissent se renfermer aux moments
« difficiles; nous te demandons de leur confier la garde
« de quelques ports de mer par lesquels ils puissent au
« besoin s'éloigner et revenir avec de nouvelles res-
« sources à ton secours. »

Ces places fortes et ces ports de mer, dans la pensée
du pape, ne devaient pas cesser d'appartenir au sultan;
les chrétiens en auraient eu seulement la garde, et l'é-
mir aurait trouvé son avantage à assurer la sécurité de
populations armées dont la fidélité paraissait assurée et
l'utilité généralement reconnue. Le plan du Saint-Siège
était sage et praticable, il eût peut-être servi aux Almohades; mais il renfermait en lui-même l'éventualité
d'un péril qui dut toujours effrayer les sultans. Le danger de mettre dans les mains des chrétiens des places
telles que Tanger, Ceuta ou Salé les empêcha vraisemblablement d'accéder jamais aux demandes du Saint-

Siège. El-Saïd mourut sans les avoir accueillies. El-Morteda, son successeur, ne paraît pas y avoir satisfait davantage.

L'évêque de Maroc, venu à la cour apostolique vers 1250, en avait exprimé ses regrets, et le 16 mars 1251 Innocent IV était l'écho de ses plaintes en insistant auprès d'El-Morteda, comme il avait insisté auprès d'El-Saïd. « Les chrétiens de tes États, écrivait le pape, « souffrent de manquer ainsi des points d'appui et de re- « fuge que j'ai sollicités pour eux. Ils en éprouvent de « graves dommages dans leurs personnes et dans « leurs biens. Comme beaucoup d'entre eux sont obligés « d'aller fréquemment à l'armée ou ailleurs pour ton « service, il arrive que, n'ayant aucun lieu fortifié où ils « puissent abriter leurs femmes, leurs fils et leurs pa- « rents, ils sont sans cesse exposés aux attaques des « Sarrasins (ennemis), qui les mettent à mort et les obli- « gent même quelquefois à abjurer la foi catholique. Ta « Grandeur ne peut permettre que les chrétiens, si dé- « voués à tes ordres, courent sans cesse de semblables « dangers. »

Le pape annonçait au Miramolin que, s'il n'était fait droit à ses légitimes demandes, il ne permettrait plus aux chrétiens de se rendre dans ses États et défendrait à ceux qui les habitaient d'entrer à leur service. Mais le Saint-Siège savait la difficulté qu'il y avait pour les sultans à accorder ces garanties, si nécessaires qu'elles fussent aux chrétiens; dans sa sagesse, il n'alla jamais au delà des représentations et des réclamations.

Pas plus que les milices, les chrétiens indigènes, dont la dispersion dernière fut due certainement au défaut même d'un centre commun, où ils pussent se réfugier et se défendre, n'obtinrent jamais ce que la cour de Rome réclamait pour eux, et néanmoins les milices, entretenues par des enrôlements continus, figurèrent encore longtemps et honorablement dans les armées des sultans. El-Morteda s'en servit souvent contre les Mérinides, déjà maîtres de Fez ; et après sa dernière bataille, qui fut une défaite suivie bientôt de sa mort, en 1266, il rentra à Maroc escorté d'un petit nombre de chrétiens et de scheiks restés fidèles.

1250-1264. — Renouvellement des traités de Tunis avec Gênes, Venise et Pise.

A l'est du Magreb, nous ne pouvons plus suivre le sort des populations chrétiennes de la Byzacène, de la Numidie et de la province de Sétif. Sans s'être éteintes tout à fait, puisque nous en retrouvons quelques vestiges à Tunis au seizième siècle, elles ne laissent plus de traces appréciables dans l'histoire. Nous constatons du moins chez le sultan Abou-Abd-Allah el-Mostancer, qui avait succédé à son père Abou-Zakaria, en 1249, sur les trois royaumes de Tunis, Bougie et Tripoli, les mêmes dispositions à favoriser les établissements européens.

Des quatre traités que nous savons avoir été conclus par son père avec les princes chrétiens, deux, celui de la Sicile et celui de Gênes, étaient parvenus au terme de leur durée du vivant d'Abou-Zakaria, l'un en 1241, l'autre en 1246. Ils avaient été peut-être prorogés par des conventions particulières, peut-être par des renouvellements annuels et oraux. Le traité des Pisans n'expirait qu'en 1259 ou 1264; celui des Vénitiens devait durer jusqu'en 1271. De nouveaux traités furent néanmoins conclus sous le règne d'El-Mostancer avec les républiques de Gênes, de Venise et de Pise.

Vraisemblablement Marseille et la Sicile, ayant des traités avec l'ancien roi, obtinrent de nouveaux pactes de son fils pour la continuité de leurs relations. Ces seconds traités, qui étaient souvent de simples renouvellements des premiers, renferment rarement la mention des actes antérieurs; le prologue de l'acte exprime d'une manière générale la pensée que l'accord est concédé ou conclu pour renouveler et entretenir la paix et les bons rapports existant entre les deux nations contractantes. Souvent le nouveau document débute par un préambule banal et n'accuse l'existence de relations antérieures qu'indirectement, par le détail même de ses dispositions. Tel est le cas pour les traités de Gênes et de Venise avec El-Mostancer.

Guillelmino Cibo, ambassadeur génois, conclut avec l'émir, sans rappeler le traité fait avec son père, une nouvelle convention de paix et de commerce, le 18 octobre 1250. Philippe Giuliani, au nom du doge de Venise, et l'alcade ou directeur de la douane de Tunis, qui était un des hauts fonctionnaires de l'État, agissant au nom d'El-Mostancer, signèrent, le 1er avril 1251, un traité valable pour quarante ans. Les Pisans attendirent le terme de leur premier traité arrêté pour trente ans; et, le 11 août 1264 seulement, Parent Visconti, ambassadeur du gonfalonier de la république, arrêta avec El-Mostancer le renouvellement de leur accord pour l'espace de vingt années.

Ces traités renferment les stipulations générales des

accords précédents sur la juridiction des consuls, la propriété des fondoucs et des églises, la répression de la piraterie. Les Génois y paraissent particulièrement tenus de ne commercer qu'avec les ports maugrebins où existaient déjà des comptoirs de leur nation et des bureaux de douane; ils ne devaient aborder les autres points de la côte qu'au cas de tempête ou d'absolue nécessité. Ces prescriptions, omises souvent dans les traités, étaient d'ordre général et communes à tous les commerçants admis en Afrique. Le traité de Cibo porte que, si les Almohades font sortir des navires destinés à donner la chasse à un corsaire génois, la république sera obligée d'armer de son côté quelque vaisseau et de prendre part à l'expédition. Il est dit dans chaque traité que, si le roi avait besoin de navires pour le transport des produits de ses domaines, des impôts payés en nature, ou pour tous autres objets et tout autre motif, le tiers des vaisseaux de chaque nation stationnant dans ces ports pourrait être mis en réquisition et employé à son service, à la charge par le roi de payer aux patrons un équitable prix de nolis. Si un armateur chrétien éprouvait quelque tort notable à cette occasion, il devait être admis à défendre ses droits devant le roi lui-même. Dans une circonstance semblable, comme une voile génoise transportait des marchandises arabes et chrétiennes avec une somme d'argent considérable envoyée par le sultan de Tunis en Espagne, une discussion s'étant élevée entre le capitaine génois et les Arabes de son bord, on vit les deux parties s'en remettre à la décision des magistrats du port de Marseille, où le gros temps avait contraint le navire à chercher un refuge.

Le tarif pour la vente des métaux précieux fut maintenu à 5 pour 100, tandis que les autres marchandises payaient 10 pour 100. Les ventes faites au roi ou à l'hôtel des monnaies furent exemptées du tarif. Les Vénitiens obtinrent l'exonération de tous droits sur le plomb du Magreb. Au cas de disette constatée à Gênes ou à Venise, et à la condition que le prix des grains ne fût pas trop élevé dans le Magreb, le roi autorisa le départ chaque année et sans droits de sortie de cinq bâtiments chargés à destination de Gênes, et de huit ou douze pour Venise.

1250-1261. — Étendue de commerce des Pisans. Écoles et savants de Bougie. Fibonacci apprend les mathématiques en cette ville.

Les affaires des Pisans dans le Magreb n'avaient fait que s'accroître depuis le douzième siècle. Les documents de 1261 et 1263 peuvent donner une idée des contrats d'association et de nolisement qui se faisaient alors à Pise et à Porto-Pisano, pour les expéditions au Maroc, à Bougie et à Tunis. La république avait deux consuls permanents dans le royaume d'Afrique, l'un résidant à Tunis, l'autre à Bougie. Dans ces deux villes, les commerçants pisans possédaient en leur nom des maisons et des magasins distincts du grand fondouc de la nation, auprès duquel se trouvaient le cimetière et l'église ou chapelle, qu'on appelait à Tunis Sainte-Marie des Pisans, et en Toscane Sainte-Marie de Tunis.

Indépendamment du consul et de ses employés, qui devaient se borner communément au chancelier et à quelques huissiers ou bâtonniers, chaque nation avait un employé spécial et chrétien pour la tenue des livres de commerce, appelé l'*écrivain*. Il était chargé d'écrire les comptes des marchands de son pays à la douane arabe et de veiller à leurs intérêts.

C'est auprès de son père, écrivain de la nation pisane à la douane de Bougie, à la fin du douzième siècle, que le célèbre mathématicien Léonard Bonacci de Pise, plus connu sous le nom de Fibonacci, apprit d'un maître arabe les principes de l'arithmétique, de l'algèbre et de la géométrie. Bougie offrait alors à l'étude des ressources variées. Quoique de fondation assez récente, la nouvelle capitale des Hammadites était devenue une des villes les plus commerçantes et les plus lettrées de l'Afrique. Un écrivain de ce temps a laissé un monument curieux du mouvement intellectuel qui y régnait alors, intitulé : *Galerie des littérateurs de Bougie au septième siècle de l'hégire*, c'est-à-dire de 1203 à 1299. On voit figurer dans ce panthéon intellectuel des médecins, des jurisconsultes, des mathématiciens et des poètes.

Parent Visconti, envoyé de la république de Pise à Tunis en 1264, fit stipuler dans le traité conclu avec El-Mostancer, en confirmant tous les anciens privilèges, que les droits de douane étaient exigibles seulement sur les marchandises vendues, et qu'il était libre au marchand pisan de ne régler son compte qu'au moment de son départ pour retourner en Italie. Les sujets de la république de Pise n'étaient pas seuls à jouir de ces facilités et des garanties générales que ses ambassadeurs obtenaient des émirs. Sous leur nom et au moyen de leurs navires, les marchands d'un grand nombre de villes intérieures, Lucques, Sienne, Pérouse, Arezzo,

Pistoie, Bologne, et Florence surtout, participaient à leurs privilèges.

1252. — Origine des privilèges florentins en Afrique.

Les Florentins, qui n'eurent un pavillon sur la mer qu'au quinzième siècle, dirigeaient leurs principales expéditions maritimes vers Pise. Ils envoyaient aussi leurs marchandises dans la Lombardie, et allaient s'industrier au loin par les ports de Gênes et de Venise. Ils consentaient à payer des nolis considérables aux étrangers, afin de pouvoir faire le commerce à côté d'eux et sous leur patronage. Beaucoup entraient en participation dans leurs opérations ou se chargeaient de gérer, comme facteurs, leurs affaires à l'étranger. La banque, le change et le prêt les occupaient surtout. C'est le change principalement, et tout ce qui se rattache aux opérations cambistes, qui a fait la fortune des grandes maisons florentines des Bardi, des Ammanati, des Acciaiuoli, des Peruzzi et des Scali, dont parle Villani; comme l'épicerie enrichit à Venise les Sanudo, les Cornaro et tant d'autres illustres maisons. Les Florentins s'occupèrent aussi beaucoup du commerce des laines et ne tardèrent pas à pratiquer avec succès le lustrage des draps par le procédé célèbre de la *calimala,* qui devint une de leurs grandes industries.

Dès le treizième siècle, il y avait des marchands ou des comptoirs florentins à peu près sur toutes les côtes de la Méditerranée. A Tunis, ils étaient actifs, industrieux et économes, comme partout, mais contraints de faire obscurément leurs affaires sous le nom et la protection des Pisans.

Villani a raconté avec une satisfaction bien légitime la circonstance qui fit sortir les Florentins de cette humble position, sous le règne d'Abou-Abd-Allah el-Mostancer Ier, et qui leur valut l'honneur d'être traités comme une véritable nation. « Quand les nouveaux
« florins d'or (battus en 1252) commencèrent à se ré-
« pandre, dit Villani, on ne tarda pas à voir circuler cette
« monnaie à Tunis. Le roi du pays, qui était un homme
« de sens, fut frappé de la beauté des nouvelles pièces.
« Il les fit essayer et interpréter. On les trouva d'un or
« très fin. Du côté du saint, on lut : *Saint Jean-Baptiste*;
« du côté de la fleur de lis : *Florence*, et on vit que c'é-
« tait une monnaie chrétienne. « Qu'est-ce que c'est que
« Florence? demanda le roi aux Pisans, alors fort con-
« sidérés et très en faveur auprès de lui. — Pas grand'-
« chose, répondirent les Pisans. C'est un pays d'où vien-
« nent nos Arabes, ce qui voulait dire nos montagnards :
« *Sono nostri Arabi fra terra, che tanto viene a dire come*
« *nostri montanari.* — Mais, répliqua le roi, cette mon-
« naie ne me paraît pas trop une monnaie de montagnards.
« Et vous, Pisans, montrez-moi donc votre monnaie
« d'or? » Ils furent confus et ne surent que répondre. Le
« roi s'informa s'il y avait alors à Tunis quelques-uns de
« ces Florentins que les Pisans voulaient faire passer
« pour leurs paysans, et l'on sut qu'il s'y trouvait un
« marchand du quartier d'Oltrarno, nommé Pera Bal-
« ducci, qui depuis m'a raconté toutes ces choses. Le roi
« le fit venir, et apprit de lui la puissance et la magni-
« ficence de Florence. Balducci lui dit que Florence avait
« deux fois plus de population que Pise, et que les flo-
« rins étaient le prix et la preuve des victoires que nous

« avions remportées sur ses citoyens. Le roi accorda alors
« des franchises aux Florentins. Il voulut qu'ils eussent
« à Tunis un fondouc pour leur habitation, avec une
« église et des privilèges particuliers, tout comme les
« Pisans. »

Nous n'avons rencontré ni dans les archives ni dans les recueils historiques de la Toscane de traité conclu directement par la république de Florence avec les rois de Tunis, du treizième au quatorzième siècle, pour garantir le maintien des franchises dont parle Villani. Peut-être les Florentins, avec leur sens pratique, se contentèrent-ils de jouir de fait, et comme d'une simple tolérance, des privilèges qu'El-Mostancer leur concéda, sans demander qu'un engagement public les leur assurât. Ces ménagements pouvaient leur être conseillés par la prudence ou imposés par les Pisans, dont ils ne pouvaient que difficilement se passer encore.

1153-1263. — Relations accidentelles des nations du nord de l'Europe avec le Magreb.

En dehors de la Méditerranée, les peuples chrétiens n'eurent avec le Magreb que des relations passagères et fortuites. Depuis le commencement du onzième siècle, un vif sentiment de dévotion avait dirigé vers la Palestine le goût inné des populations septentrionales pour les voyages et les aventures maritimes. Des Anglo-Saxons, des Normands, des Flamands, ne craignaient pas de se risquer sur de frêles embarcations pour aller en pèlerinage aux saints lieux. L'immense traversée de deux mille lieues les effrayait moins que les difficultés des routes de terre. Leur piété eut un nouvel attrait en

Orient à l'époque des croisades. Après avoir conquis le saint sépulcre, bientôt perdu, il fallut combattre en Syrie et en Égypte pour défendre Jérusalem ou tenter d'y rentrer. Avec les Flamands et les Frisons, on vit s'associer à l'œuvre sainte les Danois, les Suédois et les Norvégiens. Les marines scandinaves figurèrent honorablement dans la plupart des grandes expéditions navales d'outre-mer, depuis le siège de Tyr jusqu'au siège de Damiette. Par occasion, soit en allant, soit en retournant, les navires s'arrêtaient sur les côtes musulmanes de l'Espagne et des îles Baléares, dans des vues de commerce, plus souvent en ennemis et en pirates.

Les incidents de ces longues navigations les amenèrent quelquefois à quitter les rivages du nord de la Méditerranée, qu'ils côtoyaient généralement, pour aborder sur les côtes d'Afrique. En 1153, le comte Rognvaldr, parti avec une nombreuse flotte des Orcades, après avoir pillé les villes de l'Andalousie, s'empara dans les eaux de la Sardaigne d'un grand dromond arabe, dont il alla vendre les dépouilles à El-Mehadia ou à Tripoli, villes occupées alors par les Normands de Sicile. Grâce à des trêves momentanées, d'autres navigateurs croisés, commerçants ou pirates, purent relâcher et trafiquer sur d'autres points de la côte d'Afrique. Peut-être pendant quelque temps, et par suite de l'opposition d'intérêts si fréquente entre les États musulmans du Magreb et ceux de l'Espagne, les croisés du Nord eurent-ils quelques rapports suivis avec les villes du royaume de Tunis et de Bougie.

L'histoire a conservé seulement le souvenir des tentatives d'Hakon V pour établir sur la base d'un traité des communications régulières avec le royaume de Tunis, sous le règne d'El-Mostancer. Hakon, l'un des grands rois de la Norvège, peu après avoir conclu un traité de commerce avec Alphonse, roi de Castille, et donné la main de sa fille Christine à don Philippe, frère du roi, se mit en rapport à cet effet avec El-Mostancer. Lodinn, seigneur de Leppr, son sénéchal, qui avait vu les envoyés du roi de Tunis aux fêtes du mariage de Christine et préparé dès lors vraisemblablement les voies à la négociation, fut chargé de l'ambassade. Accompagné du chevalier Hakon Eysill, Lodinn se rendit à la fin de l'année 1262 à la cour d'El-Mostancer, à qui il apporta des faucons, des fourrures et autres choses rares des pays du Nord. Il y fut bien accueilli, il y séjourna plusieurs mois, et revint en Norvège avec des présents et des ambassadeurs du sultan. « Malheureusement, dit le sa« vant comte Riant, à qui nous empruntons ces notions « peu connues, Hakon venait de mourir (8 juillet 1263), « et les traités conclus avec Tunis restèrent à l'état de « curiosité historique. »

Tous rapports ne paraissent pas avoir cessé néanmoins entre les peuples du Nord et les Arabes de la Mauritanie. S'il est bien certain que le roi Magnus, fils d'Hakon, fit négocier un traité avec Bibars Bondocdar, sultan du Caire, par les soins de Lodinn de Leppr lui-même, il est bien probable qu'il ne dut pas laisser inachevée l'œuvre commencée par son père à Tunis. Mais les informations certaines et précises sur ces faits nous font complètement défaut.

La perte définitive de la Terre sainte, la disparition de la marine privée des Scandinaves, l'établissement de nouveaux lieux de pèlerinage dans leur propre pays, leur firent abandonner presque complètement les grands voyages du Levant. On sait néanmoins qu'à la fin du treizième siècle, les navigateurs du Nord vendaient directement du fer aux Sarrasins d'Afrique, et qu'au quatorzième siècle Clément VI autorisa, au moins momentanément, le roi de Suède à vendre des faucons aux Sarrasins.

1266-1268. — Le roi de Tunis soutient les ennemis de Charles d'Anjou, et refuse de payer le tribut dû à la Sicile.

La Sicile, comme l'Espagne, entretint toujours avec les rois du Magreb des relations d'un caractère à la fois commercial et politique, tandis que les républiques italiennes n'eurent jamais que des vues de commerce dans leurs rapports avec l'Afrique. Les fils de l'empereur Frédéric vécurent à son exemple dans la meilleure entente avec les princes arabes. Conrad et Conradin, dépossédés de la couronne de Jérusalem par la haute cour des barons de Syrie, restèrent toujours les vrais rois des Francs d'outre-mer aux yeux des sultans d'Égypte. L'état des relations de Conradin, qui se qualifiait « ami des Sarrasins d'Afrique », avec Bibars Bondocdar était tel qu'il put demander des secours au sultan pour tenter de reconquérir la Sicile; s'il n'obtint pas de Bibars la coopération effective qu'il en attendait, leurs bons rapports n'en furent aucunement altérés. Les souvenirs laissés par le père servaient à la politique des enfants. El-Mostancer ne reconnut pas les prétentions de Charles d'Anjou sur la Sicile, et après la bataille de

Bénévent, lorsque le frère de saint Louis reçut à Rome la couronne de Sicile (1266), le roi de Tunis, se considérant comme dégagé des obligations contractées par ses prédécesseurs, cessa de payer (dès 1265) le tribut qu'ils devaient annuellement envoyer à la cour de Palerme. Des hostilités purent éclater alors entre les vaisseaux du roi de Tunis et ceux du comte de Provence, devenu roi des Deux-Siciles. El-Mostancer put mériter, dans ces circonstances et ces limites, le reproche qu'eût rendu si invraisemblable d'une manière générale l'ensemble de sa politique, d'avoir fait courir sur les navires chrétiens, comme Sanudo et Guillaume de Nangis l'en accusent. Inquiet de la puissance et de l'ambition de Charles d'Anjou, il alla plus loin encore et favorisa l'invasion de la Sicile par les partisans de la famille de Frédéric. Pendant que le duc d'Autriche et Frédéric Lanza armaient les Gibelins en Lombardie et en Toscane, Henri et Frédéric de Castille, passés au service d'El-Mostancer, à la suite de dissentiments de famille, organisèrent à Tunis un corps de troupes destiné à débarquer dans l'île et à la soulever contre le roi. On sait comment la bataille de Tagliacozzo (1268) fit évanouir le plan des confédérés, et força ceux qui purent échapper à la vengeance de Charles d'Anjou à chercher de nouveau un asile auprès du roi de Tunis.

1270. — Observations sur la seconde croisade de saint Louis.

La croisade qui se préparait alors en Europe par les soins du roi de France fournit une occasion favorable à Charles d'Anjou de venger tant de griefs. Il s'associa d'autant plus volontiers à la pensée de la nouvelle guerre d'outre-mer, qu'il croyait y trouver l'occasion de revendiquer la couronne de Jérusalem, à laquelle il prétendait, comme successeur de Frédéric et de Conrad. Mais il demanda au roi saint Louis que l'expédition, avant de se rendre en Terre sainte, dirigeât ses premiers coups contre le roi de Tunis. Un motif plus puissant encore que les intérêts de son frère eut une grande influence sur les déterminations de Louis IX. Le saint roi crut à la possibilité de convertir ou de conquérir par la force à la foi chrétienne l'ancien royaume d'Afrique et son chef. Geoffroy de Beaulieu et Guillaume de Nangis parlent des espérances de conversion que les ambassadeurs de l'émir de Tunis avaient fait concevoir au roi de France, et, sans manquer à une mémoire sacrée, on peut regretter que saint Louis ait cédé trop facilement à des rapports ou à des interprétations évidemment exagérées ou mensongères.

Il est inutile de rappeler comment la grande expédition d'Aigues-Mortes et de Marseille, qui pouvait relever le royaume de Jérusalem, si elle s'était dirigée tout d'abord sur l'Orient, en concertant ses opérations avec les Mongols, fut arrêtée fatalement à son début par la mort du roi de France. Mais nous devons remarquer l'intérêt presque exclusif qu'avait Charles d'Anjou dans l'expédition de Tunis. Nous devons dire combien cette entreprise, non plus que la conquête de Constantinople en 1204, toutes glorieuses qu'elles aient été l'une et l'autre pour les armes latines, méritent peu de prendre rang parmi les vraies croisades, dont le but essentiel était la conquête ou la défense de la ville de Jérusalem.

Les Vénitiens, par suite d'intérêts et de négociations manifestes, détournèrent en 1204 sur Constantinople les secours promis aux chrétiens de Terre sainte ; en 1270, Charles d'Anjou parvint à engager d'abord la nouvelle entreprise dans une voie où, en dehors des considérations religieuses, les avantages politiques les plus considérables devaient rester à lui seul. La conquête du royaume d'Afrique, alors même qu'elle eût été possible, et la conquête entière de la Barbarie, n'aurait rien ajouté aux forces du royaume de Syrie, en raison des distances géographiques et de la difficulté des communications ; elle n'eût pas été un affaiblissement pour les sultans du Caire, séparés politiquement depuis longtemps des princes du Magreb, qu'ils n'avaient jamais eu pour alliés. C'est en Égypte seulement, au centre de la puissance des mamelouks, que l'on pouvait conquérir les clefs du saint sépulcre. Le roi de Sicile seul avait des intérêts évidents dans l'expédition de Tunis, et presque seul en réalité il en retira, au milieu de la déception générale, des avantages immédiats et durables.

1270. — Intérêt personnel et presque exclusif du roi de Sicile dans la croisade de saint Louis.

Les motifs personnels de Charles d'Anjou dans la direction donnée à l'expédition et dans la conclusion du traité de paix qui suivit la mort du roi saint Louis n'ont pas échappé à ses contemporains. Ils étaient publics, et ils indisposèrent l'armée entière. « Les croisés, dit « Guillaume de Nangis, employaient dans leurs conver- « sations des expressions détournées et des allusions

« blessantes pour se plaindre du roi de Sicile. Ils répé-
« taient souvent que la ruse avait triomphé des des-
« seins du sage Achitophel, voulant dire que le traité
« conclu hâtivement avec le roi de Tunis avait paru sa-
« tisfaisant aussitôt que le roi Charles avait été certain
« d'obtenir le rétablissement de l'ancien tribut dû par
« l'émir de Tunis à la Sicile. » Saba Malaspina ne
peut s'empêcher de signaler l'influence prépondérante
qu'exerça Charles d'Anjou dans le conseil des seigneurs
où fut décidée la descente en Afrique, et l'intérêt ma-
jeur que cette première opération de la croisade, devenue malheureusement son unique résultat, avait pour
lui : « Il s'agissait avant tout de son affaire particulière,
« dit le chroniqueur guelfe ; c'est pour le roi de Sicile
« et à son instigation que le roi de France avait conduit
« contre les Berbères et les Arabes une si nombreuse
« armée chrétienne, réduite aujourd'hui à une telle ex-
« trémité. »

Malaspina donne des détails circonstanciés sur le corps
d'hommes d'armes espagnols, allemands et sarrasins
que Conrad Capece et Frédéric de Castille avaient librement organisé à Tunis pour envahir la Sicile. Une autre
chronique montre la légion des chevaliers aragonais
réunie à l'armée musulmane sous les ordres de Frédéric
de Castille et de Frédéric Lanza, et prête à s'opposer à
l'entrée des Français à Tunis, s'ils avaient tenté l'assaut
après la mort du roi. « Les chefs de l'armée, dit le
« chroniqueur, reconnurent qu'ils ne pouvaient rester
« au lieu où ils se trouvaient, tant à cause du manque
« de vivres qu'en raison du nombre immense de Sar-
« rasins qui les enveloppaient, et au milieu desquels

« se trouvaient le seigneur Frédéric de Castille et le
« comte Frédéric Lanza avec une grande quantité de
« partisans chrétiens soldés par le roi de Tunis. Ils se
« déterminèrent donc à traiter avec l'émir, qui promit
« de leur servir le tribut payé autrefois au seigneur
« empereur Frédéric. » Les paroles de blâme ajoutées
par l'écrivain sont surtout remarquables : « Ils se reti-
« rèrent ainsi tous, laissant la moitié des leurs ensevelis
« dans la terre étrangère, juste punition de leur con-
« duite, parce qu'ils étaient allés en Afrique fraudulen-
« sement, contrairement à la volonté de Dieu et à la
« justice, qui leur commandaient de marcher au plus
« tôt à la délivrance de la Terre sainte (1). »

1270. — Du traité de Tunis et des avantages qu'il assurait à la Sicile. Combien il est faux que le traité ait autorisé la prédication publique de l'Évangile.

Le traité conclu à Tunis entre le sultan Abou-Abd-Allah Mohammed el-Mostancer, Philippe le Hardi, Charles d'Anjou et Thibaut de Navarre, autorisa expressément les Francs à exercer dans l'intérieur de leurs demeures, de leurs églises et de leurs cimetières toutes les prescriptions de la religion chrétienne ; il garantit la sûreté des rapports commerciaux avec les étrangers, tels qu'ils étaient avant la guerre. Il n'innova rien à cet égard et rétablit simplement la situation telle qu'elle était auparavant (2).

(1) Un autre contemporain, dont la chronique a été récemment découverte, regrette aussi l'expédition de Tunis, qui priva l'Orient, où il habitait, de secours si nécessaires. « Dieu ne fut pas content, dit-il, qu'on eût détourné la
« croisade du sien service en Terre Sainte et qu'on l'eût menée là où n'estoit
« mie si grand besoin. » (Philippe de Navarre, édit. du comte Riant, sous presse.)
(2) Voy ci-dessus, p. 192-194.

Les conditions de la paix et de l'évacuation furent, à ce qu'il semble, déterminées dans deux actes successifs, analogues au fond et quant aux stipulations générales, mais différents dans l'expression et assez éloignés par la date : 1° un premier traité, qui paraît avoir été rédigé en français dès le jeudi 30 octobre 1270, et que nous n'avons pas ; 2° une version ou rédaction arabe du 5 de rebi second, 669 de l'hégire (21 novembre 1270), conservée encore aux Archives de France, traduite et publiée par M. de Sacy. Après ce texte, le document où se trouve le meilleur exposé des clauses du traité est la chronique récemment signalée de Primat, dont l'auteur, tant il est exact et précis sur certains points, semble avoir connu la rédaction même de la charte chrétienne. Les deux documents s'accordent d'ailleurs pour toutes les prescriptions essentielles (1).

Quoi qu'en aient dit Guillaume de Nangis et quelques auteurs modernes, trompés par son récit, aucune des dispositions du traité ne peut laisser croire que les Sarrasins aient accordé aux Francs la faculté de se livrer à la propagation publique de la religion chrétienne et de recevoir l'abjuration de sujets musulmans. L'histoire

---

(1) Les prisonniers devaient être restitués de part et d'autre ; les marchandises et les créances saisies, rendues à leurs propriétaires ; les marchands étrangers, assurés d'une entière sûreté, admis à rentrer dans leurs établissements et à commercer en Afrique, en se conformant aux *usages accoutumés*, ce qui impliquait le payement ordinaire de 10 pour 100 sur les importations.

Le texte arabe, rédigé principalement pour les Maugrebins et en vue de leurs intérêts, renferme des stipulations qui devaient avoir une contre-partie dans la rédaction française, et qui formaient de la sorte la réciprocité complète de traitement entre les deux peuples. Ainsi nous voyons la rédaction arabe stipuler que tous les sujets de l'émir des musulmans jouiraient d'une

entière de l'islamisme, dans les faits antérieurs et postérieurs au traité de 1270, contredirait une semblable interprétation. A l'intérieur des maisons et des fondoucs, nulle restriction (si ce n'est peut-être la suppression de grosses cloches) n'entravait les cérémonies et les prières des chrétiens. Mais au dehors toute prédication de l'Évangile, toute attaque contre le Coran, provoquait un soulèvement populaire et se terminait trop souvent par la mort des courageux apôtres du Christ qui osaient braver les colères de la foule. Le sang de Daniel de Belvedere, de Bérard de Carbio, de Raymond Lulle, d'Antoine de Rivoli et de tant d'autres glorieux martyrs du treizième, du quatorzième et du quinzième siècle, atteste ce que nous disons.

Le traité de Tunis n'en fut pas moins un événement considérable et très heureux pour la sécurité des droits

entière sécurité sur terre et sur mer dans les États des princes contractants; qu'au cas de dommage éprouvé par un musulman, le souverain chrétien aurait à l'indemniser; que, si un bâtiment mahométan faisait naufrage en pays chrétien, il devait être respecté, secouru et restitué à ses propriétaires. Des garanties semblables ou équivalentes se trouvaient presque toujours dans les rédactions chrétiennes, et avaient été peut-être exprimées dans l'instrument français du 30 octobre. Le texte africain porte que les princes chrétiens devront évacuer (sans qu'on fixe de délai) le territoire du sultan et ne recevoir dans leurs États aucun ennemi de l'émir, ni fournir aide ou secours à quiconque voudrait attaquer ses sujets ou ses domaines. Le sultan contracte des obligations semblables à ces dernières en s'engageant à faire sortir de ses États les ennemis des princes confédérés, ce qui concernait particulièrement le roi de Sicile.

Le traité comprenait dans les avantages et les obligations de la paix Baudouin, empereur de Constantinople, le comte de Toulouse Alphonse, Guy, comte de Flandre, Henri, comte de Luxembourg, le prince Édouard d'Angleterre. D'une manière générale, il plaçait sous la sauvegarde ou aman de l'émir et admettait à jouir des bénéfices du traité *tous les alliés* des princes contractants.

spirituels et politiques des chrétiens en Afrique. Jamais la liberté du culte et l'ensemble des usages qui réglaient les conditions du séjour et du commerce des chrétiens dans les États maugrebins n'avaient été placés sous la garantie, en quelque sorte collective, de trois des plus puissants princes de la chrétienté.

Néanmoins, à considérer le traité dans ses résultats purement matériels, on reconnaît que le roi de Sicile en retira les avantages les plus directs et les plus importants : premièrement, une indemnité de guerre de 210,000 onces d'or, dont il eut le tiers, fut assurée aux princes croisés; secondement, les transfuges chrétiens et tous les rebelles espagnols ou siciliens méconnaissant son autorité, notamment Frédéric Lanza et Frédéric de Castille, avec leurs adhérents, durent quitter les États d'El-Mostancer; troisièmement, les arrérages du tribut dû au roi Charles, échus depuis cinq ans, durent lui être intrégalement payés; quatrièmement enfin, le tribut sicilien, qui prenait de ces événements un caractère permanent et obligatoire tout à fait nouveau, fut expressément rétabli et élevé au double de ce qu'il était au temps de l'empereur Frédéric. La moitié de la somme affectée au remboursement des frais de guerre fut comptée aux chefs de l'armée chrétienne avant leur départ de Carthage, et des garanties furent données pour le payement du reste dans les années 1270-1271 et 1272-1273. Des lettres patentes de Charles d'Anjou du 5 mai 1273, publiées ailleurs par nous, portent quittance d'une première somme de 17,500 onces d'or, formant le solde dû au roi de Sicile sur le tiers de l'indemnité de guerre, et d'une seconde somme de 33,333 besants d'argent et un tiers, pour l'acquit du tribut de la présente année 1273.

La paix et le traité de 1270 furent conclus pour une durée de quinze ans. Le texte arabe du traité et la chronique de Primat sont d'accord à cet égard. La chronique considère la convention comme concernant principalement et presque exclusivement le roi Charles d'Anjou. « Les trêves, dit Primat, furent données entre « le roi de Sicile et le roi de Tunis pour quinze ans, à « ces conditions, que, la quinzième année venue, il « serait à la volonté du roi de Sicile ou de ses héritiers « de ne plus observer les trêves, ou de les confirmer « pour un temps déterminé ou illimité. » Rien ne marque mieux le rôle prépondérant qu'avait eu le roi Charles dans ces événements par ses conseils ou sa présence. Mais il ne lui fut pas accordé de veiller au renouvellement de son œuvre; mort en 1285, l'année même où le traité arrivait au terme de sa durée, Charles d'Anjou avait vu depuis trois ans la Sicile, soulevée contre son autorité, passer avec le tribut de Tunis aux princes d'Aragon.

1271-1273. — Les chrétiens renouvellent leurs traités avec le roi de Tunis.

L'expédition du roi de France avait donné l'alarme sur toute la côte d'Afrique, et les sujets des États chrétiens restés étrangers à la guerre avaient cru prudent de s'éloigner momentanément du pays. A la paix, il y eut un égal empressement pour rétablir les communications antérieures chez les Arabes et chez les Européens. Le sultan accorda sans difficulté un nouveau pacte à la république de Gênes elle-même, qui avait fourni une partie des vaisseaux nécessaires à l'expédition. Le dernier traité connu des Génois et des rois de Tunis, conclu en 1250 pour dix ans, était parvenu au terme de sa durée légale en 1260; il avait pu être remplacé par un autre traité ou prorogé par des ratifications successives, on l'ignore. Le nouveau pacte, semblable aux précédents, fut arrêté à Tunis le 6 novembre 1272, par Opizon Adalard, ambassadeur de la république, et le caïd ou directeur de la douane de Tunis, assisté du grand cadi de la ville, l'un et l'autre chargés des pouvoirs du sultan.

Dès le mois de juin 1271, la république de Venise obtint d'Abou-Abd-Allah un diplôme royal renouvelant pour quarante ans l'ancien traité de 1251, qui devait rester en vigueur jusqu'en 1291. Jean Dandolo, ambassadeur de la république, rapporta avec une lettre de l'émir l'original arabe du privilège, qui fut traduit en latin à Venise. Ordinairement la traduction de ces documents était effectuée en Afrique même, en présence de l'ambassadeur et du sultan ou de ses plénipotentiaires.

On ne sait ce que fit en ces circonstances la république de Pise. Ses traités avec l'émir al-moumenin, conclus en 1264, n'expiraient qu'en 1284, et ses nationaux s'étaient abstenus de toute hostilité. Ils n'en avaient pas moins fui les ports africains au bruit des préparatifs qui se faisaient en France et à Gênes. Dès qu'ils le purent, ils regagnèrent leurs comptoirs du Magreb, et rappelèrent les prêtres qui desservaient leurs églises.

L'Aragon, dont nous n'avons pas de traité antérieur à

ces événements, quoique ses marchands fréquentassent les ports de Barbarie dès l'an 1227, n'eut pas à attendre longtemps la conclusion d'un accord avec El-Mostancer. Le sultan avait pris lui-même l'initiative des négociations, en chargeant un ambassadeur de se rendre à Valence, où résidait le roi Jacques Ier, dès le départ de l'armée chrétienne. Le traité reçut dans cette ville les signatures de l'envoyé arabe et du roi Jacques, en présence d'une nombreuse assemblée, le 14 février 1271, trois mois à peine après l'entière pacification. Le traité fut d'abord rédigé en catalan, puis peut-être traduit en arabe, et remis en cette forme à l'ambassadeur maugrebin, tandis que l'instrument primitif des conventions analogues, quand la négociation se terminait en Afrique, était rédigé en arabe. Le négociateur chrétien prenait habituellement devers lui, en revenant en Europe, une copie de la rédaction arabe avec la version latine du texte arabe, terminée généralement dans la séance même de la conclusion du pacte.

Bien qu'il eût attribué en 1262 le royaume de Majorque à son fils cadet Jacques, le roi Jacques Ier prend dans ce traité le titre de « roi d'Aragon, de Majorque et de Va- « lence, comte de Barcelone et d'Urgel, et seigneur de « Montpellier »; il jure la fidèle observation de l'accord, tant en son nom qu'au nom de son fils aîné don Pierre, héritier présomptif de la couronne d'Aragon, et de son fils puîné l'infant Jacques, qui n'y porte pas de titre royal, et qui en effet prit seulement possession en 1276, à la mort de son père, des domaines de Majorque, de Roussillon et de Montpellier, mis par anticipation dans son lot lors du partage de 1262.

Le 13 juin 1278, deux ans après le réel avènement de ce jeune prince, Jacques Ier dans la série des rois de Majorque, Bernard d'Olms, son envoyé, ratifiait à Tunis le traité conclu antérieurement en son nom par son père, et scellait à cet effet une convention avec le fils d'El-Mostancer, pour ses États de Majorque, de Roussillon, de Cerdagne et de Montpellier.

1274-1282. — Alliances momentanées des sultans du Maroc et des rois chrétiens.

Les relations des rois d'Espagne comme les relations des rois de Naples et de Sicile avec les souverains du Magreb ne se bornaient pas aux seuls intérêts commerciaux. Les princes chrétiens furent amenés souvent à prendre part aux affaires intérieures des émirs d'Afrique, ou à solliciter leur intervention par des traités politiques et des alliances militaires.

Sanche VII, roi de Navarre, était passé au Maroc pour offrir son concours à Almanzor, dont il espérait obtenir une fille en mariage, quand l'invasion soudaine du roi de Castille l'obligea de revenir en Espagne sur les navires que le sultan mit à ses ordres avec des subsides pour l'aider à repousser l'attaque de son cousin. Nous avons vu Ferdinand III envoyer à El-Mamoun douze mille cavaliers castillans que le sultan retint à son service, après la prise de Maroc. Alphonse X, successeur de Ferdinand, fut l'allié de Yaghmoraçan, roi de Tlemcen, contre le sultan mérinide Abou-Yousouf-Yacoub. En 1274, Abou-Yousouf, voulant mettre fin à la résistance de la ville de Ceuta, révoltée de nouveau comme en 1235, quand les Génois la rançonnèrent, se rendit personnellement à Barcelone et obtint de Jacques Ier, roi d'Aragon, par une convention parvenue jusqu'à nous, des navires et un corps de cinq cents cavaliers, qui lui servirent à soumettre Ceuta et à reconquérir ainsi la facilité de ses entreprises contre la Castille. En 1278, le roi de Grenade, Ibn-el-Ahmer, devenu le vassal du roi de Castille, avait accepté l'obligation d'agir contre le sultan mérinide son bienfaiteur, et ses troupes allaient suivre en Afrique les drapeaux chrétiens, si la révolte de don Sanche et la question de la succession des infants de la Cerda ne fussent venues rapprocher momentanément Yacoub et Alphonse X.

1282. — Alliance projetée d'Abou-Yousouf-Yacoub, roi de Maroc, et de Philippe III, roi de France.

Dès le temps où les états de Valladolid, assemblés par don Sanche, s'étaient prononcés contre la successibilité des enfants de Ferdinand de la Cerda, petits-fils de saint Louis, et avaient été jusqu'à déclarer le roi son père déchu de la couronne, Alphonse avait résolu de demander les secours d'Abou-Yousouf. Il comptait obtenir le concours du roi de Maroc en raison de l'indigne conduite de son fils et des relations de don Sanche avec le roi de Grenade. Son espoir ne fut pas déçu. Une alliance se forma promptement entre Yacoub et Alphonse X d'une part, don Sanche et le roi de Grenade d'une autre. Yacoub entra en campagne de suite et marcha vers la Nouvelle-Castille, à travers l'Andalousie. Le roi d'Aragon Pierre III, engagé déjà dans la conspiration de Jean de Procida pour enlever la Sicile à Charles d'Anjou, s'abstint de prendre part à la guerre, et continua dans ses arsenaux de Barcelone et de Valence les préparatifs considérables dont la destination restait un secret. Le roi de France, malgré le vif intérêt qu'il avait à défendre les droits des infants ses neveux, hésitait à prendre la défense d'Alphonse X. Abou-Yousouf lui écrivit de son camp de Xativa, au royaume de Valence, le 24 octobre 1282, pour l'engager à venir venger en Espagne l'honneur paternel et la dignité royale outragés par la conduite de don Sanche. Il lui adressait en même temps une déclaration par laquelle il promettait d'adhérer à toute alliance qui serait contractée à cet effet avec le roi de Castille et son royaume. Les deux pièces sont encore en original aux Archives de France. Abou-Yousouf ne doute pas que le roi Philippe ne soit comme lui « disposé à faire ce qui est un devoir et à « observer les obligations imposées à ceux qui jouissent « d'un rang distingué et qui occupent les postes éminents ». L'acte de déclaration rappelle « qu'il y a entre « lui (Yacoub, fils d'Abd-al-Hack) et le très honoré roi « de France une affection réciproque et des liaisons « d'amitié qu'on ne saurait entretenir avec trop de soin, « et dont les liens méritent d'être resserrés plus étroitement ». Quant à lui, il n'est venu au secours du roi Alphonse que pour tirer vengeance, comme père, « d'une action considérée comme abominable dans toutes les religions ». Il déclare n'avoir aucun intérêt particulier en vue; il n'ambitionne aucune part des États ou des richesses du roi Alphonse : « Nous sommes « accouru des extrémités de nos États, quoiqu'il n'y « eût point de traité entre nous, uniquement par zèle

« pour les intérêts de ce roi, et eu égard à l'action hon-
« teuse qui est arrivée. »

La franchise un peu hautaine avec laquelle le sultan manifestait les sentiments d'éloignement qu'il avait dû surmonter pour s'allier au roi de Castille pouvait garantir la sincérité de ses résolutions : « Nous nous som-
« mes cru obligé à embrasser sa défense d'une manière
« qui répondit à son rang élevé, quoique nous différions
« de lui par les dogmes et les croyances; car, dans le
« fait, nous sommes son ennemi; nos dispositions hos-
« tiles ont été toujours très prononcées, et nous avons
« toujours manifesté une grande aversion réciproque. »

Yacoub tint en effet parole et aida Alphonse à reconquérir une partie des villes qui avaient proclamé son fils; mais les lenteurs de la guerre et la suite des événements le ramenèrent bientôt à tourner ses armes contre le roi de Castille, le naturel ennemi des souverains de Maroc. Si bien que les écrivains arabes du siècle suivant, trompés par cette habituelle hostilité des deux pays, n'ont vu dans l'intervention d'Abou-Yousouf en faveur d'Alphonse qu'une ruse et une trahison : « Heureux de pouvoir entretenir la discorde entre les
« chrétiens et gratifier en même temps son amour pour
« la guerre sainte, le sultan consentit volontiers à se-
« courir son ancien ennemi, et partit sur-le-champ afin
« d'entrer en Espagne le plus tôt possible, dans l'espoir
« de faire tourner à son propre avantage la désunion
« qui régnait parmi les chrétiens. »

1277-1283. — Pierre III d'Aragon intervient dans les débats des émirs de Tunis.

Jamais les républiques d'Italie n'ont eu à concerter avec les rois arabes des opérations diplomatiques ou militaires semblables à celles qui eurent lieu sous le règne de Yacoub avec Alphonse X et Philippe III. Les relations confidentielles et politiques entre des princes d'ailleurs si opposés dans leurs croyances religieuses allèrent cependant plus loin encore. Le roi d'Aragon Pierre III fut mêlé dans les débats qui divisèrent la famille royale de Tunis, quelques années après la croisade de 1270, et soutint les armes à la main l'un des prétendants.

Abou-Ishak, l'aîné des frères du sultan El-Mostancer, avec qui les croisés avaient traité, sachant que son frère le voyait avec défiance séjourner à Tunis, avait pris le parti de se retirer en Aragon. El-Mostancer ne l'y perdit pas de vue, et chaque année il envoyait des cadeaux considérables au roi Pierre, avec prière de retenir l'émir auprès de lui et de le surveiller. La régularité de l'envoi fit peu à peu considérer ces cadeaux comme obligatoires, et les historiens catalans, cédant à un mouvement fort naturel d'amour propre, y voient un tribut formel annuellement dû par le sultan de Tunis à la couronne d'Aragon.

A la mort d'El-Mostancer en 1277, une entente paraît s'être établie entre Pierre III et Abou-Ishak pour mettre celui-ci sur le trône de Tunis, à l'exclusion de son neveu Abou-Zakaria-Yahya, fils d'El-Mostancer, sous prétexte que le nouveau roi se refusait à payer ces redevances. Un armement de dix galères alla, sous les ordres de Conrad Lança, combiner ses opérations avec l'armée d'Abou-Ishak dans le golfe de Gabès, où le prétendant, favorablement accueilli déjà par le roi de Tlemcen, avait trouvé des partisans parmi les scheiks du pays et des îles voisines, race turbulente toujours prête à se révolter contre le pouvoir établi à Tunis. En même temps, des émissaires parcouraient les provinces de Bougie et de Constantine, qui se prononcèrent pour lui. Abou-Hafs, frère d'Abou-Ishak, resté en Afrique, ne tarda pas à lui envoyer aussi son adhésion, et Abou-Yahya se vit contraint d'abdiquer en faveur de son oncle, qui fut proclamé à Tunis vers la fin du mois d'août 1279. L'année suivante, Abou-Ishak, premier du nom, informé des intelligences que son neveu entretenait avec quelques officiers de la milice chrétienne pour soulever le peuple, le fit jeter dans les fers et ordonna bientôt de l'égorger ainsi que ses enfants.

Ramon Muntaner a raconté ces événements avec sa jactance habituelle; elle est fort excusable ici, car, au milieu d'exagérations faciles à rectifier, son récit supplée au silence complet des historiens arabes. Suivant Muntaner, Conrad Lança, après avoir placé sur le trône « de Tunis Abou-Ishak de la manière même que le roi « Pierre le lui avait prescrit », arbora la bannière d'Aragon au haut des murs de Tunis; il fit confirmer un traité qui reconnaissait expressément l'obligation du tribut, et retourna en Catalogne comblé de présents pour lui et pour le roi. Chemin faisant, il rançonna quelques villes des côtes du royaume de Tlemcen, dont le roi d'Aragon paraît avoir eu à se plaindre.

Peu de temps après, des difficultés s'étant élevées au sujet des obligations trop facilement contractées par le roi de Tunis, Pierre III, au courant des projets de Jean de Procida, se concerta avec Abou-Bekr Ibn-Ouezir, ancien gouverneur de Constantine, qui s'était mis en révolte contre Abou-Farès, fils d'Abou-Ishak, vice-roi de Bougie, pour avoir un prétexte de s'approcher de la Sicile.

Abou-Bekr avait déjà pris à sa solde un grand nombre d'auxiliaires chrétiens. Il annonçait au roi d'Aragon qu'avec l'assistance de quelques troupes il se croyait en état de s'emparer de Constantine, la plus forte place du royaume de Bougie, et qu'alors, en appelant à lui tous les cavaliers chrétiens au service du roi de Tunis, dont le nombre s'élevait bien à deux mille, il se rendrait facilement maître de Bougie et de l'autorité royale. S'il n'allait pas jusqu'à promettre de livrer ensuite la ville de Bougie aux chrétiens, il assurait du moins Pierre III d'une alliance avantageuse; on dit même qu'il laissait entrevoir, sans en avoir certainement l'intention, la possibilité de se convertir au christianisme.

1277-1282. — Réponse du pape aux propositions du roi d'Aragon.

Le roi Pierre se rendit, suivant sa promesse, sur les côtes d'Afrique. Le 28 juin, il jeta l'ancre à Collo, l'ancien Cullu, vis-à-vis de la Sardaigne, port de la Numidie le plus rapproché de Constantine, en donnant avis de son arrivée à Jean de Procida. De Collo il pouvait se porter soit sur Bougie, s'il eût été nécessaire, soit sur la Sicile, où l'insurrection contre les Français, victorieuse à Palerme dès le 30 mars, jour des Vêpres siciliennes, se propageait dans les autres villes. Tout entier cependant, et en apparence, à son expédition, qu'il voulait faire considérer comme une croisade, il avait tenté d'obtenir l'approbation du Saint-Siège. Il réclamait même des subsides pour suffire à l'entretien du grand armement dont il avait dû, disait-il, cacher le but à tous les princes, afin d'en assurer le succès, car il s'agissait de la conquête d'un grand royaume sarrasin. Mais Martin IV répondit aux envoyés d'Aragon qu'ignorant encore l'objet des préparatifs du roi, il ne pouvait accorder des indulgences pour les seconder; que d'ailleurs les hommes et les décimes de la croisade n'étaient point destinés à faire la guerre aux Sarrasins de Barbarie, mais seulement à combattre les infidèles de Terre sainte, afin de retirer un jour de leurs mains le tombeau de Jésus-Christ.

Sans s'étonner d'une réponse qu'il avait dû prévoir, et qu'il n'attendit peut-être pas, le roi Pierre, ayant reçu à Collo une députation des Siciliens, qui l'appelaient au trône, et apprenant la chute d'Abou-Farès, se hâta de mettre à la voile. Débarqué le 30 août à Trapani, il fit son entrée triomphale à Palerme, où il fut proclamé roi le 4 septembre suivant. Les événements avaient pris subitement en Afrique une tournure qui l'autorisait à ne plus espérer y trouver un concours efficace. A l'époque même où il quittait l'Aragon pour se rendre au Magreb, dans le courant du mois de juin 1282, Constantine, défendue par les troupes arabes et chrétiennes d'Abou-Bekr, et assiégée par Abou-Farès, avait été emportée d'assaut, Abou-Bekr décapité et ses partisans massacrés ou dispersés.

1283-1318. — Séparation momentanée des royaumes de Bougie et de Tunis.

L'année suivante, Abou-Farès perdit le pouvoir et la vie, au moment où il se croyait près de s'élever du trône de Bougie à celui de Tunis. Sa chute fut le châtiment de son ingratitude. Obligé de fuir la capitale devant un heureux aventurier nommé Ibn-Abi-Omara, qui réussit quelque temps à se faire considérer comme un petit-fils d'El-Mostancer, dont le long règne (1249-1277) avait laissé des souvenirs chers aux tribus, le sultan Abou-Ishak Ier avait été obligé de se réfugier à Bougie avec les troupes restées fidèles. Au lieu de soutenir les droits de son père, Abou-Farès acheva de le dépouiller de l'autorité, et se fit proclamer à sa place le 2 mars 1283. Il appela aussitôt auprès de lui les tribus sur lesquelles il pensait pouvoir compter, nomma son frère Abou-Zakaria au gouvernement de Bougie, et se porta au-devant d'Ibn-Abi-Omara avec ses autres frères et son oncle Abou-Hafs, troisième frère d'El-Mostancer-Billah. Rencontré le 1er juin 1283 à Mermadjenna, localité de l'intérieur qui paraît située vers les frontières de la Proconsulaire et de la Byzacène, entre Tebessa et Kairouan, Abou-Farès y fut complètement battu, pris et massacré, ainsi que ses frères. Presque seul des princes de la famille royale qui se trouvaient auprès de l'émir de Bougie, Abou-Hafs parvint à échapper au désastre.

A la nouvelle de ces événements, le sultan Abou-Ishac s'enfuit précipitamment de Bougie avec son fils Abou-Zakaria. Arrêté dans les montagnes de Zeffoun et ramené à la ville, il fut mis à mort au mois de juin 1283, pendant qu'Abou-Zakaria parvenait à se réfugier à Tlemcen, auprès de son beau-frère Yaghmoraçan.

L'usurpateur, dont les artifices commençaient à se dévoiler, fut renversé peu après par Abou-Hafs, que les scheiks étaient allés chercher dans la retraite où il s'était renfermé après la catastrophe de Mermadjenna, et avaient proclamé sultan au mois de juin ou juillet 1284. Il prit le titre royal d'El-Mostancer (celui qui cherche la victoire avec l'aide de Dieu), porté déjà par son frère Abou-Abd-Allah, et mourut en 1295, laissant le trône à son petit-neveu Abou-Acida, descendant direct d'El-Mostancer Ier, les scheiks de l'empire s'étant opposés à ce que son fils Abd-Allah lui succédât, à cause de son bas âge.

Abou-Hafs n'avait pas conservé longtemps sous son obéissance le royaume de Bougie. L'année même de sa proclamation à Tunis, son neveu, Abou-Zakaria, retiré à Tlemcen, emprunta de l'argent à des marchands (arabes) de Bougie venus pour leurs affaires en cette ville; il trompa la surveillance d'Yaghmoraçan, qui voulait rester fidèle au sultan, enrôla des troupes, et s'avança comme un prétendant vers les provinces orientales. Ne se croyant pas toutefois assez puissant pour chasser son oncle du royaume de Tunis, il s'arrêta dans le Magreb central. Il y groupa les anciens partisans de son père, soumit successivement Bougie, Alger, Constantine, puis Biskara jusqu'à la limite du désert, et reconstitua de nouveau, avec Bougie pour capitale, l'ancien royaume des Hammadites, qu'il transmit à son fils Abou-Yahya Abou-Bekr. Celui-ci, aussi persévérant et plus heureux que son père, parvint, après une série de guerres et de vicissitudes, non seulement à défendre son indépendance à Bougie, mais, en conservant le premier royaume, à se faire proclamer à Tunis même en 1318.

<small>1284-1318. — **Commerce des Marseillais. Que les constitutions pontificales limitant les rapports des chrétiens avec les Sarrasins ne s'appliquaient pas en général aux côtes du Magreb.**</small>

On ne sait rien des dispositions personnelles des nouveaux rois de Bougie à l'égard des Européens. Les seuls documents que nous ayons de leur temps signalent même des faits qui ne sont pas à leur louange. Ils montrent, au moins en ce qui concerne les Marseillais, à deux époques différentes, des intentions bien différentes de celles qu'avaient toujours témoignées leur aïeul, l'émir Abou-Zakaria Abou-Hafs, fondateur de la dynastie hafside. La perte de la Sicile avait pu porter quelque atteinte à la considération des rois de Naples en Afrique et, par contre-coup, nuire momentanément au crédit des Provençaux, leurs sujets.

Le mauvais vouloir ne dut être que passager. La croisade de saint Louis ne fut en Afrique qu'un incident bientôt oublié. Elle n'altéra pas d'une façon durable le caractère des rapports pacifiques existant depuis deux siècles entre les Européens et les musulmans du Magreb, quand au contraire à l'autre extrémité de la Méditerranée l'état de guerre et d'hostilité était le régime habituel des Francs et des Sarrasins en Terre sainte et en Égypte. Elle n'amena pas les conséquences qu'eut en Syrie la perte de Jérusalem et de Saint-Jean d'Acre.

En Orient, les papes, sentant la nécessité de combattre par tous les moyens la puissance des sultans mamelouks, tant qu'il restait un peu d'espoir d'organiser une nouvelle croisade, prohibèrent d'une façon absolue le commerce des armes, du fer, du bois et de tous les engins de guerre avec leurs sujets ; ils défendirent non moins péremptoirement à tout chrétien de prendre du service dans leurs flottes ou leurs armées, soit en Syrie, soit en Égypte. Rien de semblable pour le Magreb. Bien que les constitutions apostoliques ne renferment pas de dérogation expresse aux défenses générales en faveur du commerce de ce pays, jamais leurs prohibitions n'y ont été appliquées ou même édictées, si ce n'est en des circonstances tout à fait exceptionnelles et transitoires, comme lors des expéditions de 1270 et de 1390. A toutes autres époques, nous voyons le commerce européen importer et exporter librement les marchandises de toute sorte au Magreb, et les papes comme les princes permettre à leurs sujets et à tous les fidèles de servir dans les armées, le gouvernement et la maison des émirs du pays.

1290-1300. — Des milices chrétiennes servant dans les armées des rois du Magreb.

Depuis le commencement du douzième siècle, tant sous les Almoravides que sous les Almohades, nous avons pu remarquer non seulement des individus chrétiens admis quelquefois dans les services de la cour ou du gouvernement musulman, mais nous avons vu, comme une chose habituelle et passée à l'état d'institution, des corps entiers de soldats chrétiens, ayant leurs aumôniers et leurs églises, employés à peu près par tous les princes du Magreb. L'enrôlement d'un corps de milice franque semble avoir été un des premiers soins de tous les émirs et de tous les prétendants qui se disputèrent le pouvoir à Tunis, à Maroc, à Bougie ou à Tlemcen. Les émirs évitaient, dans leur propre intérêt, et pour ne pas mettre la fidélité de ces troupes à une trop difficile épreuve, de les employer dans leurs guerres contre des princes chrétiens. Mais il arriva plusieurs fois qu'elles furent opposées l'une à l'autre dans les guerres intérieures d'Afrique.

Elles avaient d'ailleurs leur organisation et leur service à part, comme leur manière de combattre. Elles obéissaient à des chefs de leur nation et de leur religion, mais elles recevaient la solde et les ordres généraux du gouvernement arabe. A l'avènement d'un prince, la milice chrétienne venait, comme les autres corps de l'État, faire acte de fidélité au nouveau souverain, et saluer ses drapeaux.

Il est possible que dans le cours du douzième siècle une partie de ces auxiliaires fût encore recrutée parmi les restes des tribus indigènes non entièrement absorbées par l'islamisme. Quelques tribus chrétiennes paraissent avoir persisté jusqu'à cette époque dans le Maroc, le Djérid et la province de Sétif. Au treizième siècle, rien de semblable. Tous les hommes d'armes chrétiens servant alors dans l'est et l'ouest de l'Afrique maugrebine étaient certainement étrangers au pays et venaient d'Europe.

1290-1300. — Que les hommes de ces milices n'étaient ni des renégats ni des transfuges.

Le chiffre de dix à douze mille hommes qu'atteignit

le corps de la troupe chrétienne du Maroc à la suite des événements que nous avons rappelés semble avoir été exceptionnel, bien qu'on l'ait maintenu sous les règnes d'El-Mamoun et d'El-Rechid. Mais les rois de Tunis et de Tlemcen eurent habituellement auprès d'eux ou dans leurs armées des corps qu'on appelait les *lanciers chrétiens*, la *troupe franque* ou la *milice chrétienne*, et dont l'effectif s'élevait à deux ou trois mille hommes.

Ces chiffres seuls, à défaut de tant d'autres indices, suffiraient à prouver que les hommes composant ces milices régulières et permanentes ne pouvaient être des transfuges ou des renégats. Occasionnellement, en telle ou telle circonstance, des chevaliers ou des princes européens, mécontents de leurs suzerains, purent abandonner leurs fiefs et venir en Afrique servir les rois musulmans avec quelques compagnons d'armes, même sans renier leur foi. Tels furent sans doute Frédéric de Castille et Frédéric Lanza, présents avec de nombreux soldats chrétiens dans l'armée d'El-Mostancer, à l'époque du débarquement de saint Louis; tel encore Alphonse de Gusman, seigneur de Saint-Lucar, qui, à la suite de quelques démêlés avec la cour de Castille, se retira au Maroc et devint général dans l'armée d'Abou-Yousouf. De semblables expatriations, amenées par les rivalités et les déceptions politiques, quelque fréquentes qu'on les suppose, si elles valaient à l'occasion aux sultans du Magreb des chefs expérimentés et quelques bons soldats, ne pouvaient leur procurer, sauf de très rares exceptions, des corps assez nombreux pour combattre isolément et suivant la tactique chrétienne, ce qu'ils appréciaient avant tout. D'ailleurs les auxiliaires mêmes que purent amener Frédéric de Castille et Frédéric Lanza, comme l'universalité des milices chrétiennes servant auprès des émirs d'Afrique, étaient évidemment composés d'hommes et de chrétiens recrutés en Europe par des voies régulières, par des moyens pacifiques, à la connaissance et avec l'assentiment des princes chrétiens et de l'Église.

1290-1300. — Leur recrutement approuvé par les princes chrétiens.

Les documents ne laissent aucun doute à cet égard. En 1285, Pierre III, roi d'Aragon et de Sicile, traitant avec Abou-Hafs, qui avait remplacé Abou-Ishac sur le trône de Tunis, stipule, par une disposition expresse, que l'alcade-major ou capitaine des hommes d'armes catalans entrés au service de l'émir serait toujours choisi parmi les chevaliers de la couronne d'Aragon, qu'il serait nommé et qu'il pourrait être révoqué par le roi d'Aragon lui-même. Le chef et ses soldats recevaient leur paye du roi de Tunis, et le traité règle que la solde devait rester la même qu'au temps où Guillaume de Moncade avait commandé les compagnies précédentes. S'il faut même en croire un chroniqueur catalan, et rien n'infirme ici sa véracité, le drapeau de ces troupes auxiliaires était alors un étendard aux couleurs de l'Aragon.

Ces conditions durent changer sous les règnes suivants. Il y avait en effet dans la milice ordinaire des chrétiens de Tunis plusieurs chevaliers et de simples hommes d'armes étrangers à l'Aragon, notamment des Castillans et des Italiens. Conrad Capece avait amené des Allemands. Il y eut aussi des Anglais, et probablement des Brabançons, comme dans les grandes compagnies qui servirent en France et qui la bouleversèrent avant la formation des armées permanentes. Le premier des vingt-neuf voyageurs attablés à l'auberge de Cantorbéry dans les romans de Chaucer est un chevalier chrétien qui avait servi tour à tour dans les armées des rois de Maroc et de Tlemcen, en Finlande et en Lithuanie, puis dans l'expédition du roi de Chypre contre Alexandrie. Les instructions que Pierre Gradenigo, doge de Venise, remit vers l'an 1300 à Marin de Molino, envoyé à Tunis, renferment un article spécial où le doge recommande à l'ambassadeur de réclamer le payement de la solde promise à un noble vénitien de la famille Giuliani, qui pendant quarante-quatre mois était resté au service du roi, à raison de trois besants par jour, avec ses hommes d'armes et ses domestiques.

Rien de plus fréquent, lors de la conclusion des traités de paix entre les sultans du Magreb et les princes d'Europe, que d'appeler les chefs de la milice chrétienne et leurs intendants, trésoriers ou agents comptables, avec les consuls et les prêtres des diverses colonies, à la séance solennelle de la conclusion du traité. Ils sont quelquefois au nombre des garants spéciaux dont la présence et la signature servaient à authentiquer l'instrument de l'accord. Parmi les témoins du traité de Tunis de 1313, conclu entre Abou-Yahya et le roi de Majorque, figure l'intendant de la milice chrétienne, *en Lorenç de Berga, escriva dels cavaliers christians.* Au traité de 1314, entre Abou-Yahya et l'Aragon, se trouve Bernard de Fons, *el alcayt des cavalers crestians.* En 1315, le *caïd* chrétien Ferrand Jove (le Jeune?)

est chargé par l'émir de Bougie de porter des lettres au roi d'Aragon. Le traité de 1353, entre la république de Pise et le roi Abou-Ishac, traité dans lequel Fernand Perez, soudoyer chrétien du roi de Tunis, servit d'interprète, fut scellé en présence du *caïd* Lodorico Alvarès, Espagnol, et du *caïd* Andreuccio Cibo, Génois, l'un et l'autre connétables des chevaliers chrétiens du roi Abou-Ishac. Trois caïds des troupes chrétiennes furent présents à la clôture du traité que la république de Gênes conclut en 1391 avec Aboul-Abbas, roi de Tunis. On n'eût point appelé des traîtres et des apostats à de semblables honneurs.

L'institution des milices chrétiennes ne se maintint pas seulement dans le Magreb oriental et le royaume de Tlemcen, les annales du Maroc les mentionnent pendant tout le quatorzième siècle, et nous les verrons employées à la cour des rois de Tunis au quinzième et au seizième siècle encore, jusqu'à l'arrivée des Turcs.

1290-1300. — Approuvé par le Saint-Siège.

Accepté par les princes et les États de l'Europe, l'engagement des auxiliaires chrétiens pour le compte des rois musulmans du Magreb était connu et approuvé par l'Église. Il n'en faudrait pas d'autres preuves que les menaces itératives, mais purement comminatoires, adressées aux sultans du Maroc par Grégoire IX et Innocent IV d'interdire l'enrôlement des auxiliaires, s'ils n'obtenaient des sultans soit leur conversion, soit des concessions moins difficiles à réaliser, mais qui ne purent être jamais accordées, telles que la cession de places fortes pour la sécurité de ces milices mêmes et des autres chrétiens vivant dans leurs États.

Grégoire IX, en remerciant El-Rechid de la protection donnée à l'évêque et aux religieux du Maroc, ne craint pas de dire au Miramolin que l'Église avait quelque droit de compter sur ses bons offices et même d'espérer qu'un jour il ouvrirait les yeux à la vraie lumière ; car, ajoute le pape : « Si tu voulais être l'ennemi et non « l'ami du Christ, nous ne pourrions pas permettre que « les fidèles du Christ continuent à rester à ton service. »

En 1251, Innocent IV allait plus loin encore, on l'a vu, quand il réclamait d'Omar-el-Morteda la cession de quelques places maritimes pour la sécurité de ces chrétiens nombreux habitant le Maroc avec leurs femmes et leurs enfants, et servant fidèlement le prince, soit dans les armées, soit dans les emplois civils. Le pape justifiait ainsi sa demande : « Ta Grandeur ne peut permettre « que des chrétiens attachés à ton service avec un pa- « reil dévouement soient exposés à de sérieux dangers, « s'ils continuent à manquer de lieux fortifiés où ils « puissent se retirer en cas de nécessité. Nous prions « donc Ton Excellence d'accorder à ces chrétiens des « villes et des camps fortifiés (*munitiones et castra*) pour « leur protection. Si tu t'y refusais, nous chargeons l'é- « vêque de Maroc d'ordonner aux chrétiens habitant ce « pays d'abandonner aussitôt ton service, et d'empêcher « que de nouveaux chrétiens ne se rendent dans tes « États pour se mettre à tes ordres. »

Les places de sûreté ne purent être accordées, et le service militaire auprès des rois maugrebins ne fut point interdit aux chrétiens par l'Église. Nicolas IV en admet tout à fait le principe quand, en 1290, préoccupé seulement des dangers que les mœurs et la foi des soldats de ces milices couraient au milieu de populations musulmanes, il leur adresse cette belle bulle, où il leur recommande de ne jamais oublier leur titre d'enfants de l'Église, et, tout en servant fidèlement les émirs auprès desquels ils résident, de conserver intact le dépôt des croyances chrétiennes :

« A nos chers enfants les nobles hommes, barons, che« valiers et autres gens d'armes chrétiens engagés au « service des rois de Maroc, de Tunis et de Tlemcen. « Si nous désirons que tous les hommes faisant profes« sion de la doctrine chrétienne méritent par une vie « exemplaire de gagner le ciel, combien ne souhaitons« nous pas davantage que les chrétiens qui vivent dans « le pays des infidèles se conservent purs et sans tache « par la foi et par les mœurs, afin que leur exemple « puisse ramener dans les voies du salut les infidèles « eux-mêmes. Que votre conduite soit donc toujours « conforme à la justice, à la loyauté, à la pu« reté. Évitez tout ce qui peut déshonorer le nom « chrétien chez ces peuples. Ne pouvant nous rendre « partout, nous envoyons à notre place en Afrique, avec « les pouvoirs de légat apostolique, notre cher frère « Rodrigue, évêque de Maroc, homme capable et pru« dent. Nous vous prions de le reconnaître, de le secon« der comme tel, lui et ceux qu'il déléguera dans tou« tes les choses relatives au culte divin, afin que par le « dévouement et la piété vous persévériez dans une vie « exemplaire, et qu'ayant à rendre grâces au Seigneur

« de votre déférence, nous puissions le prier en même
« temps de vous combler de ses dons. »

Leur utilité dans la guerre pour les rois berbères.

Ce que les princes musulmans appréciaient le plus dans les troupes franques, c'était leur discipline et leur façon de combattre. Ils cherchèrent aussi à s'en faire une garde particulière et de confiance, pour la défense de leur personne et de leur demeure. Exposés sans cesse à être trahis et massacrés, au milieu de la rivalité des tribus indigènes et au sein d'une organisation sociale où toute révolte heureuse était légitimée, plusieurs sultans trouvèrent plus de sécurité à confier la garde de leur palais à des troupes étrangères. Mais l'avantage principal qu'ils attendaient des milices chrétiennes était leur service et leur tactique dans la guerre.

Les troupes franques étaient dressées à observer la discipline et à garder le silence dans les rangs ; elles ne s'ébranlaient pour la défense que sur un commandement formel et n'avançaient qu'avec mesure et en bon ordre. Habitués à charger l'ennemi et à se reformer aussitôt en escadrons réguliers, les Francs étaient, au milieu du tourbillon des armées arabes, comme des tours ou des remparts inébranlables, dans leurs mouvements mêmes, derrière lesquels les masses confuses des cavaliers maures venaient se rallier avant de revenir à l'attaque.

Un curieux passage d'Ibn-Khaldoun explique ces avantages des troupes chrétiennes pour les émirs maugrebins. Nous le citerons en entier, quoiqu'il soit un peu long.

« Nous venons d'indiquer pourquoi on établit une « ligne de ralliement sur les derrières de l'armée, et si- « gnaler la confiance qu'elle communique aux troupes « qui combattent par attaque et par retraite. Ce fut pour « le même motif que les rois du Magreb prirent à leur « service et admirent au nombre de leurs milices des « corps de troupes européennes (*frendj*). C'est un usage « qui leur est particulier et qu'ils adoptèrent, parce que « tous les habitants de ce pays étant dans l'usage de « combattre d'après le système d'attaque et de retraite, « ces princes tenaient beaucoup, dans leur propre in- « térêt, à établir sur les derrières de leurs armées une « forte ligne d'appui qui pût servir d'abri aux combat- « tants. Pour former une telle ligne, il fallait de toute « nécessité employer des gens habitués à tenir ferme « sur le champ de bataille; car autrement ce corps re- « culerait, ainsi que font les troupes qui ne savent com- « battre que par charges et retraites successives. S'il « lâchait pied, le sultan et toute l'armée seraient entraî- « nés dans la déroute. Les souverains maugrebins eurent « donc besoin d'un corps de troupes habituées à com- « battre de pied ferme, et ils les prirent chez les Euro- « péens. Pour former le cercle de troupes qui les entou- « rait (pendant la bataille), ils prirent aussi des soldats « de cette race. C'est là, il est vrai, s'appuyer sur des « infidèles, mais ces princes ne regardaient pas cela « comme un sujet de reproche; ils étaient obligés de « le faire, ainsi que nous venons de l'expliquer au lec- « teur, par la crainte de voir le corps de réserve qui les « entourait prendre la fuite. Sur le champ de bataille, « les Francs tiennent ferme; ils ne connaissent que

« cela, parce qu'ils ont été habitués à combattre en ligne ;
« aussi forment-ils des troupes plus solides que celles
« de tout autre peuple. Du reste, les rois maugrebins
« ne les emploient que contre les Arabes et les Berbères
« qu'ils veulent faire rentrer dans l'obéissance ; mais
« ils se gardent bien de s'en servir dans les guerres con-
« tre les chrétiens, de peur que ces troupes auxiliaires
« ne s'entendent avec l'ennemi et ne trahissent les mu-
« sulmans. Voilà ce qui se pratique dans le Magreb
« encore de nos jours. Nous venons d'exposer les motifs
« de cet usage, et Dieu sait toutes choses. »

Ibn-Khaldoun mit, on le sait, la dernière main à son histoire et à ses mémoires de l'an 1380 à l'an 1390.

1260-1313. — Nombreux captifs chrétiens en Afrique. Dévouement héroïque des ordres religieux.

La sollicitude apostolique avait en ces temps à veiller en Afrique sur d'autres chrétiens que les soldats des milices et les marchands. Bien que le cours ordinaire des relations entre les Européens et les Maugrebins fût devenu amical et pacifique depuis plusieurs siècles, les prisonniers de guerre et les esclaves n'étaient rares chez aucun peuple. Les guerres en Espagne, les croisades en Orient et la course maritime amenaient partout des prisonniers dans les ports et les marchés des deux côtés de la Méditerranée ; mais jamais ni le nombre ni le traitement des captifs musulmans ne furent comparables au nombre et à la condition de ceux que les musulmans enlevaient aux chrétiens. Le mal augmenta encore au quatorzième et au quinzième siècle. Sous les Turcs, encouragé par le gouvernement dans sa source la plus abondante, la course et la piraterie, il atteignit des proportions dont le souvenir semble aujourd'hui une honte pour les peuples civilisés qui l'ont toléré durant trois cents ans (1).

Dès la fin du onzième siècle, il était si fréquent de trouver des prisonniers chrétiens chez les Sarrasins, qu'un ordre spécial, la *Trinité de la Rédemption*, fut fondé à Marseille en 1198 pour leur soulagement et leur rachat (2). Saint Pierre Nolasque (3) s'inspira du dévouement de saint Jean de Matha en instituant à Barcelone, dès 1218, l'ordre de *Notre-Dame de la Merci* ou *de la Rédemption*. Les ordres de Saint-François et de Saint-Dominique, à peine créés pour répandre au loin parmi les nations infidèles les paroles de l'Évangile, joignirent aux devoirs de la prédication la tâche non moins chère et non moins pénible du rachat des captifs. En 1260, afin d'aider à l'œuvre chaque jour plus étendue des ordres religieux, le roi de Castille Alphonse X fonda la célèbre association des *Alfaquequès* ou *Rescatadores*. Des hommes attachés encore au monde par les liens de la famille ou des affaires se faisaient ainsi, sans manquer à d'autres devoirs, les courtiers dévoués du rachat des captifs en Espagne et dans le Magreb.

Aidés de ces pieux auxiliaires, qu'il ne faut pas sé

---

(1) Il faut lire à ce sujet les relations du P. Dan, et les récentes publications de M. H. de Grammont, président de la *Société historique d'Alger*.

(2) L'ordre de la Trinité de la Rédemption des captifs, fondé par S. Jean de Matha et S. Félix de Valois, est plus généralement désigné en France sous le nom d'ordre des Mathurins ou des Trinitaires. Le nom de *Mathurins* vient de l'église de Saint Mathurin, près du palais des Thermes à Paris, où les Trinitaires s'établirent vers 1228.

(3) Le Mas Saintes-Puelles, petit village du haut Languedoc, prétend à l'honneur d'avoir donné le jour au fondateur de la Merci.

parer d'eux, les Franciscains, les Dominicains, les Trinitaires et les pères de la Merci auraient mérité la reconnaissance éternelle de l'humanité par ce qu'ils ont accompli seulement dans l'Afrique septentrionale. Parcourir l'Europe et les mers en mendiants, vivre de pain et d'eau, partager la couche des animaux pour ménager les deniers sacrés qui leur étaient confiés, abréger par les plus tendres consolations les lenteurs de la délivrance, prendre comme otages la place de ceux que l'insuffisance des aumônes aurait trop longtemps laissés dans les fers, tels ont été pendant des siècles les labeurs et les joies journalières de milliers de religieux aujourd'hui oubliés, au-dessus desquels brillent, sans qu'ils l'aient voulu, les noms immortels et béatifiés de Jean de Matha, de Félix de Valois, de Pierre Nolasque, d'Antoine de Padoue, de Raymond de Pennafort et de Vincent Ferrier. Plaçons à côté d'eux et sur les mêmes autels saint François d'Assise, qui, sans avoir eu le bonheur de rompre lui-même les liens des captifs d'Afrique, tenta plusieurs fois de visiter le Magreb, mais, ramené par les circonstances dans les voies différentes où l'appelait la Providence, alla porter aux Orientaux l'autorité de sa parole et de ses vertus.

L'histoire monastique a enregistré quelques faits de ce temps particuliers à l'ordre de la Merci. En 1300, le prieur général Raymond Albert vint lui-même en Afrique avec d'abondantes ressources qu'un patrimoine personnel avait augmentées; il eut la satisfaction de ramener en Europe plus de trois cents esclaves rachetés à Tétouan, Fez, Maroc, Tlemcen et Alger. Vers 1313, Claude de Saint-Romans, Guillaume Girald de Barcelone, sauvèrent à Maroc deux cent trente-six chrétiens prisonniers, parmi lesquels se trouvait un chevalier espagnol près de succomber aux tourments de la captivité et d'apostasier, en épousant une princesse mérinide qu'on lui offrait sans cesse pour ébranler sa constance.

1283-1309. — Le tribut dû par le roi de Tunis à la Sicile passe à la couronne d'Aragon, puis au roi de Naples.

Le traité dans lequel Pierre III convenait avec Abou-Hafs des conditions auxquelles les hommes d'armes catalans seraient autorisés à servir comme par le passé en Afrique, était un accord général de paix et de commerce entre Tunis et le royaume d'Aragon, y compris l'île de Sicile, dont Pierre III avait reçu la couronne à la suite des Vêpres siciliennes. Il fut conclu le 12 juin 1283 avec l'envoyé arabe, au milieu du camp du roi Pierre, au col de Paniçar dans les Pyrénées, où l'armée d'Aragon s'était établie pour défendre le passage aux Français, qui s'avançaient sous les ordres de Philippe III et du roi Jacques de Majorque, propre frère du roi Pierre.

En dehors des stipulations ordinaires concernant les relations des deux pays, rappelées à peu près telles que les réglait le traité de 1271, avec quelques additions concernant les consuls et les fondoucs catalans, le nouvel accord toucha au point délicat du tribut dû formellement par le royaume de Tunis à la Sicile depuis la croisade de 1270.

Le montant en resta fixé à la somme annuelle de 33,333 besants et un tiers, tel qu'il avait été arrêté en

1270, lors de la liquidation faite à Carthage entre El-Mostancer et Charles d'Anjou. On déclara en outre qu'une somme de 100,000 besants serait payée au roi d'Aragon dès l'arrivée de son ambassadeur à Tunis, pour solder les arrérages échus depuis trois ans, c'est-à-dire depuis l'année 1282, dans laquelle le roi Pierre III avait été proclamé roi de Sicile. On convint enfin que toutes sommes dues pour les comptes antérieurs par la « maison de Tunis » au roi Charles faisaient dès ce moment retour et devraient être remises au roi d'Aragon.

Pierre III étant mort à la fin de l'année 1285, et les royaumes d'Aragon et de Sicile ayant été alors séparés, le tribut de Tunis devint un objet de compétition entre les trois couronnes d'Aragon, de Sicile et de Naples, car le roi Charles II d'Anjou, bien qu'ayant perdu l'île de Sicile, mais non le royaume de Sicile, prétendait y avoir droit de son chef personnel comme successeur direct du roi Charles Ier d'Anjou, son père, qui l'avait fait rétablir et doubler en 1270.

Il est vraisemblable que les rois de Tunis profitèrent de ces démêlés pour se soustraire de nouveau à leurs obligations. Lors du traité de paix de Caltabellota, conclu au mois d'août 1302, entre Frédéric d'Aragon, roi de Sicile, et Charles II d'Anjou, il semble n'avoir été rien dit de particulier au sujet des créances sur Tunis. Zurita, archiviste de la couronne d'Aragon, a écrit sur les documents originaux, comme Rinaldi, plus circonstancié sur cet incident que les chroniqueurs du temps; mais ni Zurita ni Rinaldi ne font connaître ce qui put être arrêté à cet égard dans les conférences de Castronovo et lors de l'accord définitif de Caltabellota. Boniface VIII, confirmant l'année suivante la transaction qu'il n'avait pas approuvée d'abord, ne touche pas à cette question secondaire du débat. Peut-être l'acte original de la paix de 1302, que nous n'avons pas, se borna-t-il à attribuer d'une manière générale à chacun des princes contendants les droits et les charges afférentes aux terres qui leur étaient dévolues.

L'omission probable de stipulations précises à ce sujet dans le traité de 1302 amena de nouvelles contestations entre les rois de Naples et les rois de Sicile après la mort de Charles II. L'an 1309, le roi d'Aragon Jacques II, choisi pour arbitre du différend, qui touchait aussi à la possession de quelques châteaux de l'île, se prononça en faveur du roi de Naples Robert d'Anjou, fils de Charles II, et contre son propre frère Frédéric d'Aragon, roi de Sicile. La raison de droit qui détermina sa décision avait été antérieurement soulevée et évoquée par la cour de Rome, quand elle exigea que Frédéric d'Aragon s'intitulât *roi de Trinacrie* ou *des Siciliens*, mais non *roi de Sicile*.

Les légistes romains, dans la rigueur du droit, distinguaient l'île de Sicile, dont la maison d'Aragon était devenue matériellement propriétaire en 1282, et le *royaume* de Sicile, dont l'île n'était que la moindre partie. Le royaume de Sicile, disaient-ils, est demeuré incommutablement aux princes d'Anjou, malgré la perte et la cession de l'île de Sicile. La Trinacrie, répétait Jacques II après le Saint-Siège, n'est qu'une province de l'ensemble du royaume de Sicile, dont l'essence et le centre est et a toujours été le duché d'Apulie ou le royaume de Naples. Au possesseur de Naples et de la

Pouille doivent donc rester les droits, les honneurs, tributs et prérogatives quelconques revenant au prince qui est seul et véritablement seigneur du royaume de Sicile.

Ces raisons un peu spécieuses ne purent empêcher le roi d'Aragon de reconnaître que son frère Frédéric, comme possesseur de la Trinacrie, vis-à-vis de laquelle les rois de Tunis s'étaient originairement engagés à la redevance, pouvait exiger un nouveau tribut des émirs et les y contraindre au besoin par la force. Il est douteux que le sultan eût adhéré à une semblable interprétation, qui en définitive lui imposait, pour des causes à lui tout à fait étrangères, l'obligation de deux tributs, si des événements imprévus, arrivés sur ces entrefaites, ne l'y avaient, à ce qu'il semble, engagé ou obligé.

1289-1310. — De l'île de Gerba et de sa population.

Les circonstances par suite desquelles les rois de Sicile redevinrent un temps maîtres de l'île de Gerba semblent leur avoir permis en effet d'obtenir des rois de Tunis le payement d'un tribut qui put paraître le rétablissement de celui que le roi d'Aragon leur déniait, mais qui au fond en différait totalement. Ce n'est pas nous écarter trop de notre sujet que de nous arrêter un moment à ces faits et à l'histoire de cette grande île peuplée d'anciens Berbères devenus musulmans, si souvent disputée et si souvent occupée par les chrétiens au moyen âge.

Gerba, avec les îles de Kerkennses voisines, ordinairement ses clientes, est située à l'entrée du golfe de Gabès, entre Tripoli et Tunis. Elle a une superficie d'environ vingt-cinq lieues carrées et un sol très fertile. Le dattier, la vigne, l'olivier, les pâturages, y abondent et s'y couvrent de produits estimés. Les habitants, comme ceux des côtes environnantes, entrés avec répugnance dans l'islamisme, vengèrent leurs rancunes en adhérant aux doctrines dissidentes de la secte des kharadjites. Ils furent presque toujours en état de rébellion vis-à-vis des rois de Tunis et se livrèrent avec une sorte d'acharnement au vrai brigandage sur terre et sur mer. C'était pour eux un titre de gloire, les historiens arabes l'affirment, que d'enlever des musulmans et de les livrer comme de vils esclaves aux marchands d'Europe. Ajoutant aux bénéfices de leurs déprédations les fruits d'un travail soutenu et d'une certaine industrie, ils fabriquaient des étoffes de laine et des toiles de coton recherchées encore aujourd'hui dans toute l'Afrique sous le nom de *haïks*; ils vendaient aux Européens en grande quantité l'huile de leurs oliviers, les laines et les toisons de leurs troupeaux.

1289-1310. — Conquise par Roger Doria, l'île reste aux héritiers de l'amiral sous la suzeraineté apostolique.

Gerba avait autrefois fait partie du royaume d'Afrique possédé par les Normands, de même que Tripoli, dont les îles du golfe partageaient souvent la fortune. Abd-el-Moumen la fit rentrer avec El-Mehadia et toute la côte de la Byzacène sous l'autorité des Almohades. Les divisions qui éclatèrent dans la famille des Hafsides, à la fin du treizième siècle, permirent aux chrétiens de songer à reprendre leurs conquêtes dans ces provinces toujours un peu indociles.

En 1284 et 1285, avant le traité du col de Panicar, Roger Doria, amiral d'Aragon, avait profité du moment où les prétendants se disputaient le trône de Tunis pour débarquer subitement dans l'île. En deux occasions différentes il ravagea ses campagnes, recueillit un immense butin et emmena plus de deux mille captifs, qu'il vendit en Europe. Sauf peut-être les massacres, on ne trouverait pas beaucoup de différence entre ces vastes razzias et les incursions des Sarrasins du dixième siècle sur les côtes de la Sardaigne ou de la Provence, dont nos chroniqueurs se plaignent avec tant d'indignation et de raison. Craignant de nouvelles calamités, et n'y pouvant résister, les Gerbiotes demandèrent au sultan Abou-Hafs, qui l'accorda, dit-on, l'autorisation de se soumettre aux Francs. Roger Doria vint alors, vers 1289, prendre possession de l'île et y jeta les fondements de la grande forteresse carrée nommée par les Arabes *El-Cachetil*, le château, dont les hautes tours et le donjon inspiraient l'inquiétude et la terreur, dit Ibn-Khaldoun, aux populations environnantes. Les musulmans ne prononçaient jamais son nom sans le faire suivre d'un mot de mépris et de malédiction. Peu de temps après, l'amiral Roger, alors au service du roi de Naples, voulut consolider en ses mains la possession des îles de Gerba et de Kerkeni, en les plaçant sous la suzeraineté apostolique. Boniface VIII accepta l'hommage et rétrocéda les îles à Doria en fief héréditaire, sous la redevance annuelle de cinquante livres d'or, attendu, porte la bulle de concession du 11 août 1295, que ces îles ne dépendent pas du royaume de Sicile et que depuis un temps immémorial elles n'appartiennent plus à un prince chrétien.

Par suite de morts rapides, la seigneurie de l'île passa en quelques années à la troisième génération des Doria. Roger, premier du nom, transmit la principauté avec sa lourde succession à son fils aîné Roger II, dit *Rogerone*, celui-ci à son frère Charles, et Charles à son fils Roger III, enfant de cinq ans, dont la mort presque immédiate fit revenir l'honorable et difficile héritage à Bérenger, le dernier fils de Roger et de Saurine d'Entença, de la noble maison alliée à la famille d'Aragon. Les capitaines qui gouvernaient l'île de Gerba au nom de ces princes, pendant qu'eux-mêmes résidaient soit à Gênes, soit à Rome, soit dans les Calabres, où ils possédaient jusqu'à vingt-trois châtellenies, avaient besoin d'une vigilance continuelle et de mesures énergiques pour se défendre contre les attaques des rois de Tunis et pour maintenir la population dans l'obéissance.

1289-1310. — Tentatives des rois de Tunis pour reprendre Gerba.

Généralement unis contre les sultans almohades, les Gerbiotes étaient divisés, par la politique et la religion, en deux sociétés rivales, les Moawia et les Mestouna, qui chacune avaient des affiliés sur le continent, tout autour du golfe de Gabès, et plus au loin. Les Ouled-Moawia comptaient parmi eux la famille des Ben-Simounen, la plus riche de l'île, et se montraient favorables aux chrétiens. C'en était assez pour que la faction opposée supportât impatiemment leur joug.

Plusieurs fois les Mestouna avaient demandé des troupes au roi de Tunis et assiégé le Cachetil, sans jamais parvenir à le forcer.

En 1306, une forte expédition commandée par le grand scheik de Tunis, l'émir Abou-Yahya-Zakaria el-Lighyani, arrière-petit-fils de Yahya Ier, et devenu plus tard sultan lui-même, ne fut pas plus heureuse que les précédentes. L'armée arabe renfermait un corps assez nombreux de la milice chrétienne, que l'idée d'avoir à combattre d'autres chrétiens au Cachetil de Gerba n'empêcha pas de remplir loyalement son devoir. Après plusieurs mois d'un siége opiniâtre, et qui aurait fini peut-être par triompher de la résistance des assiégés, El-Lighyani se retira en apprenant l'approche de Roger Doria, deuxième du nom, qui venait en personne défendre sa seigneurie, aidé par le roi de Sicile. Peu d'années après, les troupes de Charles Doria eurent à repousser de nouveau les Tunisiens et à châtier les gens de la Mestouna qui les avaient rappelés. Doria profita dans cette campagne du concours des deux rois Frédéric d'Aragon et Robert d'Anjou, alors en paix par suite, vraisemblablement, des accords de 1309.

1310-1311. — Muntaner devient capitaine de Gerba et de Kerkeni au nom du roi de Sicile, seigneur usufruitier des îles.

Mais la tranquillité des Francs de Gerba ne dura pas plus que la bonne intelligence des rois de Naples et de Sicile qui l'avait amenée. Conrad Lança, tuteur de Roger III, ne put suffire à la défense de l'île devant la révolte des Ouled-Moawia et des Ouled-Mestouna réunis momentanément contre lui. Il s'adressa sans succès à Saurine d'Entença, fort gênée par les charges de la succession de l'amiral. Il ne put obtenir davantage ni du pape, suzerain de Gerba, ni du roi de Naples, suzerain du jeune Roger à cause de ses terres de Calabre. Il prit alors le parti d'engager la seigneurie au roi de Sicile, qui consentit à faire les frais d'une nouvelle campagne en hommes et en argent. Le roi mit pour condition que ses troupes occuperaient les deux forteresses de Gerba et de Kerkeni, et l'île entière de Gerba, si on parvenait à la soumettre, le tout comme sa pleine et entière propriété, jusqu'au remboursement intégral de ses avances, ce qui fut accepté.

Un premier armement, composé de chevaliers catalans et siciliens, ayant été complètement battu, et son chef, Pélerin de Patti, fait prisonnier, toutes les îles du golfe se soulevèrent, les garnisons se renfermèrent dans les forts du Cachetil et de Kerkeni, où elles furent bientôt assiégées, et il fallut songer à conquérir de nouveau le pays entier.

Raymond Muntaner se trouvait alors en Sicile; Frédéric, confiant dans les talents du capitaine qui venait de faire ses preuves en Romanie, lui remit le commandement d'un nouveau corps d'opération avec les pouvoirs les plus étendus. Il ordonna aux châtelains du Cachetil et du fort de Kerkeni, qui devaient lui obéir en vertu de son traité avec le régent, de remettre les places à son délégué et de lui prêter hommage comme le remplaçant entièrement dans sa seigneurie. Muntaner, qui entre à ce propos dans des longueurs fort excusables, fait observer que le roi ne se retint pas même le recours en appel des jugements qu'il prononcerait.

Ainsi pourvu et largement autorisé, Muntaner se rendit à Gerba et s'y conduisit, comme on devait s'y attendre, en habile homme et en bon soldat. Dès son débarquement, il sut détacher les Moawia du parti de l'insurrection, et il organisa chez les Ben-Simoumen, restés fidèles, un corps de deux cents cavaliers, auxquels il donna pour paye un besant par jour, avec une ration de farine, d'avoine, de légumes et de fromage. Suivi de ces auxiliaires, il se mit à traquer sans relâche les Mestouna; il les refoula dans un coin de l'île; il les y tint si resserrés, que le défaut de vivres contraignit ces malheureux à faire du pain avec de la sciure de palmier; bientôt, cette dernière ressource leur manquant, ils s'enfuirent en hâte par le gué qui de l'île communique à la terre ferme.

Là ils parvinrent à se réorganiser, et, de nombreux renforts leur étant arrivés des tribus de l'intérieur, Alef, leur chef, les ramena dans l'île. Soit que le régent ait voulu par sa présence limiter l'autorité dont le lieutenant était momentanément investi, soit que le sentiment du danger que courait la seigneurie ait seul déterminé sa résolution, Conrad Lanza arriva alors de Sicile avec des forces assez considérables. Muntaner, sans murmurer, se subordonna à l'autorité du prince; il prit le commandement de l'avant-garde de l'armée libératrice et se mit à la poursuite des révoltés avec une nouvelle ardeur. Il atteignit Alef, concentré sur un point avec tout son monde, le mit entièrement en déroute, enleva ses tentes, et donna l'ordre de massacrer tous les hommes pris les armes à la main, au-dessus de l'âge de douze ans. Les femmes et les enfants, seuls épargnés, s'élevèrent, nous dit le chevaleresque chroniqueur, à douze mille. Ils furent distribués aux soldats de l'armée de Conrad, qui les amenèrent en Sicile comme la meilleure part du butin.

Muntaner, rendu à son commandement et à toute son autorité par cette terrible exécution, chercha à réparer les maux de la guerre. Il s'attacha à repeupler l'île de gens de la Moawia et de leurs amis; il encouragea partout les travaux de l'industrie et de l'agriculture, « si « bien, assure-t-il, que le seigneur roi de Sicile retira « chaque année de l'île de Gerba plus de revenus qu'il « n'en avait jamais eu auparavant. »

1311-1313. — Muntaner seigneur de Gerba pendant trois ans, sous la suzeraineté du roi de Sicile, à qui passe la suzeraineté définitive de l'île.

Frédéric, pour récompenser ces services, concéda à Raymond Muntaner, par un nouveau diplôme et pour la durée de trois ans, la possession seigneuriale des îles de Gerba et de Kerkeni, avec la faculté de pourvoir comme il l'entendrait à la garde et à l'entretien des forteresses. Muntaner, voulant passer le temps de son commandement en Afrique avec sa famille, alla chercher sa femme à Valence; à son retour, il toucha Majorque et y rendit ses devoirs au roi don Sancho, qui venait de succéder à son père Jacques Ier (juin 1311); puis il revint à Gerba, où ses vassaux arabes lui payèrent un don de joyeuse entrée de deux mille besants. Il demeura ensuite trois ans au milieu d'eux avec les siens « en bonne paix, tous étant joyeux et satisfaits ». Un peu fatigué, il rentra ensuite en Espagne, où il continua à servir loyalement les princes d'Aragon.

Après Muntaner la tranquillité de l'île ne semble pas avoir été sérieusement troublée d'abord, bien que les gouverneurs n'aient eu ni les talents ni la prudence de leur prédécesseur ; mais les droits de la famille Doria, acquis peut-être par les rois de Sicile dès la nomination de Raymond à la seigneurie triennale de l'île, furent certainement exercés alors dans leur plénitude par ces princes. Il est vraisemblable que les droits du haut domaine des îles, attribués toujours à la famille de l'amiral dans les divers arrangements faits avec la couronne de Sicile, tombèrent en péremption vers ce temps par l'impuissance où se trouvèrent Saurine et Conrad Lanza de remplir leurs engagements. Après 1313 il n'est plus question de la tutelle de Conrad Lanza, et l'on ne voit nulle allusion à des réserves faites pour Bérenger fils de Roger Doria et de Saurine d'Entença. Toutes les nominations des gouverneurs ont lieu désormais au nom du roi de Sicile, qui jouit pleinement des droits souverains sur les îles du golfe, et qui les délègue à sa convenance, avec ou sans participation des prérogatives féodales. L'île de Gerba est expressément rangée en 1314, sans aucune restriction, parmi les pays formant les possessions de la couronne de Sicile qui devaient observer les trêves conclues entre le roi Frédéric III et Robert d'Anjou, roi de Naples.

1313-1333. — D'un nouveau tribut qui aurait été payé par les rois de Tunis aux rois de Sicile pendant l'occupation de Gerba.

C'est à cette époque, ou peu auparavant, suivant les

historiens de Sicile, qu'un nouveau tribut en faveur du souverain de l'île aurait été consenti par le roi de Tunis, quand les provinces de Constantine et de Bougie étaient encore soit mécontentes, soit séparées de la métropole. La concession est vraisemblablement du règne d'El-Lihyani, qui, monté sur le trône en 1311, abdiqua vers le mois de mai ou de juin 1317. Des trêves, et peut-être un traité formel, existèrent en effet entre El-Lihyani et le roi Frédéric. Un consul de Sicile, Vido Pisani, assista à la promulgation du traité vénitien conclu à Tunis, le 12 mai 1317, au nom d'El-Lihyani, déjà retiré à Gabès, où il se démit peu après du pouvoir. Il est moins probable que la concession soit du règne fort court d'Abou-Derba, son fils, proclamé vers le mois d'octobre 1317, battu et détrôné l'année suivante au commencement de l'été par Abou-Bekr, roi de Bougie, le dernier des compétiteurs resté définitivement maître de Tunis, qui dut trouver le tribut établi et qui le conserva. Passé de Gabès à Tripoli, à mesure que les événements devenaient plus inquiétants pour lui dans les provinces de l'ouest, El-Lihyani avait alors résolu de quitter tout à fait le Magreb. Ne trouvant pas auprès de lui de moyens suffisants et assez sûrs, il s'adressa aux Francs de Gerba, qui lui envoyèrent six navires, à bord desquels il se rendit à Alexandrie avec sa famille et ses trésors.

Comme autrefois les rois zirides avaient voulu, par le tribut payé aux Normands, se préserver des corsaires de Sicile et s'assurer, au cas de besoin, l'exportation des blés de l'île, le nouveau tribut aurait eu pour objet de garantir la sécurité des côtes du royaume vers le golfe de Gabès, et peut-être aussi d'acquitter d'anciennes obligations, car il est certain qu'El-Libyani comme Abou-Bekr reçurent successivement durant leurs guerres des prêts d'hommes ou d'argent du roi Frédéric de Sicile.

Les historiens arabes ne disent rien, à notre connaissance, de ce nouveau tribut, et les sources chrétiennes n'en déterminent nulle part nettement l'origine et la cause. L'autorité de Gregorio Rosario permet d'y croire cependant, et, si le tribut a existé, on peut admettre, sans en exagérer l'importance, qu'il a pu être maintenu tant que les rois de Sicile ont occupé les îles de Gerba et de Kerkeni, dont la possession était une inquiétude et une menace perpétuelle pour toutes les côtes du Magreb oriental. Ainsi s'expliquerait ce que les historiens de Sicile ont appelé le rétablissement de l'ancien tribut de Tunis, bien que le nouveau différât tout à fait dans sa nature et son origine de l'ancien.

1335. — Les rois de Sicile perdent l'île de Gerba et les autres îles du golfe.

On peut soupçonner Muntaner d'un peu de complaisance pour les faits de son administration au sujet des événements de Gerba, que nous venons de rappeler d'après ses mémoires. L'incurie et la rapacité de ses successeurs n'en restent pas moins certaines, et sont aussi manifestes que leur infériorité. Au lieu de suivre les exemples de bienveillante fermeté qu'ils auraient trouvés dans l'histoire de la domination chrétienne à Gerba et en Sicile depuis le règne de Roger, ou de consulter simplement l'intérêt de leur maître, ils considérèrent leur gestion comme une occasion précieuse de s'enrichir en pressurant le pays. Les pachas turcs n'administraient pas différemment les districts chrétiens avant les derniers règnes. Renfermés dans leur château et en mésintelligence continuelle avec les indigènes, ils étaient souvent obligés de faire venir de Sicile les provisions nécessaires aux hommes des garnisons.

Leur cupidité, qu'une tyrannie odieuse ne parvenait pas à satisfaire, exaspéra à la fin les partis les moins hostiles. Vers 1334, les Gerbiotes, poussés à bout par les exactions de Pierre de Saragosse, adressèrent d'instantes réclamations au roi de Sicile. Repoussés ou n'obtenant que d'insignifiantes promesses, ils se soulevèrent dans l'île entière; ils demandèrent de nouveau l'appui du roi de Tunis, ils se mirent en rapport avec la flotte du roi de Naples, alors en guerre avec Frédéric, et formèrent le siège autour du Cachetil. Malgré les croisières napolitaines, le roi de Sicile parvint à faire porter aux assiégés des renforts et des vivres par la flotte de Raymond de Peralta. Mais douze galères génoises et trois voiles napolitaines ayant ouvertement pris parti pour les Arabes, en leur fournissant des armes, Peralta renonça à défendre l'île et abandonna Pierre de Saragosse, qui ne put résister longtemps. Le Cachetil fut emporté d'assaut, les soldats chrétiens massacrés ou vendus comme esclaves. Saragosse et son fils, plus particulièrement désignés aux haines de la population, périrent sous une grêle de pierres.

Du nouveau et de l'ancien tribut de Tunis à la Sicile.

Le nouveau tribut payé à la Sicile n'eut plus de raison d'être alors réclamé, et les historiens nationaux n'élèvent à cet égard aucune prétention historique, bien que les rois de Sicile aient encore longtemps après prétendu à la possession de l'île de Gerba, et tenté plusieurs fois de la reconquérir. Répétons-le, ce tribut n'était pas la continuation de celui qui, pour la première fois, avait été volontairement accepté, comme mode de payement d'un marché conclu vers l'an 1181, par le roi de Tunis avec les rois normands de Sicile ; tribut que l'empereur Frédéric, roi de Sicile, avait trouvé établi et qu'il avait conservé ; que les Hafsides avaient cessé de payer quand la Sicile échappa aux enfants de Frédéric ; que Charles d'Anjou rétablit et rendit obligatoire, en l'élevant au double de la contribution antérieure, grâce à la croisade de 1270 ; qui passa ensuite, après les Vêpres siciliennes, mais à une époque indéterminée, à la maison d'Aragon, puis à la maison de Naples, laquelle ne put longtemps le conserver, parce qu'elle ne put ou ne voulut l'exiger des rois de Tunis, comme elle en avait le droit.

Depuis 1270, en effet, la prestation était devenue un vrai tribut, une redevance définitive et perpétuellement exigible. Ce n'était plus le prix librement débattu d'un avantage ou d'un service dont la cessation exonérait le débiteur. Il y a trace dans nos documents de tributs analogues, qui ne devaient être souvent que le remboursement, par annuités déterminées et limitées, d'emprunts antérieurs, d'indemnités de guerre, d'arriérés de soldes de troupes ou d'autres frais occasionnés par les expéditions militaires. On en trouverait particulièrement dans les rapports des rois de Tlemcen avec l'Aragon.

Le tribut consenti pour l'île de Gerba avait eu vraisemblablement, comme le premier tribut ziride, le caractère conditionnel, limité et révocable, ce que n'admettent pas nos anciens chroniqueurs, pour qui ces prestations sont toujours des tributs politiques imposés par la force des armes chrétiennes aux infidèles humiliés et vaincus. Erreur analogue à celle qui rattacherait une idée de sujétion politique aux redevances ou cadeaux, devenus de vraies contributions annuelles, que certaines villes du littoral italien ont consenti longtemps à payer aux Algériens pour se préserver de l'attaque des pirates, ou pour s'assurer d'en être indemnisées.

1287-1339. — Difficultés inévitables du commerce.

Quelle que fût au moyen âge la bonne foi des princes qui réglaient par des traités les rapports commerciaux de leurs sujets, il était impossible, et rien n'a changé à cet égard, que l'application de ces traités ne rencontrât des difficultés de toute nature. Sans parler des variations qui pouvaient survenir dans les dispositions des princes ou de leurs ministres; sans croire à une trop grande négligence ou à une indélicatesse fréquente des agents inférieurs, les questions journalières de tarifs, de ventes, d'achats, de transports et d'interprètes, devaient donner lieu assez souvent à des malentendus et à des récriminations. Il n'est pas sûr toutefois que de semblables difficultés, qui troublaient, sans l'arrêter, le cours ordinaire des relations, fussent plus ordinaires au moyen âge qu'aujourd'hui, et il est moins certain encore que les griefs, grands ou petits, fussent alors plus communs en Afrique, entre les Arabes et les chrétiens, qu'en Europe, entre peuples de même croyance.

Dans leurs rapports avec le Magreb, la part des sévices et des méfaits imputés aux chrétiens fut peut-être aussi élevée que celle des Arabes. Rien ne peut dépasser l'audace et la violence des actes que les équipages des deux mosattah pisanes commirent en 1200 dans le port de Tunis. Si les récriminations des chrétiens nous paraissent plus répétées, c'est que nous connaissons mieux les documents de leur histoire, et que leur commerce était infiniment plus développé que celui des Arabes.

Nous avons indiqué la situation défavorable qu'eurent pendant quelque temps les commerçants marseillais dans le royaume de Bougie, sous le gouvernement d'Abou-Zakaria II et d'Abou-Yahya Abou-Bekr. Les pièces des archives de Marseille, de 1293 et 1317, nous en font savoir le détail et la gravité. On voulait exiger d'eux le payement des tarifs dès l'arrivée des marchandises à la douane et avant la vente, ce qui était contraire et aux usages et aux traités; plusieurs de leurs concitoyens avaient été frappés, emprisonnés, et n'avaient pu obtenir justice de ces indignes avanies; l'émir avait refusé de les recevoir; des marchandises avaient été arbitrairement retenues à la douane.

Vers la même époque, en 1300, divers sujets de la république de Venise avaient à se plaindre du gouvernement du roi de Tunis, alors Abou-Acida Mohammed, que les scheiks avaient proclamé en 1295, à la place du jeune fils d'Abou-Hafs. Les réclamations ne paraissaient pas toutes bien fondées. La république envoya néanmoins Marin de Molino en ambassade spéciale à Tunis, avec le long rôle des griefs dont elle demandait réparation, si le roi ne voulait que la république ordonnât à ses nationaux de quitter sans délai ses États.

Un Vénitien avait affermé du roi, pour un temps et une somme déterminés, le droit de la gabelle du vin à Tunis ; les agents royaux, trouvant peu après des conditions plus avantageuses auprès d'un marchand pisan, avaient rompu le premier marché, et cela, paraît-il, avec l'assentiment ou sur l'ordre de l'émir. Des hommes de Venise et de Raguse avaient été lésés, maltraités, volés même dans le port de Tunis par des gens de diverses nations, des Pisans, des Sardes, des Toscans et des Génois de Piombino et de Finale ; le doge voulait que l'émir fît rendre raison aux plaignants ou les indemnisât personnellement des dommages éprouvés dans ses eaux. Quelques mots des traités anciens semblaient autoriser cette prétention véritablement exorbitante ; ils disparurent dans les traités suivants. Un autre, un Contarini, se plaignait avec plus de raison de la douane de Tunis, qui avait perçu un droit de sortie sur une certaine quantité de laine achetée pour son compte avec le produit d'un chargement de blé apporté par un de ses navires de Sicile en Afrique.

On ne sait ce qu'il arriva de la mission de Marin de Molino. On ignore aussi quelle suite fut donnée aux doléances que le roi de Naples, comte de Provence, adressa à l'émir de Bougie au nom de la commune de Marseille. Il est vraisemblable que les envoyés de Robert d'Anjou et de Pierre Gradenigo ne quittèrent pas l'Afrique sans avoir obtenu des réparations convenables pour tout ce qu'il y avait de fondé et de légitime dans leurs demandes. Satisfaction dut être donnée également en 1307 et 1315 au roi d'Aragon et à la commune de Barcelone, qui réclamaient contre la confiscation de navires barcelonais jetés à la côte près de Tripoli, quand tous les traités d'Afrique (à quelques rares exceptions près concernant Tlemcen) plaçaient les vaisseaux, les hommes et les biens naufragés sous la sauvegarde royale.

On peut croire qu'on agissait en général, dans les cas semblables, avec la bonne foi et l'esprit de conciliation qui présidèrent à l'examen des nombreuses réclamations de sujets génois que Lucheto Pignoli, ambassadeur de la république, vint présenter en 1287 au roi Abou-Hafs. Un commissaire spécial fut nommé alors par l'émir de Tunis pour examiner chaque affaire avec Lucheto Pignoli; des explications ou des concessions réciproques amenèrent des arrangements partiels sur chaque point, et le 9 juin 1287, dans une réunion solennelle à laquelle furent convoqués le directeur et les principaux fonctionnaires de la douane, les consuls et les chapelains des chrétiens, un acte général, rappelant tous les règlements particuliers, fut signé au palais du sultan. Abou-Hafs abolit à cette occasion l'usage qui autorisait les agents royaux à retenir sur les marchandises génoises ou achetées par les Génois, telles que l'huile et les laines, certains prélèvements en nature; il décida en même temps que les tarifs douaniers seraient perçus non sur l'estimation, mais sur le prix réel de la vente des marchandises. Il promit enfin d'acheter quelques maisons d'habitation contiguës au fondouc des Génois, et d'en gratifier la nation en même temps qu'il ferait agrandir le fondouc d'un autre côté.

On cherchait ainsi à donner une équitable solution aux difficultés pendantes. On interprétait loyalement les articles des traités incertains ou excessifs ; on ne se refusait pas aux indemnités dues pour de réels dommages ; on accordait par les traités nouveaux des concessions qui tendaient toujours à faciliter les affaires des commerçants et à assurer la protection de leurs intérêts. En Europe on croyait aux bonnes dispositions des émirs ; et la loyauté de la douane, qui servait presque toujours d'intermédiaire aux relations d'affaires entre les princes et les étrangers, offrait toute sécurité à cet égard. Aussi en 1236, dans une circonstance où il s'agissait d'indemnités réclamées par des armateurs de Savone pour la destruction d'un de leurs navires incendié dans le port de Ceuta, des marchands génois n'hésitèrent-ils pas à accepter comme une valeur réelle la délégation de la créance des Savonais sur l'émir et la ville de Ceuta.

1292-1323. — Subsides d'argent, d'hommes et de navires échangés entre les rois d'Aragon et de Sicile et les rois arabes. Milices chrétiennes. Prise de Ceuta par l'armée de Maroc et d'Aragon.

Nous sommes encore trop disposés à juger de la situation du nord de l'Afrique et de l'état de ses relations avec les chrétiens sous l'influence des souvenirs de l'époque turque. C'est un écueil et un faux point de vue. Il est certain que, malgré l'antipathie persistante provenant de la différence de religion et d'organisation sociale, il y eut au moyen âge, au moins pendant deux ou trois cents ans, dans le Magreb, entre les chrétiens et les musulmans, des rapports d'intérêts plus multipliés, et plus de confiance réciproque dans ces rapports qu'on ne le pense. Les traités et les chroniques du temps en font foi. Nous avons rappelé les associations politiques que le cours des choses amena plusieurs fois au treizième siècle entre les sultans de Maroc et les rois d'Aragon. Rien ne changea au quatorzième ; comme précédemment, des conventions militaires ou pécuniaires eurent fréquemment lieu entre les rois de Sicile et d'Aragon et les émirs de Tunis, de Tlemcen ou du Maroc.

Durant les luttes d'El-Lihyani et d'Abou-Bekr pour la possession du Magreb oriental, Frédéric de Sicile fournit des subsides en hommes ou en argent, peut-être l'un et l'autre, à El-Lihyani, puis à son compétiteur. Villani, en mentionnant les grands profits que Frédéric retira de ces prêts successifs, adresse au roi un reproche de duplicité qu'il ne paraît pas mériter. Frédéric, alors même qu'il eût été lié par un traité avec El-Lihyani, fut libre, après l'abdication de ce prince, d'employer ses trésors et son armée au mieux de ses intérêts.

En général, les émirs demandaient aux chrétiens des secours effectifs pour la guerre de terre ou de mer : des navires, parce que leur marine était fort amoindrie; des hommes d'armes, parce qu'ils appréciaient beaucoup la manière de combattre des Francs en masse compacte et en bon ordre. Les princes chrétiens demandaient plutôt aux sultans des prêts en numéraire. L'an 1292, Jacques II, roi d'Aragon et de Sicile, pressé d'argent pour solder les armements qu'il avait faits contre Charles d'Anjou, et suffire à ceux qu'il projetait encore, envoya Guillaume Oulomar à Tunis, avec mission spéciale de solliciter d'Abou-Hafs telle somme qui pourrait lui être prêtée par le sultan. En 1307, il adressa pareille demande au nouveau roi de Tunis, Abou-Acida, par l'intermédiaire de son consul, sans dissimuler que les subsides demandés avaient pour objet d'enlever les îles de Sardaigne et de Corse aux Pisans et aux Génois.

Nous avons eu l'occasion de parler des projets qui s'agitèrent quelque temps entre le roi de Maroc, Abou-Yousouf-Yacoub, et le roi Philippe le Hardi, pour une action commune à exercer en Espagne dans l'intérêt des infants de la Cerda. L'entente fut de tout temps plus réelle encore entre le Maroc et l'Aragon, par suite d'une égale défiance contre les rois de Castille et contre les rois de Grenade, vassaux des rois de Castille. Les bonnes relations établies entre Abou-Yacoub, fils d'Abou-Yousouf, et les rois d'Aragon, de 1286 à 1307, continuèrent sous leurs successeurs. Elles se manifestèrent lors de l'occupation de Ceuta par le roi de Grenade, Mohammed Ben-el-Hamar, qu'un parti hostile aux Mérinides avait appelé. Dès l'an 1307 ou 1308 Abou-Thabet, petit-fils d'Abou-Yacoub, avait chargé deux ambassadeurs de demander à Jacques II une flottille de galères destinées à coopérer au siège de Ceuta. Les deux mandataires furent un vieux scheik, nommé Aboul-Abbas, et Bernard Seguin, vraisemblablement l'un des caïds de la milice chrétienne du Maroc. Le langage qu'on leur prête décèle le dédain que les Maures d'Espagne, depuis leur décadence, inspiraient aux musulmans d'Afrique.

Les envoyés dirent au roi d'Aragon « qu'il était vrai-
« ment honteux de voir un homme aussi méprisable que
« le roi de Grenade régner dans le voisinage d'un aussi
« noble prince que lui ; que, quant au roi de Maroc, leur
« maître, il se trouvait humilié de savoir la ville de Ceuta
« occupée par les troupes d'un roi aussi abject que Ben-
« el-Hamar, » et ils ajoutèrent qu'il était de l'intérêt des
deux couronnes de chasser au plus tôt les Andalous de
la place.

La négociation ne marcha pas néanmoins aussi vite
que le désirait le sultan. Le roi Jacques déclara ne pouvoir agir contre le roi de Grenade avant de s'être fait
dégager de la promesse qu'il n'avait pu refuser au roi
Ferdinand, dans le dernier traité de Campillo, de respecter l'émir d'Andalousie, son vassal. Mais il annonça,
et il tint parole, qu'il obtiendrait du roi de Castille d'être
relevé de son engagement. Abou-Thabet mourut sur ces
entrefaites, et fut remplacé par son frère Abou-Rebia
Soliman. Le roi Jacques ne retira pas ses offres. Soliman l'en remercia, en lui envoyant en message Ramon
Torro, parent de Bernard Seguin. Le nouvel ambassadeur
pria le roi d'Aragon de charger un chevalier de venir
sans tarder à Maroc pour conclure le traité définitif, le
sultan ne voulant pas différer à attaquer Ceuta. L'irritation d'Abou-Rebia à l'égard des Andalous n'avait fait
qu'augmenter. Comme le projet de traité, depuis longtemps préparé entre les cours de Barcelone et de Maroc,
obligeait le sultan à ne traiter de la paix avec le roi de
Grenade qu'en commun avec le roi d'Aragon, le sultan,
en confirmant expressément cet article des pourparlers,
ajouta dans un moment d'emportement : « J'aimerais

« mieux traiter avec les Juifs maudits que de faire la
« paix avec les Andalous. » La conclusion du traité
éprouva encore quelques retards par suite de circonstances fortuites. Don Artal d'Azlor, conseiller du roi,
qui devait la terminer, ne put traverser les croisières
que le roi de Grenade avait établies entre Carthagène
et le Maroc, et dut rentrer à Barcelone. Mais le roi Jacques, ayant pu pendant ce temps terminer ses apprêts,
fit partir immédiatement seize galères de guerre sous les
ordres de don Jaspert, vicomte de Castelnau, autorisé
à traiter avec Soliman et à commencer de suite les opérations contre Ceuta.

Nous ne connaissons les conditions du traité que par
les termes des lettres de créance données avec des instructions au vicomte de Castelnau le 3 mai 1309, et par
les événements qui suivirent. C'était une alliance offensive et défensive, plus étendue que celle d'Abou-Yousouf
et de Jacques Ier en 1274. Elle avait pour objet immédiat
la prise de Ceuta sur le roi de Grenade, mais elle était
héréditairement obligatoire et pouvait devenir effective
« contre tous princes maures du monde ». Jusqu'à la reddition de Ceuta, le roi d'Aragon devait fournir à Soliman
cinquante navires et un corps de mille hommes d'armes montés à la genète, c'est-à-dire aux étriers courts,
comme les Maures, mais combattant en bon ordre,
comme les Francs. Le sultan devait garder à sa charge
la solde des hommes d'armes, la fourniture des chevaux
et des chameaux nécessaires à leur service ; il avait à
payer une certaine somme d'argent pour chaque galère ;
il promettait enfin d'abandonner au roi d'Aragon la totalité du butin de Ceuta, et la ville devait rester au sultan,

car on ne faisait aucun doute sur le succès de l'attaque.

Ceuta fut prise en effet cette année même, 1309, grâce au concours des forces chrétiennes, que dirigea don Jaspert, vicomte de Castelnau, négociateur du traité. Après la conquête, la cavalerie chrétienne resta au service du roi de Maroc sous les ordres d'un capitaine nommé Gonsalve. C'est le *caïd Gonsala* des Arabes, qui l'année suivante entra dans la conspiration du grand vizir pour remplacer Soliman sur le trône par Ibn-Othman, un de ses cousins descendant d'Abd-el-Hack, et qui dut vraisemblablement se réfugier en Andalousie, s'il parvint à échapper au ressentiment du sultan.

Soliman, du reste, ne remplit pas toutes les obligations qu'il avait eu hâte de contracter pour former le siège de Ceuta. Il mourut, peu après la conjuration de Gonsalve (1310), sans y avoir entièrement satisfait, laissant le trône à son oncle, Abou-Saïd Othman. Les relations entre les *maisons de Maroc et d'Aragon*, comme on disait dès lors, ne cessèrent d'être bienveillantes durant le long règne de vingt et un ans de ce prince. Les auxiliaires aragonais restèrent, de son temps comme par le passé, dans l'armée maugrebine, bien que l'Aragon n'eût pas alors reçu ce qui lui revenait de l'expédition et de la conquête de Ceuta. Le roi Jacques II se plaignait encore de ces retards à Abou-Saïd dans une lettre du 1er mai 1323. Il priait en même temps le sultan de lui prêter une somme de quarante mille doubles, et de lui renvoyer une centaine de cavaliers de la milice chrétienne, sous les ordres de Jacques Seguin, s'il ne pouvait lui rendre momentanément la milice entière, qu'il aurait voulu réunir de nouveau auprès de lui. Le roi d'Aragon préparait alors toutes ses forces pour l'expédition de Sardaigne, qu'il effectua cette année même, et qu'il termina glorieusement l'année suivante par la conquête de l'île sur les Pisans.

Divisions politiques du Magreb. Prospérité de Tunis.

Le Magreb comprenait toujours à cette époque les trois grandes divisions géographiques et politiques formées dans le siècle précédent du démembrement de l'empire almohade, et d'où sont sortis les trois États barbaresques, si longtemps célèbres et redoutés dans toute la Méditerranée.

Au couchant était l'empire de Maroc, passé définitivement, depuis l'année 1269, du dernier Almohade à la dynastie mérinide. Quelques princes de cette famille régnèrent, avec plus ou moins d'indépendance, à Sedjelmesse, dans la partie sud-est de l'intérieur de l'empire, tout à fait en dehors des relations et de la connaissance des Européens.

Au centre, les Beni-Zian, ou Abd-el-Ouadites, rois de Tlemcen, étaient parvenus à défendre leur souveraineté par une rare énergie et des alliances habilement ménagées entre leurs puissants voisins de Maroc et de Tunis. Les rapports qu'ils entretinrent avec les rois d'Aragon et les rois de Castille servirent également bien leur politique générale et le commerce de leurs sujets.

Tout l'orient du Magreb, depuis Alger, quelquefois possédé par les Beni-Zian, plus souvent resté en dehors de leur royaume, se trouvait sous l'autorité immédiate ou sous la suzeraineté des Hafsides de Tunis.

Après comme avant la possession de Gerba par les

chrétiens, Bougie, réuni à Constantine et à une grande partie du Magreb central, fut assez souvent, on l'a vu, la capitale d'un royaume distinct et héréditaire. Au seizième siècle, les Turcs composèrent la régence d'Alger de ces deux derniers royaumes de Bougie et de Tlemcen, qui forment aujourd'hui l'Algérie. A l'orient, Tripoli résista quelquefois à Tunis et s'érigea en grand fief ou en principauté particulière. La séparation de Tripoli, toujours accidentelle, fut moins fréquente toutefois et de moins longue durée que l'autonomie du royaume de Bougie.

Réduit même à l'Afrique propre la plus restreinte, c'est-à-dire à l'ancienne Proconsulaire et à la Byzacène, ce qui ne se présenta presque jamais, le royaume des Hafsides eût été le plus considérable des États du Magreb, tant la ville de Tunis avait pris d'importance.

Déjà métropole religieuse de l'islamisme occidental, Tunis était devenu pour les Arabes et pour les chrétiens le centre principal du commerce de tout le Magreb. Alexandrie avait sur Tunis l'immense avantage d'être le plus riche entrepôt des marchandises indiennes à la portée des Européens, mais, par les relations et les débouchés avec l'intérieur de l'Afrique, la position de Tunis, correspondant par ses caravanes avec le Darfour et le Sahara, balançait la position d'Alexandrie. On le voit dans Pegolotti, qui, voulant réunir dans son livre, écrit vers 1350, les renseignements les plus utiles aux marchands de son temps, donne les rapports des poids et des mesures de ces deux villes avec les principaux marchés de l'Europe qui s'approvisionnaient dans la Méditerranée.

La population et la richesse de Tunis s'étaient accrues avec son commerce. Sous le règne d'Abou-Yahya Abou-Bekr, qui fut roi de Bougie et de Tunis pendant vingt-huit ans, de 1318 à 1346, on comptait à Tunis sept cents boutiques d'épiciers ; plus de quatre mille individus y étaient occupés aux différentes opérations de la préparation ou de la cuisson du pain. Un voyageur espagnol qui la vit en 1403 la décrit ainsi : « C'est une « fort grande et fort belle ville, extrêmement riche. Elle « a plus de cent mille habitants (1) ; on y voit de belles « maisons, de magnifiques mosquées et des maisons « fortes. Sur une petite hauteur se trouve un magnifi- « que palais (alcazar). Dans l'arsenal sont toujours dix « galères ; le port n'est jamais sans avoir au moins une « galère armée. Je ne connais pas de plus beau pays « que les environs de Tunis. Il y a là au moins trois cents « tours ou pavillons, chacun avec son domaine à l'en- « tour. »

1303-1317. — Nouveaux traités des chrétiens avec les rois d'Afrique. Modification des traités vénitiens. Du maintien possible par tacite réconduction des traités non expressément renouvelés.

Les événements et les révolutions qui modifiaient les limites des États du Magreb n'influaient guère sur les relations de leurs souverains avec les chrétiens. Les rois de Bougie, les rois de Tlemcen, les princes indépendants de Tripoli et de Gerba ont accordé aux marchands

---

(1) Capmany, x, III, 2° p., p. 210. Le ys. suivi par MM. de Circourt et de Puymaigre dans leur savante traduction du Victorial porte quinze mille habitants, chiffre qui nous semble inadmissible, en raison de sa faiblesse. Il faut probablement lire : cent quinze mille habitants.

chrétiens les mêmes garanties et les mêmes avantages qu'à les sultans de Maroc et de Tunis, parce qu'ils avaient tous le même intérêt à favoriser un commerce qui était devenu une source de revenus considérables pour leur trésor.

Peu après le voyage de Marin de Molino à Tunis, le doge Gradenigo envoya un nouvel ambassadeur en Afrique, Marc Caroso, pour renouveler d'une manière générale le privilège de la nation vénitienne, bien que le dernier traité de la république conclu avec Abou-Abd-Allah el-Mostancer, après la croisade de saint Louis, dût rester en vigueur jusqu'en 1311.

Le nouvel accord, signé à Tunis le 3 août 1305, ne laisse pas soupçonner qu'il y eût eu auparavant ni hostilité ni mésintelligence entre les deux États, indice probable que l'on avait fait droit, en 1300, aux réclamations légitimes de Molino. Le traité rétablit et confirme toutes les garanties des anciens privilèges pour la sécurité des marchands et sujets vénitiens, la responsabilité individuelle, la libre juridiction des consuls, la propriété des fondoucs et des églises, l'inviolabilité des marchés faits pour le compte du sultan, la libre importation et exportation de toutes marchandises. Le tout est garanti, sous les droits accoutumés et avec les faveurs d'exception ordinaires, dans tous les lieux du royaume de Tunis (et non de Bougie, alors indépendant) *où existaient des bureaux de douane*. L'article 4, comme l'acte de 1287 l'avait accordé aux Génois, supprime les prestations supplémentaires et en nature que la douane prélevait sur certaines marchandises. Par deux fois, il est expressément déclaré que les marchandises achetées avec l'argent provenant des ventes d'objets importés seraient exemptes des droits d'exportation. La faveur s'étendit même aux acquisitions faites avec le prix du nolis des navires venus en Afrique. Molino avait eu à réclamer, en vertu de ce principe inscrit dans les traités antérieurs, plusieurs indemnités qui ne purent lui être loyalement refusées.

L'ambassadeur avait dû être moins heureux quand il demandait que le sultan dédommageât les sujets vénitiens des méfaits ou des violences éprouvés dans les ports de ses États de la part d'autres marchands chrétiens. Les anciens traités disaient bien, comme Marin de Molino ne manqua pas de le rappeler, que le roi de Tunis « promettait de réparer les dommages et « les torts soufferts dans ses États par les sujets véni-« tiens, quand le tort et le dommage viendraient du fait « des Sarrasins ou de chrétiens alliés avec les Sarrasins : « *habentibus pacem cum Moadinis.* » Nous ne connaissons pas le libellé arabe correspondant à cet article, et nous ne pouvons par conséquent savoir rigoureusement toute la portée que lui donnaient les Arabes, parce que, dans le cas de débat, les musulmans n'admettaient pas qu'on pût leur opposer un autre texte que la rédaction arabe.

Mais alors même que cette rédaction eût étendu l'obligation des princes arabes à indemniser les Vénitiens des méfaits éprouvés en Afrique de la part des chrétiens alliés, on dut rencontrer toujours d'insurmontables difficultés à faire exécuter de semblables promesses, manifestement excessives. Tout ce que l'on pouvait demander équitablement au gouvernement arabe, c'était d'obliger ses propres sujets, coupables de voies de fait, de dol ou de vol au détriment de Vénitiens, à indemniser les ayants droit, ou à les indemniser lui-même directement, sauf son recours contre les auteurs du dommage. Quand les coupables étaient des chrétiens, il lui suffisait, pour satisfaire à l'esprit des traités, de les livrer à la justice de leurs consuls. Rendre les émirs responsables des méfaits d'étranger à étranger était une prétention non seulement exorbitante, mais presque impraticable. Si les chrétiens en maintinrent l'expression dans la rédaction latine des traités, dont les Arabes se préoccupaient fort peu, ils ne purent jamais s'en prévaloir efficacement dans leurs réclamations, et ils durent finir par abandonner un protocole illusoire. Le nouveau traité de 1305, dans une disposition de l'article 1er, conservée depuis lors par les traducteurs des traités subséquents, se borne en effet à déclarer « que, si un sujet « vénitien était attaqué ou lésé par un Sarrasin (sujet « du roi de Tunis), le roi devrait faire indemniser le « Vénitien de l'agression ou du dommage qu'il aurait « subi, » ce qui était conforme à l'équité, sans qu'il fût désormais question des torts réciproques de chrétien à chrétien.

Le traité de Marc Caroso, arrêté au mois d'août 1305 pour dix années solaires, ne devait rigoureusement conserver sa valeur que jusqu'au mois d'août 1315. Le traité subséquent de la république de Venise avec le roi de Tunis, alors Abou-Yahya-Zakaria el-Lihyani, roi dans l'Afrique propre, pendant qu'Abou-Yahya Abou-Bekr régnait à Bougie, est du 12 mai 1317. Le commerce des Vénitiens dans le Magreb oriental ne fut pas suspendu durant les deux années qui s'écoulèrent entre l'expiration de l'ancien pacte et la conclusion du nouveau. Des intervalles plus considérables ont séparé quelquefois l'expiration et le renouvellement d'un traité, sans que le commerce ait paru souffrir pendant ce temps. On admettait vraisemblablement qu'à moins d'une dénonciation formelle de la déchéance d'un traité à sa date rigoureuse, il restait en vigueur par une sorte de tacite réconduction, alors même que les contractants n'en avaient pas stipulé la prorogation.

Le traité de 1317 reproduit presque littéralement celui de 1305. Il fut conclu à Tunis par Michelet Micheli, sénateur et ambassadeur vénitien, pour une durée de quinze années, avec les représentants du sultan El-Lihyani, qui, alarmé de l'invasion d'Abou-Yahya Abou-Bekr, roi de Bougie, dans ses propres États, s'était retiré, suivi d'une partie de ses troupes, à Gabès, où il abdiqua bientôt. Le traité de Tunis le plus rapproché de l'échéance de ce nouveau pacte est encore postérieur de soixante ans à l'année 1332; c'est celui que Jacques Valaresso, ambassadeur et consul de la république, fit approuver par le roi Aboul-Abbas, le 4 juillet 1392, après d'assez longues conférences.

Il est donc possible que le traité de 1317, maintenu en vigueur par le consentement réciproque des doges de Venise et des rois de Tunis, sans un renouvellement exprès, soit demeuré l'acte incontesté et respecté des franchises vénitiennes dans le Magreb oriental pendant les soixante-quinze ans qui séparent l'ambassade de Michelet Micheli de celle de Valaresso.

1313-1353. — Traités des Pisans. Révolutions et désordres en Afrique.
Invasion des Mérinides à Tunis.

Le dernier traité connu des Génois avec le royaume de Tunis était celui de 1264. Valable pour une période de vingt ans, il arrivait au terme de sa durée en 1284. On ne connaît pas l'acte qui dut le proroger.

Sous le règne d'El-Lihyani, la république de Pise envoya deux ambassadeurs à Tunis, Jean Fagioli et Renier del Bagno. Ils négocièrent le nouveau traité du 14 septembre 1313, où il est fait particulière mention des fondoucs qu'avaient alors les Pisans à Tunis, à Bone, Gabès, Sfax et Tripoli. L'instrument, rédigé d'abord en arabe, suivant l'usage, quand la négociation avait lieu en Afrique, dut être traduit ensuite en latin ou en italien, par les interprètes officiels, et l'expédition originale du texte arabe, conservée encore aujourd'hui aux archives de la république de Pise à Florence, dut être rapportée en Italie par les ambassadeurs eux-mêmes avec l'original latin, perdu depuis longtemps.

Le traité, conclu pour dix ans, expirait en 1323; nous ne trouvons cependant de nouveau pacte général entre les États de Pise et de Tunis que trente ans après, en 1353, sous le règne d'Abou-Ishac II, fils d'Abou-Yahya Abou-Bekr, l'ancien roi de Bougie, qui s'était emparé du trône de Tunis en 1318, sur son cousin Abou-Derba, fils d'El-Lihyani, et qui était mort en 1346, après un règne long et assez prospère de vingt-huit ans.

La plus affreuse confusion divisa les princes, les grands et les tribus d'Afrique à la mort d'Abou-Bekr. Les provinces et les villes s'insurgèrent. Bougie, Constantine, Gerba, Tripoli, le Djerid, voulurent avoir des chefs ou des émirs particuliers. Dès le lendemain de la mort de son père (octobre 1346), Abou-Hafs Omar avait occupé le palais royal et s'était fait proclamer sultan. Aboul-Abbas Ahmed, gouverneur du Djerid, qu'Abou-Bekr lui-même avait publiquement déclaré comme son héritier, marcha aussitôt contre son frère, et parvint à s'emparer de la capitale; il fut tué peu après par Abou-Hafs, qui reprit l'avantage. Le sultan de Maroc, Aboul-Hassan, profitant de ces désordres, envahit le royaume d'Afrique, poursuivit AbouHafs, qui périt près de Gabès, et resta maître de Tunis au mois de septembre 1347. L'occupation mérinide se prolongea pendant deux ans. En 1349 enfin, les scheiks du Djerid et du Magreb oriental, après avoir battu les Marocains à Kaïrouan, les obligèrent à rétrograder vers l'ouest, et proclamèrent l'émir Aboul-Abbas el-Fadl, autre fils d'Abou-Bekr, gouverneur de Bone (1349); mais l'année suivante (juillet 1350) Ibn-Zafraguin, ancien chambellan et premier ministre d'Abou-Bekr, fit reconnaître un quatrième fils du sultan, fort jeune alors, qui est cet Abou-Ishac II avec lequel traita la république de Pise en 1353.

On possède encore l'original arabe et latin du traité conclu dans un pavillon du jardin royal de Tunis, le 16 mai de cette année, au nom d'Abou-Ishac-Ibrahim Abou-Yahya, par le vice-roi Ibn-Zafraguin et Rainier Porcellini, ambassadeur de la république.

L'assemblée convoquée à cette occasion comptait un grand nombre de notables chrétiens et sarrasins, parmi lesquels figurent deux capitaines ou alcades des soldats chrétiens au service d'Abou-Ishac. Un des soldats de la milice franque, Ferrand Perez, à qui l'on a soin de conserver sa qualification de chrétien, fut l'interprète des négociations et de la translation du traité de l'arabe en latin ; mais l'ambassadeur, sachant l'arabe, prit part lui-même plusieurs fois aux discussions des articles avec le vizir, et en jura l'exécution dans la langue du pays. Les deux rédactions d'ailleurs, quoique très différentes de forme et d'expressions, renferment les mêmes stipulations et donnent les mêmes garanties de sécurité et de protection aux personnes, aux établissements, au culte et au commerce des Européens, conformément aux principes antérieurs. La facilité des relations qu'avaient toujours les Pisans avec l'Afrique et les longs séjours qu'ils y faisaient ressortent de cette seule circonstance qu'on laissait quelquefois un délai de deux ou trois ans aux marchands pisans résidant en Afrique pour régler leurs comptes avec les douanes arabes.

1317-1364. — Relations de Gênes, de Naples et de la Sicile avec l'Afrique. Rares notions sur ces rapports.

Nous nous trouvons à cette époque, et pendant assez longtemps, sans notions précises sur le commerce et les rapports de la république de Gênes et des royaumes de Naples et de Sicile avec les divers souverains de l'Afrique. Un siècle entier s'écoule entre le dernier traité génois conclu à Tunis par Lucheto Pignoli, en 1287, et le traité immédiatement postérieur, qui fut négocié par Frédéric Lecavelo, en 1383, traité perdu, dont nous avons un renouvellement de 1391. Les Génois ne s'éloignèrent pas toutefois de l'Afrique après l'accord de 1287. Malgré la violence des luttes des Guelfes et des Gibelins, malgré les guerres fréquentes et souvent heureuses contre les Vénitiens et les Aragonais, le commerce génois, protégé par les escadres de la république, put maintenir partout ses avantages. Une attaque de la flotte de Doria contre l'émir de Tripoli (1355), quoique tolérée par le roi de Tunis, altéra cependant les rapports de la république avec les princes hafsides; et plus tard une rupture plus grave éclata entre les deux États.

Nous ne savons rien des relations qui n'avaient pu cesser tout à fait entre la Sicile et le royaume de Tunis, après la perte des îles du golfe de Gabès en 1335, jusqu'au temps où les documents du règne des rois Martin le Vieux et Martin le Jeune nous apportent, vers la fin du quatorzième siècle, des notions positives sur les tentatives faites pour conclure un traité de paix définitif entre les cours de Palerme et de Tunis, bien que les rois de Sicile n'abandonnassent pas même alors la revendication de l'île de Gerba. En 1364, Frédéric III, projetant une expédition qu'il confia à Jean de Clermont, le nommait par avance châtelain de Gerba et de Kerkeni, avec tous les droits de justice. Ces prétentions et ces préparatifs, alors même qu'ils n'étaient pas suivis d'effet, devaient entretenir des hostilités presque incessantes entre la Sicile et la côte d'Afrique.

La Sicile d'ailleurs ne prospérait guère depuis l'expulsion des Français. Après le règne de Pierre d'Aragon, tout souffrit à la fois dans l'île, la marine, l'industrie et l'agriculture. Un historien bien peu sympathique à la France, M. de Sismondi, en a fait lui-même la remarque.

Les rois de Naples auraient pu profiter de ces circonstances, si la guerre des Guelfes et des Gibelins et l'invasion du roi de Hongrie n'eussent retenu toutes leurs forces en Italie. Ils ne niaient pas sans doute l'obligation qui leur incombait, comme comtes de Provence, de protéger les intérêts des Marseillais en Afrique et ailleurs; mais il est douteux que l'affaiblissement de leurs propres ressources leur ait permis de les défendre efficacement.

1302-1311-1349. — Traités des rois de Majorque jusqu'à la réunion du royaume de Majorque à l'Aragon et du bas Languedoc à la France. Les rois de Majorque veulent avoir un consul particulier à Tunis.

Jacques Iᵉʳ d'Aragon, en cédant le royaume de Majorque à son fils Jacques, avec les seigneuries de Roussillon et de Montpellier, avait fait une réserve de suprématie et de direction que sa qualité de père et de donateur pouvait autoriser, mais que ses successeurs n'avaient pas qualité pour revendiquer. Ils voulurent néanmoins continuer à considérer l'ensemble des pays réunis sous le sceptre des rois de Majorque comme une dépendance de la couronne d'Aragon et comme une partie intégrante de la monarchie catalane. Les princes baléares résistaient à ces prétentions, et cherchaient à exercer partout et librement les droits d'une vraie royauté. Il était naturel qu'ils tinssent à avoir en Afrique, comme ailleurs, des consuls particuliers nommés par eux, et veillant d'une manière directe aux intérêts de leurs sujets, sans obliger ceux-ci à recourir à la protection des consuls aragonais, ce qu'exigeaient les princes de Barcelone. Pierre de Fossé, maître d'hôtel du roi Jacques II d'Aragon, envoyé à Tunis en 1306, eut à s'occuper de cette question. Ses instructions le chargeaient d'empêcher le roi Abou-Acida d'accéder à la réclamation du roi de Majorque, en représentant au sultan « qu'il n'y avait jamais eu à Tunis qu'un seul « consul des Catalans, celui du roi d'Aragon, que ce « consul suffisait à représenter et à défendre les intérêts « de tous ses nationaux, que lui seul enfin devait être « consul des Catalans, attendu que le roi de Majorque « tenait ses États pour le roi d'Aragon. »

Le traité existant alors entre Tunis et l'Aragon était sans doute le traité conclu vers l'année 1302 ou peu auparavant. Nous n'en connaissons pas le texte. Il ne renfermait pas évidemment de déclaration positive à cet égard, puisque le roi d'Aragon sollicitait cette déclaration en 1306, quand il envoyait Pierre de Fossé à Tunis. Le traité de 1302, ayant été renouvelé en 1308 pour une durée de dix ans, par le simple échange de lettres entre Jacques II et Abou-Acida, la question des consuls, comme on dirait aujourd'hui, ne reçut pas dans cette circonstance de solution diplomatique. Nous ne savons si les rois de Majorque avaient déjà obtenu en ce moment la satisfaction qu'ils demandaient à la cour de Tunis; mais le premier traité que nous connaissons d'eux avec l'Afrique nous les montre en pleine possession des droits de la souveraineté, y compris le droit de nommer des consuls sans aucune ingérence ou partage des rois d'Aragon, avec lesquels il y avait eu sans doute un accord particulier à cet égard.

Le 27 janvier 1313, en présence de Jacques Rostaing, consul du roi d'Aragon, de Bernard d'Ultzina, comptable juré (*scriptor juratus*) du fondouc d'Aragon à Tunis, de divers prêtres et religieux, de Laurent de Berga, comptable (*escriva*) de la milice chrétienne de Tunis, et de plusieurs scheiks arabes, fut signée à Tunis, par les soins d'un notaire royal d'Aragon, la traduction authentique en langue catalane du traité, rédigé d'abord en arabe, entre le roi de Tunis, Abou-Yahya el-Lihyani et don Sanche, roi de Majorque, seigneur de Roussillon, de la Cerdagne et de Montpellier, représenté par son ambassadeur, Grégoire Salembe. Ce traité, le premier peut-être que les nouveaux rois de Majorque aient obtenu en leur nom personnel des rois de Tunis, et le seul qui nous soit parvenu, leur attribue tous les droits, avantages et prérogatives des traités conclus avec les autres États souverains. Les sujets des rois de Majorque devaient avoir un consul national à Tunis pour rendre la justice. Il leur était loisible de commercer et d'aborder dans tous les ports de l'émir où se trouvaient des bureaux de douane, condition insérée dans la plupart des traités, non comme une restriction, mais comme une mesure d'ordre destinée à faciliter la perception des droits royaux. De nombreuses dispositions sont arrêtées pour réglementer le droit de course et empêcher la vente d'objets ou de personnes enlevés par les corsaires sur les navires ou les côtes des États contractants.

Le sultan promet en outre que les sujets du roi Sanche *auront* un fondouc avec un four pour eux seuls à Tunis et à Bone. Cette disposition annonce plutôt un établissement à créer qu'un état de choses préexistant. Il est donc vraisemblable que les marchands de Montpellier et des autres terres françaises possédées par les rois baléares déposaient jusque-là leurs marchandises, comme les Majorcains, dans les fondoucs aragonais. On sait d'ailleurs que les frais de première installation et d'entretien de ces entrepôts étaient à la charge des souverains arabes.

Nous n'avons pas d'autre traité sur les relations particulières du royaume de Majorque avec les rois de Tunis. Rien n'autorise à croire toutefois que le roi Jacques II, successeur de don Sanche, n'obtint pas en 1335, date de l'expiration du traité de 1313, son renouvellement du sultan Abou-Bekr. Obligé, en 1327 et 1339, de faire hommage aux rois d'Aragon et de reconnaître comme mouvants de leur couronne tous ses États maritimes et la plus grande partie de ses terres de France, Jacques de Majorque n'en conserva pas moins ses droits royaux.

Il conclut souverainement, l'an 1339, un traité général de paix et de commerce avec Aboul-Hassan, sultan de Maroc, maître alors de tout le royaume des Beni-Zian, conquis sur Abou-Tachefin. Amalric de Narbonne fut le chef de l'ambassade envoyée par le roi Jacques à cet effet au Magreb-el-Aksa. Le traité dû à ses soins, après avoir été écrit en arabe et en catalan sur la même feuille de parchemin, fut scellé dans la ville même de Tlemcen, au palais royal, le jeudi 15 avril 1339, en présence du sultan Aboul-Hassan, qui y fit apposer son cachet et tracer l'*élamé* ou invocation pieuse remplaçant la signature des princes musulmans. Cette pièce précieuse existe encore en original à Paris, dans les portefeuilles de la Bibliothèque nationale.

Il ne fut pas donné à Jacques II de voir le renouvellement de son traité marocain. Conclu pour dix années chrétiennes, l'accord de Tlemcen expirait en 1349, et le roi de Majorque, soupçonné d'intelligences hostiles avec le roi de France et le sultan du Magreb, perdit successivement en 1343 les Baléares et le Roussillon, que le roi Pierre IV réunit à l'Aragon par un acte public, lu du haut de la chaire de l'église Saint-Jean de Perpignan le 22 juillet 1344. Le roi de Majorque, appelé depuis « Jacques de Montpellier » dans la chronique de son royal beau-frère, tenta vainement de recouvrer ses États, tantôt par les armes, tantôt par la médiation du pape et du roi de France. Réduit à ses terres du bas Languedoc, dont il avait été contraint d'aliéner déjà une partie, il prit à la fin une résolution désespérée. Le 18 avril 1349, il vendit au roi Philippe de Valois tout ce qui lui restait de la seigneurie de Montpellier. Au moyen des cent vingt mille écus d'or, prix de cette vente, accrus de quelques subsides de la reine de Naples, il organisa une expédition en Provence et se porta sur l'île de Majorque. Une mort glorieuse l'enleva le 25 octobre 1349, dans la première bataille livrée après son débarquement.

Pierre IV avait fait sa paix avec le roi de Maroc, et nous aurons à parler plus tard des traités qui réglèrent les intérêts des rois d'Aragon en Afrique depuis qu'ils avaient succédé aux droits des rois de Majorque sur le Roussillon.

1302-1345. — Traités des rois d'Aragon avec les rois de Bougie, de Tlemcen, de Maroc et de Tunis.

Les rois d'Aragon, en cherchant surtout dans leurs

relations avec les émirs berbères l'avantage de leur politique personnelle, avaient eu l'occasion de s'occuper aussi des intérêts de leurs sujets. Quelques traités essentiellement commerciaux, et semblables à ceux des républiques italiennes, furent à cet effet conclus par eux avec tous les princes d'Afrique, qui allèrent souvent au-devant de leurs désirs.

Abou-Yahya Abou-Bekr, sultan de Bougie de 1298 à 1318, avant de réunir ce royaume à celui de Tunis, conclut deux traités d'union politique et commerciale avec le roi d'Aragon Jacques II, en 1309 et 1314. En ces deux occasions le prince arabe confia ses pleins pouvoirs à des agents chrétiens. Don Garcias Perez de Mora, mandataire d'Abou-Bekr, vint négocier pour lui, en 1309, dans la ville de Barcelone, un traité qui fut arrêté et authentiqué des sceaux du roi Jacques et de l'ambassadeur, le 8 mai de cette année. On y trouve assurés, avec toutes les garanties ordinaires, le libre commerce et le séjour des sujets aragonais dans le royaume de Bougie, sous la protection de leurs consuls. Réciproquement, bon accueil et sûreté sont promis « aux « Sarrasins, marchands et autres, quels qu'ils soient, de « la terre et seigneurie du roi de Bougie, qui de tout « temps, autrefois comme aujourd'hui, est-il dit dans « l'instrument de paix, se rendent en grand nombre dans « les terres de la seigneurie du roi d'Aragon. »

La vieille inimitié des Aragonais contre les Génois, qui les disposait à être en tous pays les alliés de la république de Venise, se manifeste, en même temps que les progrès de leur commerce, dans les traités conclus à cette époque avec les rois d'Afrique. Partout ils réclament les mêmes droits, les mêmes traitements et conditions que les autres nations, mais surtout les droits et les faveurs dont jouissent les Génois. Sachant que les sujets de la république avaient à Djidjelli une certaine franchise particulière, ils n'acceptèrent l'exception qu'avec regret, et c'est peut-être à leur jalouse susceptibilité qu'il faut attribuer le silence des derniers traités génois sur ce fait. L'acte négocié par Perez de Mora comportait d'ailleurs plus qu'une entente au sujet des relations commerciales. Le roi Jacques y promet de tenir pendant cinq ans à la disposition d'Abou-Bekr (et cela moyennant les prix convenus) dix galères de guerre, avec quatre engins ou catapultes. Le roi de Bougie pouvait diriger cette flottille « contre toutes « terres de Maures », particulièrement, est-il dit, contre la ville d'Alger, sa principale position vers l'ouest, dont le gouverneur Ibn-Allan s'était depuis peu révolté.

Le traité de 1314, arrêté le 7 janvier, en prorogation amplifiée du traité de 1309, par les soins de Jean Poculuyl, consul aragonais de Bougie, venu à Valence avec la procuration d'Abou-Bekr, ne rappelle pas l'éventualité de l'attaque d'Alger et de l'envoi de galères armées au roi de Bougie. Mais l'alliance d'Abou-Bekr et de Jacques II n'en était peut-être que plus effective alors. Quelque convention spéciale aux opérations militaires, aujourd'hui perdue, avait dû en déterminer les conditions. Les circonstances s'étaient en effet aggravées depuis le traité de Barcelone. Le roi de Tlemcen, Abou-Hammou Ier, appelé comme un appui par Ibn-Allan, s'était emparé de la ville d'Alger, et, dominant de ce point les territoires du Chélif et la Médiana, il n'aspirait à rien moins qu'à réunir tout le royaume de Bougie à ses États.

La simultanéité des attaques d'Abou-Bekr et de Jacques II contre le roi de Tlemcen en ces conjonctures annonce suffisamment qu'il y avait eu concert et vraisemblablement traité positif entre ces princes. La flotte d'Aragon, équipée dans les ports de Barcelone et de Valence, et en partie soldée par les municipalités de ces villes, battit la flotte d'Abou-Hammou, pendant que les troupes et les navires d'Abou-Bekr détruisaient la forteresse qu'il avait fait élever à Zeffoun à l'est de Dellys. Une pièce des archives de Barcelone rappelle que la flotte du roi de Castille agit également contre le royaume de Tlemcen, et nous montre, en rappelant les discussions survenues entre les vainqueurs au sujet du partage du butin et des esclaves maures, que le roi d'Aragon avait formellement ordonné aux commandants des navires de respecter les personnes et les biens des sujets des rois de Bougie et de Tunis, ses alliés.

Abou-Hammou étant mort assassiné au mois de juillet 1318, le roi d'Aragon paraît avoir établi de bons rapports avec Abou-Tachefin Ier, son fils, qui lui succéda.

Le 24 avril 1319, le chevalier Bernard Despuig et un notable citoyen de Barcelone, Bernard Zapila, recevaient mission de se rendre à Tlemcen; ils devaient exposer au nouveau sultan que le roi Jacques, connaissant ses bonnes dispositions à l'égard de l'Aragon avant et depuis son avènement au trône, désirait contracter avec lui un traité de paix et de commerce, s'il voulait bien consentir au rachat des captifs aragonais qui se trouvaient alors en grand nombre dans ses États. Les ambassadeurs avaient ordre de se refuser à tout traité s'ils n'obtenaient d'Abou-Tachefin la délivrance de la totalité ou d'une partie des prisonniers, au moins cinquante. Si le rachat ou la délivrance de trois cents esclaves était concédée, ils pouvaient accorder un traité de dix ans et promettre en outre au sultan que le roi d'Aragon permettrait l'armement à son compte d'un certain nombre de galères dans ses ports. Enfin le roi autoriserait en ce cas la création d'un nouveau corps de milice chrétienne, comme les rois d'Aragon l'avaient toujours permis à ses prédécesseurs, en laissant, suivant l'usage, à leur charge l'entretien de ces troupes. Les ambassadeurs devaient insinuer qu'en retour de ces concessions le roi Jacques verrait avec plaisir rétablir la coutume des *anciens rois* de Tlemcen de *servir* chaque année à la couronne d'Aragon un cadeau de trente mille besants en signe de bon accord et d'amitié.

Sans exiger que des stipulations précises fussent à cet égard insérées dans le présent traité, dont l'objet principal était le rétablissement de la paix avec le roi de Tlemcen et la délivrance des prisonniers, les ambassadeurs devaient demander trois choses : 1° que le droit de naufrage (aboli dans tous les autres États maugrebins) ne fût pas pratiqué à l'égard des Aragonais dans le royaume de Tlemcen; 2° que les tarifs des douanes fussent rétablis dans cet État tels qu'ils étaient autrefois; 3° que, si le roi d'Aragon venait à déclarer la guerre au roi de Grenade, il lui fût loisible d'acheter des vivres et divers objets sur les côtes de Tlemcen, et qu'enfin, le cas de guerre échéant, l'émir Abou-Tachefin employât tous ses efforts à empêcher le sultan de Maroc d'expédier des secours aux Andalous.

On ne connaît pas la suite de la mission de Despuig et de Zapila. Mais le cours des événements amena, après la mort de Jacques II, une situation bien différente de celle que prévoyait le traité, en brouillant Abou-Bekr avec le roi d'Aragon, alors Pierre IV, et provoquant une de ces collisions générales des rois espagnols et des émirs musulmans qui éclataient quelquefois après un long cours de paisibles relations.

On se rappelle ce qui a été dit précédemment de la bonne entente entretenue entre le Maroc et l'Aragon, sous les Mérinides comme sous les Almohades, par une commune jalousie contre la Castille. On sait que les armes d'Aragon furent souvent employées par le sultan contre la ville de Ceuta, et qu'en 1309 la ville avait été conquise sur le roi de Grenade grâce à la coopération des galères du roi Jacques. Le commerce aragonais ne pouvait que profiter de ces événements. De l'ensemble des stipulations militaires ou financières qui s'étaient succédé depuis le règne d'Abou-Yousouf et de Jacques Ier, en 1274, 1309 et 1323, ressortaient, alors même qu'elles n'étaient pas l'objet d'une déclaration spéciale, la possibilité et la sécurité des relations entre les deux États. Les successeurs d'Abou-Yousouf, et Aboul-Hassan lui-même, avaient été favorables à ces rapports ; vers l'an 1338, on remarque un changement défavorable..

Maître du royaume de Tlemcen, qu'il avait conquis sur Abou-Tachefin, et de la ville de Gibraltar, qu'il avait enlevée au roi de Castille en 1333, Aboul-Hassan avait cru le moment opportun de reprendre contre l'Espagne en général les vieux desseins d'Abd-el-Moumen et d'Almanzor. Quand un émir déjà puissant venait à agiter de semblables projets avec quelque chance de réussite, il était difficile qu'il n'eût tôt ou tard pour alliés tous les princes musulmans de son voisinage. Aboul-Hassan fut secondé par le roi de Grenade Yousouf Ier ben-Ismaïl et par Abou-Bekr, alors roi de Bougie et de Tunis, dont il épousa plus tard une fille. Par suite d'un mouvement analogue chez les chrétiens, il trouva réunies pour la guerre sainte les flottes et les armées des rois de Castille, de Portugal et d'Aragon.

La longue guerre qui s'ensuivit amena de nouveaux désastres sur l'islamisme. Aboul-Hassan et Yousouf furent battus sous les murs de Tarifa (29 octobre 1340); la ville fut emportée d'assaut; Alcala-la-Real et Algésiras (1342) eurent le même sort, et les émirs, battus et consternés, furent obligés de demander la paix aux rois chrétiens, qui l'accordèrent. Le roi d'Aragon Pierre IV a modestement consigné ainsi, dans la chronique de son règne, le rétablissement de bons rapports avec les princes arabes en ce qui le concerne : « Le mardi
« 1er février 1345, vint nous trouver à notre château de
« Perpignan le caïd Abelfacem, messager du roi You-
« souf, qui avait pouvoir et de lui et du roi Aboul-
« Hassan pour traiter de la paix avec nous. Le vendredi
« suivant, nous confirmâmes un traité de paix de dix ans
« avec les messagers des rois de Grenade et de Maroc. »

Les relations de l'Aragon avec le royaume de Tunis continuaient, depuis les Vêpres siciliennes, dans un esprit de bienveillance favorable aux marchands des deux pays. En 1309, Abou-Acida, roi de Tunis, et Jacques II, avaient prorogé pour dix ans le traité de paix et de commerce qui paraît avoir été conclu entre les deux princes, vers 1302, par Raymond de Villeneuve. Le texte de ce traité n'est pas parvenu jusqu'à nous ; on connaît celui que Guillaume Oulomar conclut pour le remplacer, le 21 février 1314, à Tunis, au nom du roi Jacques II et du sultan Abou-Yahya-Zakaria el-Lihyani. Nous avons aussi le traité signé à Barcelone même, le 1er mai 1323, avec le roi Jacques II par l'ambassadeur d'Abou-Yahya Abou-Bekr, roi de Tunis et de Bougie, pour confirmer et proroger de quatre ans encore le traité de Guillaume Oulomar, qui devait arriver à son terme en 1324.

Ces accords maintiennent la position satisfaisante des Aragonais dans les royaumes de Tunis et de Bougie. Celui de 1323 règle quelques faits particuliers. Depuis le traité de Raymond de Villeneuve, les rois de Tunis, afin d'acquitter certaines sommes dues par eux aux rois d'Aragon, leur avaient abandonné la moitié des droits perçus à la douane de Tunis sur les marchands de leur royaume. En 1306, pour hâter l'acquittement de la dette, Jacques II demanda à Abou-Acida de céder la totalité de la recette. On ne sait ce qui fut positivement résolu ; mais il paraît que la cession ne fut pas consentie. La perception restait d'autant plus insuffisante, que les officiers tunisiens ne livraient pas au roi d'Aragon tout ce qu'ils auraient dû remettre. Pour en finir à cet égard, le traité de 1323 régla que pendant les quatre années de sa durée il serait compté annuellement au roi d'Aragon une somme de 4,000 doubles d'or, savoir 3,000 pour le royaume de Tunis, et 1,000 pour le royaume de Bougie.

Si le roi de Tunis venait à avoir besoin de galères pour son service ou pour la guerre, à cette condition seule que l'attaque ne fût pas dirigée contre une puissance chrétienne, le roi d'Aragon promettait de lui en prêter un certain nombre, d'une jusqu'à vingt, à raison de 3,000 doubles d'or, payables par galère chaque quatrième mois de service. Le traité considère la course, la piraterie même, comme un moyen de guerre habituel et légitime chez les chrétiens comme chez les musulmans. Il n'énonce aucune mesure indiquant chez l'une ou l'autre partie l'intention de renoncer à cet usage; mais l'emploi des corsaires est interdit, pendant la durée du présent traité, entre l'Aragon et les royaumes de Tunis et de Bougie. Il est dit en outre que, si, nonobstant les défenses respectives publiées par les contractants, l'un de leurs corsaires venait à capturer les gens ou les biens de l'autre puissance, la première devrait complètement réparer les dommages et empêcher absolument que les pirates pussent mettre à l'encan dans l'étendue de ses États les objets ou les personnes enlevées. Il est expressément déclaré ensuite que les méfaits réciproques des pirates chrétiens et musulmans ne devront jamais faire encourir la moindre responsabilité au commerce; que les marchands pourront comme d'habitude passer d'un pays dans l'autre en toute sécurité, car, dit sagement le traité, « les marchands sont gens qui vivent et qui « voyagent sur la foi royale, et le méfait d'autrui ne « doit jamais leur nuire. »

Enfin l'on prévoit le cas où le présent accord ne serait ni renouvelé ni remplacé dans les quatre ans de sa durée, et l'on réserve un délai de six mois au delà de son échéance pendant lesquels les marchands et les sujets des deux États pouvaient se rapatrier en toute sécurité avec leurs biens et leurs familles.

Les documents font ici complètement défaut pour suivre les rapports de l'Aragon avec le royaume de Tunis. Capmany, en signalant cette circonstance inexpliquée, n'élève aucun doute sur la continuité et la reprise de ces relations, après les quelques années de guerre qui durent les interrompre. L'extension de la marine et de la puissance de l'Aragon ne pouvait en effet qu'être favorable au commerce de ses marchands avec la côte d'Afrique.

Grâce à leurs alliances avec les Vénitiens, à leurs consulats et à leurs possessions nombreuses de terre et de mer, les successeurs de Jacques Ier avaient fait de l'Aragon le troisième État maritime de la Méditerranée. Leurs flottes ne pouvaient craindre que celles de Gênes ou de Venise. Outre les royaumes de Valence et d'Aragon, ils possédaient la Sardaigne, la Corse et les îles Baléares; ils conservaient au delà des Pyrénées Perpignan, le Roussillon et la Cerdagne, que les rois de France leur avaient abandonnés en gardant la seigneurie de Montpellier. Sans avoir des colonies aussi multipliées, et sans tenter des entreprises aussi lointaines que les Vénitiens et les Génois, leurs marins et leurs marchands faisaient un commerce presque aussi considérable dans les ports de la Méditerranée, du levant à l'occident.

1320. — Le commerce chrétien, borné au littoral, ne pénétrait pas dans l'intérieur de l'Afrique.

Les marchands chrétiens, en rapport avec l'Afrique

du nord-ouest, pouvaient librement communiquer avec tout le pays et voyager sûrement partout ; toutefois leurs relations commerciales étaient essentiellement limitées aux villes de la côte. Aucune nation européenne n'a eu et n'a probablement tenté d'établir des échanges directs avec les populations de l'intérieur, pas même avec les villes considérables un peu éloignées du rivage, telles que Sedjelmesse, Milianah, Sétif, Constantine ou Kaïrouan. Quelques voyages isolés de marchands florentins ou catalans à Kaïrouan ou à Constantine ne constituent pas des relations habituelles. Bien que les villes capitales de Maroc et de Tlemcen leur fussent accessibles, il est douteux qu'ils y eussent des comptoirs et des centres d'affaires importants. C'eût été multiplier sans avantage les dépôts et les chargements de marchandises. Toutes leurs grandes opérations devaient se concentrer et s'effectuer dans les villes maritimes. C'est là que les indigènes envoyaient naturellement tous les produits du pays et que les Européens apportaient leurs propres marchandises. Les ports de la côte, suffisamment nombreux, habités par les consuls et les marchands, étaient les lieux les plus commodes des échanges pour les Arabes comme pour les chrétiens. Tout ce que nous savons aujourd'hui du commerce des Européens dans le Magreb nous montre qu'ils n'ont pas cherché à le développer dans les villes et les marchés du centre.

Trompé par un passage de l'histoire civile et politique du commerce de Venise, nous avions pensé le contraire. Nous avions dit avec Antoine Marin que les Vénitiens avaient voulu participer aussi, à la suite des Arabes, au commerce de caravanes dans les régions du

Tell et du Sahara, et qu'un privilège d'un roi de Tunis de l'an 1320 leur en avait formellement attribué le droit. En recourant depuis aux sources originales des archives de Venise, nous avons reconnu que ce privilège n'émanait point d'un prince hafside, mais bien d'un empereur des Mongols du Kapchak, et que les caravanes vénitiennes dont le firman de 1320 garantissait la sécurité suivaient les routes de la mer Caspienne pour se rendre aux Indes, et non les routes du Soudan ou de Tombouctou.

1318-1375. — Principales échelles de la côte d'Afrique.

Sur ce vaste littoral de plus de quatre cents lieues d'étendue, depuis Tripoli jusqu'au Maroc, les portulans chrétiens dressés vers cette époque, en 1318, 1364 et 1375, indiquent un grand nombre de localités. Presque toutes se retrouvent encore sur les cartes modernes, en suivant de l'ouest à l'est les rives des quatre grands États existant alors.

Dans le royaume de Maroc, *Arzilla* ou *Arsilia*, petite ville située à dix lieues environ de Tanger, à sept ou huit lieues de Larache, au delà du détroit de Gibraltar, était le point le plus éloigné vers le sud-ouest qu'atteignit le commerce européen. Les navires ne descendaient pas habituellement jusqu'à Salé, Azamour, Saffi et Mogador, stations marquées cependant sur les portulans et fréquentées dans le siècle suivant par les Portugais et peut-être même par les Français. Après Arzilla, en remontant vers le nord et tournant ensuite à l'est, venaient *Tanger* et *Ceuta,* les deux portes musulmanes du grand détroit africain; puis *Velez de la Gomera*, dit aussi *Badis;* puis *Alcudia* ou *Arcudia*, qui semble avoir disparu de la côte marocaine, et qui était pourtant au seizième siècle encore, comme Badis, l'échelle de Fez; enfin *Melilla*, en avant ou à l'ouest de la Moulouïa.

On peut admettre que la Moulouïa, la seule grande rivière de ces parages, formant la limite entre le Maroc et l'Algérie, séparait au moyen âge le royaume méri- nide du royaume des Beni-Zian de Tlemcen. A l'est de la Moulouïa se trouvait d'abord *One* ou *Honein*, petite ville fortifiée à l'embouchure de la Tafna, servant de port à Tlemcen, et rasée en 1533 par ordre de Charles- Quint; puis venaient *Mers-el-Kebir, Oran, Arzew, Ma- zagran, Mostaganem, Tenès* et *Cherchell.* Il est incertain si ces dernières villes appartenaient aux Beni-Zian et étaient comprises dans les limites, très variables d'ail- leurs, de leurs États vers l'orient.

Dans le royaume de Bougie se trouvait la ville d'*Alger*, si souvent disputée aux rois hafsides par leurs voisins; puis *Bougie*, qui ne cessait d'être un marché très con- sidérable, même quand elle n'était pas la capitale d'un royaume; *Djidjelli*, où le commerce génois avait des conditions particulières; *Collo, Stora*, aujourd'hui Philippeville, et *Bone*, le port de Constantine.

Il est probable que l'île de *Tabarca*, riche en coraux, que nous trouvons marquée dans les portulans après Bone, appartenait autrefois comme aujourd'hui au royau- me de Tunis ou de l'Ifrikiah propre. Les Lomellini, de Gênes, y ont eu des établissements considérables.

En s'avançant vers l'est, on trouvait ensuite *Tunis*, le grand centre du commerce africain et des échanges avec les Européens; à la suite, *Hammamet, Souza*, la ville forte d'*El-Mehadia* ou *Africa*, vis-à-vis de Malte; les îles de *Kerkeni, Sfax*, en face sur la côte, où les Pisans eurent longtemps des comptoirs, comme à *Gabès*, au fond du golfe; puis la belle île de *Gerba*, et enfin *Tripoli*.

Les navires chrétiens avaient la faculté d'aborder dans tous les ports et les havres de la côte du Magreb que nous venons de nommer, et sur tous les autres points du rivage, certains d'y trouver bon accueil; les traités du moins leur donnaient le droit d'y compter, et de le réclamer des officiers royaux et de la population. En tout temps, il leur était loisible de s'y fournir des vivres, de l'eau et des agrès nécessaires à la navigation. Au cas de tempête ou de force majeure, ils pouvaient même y chercher un abri et y séjourner en sécurité.

Il ne leur était pas permis cependant de se livrer partout et sur tous les points à des actes de commerce. Le séjour pour affaires de négoce et pour toutes les opérations des ventes et des achats n'était possible, comme nous l'avons vu, que dans les ports où existaient des douanes arabes. Nulle part nous ne trouvons la désignation précise des lieux pourvus de ces bureaux de recette, et par cela seul ouverts au commerce chrétien. Il a pu y avoir même à cet égard plusieurs changements amenés par l'ouverture ou la suppression de quelques offices de perception. Mais nous pouvons considérer les villes suivantes comme ayant eu presque toujours une administration ou au moins une perception des droits de douane, et par conséquent des comptoirs chrétiens : Arzilla, Tanger, Ceuta, Badis et Arcudia, l'une et l'autre communiquant à Fez; One, Oran,

Bone, Bougie, Tunis, Sfax, El-Mehadia, l'île de Gerba, Gabès et Tripoli.

C'est là que furent au moyen âge les centres principaux des établissements chrétiens, les fondoucs et les chapelles, en un mot, les quartiers et les agents chrétiens. Des facteurs spéciaux gardaient les approvisionnements déposés aux fondoucs, disposaient d'avance les marchés, faisaient venir les marchandises éloignées et préparaient les comptes avec la douane, afin que les navires eussent à séjourner le moins possible dans le port et se rendre sans trop tarder aux escales suivantes.

1350. — Usages généraux du commerce chrétien en Afrique.

Les prescriptions des traités de cette époque sont assez multipliées pour nous permettre d'apprécier l'ensemble du régime général et des pratiques du commerce chrétien en Afrique. Nous y voyons toutes les mesures arrêtées pour faciliter le séjour, l'installation et les diverses opérations des marchands étrangers, pour simplifier leurs communications avec les gens du pays et donner à leurs transactions les plus grandes garanties possible de loyauté et de bonne foi. En conférant entre elles les dispositions des traités, nous connaissons aussi les droits de diverse nature, fixes et variables, que le commerce avait à payer au gouvernement, et les différentes marchandises qui faisaient l'objet de ce commerce, tant à l'importation qu'à l'exportation.

Nous avons vu déjà ce qui concernait l'organisation et la vie intérieure des colonies chrétiennes dans les fondoucs où les marchands séjournaient auprès de leurs consuls et de leurs oratoires. Nous avons à parler de leurs rapports d'intérêts avec les indigènes et surtout avec la douane arabe, intermédiaire ordinaire de leurs ventes et de leurs achats avec les sultans eux-mêmes. Le sultan était en effet un des plus gros commerçants de son royaume, tant en raison de la vente des produits de ses domaines que par les fréquentes acquisitions qu'il faisait pour sa maison et pour sa flotte de navires chrétiens, des armes et des articles manufacturés en Europe, sans parler des oiseaux de chasse et des bijoux.

1. Des douanes arabes.

La plus grande partie des opérations des marchands chrétiens, soit pour les ventes, soit pour les achats, s'effectuait à la douane, au moyen d'interprètes choisis et sous la responsabilité de la douane. Ce procédé simplifiait les marchés et offrait une garantie précieuse aux étrangers. On avait cherché d'ailleurs à donner aux marchands chrétiens toutes les facilités et toute la liberté nécessaires aux transactions.

Dès leur débarquement, les marchandises étaient présentées à la douane, inscrites au compte du propriétaire sur les registres (*cartularia*) de l'office, par les soins d'agents chrétiens ou spécialement choisis par chaque nation chrétienne. Une fois inscrites, les marchandises pouvaient être déposées dans les magasins de la douane ou transportées dans les fondoucs chrétiens, sauf à régler plus tard les droits dus au trésor.

Les douanes étaient une des principales institutions du gouvernement des rois arabes en Mauritanie de même qu'en Égypte. Dans les grandes villes, à Tunis, à Bougie, à Ceuta, comme à Alexandrie, l'administration des douanes était un des hauts emplois de l'État. Des princes du sang en ont été chargés.

Le directeur, ou surintendant, était toujours un personnage considérable, un des premiers scheiks de l'empire. Il assistait à la conclusion des traités, et souvent il reçut du sultan les pleins pouvoirs pour les négocier.

§ 1.

Des personnes préposées et employées aux douanes.

1. *Directeur ou alcade de la douane. — Importance de ses fonctions. — Sa juridiction.*

Il avait sous ses ordres de nombreux fonctionnaires ou employés de divers grades, dont il ne nous serait pas possible de définir exactement le rôle et la hiérarchie, mais que les documents distinguent bien néanmoins les uns des autres.

Le directeur, de qui tous les autres préposés et serviteurs dépendaient, le *gabellot* de quelques traités catalans, est généralement désigné dans les textes latins sous les noms de *dominus dugane, dominus doane, dominus duganerius, provisor dugane, chaytus dugane, alcaitus dugane*, en catalan *alcayt de la duana*. C'est le mot arabe *caïd* ou *alcaïd*.

Le directeur de Tunis réunissait quelquefois au gouvernement de la douane urbaine la surintendance de toutes les douanes du royaume. Il est du moins qualifié dans quelques pièces d'*inspecteur (nazir) des douanes d'Afrique*. Le mot arabe *nazir* ou *nadir* parait désigner, comme le mot *moxerif*, le même fonctionnaire que le directeur ou *alcaïd* de la douane. Le traité de 1278 entre le roi de Majorque et le roi de Tunis fut conclu à Tunis dans la maison du *moxerif*, c'est-à-dire vraisemblablement au palais même de la douane.

L'alcaïd de la douane était le directeur et le protecteur de toutes les affaires des chrétiens dans leurs rapports avec les indigènes; il suppléait même quelquefois les consuls dans les propres affaires de la nation. Aussi le traducteur chrétien d'une pièce arabe de 1200 rend-il le titre de ses fonctions par ces mots : *rector omnium christianorum qui veniunt in tota provincia de Africa.*

En dehors des questions de douanes et de tarifs, et indépendamment de la police générale des ports, il avait une autorité judiciaire. Il était le juge désigné de tous les procès dans lesquels les Sarrasins devaient se défendre vis-à-vis des chrétiens. Dans les cas de méfaits et de condamnation d'un musulman, il devait en poursuivre et en obtenir la réparation pour le chrétien. Quelques traités déclarent en outre, ce qui vraisemblablement était passé en pratique générale, qu'au cas de procès entre chrétiens de nationalité différente, le préposé en chef de la douane, comme juge plus impartial, vidait le débat. Il avait encore autorité pour faire exécuter un titre dressé par-devant les témoins de la douane entre chrétiens de nationalité différente. A défaut du consul, il pouvait aussi connaître d'affaires dans lesquelles un Sarrasin était demandeur contre un chrétien.

Lors du décès d'un chrétien, s'il n'y avait ni consul ni marchands de sa nation, le directeur prenait ses biens sous sa sauvegarde et les remettait ensuite à qui de droit. S'il se présentait une circonstance, un cas de crime ou un fait de contrebande qui nécessitât une perquisition, soit dans un navire, soit dans un fondouc chrétien, le directeur n'avait pas le droit d'y procéder ou d'y faire procéder en son nom par aucun fonctionnaire de la douane, sarrasin ou chrétien, à moins que le consul ne fût absent. En temps ordinaire, il devait faire prévenir le consul, qui déléguait un employé pour assister l'inspecteur arabe dans ses investigations. Tels sont du moins les règlements des traités catalans, et tout porte à croire que les autres nations suivaient le même usage, bien que leurs traités particuliers ne le mentionnent pas.

2. *Fonctionnaires et employés arabes.*

Parmi les témoins officiels (*testes*) présents à la conclusion du traité de 1433 entre la république de Gênes et le roi de Tunis, figurent plusieurs *testes et officiales dugane*, c'est-à-dire les hauts employés de la douane : « Testes autem Saraceni, « qui... pro testibus subscripserunt, sunt Aben Tals, Aben « Maroan et Aben Canfod, testes et officiales dugane Tunicis. » Ces *testes* ou *testimonii*, dont la présence aux ventes publiques engageait la responsabilité de la douane, semblent être des inspecteurs. C'étaient des fonctionnaires considérables et estimés. L'un d'eux, Sidi Abou-Abd-Allah Ben-Abou-Ishac, *testimonius dugane*, prit part à la discussion même et à la confirmation du traité génois de 1391, conclu par Gentile de Grimaldi avec le directeur et le *scriba* de la douane royale.

Il y avait un *testis* particulièrement désigné pour chaque nation chrétienne. Il semble que le *messeruffus*, dont il est question dans un document vénitien de 1300, fût aussi un inspecteur ou *testis* attaché à la douane de Tunis.

Le *scriba dugane* était probablement le chef des écritures, le même que le *segretario della dogana*. Il avait sans doute sous ses ordres les autres écrivains ou teneurs de livres arabes et chrétiens, chargés d'écrire les comptes de tous les marchands qui avaient affaire à la douane. On pourrait l'appeler le chef de la comptabilité. Le *scriba dugane* de Tunis, Sidi Mohammed, fut l'un des négociateurs du traité de 1391.

Les *mostaghil* de la douane, nom remplacé dans les textes chrétiens par les mots génériques d'*officialis*, *musiriffus*, étaient des agents ou officiers royaux d'un rang assez élevé, préposés spécialement à la vente des denrées ou marchandises du domaine royal. Ils devaient faire aussi en grande partie les achats des choses nécessaires au sultan et à sa maison. On leur recommandait de ne pas se prévaloir de leur caractère et de traiter dans les conditions ordinaires des marchés avec tous les chrétiens. Vers l'an 1200, le roi de Tunis remit l'examen d'un cas assez grave de piraterie commis par les Pisans au *mosctaghil* de la douane de Tunis, que le texte chrétien de la lettre du sultan qualifie de *bailius noster*.

Le *messeruffus* arabe avec qui le facteur de la maison Soranzo, de Venise, eut à débattre, vers 1300, le paiement de certains achats faits pour le compte du roi de Tunis, paraît être le même fonctionnaire que le *mosctaghil* de la douane. Et nous remarquons que la désignation de *mosctaghil* employée dans les traités pisans de 1313 et 1353 est remplacée dans l'article correspondant du traité de 1397 par le mot de *musiriffus*, le même sans doute que *messeruffus*.

Au-dessous de ces fonctionnaires se trouvaient des courtiers ou courtiers-interprètes, *sensarii*, *sensali*, *misseti*, les mêmes peut-être que les *amin* dont il est question dans le traité florentin de 1445; puis des facteurs, des porteurs, peseurs, mesureurs, surveillants, gardiens et autres agents et hommes de peine, que les traités désignent généralement sous le nom de *factores duane*, *servientes* et *canovarii duane*.

3. *Interprètes.*

Les interprètes ou drogmans de la douane, *turcimanni*, *torcimani*, *torzimani*, *interpretes*, *tursumani*, formaient une corporation nombreuse et fort estimée. Ils n'étaient pas tous du même rang, et ils devaient avoir entre eux une certaine hiérarchie. Les principaux servaient souvent à l'interprétation ou version officielle des traités. Mais le témoignage de tout drogman de la douane faisait foi, quelle que fût sa classe, et son intervention régulière dans un marché engageait la douane elle-même, qui devenait caution de la dette. Il est probable qu'ils étaient tous assermentés. On les choisissait avec soin, et leur position était fort recherchée.

Les traités rappellent souvent que les interprètes doivent rester en société et mettre tous leurs profits en commun, dans les ventes et les achats; qu'ils ne doivent recevoir ni cadeaux ni pourboires; que le droit d'interprète ne peut être exigé qu'une fois par chaque marché; que nul marchand, ni sarrasin ni chrétien, ne doit avoir un drogman particulier; qu'aucun drogman ne peut refuser son ministère au marchand qui le requiert. On comprend la sagesse de ces prescriptions.

Si un marchand ne devait pas avoir d'interprète spécial, il y avait cependant des drogmans particuliers pour chacune des nations chrétiennes. Aussi avons-nous vu en 1207 un Arabe prier le podestat de Pise de s'intéresser auprès du caïd de la douane de Bougie à sa nomination de drogman pour la nation pisane à la douane de cette ville, attendu que le *drogman*, de même que *le courtier pour les Pisans*, devait être nommé par le caïd et agréé par les Pisans.

Nous parlerons plus loin du droit qui leur était dû sur les marchés conclus par leur intermédiaire. On l'appelait la *torcimania* ou le *mursuruf*.

4. *Agents chrétiens.*

Le traité aragonais de 1314, en disant que nul agent de la gabelle, ni sarrasin *ni chrétien*, ne devra se permettre de visiter un navire ou un fondouc chrétien à l'insu du consul, indique déjà que les employés de la douane arabe n'étaient pas tous de nationalité musulmane.

Les chrétiens ayant été admis à affermer quelques parties des gabelles, il leur était nécessaire d'avoir à la douane quelques préposés de leur nation pour faciliter et surveiller la perception. En outre, la plupart des traités stipulent qu'il y aura à la douane un employé chrétien (*scriba, scribanus, scriptor*), choisi par les chrétiens de chaque colonie, chargé spécialement de tenir les écritures des marchands de sa nation et de régler leur compte avec la douane. Dans le traité vénitien de 1231 on lit à cet effet : « Qu'ils aient un écrivain pour « eux à la douane à leur volonté, *scribanum suum christianum* « *indoana*. » — « Et dans tous les pays où il leur sera permis « de faire le commerce, porte le traité de 1271, les Vénitiens « auront un fondouc, un consul et un écrivain, chargé d'écrire « et d'arrêter les comptes de ce qu'ils doivent donner et rece- « voir à la douane et de veiller à leurs marchandises. » Le traité aragonais de 1271 concernant aussi les marchands du bas Languedoc, traité confirmé en 1278 pour les Baléares et le Roussillon, et en 1285 pour la Sicile, dit de même : « Qu'ils « aient à la douane un écrivain particulier à eux seuls et « n'ayant pas à s'occuper des affaires des autres marchands. » Les Génois et les Pisans avaient aussi leur écrivain, peut-être plusieurs écrivains à la douane; un document de 1201 les désigne par ces mots : « Gli scrivani cristiani di Pisa in Tunis « e i turcimanni. » Nous avons vu que Fibonacci apprit les mathématiques à Bougie auprès de son père, écrivain des Pisans à la douane de cette ville.

Les Florentins appelaient ces agents des *banquiers* : « Qu'ils « aient des banquiers connaissant les usages des pays, *ban-* « *cherios scientes consuetudines locorum*, pour faire leurs comp- « tes avec la douane. Le compte réglé, les banquiers en re- « mettront l'acquit, *appodixiam expedimenti* (le *bérat* ou *bara* « arabe), aux marchands, qui pourront aller ensuite partout « sans avoir à payer d'autres droits sur ces mêmes marchan- « dises. » Il semble néanmoins, dans le traité de 1445, que les Florentins et les Pisans, formant un même État, n'eussent pas toujours d'agents comptables spéciaux à la douane de Tunis. « Quand un de leurs marchands voudra partir, dit la « convention, le chef de la douane *choisira* un écrivain pour « faire son compte et lui donner sans retard son congé ou « *bérat*. Le compte restera obligatoire tel qu'il aura été ainsi « arrêté. »

5. *Canotiers et portefaix.*

A l'arrivée d'un navire dans l'un des ports arabes ayant un bureau de douane et affecté par conséquent au commerce extérieur, les chrétiens trouvaient des portefaix et des canotiers connus, qui, moyennant un salaire fixe réglé par l'usage, se chargeaient, sous la surveillance des agents de la douane, du débarquement des marchandises. Les mêmes soins présidaient à l'embarquement.

Les canotiers ou gondoliers qui transportaient les marchandises du navire au rivage sont les *charabi*, *caravarii*, *calari*, *ratiarii*, *ratharii*, *ragaxii*, des textes latins; les *cargieri*, *ratorii* et *garabarii*, des textes italiens.

Les portefaix transportaient ensuite les marchandises du rivage à la douane ou aux fondoucs chrétiens. Dans les textes, ils sont désignés sous les noms de *bastasii*, *bastasi*, *bastaii*, *bastagii*, *bastasci* ou *rastassi*, *rastasii* ou *portatori*. Ce sont les *bastays*, *bestays* et *bastaxes* des traités catalans.

On ne voit rien de fixé dans les traités quant au tarif des gages dus aux canotiers et aux porteurs. Il est dit simplement qu'ils ne devront rien exiger en sus de l'usage, ou qu'ils devront se faire payer conformément à la coutume établie.

Une surveillance assez sévère devait s'exercer sur leur service, et en général sur tous les employés de la douane, parce que l'administration était responsable, vis-à-vis des chrétiens, de la valeur de toutes les marchandises confiées à leur garde, soit dans l'intérieur de la douane, soit sur les quais. Cela est souvent dit dans les traités.

§ 2.

Des ventes entre chrétiens et musulmans.

1. *Des ventes faites dans l'intérieur et sous la responsabilité de la douane.* — *Halka.*

La perception des droits dus au trésor royal sur les marchandises importées ou exportées n'était pas la seule fonction de la douane. Le directeur avait, on l'a vu, des attributions administratives et judiciaires assez étendues en ce qui concernait les rapports et les questions d'intérêt entre les Arabes et les chrétiens. La douane était en outre le lieu où s'effectuaient en grande partie les opérations mêmes des ventes et des achats entre les Européens et les musulmans, sous la surveillance de ses officiers et par l'intermédiaire de ses agents.

On pouvait procéder de deux façons différentes aux ventes publiques dans l'intérieur de la douane. Les deux modes offraient autant de garanties et de facilité aux marchands chrétiens.

1° Il y avait d'abord l'*halka*, qui était un *encan*, ou la vente aux enchères. On y procédait par les soins de courtiers spécialement affectés à chaque nation, et en la présence d'inspecteurs ou témoins de la douane, les *testes* dont nous avons précédemment parlé. Cette forme de vente s'appelait, en latin et en italien, la *galega*, la *gulica*, la *galicha* ou *calega*, *callega*, *calica*, *caliga*; en catalan, *calga*. Tous ces mots sont la traduction du mot arabe *halka*, qui signifie *enchère*. On le traduit fort clairement quelquefois par le mot moderne *incanto*.

Sur la vente des marchandises effectuée à l'encan il n'était dû que les simples droits d'importation, ou d'exportation, généralement de 10 ou de 5 pour 100. Cela résulte de ce qui est dit des ventes faites hors de l'halka.

Tout marchand chrétien qui voulait vendre ses marchandises à l'enchère n'avait qu'à en adresser la demande au directeur de la douane, qui ne pouvait généralement se refuser à l'admettre. Cependant quelques traités autorisent, et le leur prescrivent même, les officiers de la douane à empêcher un Génois qui ne serait pas connu pour un loyal marchand de demander à faire ouvrir l'*halka*.

2º Le second procédé de vente était la vente sans enchère, mais dans la douane, par l'intermédiaire des drogmans de la douane, avec ou sans la présence des inspecteurs. Ici il était dû, en sus des droits de douane, le droit spécial de drogmanat ou de *mursuruf*, dont il est surtout question dans les traités vénitiens. Ce droit était habituellement de cinq mill: *esi* par valeur de cent besants.

Toutes les ventes étaient inscrites à la douane. Si le vendeur et l'adjudicataire ou acquéreur avaient déjà leur compte à l'office, l'enregistrement pouvait se borner au simple transfert de l'avoir de l'un à l'avoir de l'autre.

Toutes les ventes faites à la douane, à l'halka ou en dehors de l'halka, mais par le moyen des drogmans attitrés, étaient placées sous la garantie et la responsabilité de la douane, qui devait faire payer les sommes dues aux marchands chrétiens, soit au comptant, soit dans les délais et les conditions prévus. Ce principe, qui était le fondement et la sécurité même de tout le commerce chrétien, est inscrit, expliqué, rappelé ou admis dans tous les traités et ressort de toutes leurs dispositions. De cette règle essentielle découlaient les conséquences, surabondamment mentionnées dans quelques traités, qui voulaient que la douane forçât tout acheteur à recevoir la marchandise, une fois le marché conclu par ses drogmans, qui laissaient à la charge de la douane tout reste de compte non soldé par le débiteur. Nous ne voyons qu'une restriction à l'obligation incombant aux drogmans et à la douane de faire payer ou de payer eux-mêmes les sommes dues aux marchands chrétiens, c'est le cas où le débiteur tombait en faillite.

2. *Des ventes faites en dehors de la douane.*

Les chrétiens n'étaient nullement tenus de vendre leurs marchandises à la douane. C'était une faculté et une garantie que leur offrait le gouvernement arabe, non une condition qu'il leur imposât. Ils étaient libres de vendre ailleurs et comme ils l'entendaient leurs marchandises, soit à d'autres chrétiens, soit aux musulmans. Les notaires chrétiens qui se trouvaient dans les fondoucs, les chanceliers des consulats, qui en faisaient souvent l'office, pouvaient ainsi dresser les chartes de vente entre chrétiens et musulmans. Un traité spécifie même qu'il sera parfaitement loisible aux Génois d'aller acheter les laines, les cuirs, les toisons et autres marchandises dans les fondoucs particuliers des Arabes et Sarrasins, où ces marchandises se trouvaient, et de les faire transporter directement après l'achat dans leurs propres magasins.

Seulement, dans ces cas et pour toutes autres ventes de chrétien à musulman, effectuées en dehors de l'halka et sans l'intervention des drogmans, la douane se trouvait dégagée de toute responsabilité. « Et de tout ce que les Génois vendront « hors de l'enchère et sans les inspecteurs ou les drogmans « de la douane, *sine callega, testibus vel torcimanis*, que la « douane ne soit en rien tenue. » Rarement les traités exprimaient cette restriction, tant elle était superflue après les déclarations précédentes.

§ 3.

Des droits de douane.

1. *Droits principaux.*

a. Importations.

Nous avons vu précédemment que les tarifs de douane

perçus dans les États du Magreb, bien qu'ils aient subi quelques légères variations à certaines époques et à l'égard de certaines nations, avaient toujours été renfermés, quant aux importations, entre 10 pour 100 et 11 et demi pour 100. Le droit ordinaire et général sur l'importation était si bien le 10 pour 100, que ce droit se désignait habituellement par le mot même de *dixième : decimum, decenum, decima*, en catalan *delme*, ou simplement *drictum* ; le 5 pour 100 s'appelait le demi-droit, le *vingtième :* le *medium drictum*, la *mezza decima*, *mig-delme, mig-dee, vicesima, vingtena, vincenum*.

Il y avait en effet certaines marchandises et certains marchés qui n'étaient soumis qu'au demi-droit. D'autres jouissaient d'une franchise entière. Nous distinguerons les uns et les autres.

Exemption entière.

1. Les bijoux, les pierres fines, les perles, et en général les joyaux, et toutes les marchandises vendues directement au sultan ou achetées à la douane pour le sultan, étaient exempts des droits d'importation. Les traités omettent presque toujours d'énoncer cette circonstance, vraisemblablement parce qu'elle était universellement connue, admise et pratiquée. Les traités vénitiens qui la mentionnent ajoutent que, si la vente est faite sans qu'on ait stipulé une époque de payement, le délai ne pourra excéder quinze jours.

2. L'or et l'argent vendus, soit à la douane pour compte du sultan, soit directement à la *zeccha* ou hôtel royal des monnaies, ce qui rentre dans l'exemption précédente. Quand la vente des métaux précieux était faite à des particuliers, elle était soumise au 5 pour 100.

3. Les navires (les barques et les agrès maritimes y compris) vendus en Afrique, soit à des Sarrasins, soit à des chrétiens alliés des Sarrasins (*sub pace Saracenorum*). Si la vente était

faite à des chrétiens n'ayant pas des traités avec le sultan, le droit était dû.

4. Le blé, l'orge, et généralement toutes les céréales.

5. Le vin, du moins le vin importé par les sujets du roi d'Aragon dans le royaume de Tunis. La douane retenait seulement une jarre sur cent; au-dessous de cent jarres, elle ne devait rien prélever.

6. Enfin, pour toute vente de toutes sortes de marchandises entre chrétien et chrétien, il n'était rien dû à la douane, qui se bornait à transférer l'inscription de la marchandise vendue du compte du vendeur au compte de l'acheteur.

Exemption du demi-droit.

1. L'or et l'argent non monnayés, les rubis, les perles, les émeraudes, et généralement tous les bijoux destinés aux ventes générales, n'étaient soumis qu'au demi-droit d'importation, *medium drictum, mezza decima, mig-delme*, c'est-à-dire au vingtième de la valeur, *vicesima, vintenum*, ou 5 pour 100. Il était bien entendu, et il était quelquefois formellement exprimé dans les traités, que tout ou partie de ces bijoux ou de ces métaux précieux non vendus en Barbarie pouvaient être réexportés sans avoir à payer le demi-droit. La réexportation en franchise de toute marchandise non vendue était de règle.

k. Exportations. Franchises diverses.

2. Quant aux monnaies d'or ou d'argent, il paraît qu'il y avait une différence entre les monnaies chrétiennes et les monnaies musulmanes. Les premières payaient 5 pour 100 dès leur *arrivée* dans le royaume, c'est-à-dire à leur passage à la douane, tandis que sur les métaux non monnayés le payement du droit n'était exigé qu'au moment de la vente. Pour les dinars et les dirhems, mots qui semblent désigner d'une

manière générale les espèces musulmanes, on s'en remettait à l'usage ancien.

Toute fausse monnaie était brisée et confisquée. La monnaie inférieure à l'aloi du sultan était brisée; le demi-droit était cependant perçu et le métal rendu au propriétaire.

La règle que toutes les marchandises exportées par les chrétiens devaient payer 5 pour 100 à la douane royale avait reçu de notables et nombreuses exceptions. La tendance des gouvernements arabes fut toujours d'augmenter ces exceptions afin de favoriser le commerce.

1. La plus importante était celle qui autorisait les marchands chrétiens à exporter en pleine franchise une quantité de marchandises égale en valeur à la totalité des marchandises importées par eux en Afrique, soit que ces marchandises eussent payé le droit ou le demi-droit, soit qu'elles ne fussent pas soumises au tarif. Dans le cas du payement des droits, la quittance de la douane constatant le payement d'importation servait au marchand à justifier la quotité de la franchise à laquelle il avait droit pour l'exportation. L'exemption était générale et s'étendait à la vente de toutes sortes d'objets et marchandises; mais les rédacteurs des traités ont cru devoir la mentionner plus particulièrement à l'occasion de la vente des métaux précieux et des navires.

La manière sommaire et trop concise dont la franchise est constatée quelquefois pourrait rendre l'intelligence de certains articles obscure et douteuse : « Et de auro et de argento quod « homines Veneciarum ad cecham vendiderint nullum datium « aut drictum persolvere debeant curie vel doane, nec in ven- « ditione nec in emptione. » Rapproché d'autres traités, le sens devient incontestable et indique bien, comme nous l'avons dit, qu'autant le marchand chrétien avait vendu en Afrique (en payant ou ne payant pas de droit, suivant la nature de son marché), autant il pouvait acheter et exporter sans avoir à payer de droit de sortie : « Et de quello i venderà in zecha,

« over nela dohana, per la corte, non debano pagar dreto
« alguno, manche nel vender, ni nel comprar *cum quel*
« *priesio*. »

2. Le loyer d'un navire effectué dans l'un des ports du Magreb donnait droit au propriétaire de ce navire d'exporter une quantité de marchandises répondant au prix du nolis, sans avoir à payer les droits de sortie sur ces marchandises. C'est ce que signifie cet article peu clair du traité de 1231 : « Item,
« quod nabullum de navibus quod possint trahere sine dando
« dricti de abere quod naulizabuntur. » Article et disposition qu'éclairent et complètent tant d'autres articles, et notamment ceux-ci : « Item, domini lignorum de eo quod nauliça-
« bunt ligna sua possint emere mercationes ad tantum quan-
« tum ascendet id quod habebunt de naulo, non solvendo
« aliquod decimum vel dacium. »

Les traités de 1271 et 1285 avec les rois de Tunis portent
« que les sujets des rois d'Aragon », expression qui comprenait alors les Majorcains, les Siciliens, les Roussillonais et les habitants de la seigneurie de Montpellier, payeront le demi-droit seulement sur les marchandises achetées par eux avec le prix du louage de leurs navires. Les rois d'Aragon réclamèrent contre cette disposition, et demandèrent pour leurs marchands la franchise entière accordée aux autres étrangers. Ils l'obtinrent à partir du traité de 1314 : « No sia pres dels
« en aço mig-delme, » dit l'article 13.

3. Quand le blé n'excédait pas un certain prix en Afrique, et quand d'ailleurs la disette était manifeste à Gênes et à Venise, le gouvernement de ces États s'était fait reconnaître la faculté d'extraire en toute franchise une certaine quantité de blé du royaume de Tunis.

4. Le blé, la farine, le biscuit, tous les grains, et généralement tous les vivres destinés à la nourriture des équipages, sortaient en franchise.

5. Les Vénitiens avaient en outre la faculté, réservée par

privilége à leur nation, d'exporter en franchise tout le plomb et le minerai de plomb qu'ils pouvaient découvrir ou se procurer dans le royaume de Tunis.

2. *Droits additionnels.*

Indépendamment des droits généraux et fixes qui se prélevaient à l'importation et à l'exportation des marchandises, il y avait certains droits secondaires, les uns prévus par les traités, les autres réglés par l'usage local et exigés à l'occasion de l'arrivée ou du départ d'un navire, pour la garde et le pesage de certaines marchandises, pour le service des écrivains et pour le salaire des interprètes. Ces droits étaient presque tous, sauf le dernier, d'une nature indéterminée. La perception, soit en argent, soit en denrées, en était souvent laissée, quant à la forme et à la quotité, à l'appréciation des marchands chrétiens ou des employés arabes. Quoique appliquée à des sommes et à des objets de peu d'importance, cette perception donnait lieu à plus de difficultés et de réclamations que le payement des droits principaux.

Les traités font souvent allusion d'une manière générale à ces droits supplémentaires, dont les chrétiens se plaignaient toujours, pour en faire supprimer ou régulariser l'usage. C'est évidemment aux droits additionnels que s'appliquent ces expressions des traités pisans et catalans : « Non pagheranno « su le merci loro la decima *ne altro diritto doganale*, se non « dopo averle vendute. Siamo in concordia con voi che do-« viate paghare lo decimo *et le altre spese.* » En arrivant avec du blé ou de l'orge, ils ne payeront pas le dixième, *lo delme* (le 10 pour 100), mais ils payeront les autres droits : *mas lo dret acustumat feit.*

C'est encore de ces droits accessoires seuls que les rois d'Aragon demandaient la modération ou l'exonération en faveur de leurs sujets, conformément aux avantages que les

Génois avaient obtenus en partie à Tunis et à Bougie, car l'Aragon ne pouvait songer à solliciter pour eux une franchise absolue dans les traités de 1306, 1309, 1314 et 1323. Ce dernier traité, conclu à Barcelone avec l'ambassadeur d'Abou-Bekr, roi de Tunis et de Bougie, n'a certainement en vue que les mêmes droits additionnels dans cette prescription de l'article 24 : « qu'il ne soit pris sur les sujets du roi d'Aragon
« dans les douanes et autres lieux du roi de Tunis et de Bou-
« gie que les droits anciennement accoutumés, à savoir *de
« torcimanys, ancoratge, de bestays qui descarreguen la roba,
« de dar albara, de compte franch, e del fet del oli, com d'al-
« tres qualsques sien.* Et s'il y a eu à cet égard quelque inno-
« vation, dite ou imposée en sus de ladite coutume, qu'elle
« soit totalement abolie. » Le traité ne parle pas des droits ordinaires de l'importation et de l'exportation, parce que ces droits sont évidemment sous-entendus, tant la perception en était acceptée généralement par toutes les nations. S'il en fallait une preuve, il suffirait de remarquer que le traité de 1323 confirme expressément le traité antérieur de Guillaume Oulomar de 1314, lequel maintenait le droit de 10 pour 100, le *delme*, sur toutes les marchandises importées, et le *migdelme*, ou le 5 pour 100, sur les métaux précieux. Dans ce même traité de 1314, comme dans ceux de 1313 et 1339, les droits principaux et les droits additionnels sont désignés et distingués par ces deux expressions : *los drets* ou *le delme* et *los matzems*. Ce dernier mot semble aussi désigner en particulier un des droits supplémentaires.

Le traité de 1323 désigne, sans les définir, six ou sept sortes de droits additionnels. Mais ils étaient bien plus multipliés, et nous n'en connaissons ni le nombre ni la nature exacte. Voici ce que nous en savons.

a. *Drogmanat* ou *mursuruf.*

Le premier était ce droit des interprètes, ou *de torcimanys*, qu'enonce d'abord le traité d'Abou-Bekr; la *torcimania* des textes latins, qu'on désignait aussi quelquefois par le mot arabe *mursuruf*, ou *moscerufo*.

Ce droit était dû toutes les fois qu'on employait officiellement le ministère des drogmans. Il était particulièrement perçu sur les ventes faites à la douane en dehors de l'*halka*, c'est-à-dire sans enchères, et par le seul intermédiaire des drogmans en présence des inspecteurs. Il était généralement de cinq *miliaresi* par valeur de cent besants de marchandises vendues. D'après la rédaction des traités de Florence, on voit que ce droit répondait à 1/2 pour 100 de la valeur de la marchandise.

Les plus anciens traités n'en parlent que d'une manière vague, ou le passent totalement sous silence. D'autres se bornent à mentionner le droit supplémentaire des *cinq miliaresi* par cent besants dus sur les marchés, sans spécifier ni la raison ni le nom de ce droit. Ce sont là ce qu'on pourrait appeler les origines du *mursuruf*. Ces stipulations des anciens traités, quand elles sont détachées et isolées, sont assez difficiles à comprendre; et il est indispensable de les rapprocher des traités suivants pour en bien apprécier le sens et l'application.

Le traité vénitien de 1392, et les pièces diverses que nous avons concernant la négociation laborieuse à laquelle il donna lieu, sont surtout utiles à consulter à cet égard. Les Vénitiens obtinrent l'abolition du *mursuruf* à partir du traité de 1305. C'est ce que nous parait signifier ce passage de l'article 4 du traité : « Et dimittantur eis a tempore hujus instrumenti miliarisii « quinque per centenarium de bizantis. » Le véritable sens et l'objet précis de cette faveur s'oublia à la longue; et en 1392 l'ambassadeur vénitien demandait au roi de Tunis d'abandonner 5 *miliaresi* pour 100 sur les 10 pour 100 exigés des importations vénitiennes, comme on l'avait autrefois promis. Mais le négociateur arabe répondit qu'il y avait confusion dans les assertions de Valaresso; que les cinq miliaresi du mursuruf étaient depuis longtemps supprimés pour les Vénitiens, et que le roi n'accorderait pas d'autre réduction des tarifs. On se conforma à cette déclaration dans le traité de 1392 et dans les traités postérieurs, en ne mentionnant plus le droit de drogmanat.

Les documents pisans, génois et aragonais, n'ont pas la précision et les développements des textes vénitiens au sujet du drogmanat. Les Génois payaient encore ce droit au quinzième siècle.

Nous ne pourrons nous arrêter autant aux autres droits accessoires, et nous les énumérerons rapidement.

b. *Droit d'ancrage, d'arborage, d'abordage* ou *de navigation.*

Le droit unique que l'usage maritime du moyen âge désignait sous ces divers noms est mentionné dans le traité d'Abou-Bekr de 1323 : « Los drets anticament acustumats, axi de « ancoralge, etc. »

C'est peut-être pour satisfaire à ce droit que les Pisans, dans leur traité de 1358 avec Abd-el-Hack, avaient consenti à ce que chacun de leurs navires, en arrivant dans les ports mérinides pour y faire le commerce, remit aux préposés un câble, appelé en arabe *surriach*, et un harpon de fer, appelé *molitaf men hadid.*

Peut-être est-ce aussi en vue de l'exercice souvent irrégulier de cette contribution, et pour prévenir les abus ou les désagréments auxquels il pouvait donner lieu, que les traités d'Aragon demandaient qu'on n'enlevât au navire arrivant dans les ports du Magreb ni son timon ni ses voiles, précaution prise souvent contre les étrangers (1), promettant d'ailleurs

---

(1) Afin d'empêcher le départ du navire avant l'acquittement de tous les droits; mais quelquefois la précaution prenait un caractère vexatoire.

que tous les droits seraient exactement payés par leurs nationaux avant la sortie du port. C'est encore vraisemblablement afin d'éviter les prélèvements arbitraires auxquels donnait lieu le droit d'ancrage, et à l'effet de se soustraire à l'arrêt de prince, que les Vénitiens acceptèrent pour tous leurs navires arrivant en Afrique l'obligation de payer trois doubles d'or et une *squarcina*.

c. *Droit des portefaix ou déchargeurs.*

C'est ce que le traité de 1323 appelle le droit des *bestays*, *bastaxes*, ou *bastasii*, gens qui transportaient les marchandises du rivage à la douane ou dans l'intérieur de la ville. L'usage réglait le salaire dû pour cette corvée.

d. *Droit dû aux canotiers.*

La douane veillait à ce que les *charabi*, ou *calavi*, ne fissent pas payer leur service plus qu'il n'était de coutume et de raison.

e. *Albara.*

Nous ne savons pas l'objet précis de ce droit. La quittance constatant que les droits de douane avaient été acquittés par un marchand est souvent désignée dans les traités sous le nom d'*albara*, traduction de l'arabe *bérat*.

f. *Compte franch.*

Ce droit semblerait être le même que le précédent, bien qu'il soit mentionné séparément dans le passage déjà cité du traité catalan de 1323.

g. *Droits de balance, droits de pesage et de mesurage, droits de magasinage.*

L'usage tolérait, lors du pesage et du mesurage des marchandises, certains prélèvements en nature ou en argent, quelquefois dans les deux formes. Ils étaient toujours plus ou moins arbitraires et dégénéraient souvent en vraies exactions, quoiqu'ils parussent le légitime salaire d'un service. Le traité de 1323 ne mentionne que le droit perçu sur l'huile; mais des prélèvements analogues avaient lieu à peu près sur toutes les marchandises. Nous voyons par les traités qu'on retenait sur chaque ballot de toile une canne; sur cent jarres d'huile, une demi-jarre, et l'on faisait payer de plus un demi-*miliaresi* par jarre; sur chaque sac de lin, un écheveau; trois *miliaresi* par quintal de laine; trois *miliaresi* par cent peaux d'agneau; sept besants et un *miliaresi* par cent cuirs de bœuf, sept *miliaresi* et demi par quintal de cire; enfin un droit général et supplémentaire de *huit miliaresi* par cent besants sur la valeur de toutes les marchandises achetées par les chrétiens.

Les Vénitiens et les Génois parvinrent à faire supprimer ou réduire ces prestations fatigantes à partir des traités de 1287 et 1305.

Les documents pisans portent, sans préciser autrement, que les marchands de la république s'en remettent à l'usage pour les droits de pesage et de balance : « Li pesatori a loro « pesare debbiano secondo che usato este. » — « Per la mer- « cede della *bilancia* adoperata a pesare loro mercanzie, sa- « ranno trattati secondo la costumanza. »

Les traités florentins se bornent habituellement à des déclarations plus générales encore, déclarations reproduites et abrégées d'après le dernier traité conclu par les Pisans avec le roi de Tunis en 1397. Le traité florentin de 1445 ajoute cette concession : « Quant aux tissus de valeur et aux pierres « précieuses importés par les Florentins et les Pisans dans le « royaume de Tunis, il ne sera prélevé qu'un seul objet, et « si cela leur plaît, pour l'achat et la vente. »

h. *Droit de rotl.*

Le *rotl*, mot d'origine arabe, était un poids un peu moindre qu'un kilogramme, usité en Italie, en Espagne, au Magreb et dans quelques pays chrétiens d'Orient, sous les noms de *rotl, rotolo, rotol*. On désignait aussi de ce nom l'usage, considéré comme un droit dans les douanes publiques, de prélever une certaine quantité des marchandises qui se pesaient ou se comptaient en sacs ou en balles. On serait porté à croire que ce droit était le même que le droit de balance; mais les deux prestations différaient évidemment, puisque les mêmes traités qui maintiennent la dernière abolissent la première : « Per la mercede della *bilantia*, etc. Vendendosi da « alcum Pisano del lino, cotone o altre merci che vanno a peso, « il venditore non dovrà per questo *rotl*, ne mancia alla do- « gana ne ai turcimanni. » Les rois d'Aragon et de Majorque obtinrent aussi des émirs d'Afrique la suppression du droit de *rotl*.

i. *Droit de quint.*

On a vu que l'armateur chrétien louant son navire en Afrique avait droit à l'exportation en franchise d'une quantité de marchandises égale au prix du nolis. Mais il paraît que l'armateur avait à payer d'un autre côté à la douane un droit de *quint*, peut-être 5 pour 100, sur le montant du louage de son navire. S'il en était ainsi, le bénéfice de l'exemption accordé pour l'exportation était à peu près annulé, car les droits de sortie n'étaient que de 5 pour 100. L'article 32 du traité de 1323 entre les rois d'Aragon et de Tunis dispose que, pour le cas où le sultan noliserait un vaisseau ou un navire aragonais, le droit de quint ne serait pas exigé du patron de ce navire : « Axi empero quel patro d'aquella nau o vexell no sia tengut « de pager *quint* del dit nolit. »

j. *Matzem.*

Ce droit n'est pas bien défini, et le mot indique peut-être d'une manière générale les droits et prestations accessoires et supplémentaires prélevés à l'occasion du transport, du pesage et de l'emmagasinage des marchandises. L'article 4 du traité de Tlemcen, après avoir énuméré certaines marchandises dont l'exportation était momentanément prohibée entre le Maroc et les États du roi de Majorque, ajoute : « Et toutes « autres marchandises, les sujets du roi de Majorque pourront « les exporter en payant *los drets é matzems.* » Ces deux mots distinguent les deux sortes de droits perçus dans les douanes, les droits principaux et les droits additionnels. La même distinction existe dans les traités de 1313 et 1314 : « Et tot ço « que vendran en lassoch (la cort), de que agen pagat *dret*, « no li sie pres *megsen* ni-s-neguna altra cosa. » — « Et tot ço « que vendra en la cort de les lurs mercaderies, de les quals « auran donat *delme*, no sia pres dels per elles *matçem.* »

Le *delme* est le droit ordinaire et général perçu à l'importation et à l'exportation; *matçem* désigne les droits additionnels en général, tels que le drogmanat, l'ancrage et autres droits énumérés dans l'article 24 du traité de 1323, répondant aux précédents articles de 1313 et 1314, et peut-être aussi l'un de ces droits en particulier.

M. Reinaud a traduit les mots arabes répondant au catalan *drets é matzems*, par les expressions : *péages convenables* et *droits établis*, termes un peu vagues.

k. *Fedo.* — *Feitri.* — *Tavale.*

On lit dans Pegolotti : « E avi (à Tunis) un diritto che si « chiama *fedo*, e pagallo i Saraceni; ma i cristiani il s'accolano « a loro per iscontarsi ne'loro debiti colla corte e conviene « chi mette in corte faccia di potere scontare ogni diritto, e

« *fedo* di cristiani e di Saraceni. — Lo cantaro delle cuoja si
« è *fedo* bixanti 4, per cantaro. »

Ce droit de *fedo* est peut-être le même que le *feitri*, appelé en arabe *tavale*, suivant le traité génois de 1433, lequel droit fut maintenu alors sur les marchandises génoises, indépendamment des droits ordinaires, *decimum*, et du mursuruf, ou *torcimania*, mais supprimé en 1455.

Les divers droits supplémentaires que nous venons d'énumérer, bien que plusieurs aient été modifiés ou supprimés, avaient tous à l'origine un caractère permanent et ne doivent pas être confondus avec les impôts temporaires ou contributions transitoires qui, indépendamment des tarifs ordinaires, *drictum consuetum*, étaient consentis par les gouvernements chrétiens comme indemnités ou règlements de dettes.

§ 4.

De la perception et du fermage des droits de douane.

La perception des droits avait lieu naturellement, dans l'ordre ordinaire et habituel, par des agents musulmans et sous la surveillance d'agents musulmans. Mais il est certain que, par suite de fermages et d'arrangements particuliers intervenus entre les sultans et quelques nations européennes, les chrétiens ont eu souvent le droit de s'occuper eux-mêmes de la recette des droits dus au trésor arabe, parce qu'ils avaient grand intérêt à la surveiller.

Dès l'an 1160 on voit que la république de Gênes reçut pendant quelque temps, on ne sait à quel titre, le quart du produit de la douane de la ville de Bougie. Un certain droit de contrôle sur la perception pouvait seul donner toute son efficacité à cette délégation. Durant les premières années du quatorzième siècle, il fut question entre les rois d'Aragon et les rois de Tunis de cessions semblables, qui furent du reste assez inexactement servies par les douanes arabes. En 1302, 1307, 1309, 1314, le roi d'Aragon se plaignait de ce que la moitié des droits payés par les Catalans, dont le sultan lui avait fait l'abandon, ne lui était pas remise, que ses consuls de Tunis et de Bougie ne touchaient pas exactement de la douane une pension qui devait leur être payée mensuellement, à savoir : vingt besants au consul de Bougie, et cinquante besants au consul de Tunis; et il ajoutait d'ailleurs que la cession de la moitié du droit des Catalans à Bougie ne suffisait pas pour rembourser promptement, comme il était désirable, les dettes de l'émir.

En 1314, Abou-Yahya Abou-Bekr, roi de Bougie, débiteur d'une somme de cinq mille doubles d'or au roi Jacques II, autorise le consul catalan de Bougie à faire percevoir pendant cinq ans la moitié des droits payés par les Catalans à la douane de cette ville, en chargeant le directeur de la douane de parfaire les cinq mille doubles à la fin des cinq années, si le total des amortissements annuels n'avait pas atteint cette somme.

Des agents chrétiens devaient nécessairement participer à la recette ou à la surveillance de la perception des droits dans toutes ces circonstances. Ils avaient à y prendre une part plus personnelle encore quand les sultans affermaient à des marchands chrétiens la totalité des douanes d'une ville ou le revenu de l'une des gabelles. Ce système fut pratiqué au treizième et au quatorzième siècle, où nous en trouvons la mention, et vraisemblablement encore dans les temps postérieurs.

Le traité du col de Paniçar, qui établit des relations particulières entre Pierre III d'Aragon et Abou-Hafs à la suite des Vêpres siciliennes, reconnaît comme un privilège de la nation catalane la faculté d'avoir la ferme de la douane de Tunis :
« Item, y est-il dit, que ledit émir al-moumenin accorde aux
« Catalans, de préférence à toutes autres personnes, la ga-

« belle de Tunis, à un prix convenable. » Les successeurs d'A-
bou-Hafs ne purent pas maintenir cette faveur. Vers l'an 1300,
nous voyons un noble vénitien, Marc Caroso, fermier de la
gabelle du vin à Tunis, au prix de trente-quatre mille besants
pour un an, la perdre au bout de six mois, malgré son traité,
parce que le roi avait trouvé à l'affermer plus avantageusement,
avec dix mille besants de bénéfice, à Rainier Martello de Pise, à
qui elle fut du reste retirée plus tard. La république de Venise
se plaignit du procédé et demanda que son consul à Tunis reçût
du fermier de la gabelle du vin, quel qu'il fût, les cinquante
besants par mois auxquels il avait droit, condition à laquelle la
république consentait à supprimer la vente du vin qui avait lieu
dans l'intérieur de son fondouc à Tunis.

Un article du traité pisan de 1353 prévoit le cas où un Pisan
se rendrait fermier de tout ou partie d'une gabelle ou des
droits à payer en nature ou en argent à la douane.

§ 5.

*Des règlements de compte avec la douane. — Bérat. Tenfids. — Départ
des marchands.*

Quant à l'époque du payement des droits, rien ne semble
avoir été uniformément déterminé. Toutes les nations voulaient cependant qu'il fût bien dit et entendu que chaque
marchand chrétien avait la faculté de faire régler son compte
quand il lui convenait; qu'on ne pût tarder à lui remettre le
règlement plus de huit jours après qu'il en avait fait la demande; qu'une fois les droits payés sur une marchandise par
lui achetée, et la quittance de la douane à lui délivrée, il pût
librement transporter partout où il voudrait cette marchandise
sans avoir à payer nulle part de nouveaux droits; qu'il lui fût
loisible de reprendre et de réexporter à sa convenance les
marchandises invendues, sans avoir à payer ni droits d'importation ni droits de sortie; et qu'enfin, son compte arrêté et

soldé, on ne cherchât, sous aucun prétexte, à le retenir lui ou ses marchandises, et à retarder son départ, à moins d'erreur évidente dans les règlements. Tout marchand était libre de faire acquitter ses comptes par un mandataire; il pouvait même partir sans avoir réglé, s'il laissait un répondant connu qui lui servît de caution.

C'était aussi un usage et un principe consacré par tous les traités, bien que les gouvernements chrétiens aient eu plusieurs fois à soutenir les réclamations de leurs nationaux sur l'inobservation de cette coutume, que les droits d'importation n'étaient exigibles qu'après la vente réelle des marchandises, ou bien au départ du marchand dont les opérations s'étaient bornées à des achats. Mais il était entendu partout que le droit d'importation sur les espèces monnayées (5 pour 100) était exigible à l'entrée même de ces espèces dans le royaume. Il semble avoir été admis en outre dans toutes les douanes que les chrétiens pouvaient payer les droits soit en argent, soit en marchandises. Si le marchand préférait acquitter le tarif en nature, le règlement se faisait ordinairement à l'entrée en douane des marchandises et sur les évaluations équitablement établies par les *amin*, experts ou courtiers de l'administration.

Quant à l'époque du payement effectif, chaque nation semble avoir eu des habitudes différentes. Les Pisans obtinrent dans le royaume de Tunis des facilités exceptionnelles. Les traités de 1264 et 1313 portent d'une manière générale que leurs nationaux ne seront tenus de payer les droits de douane qu'à l'époque de leur départ, et que ceux d'entre eux qui resteraient en Afrique auraient la faculté de régler leurs comptes de douane définitifs au bout de trois ans. Les Pisans consentirent plus tard à réduire le délai à six mois, à compter du moment de la vente des marchandises; et les Florentins, en succédant à leurs privilèges, conservèrent cet usage.

Les Génois se réservaient deux mois après la vente pour payer les droits. Mais ils firent déclarer par le traité de 1456 qu'il leur serait libre d'acquitter immédiatement les droits en nature et dès le transport des marchandises à la douane, afin de n'avoir plus rien à débattre à ce sujet avec le comptable et les inspecteurs du fisc.

Les Vénitiens vendaient généralement leurs marchandises en laissant les droits de douane à la charge de l'acheteur. On ne voit rien de précisé pour l'époque des règlements sur leurs exportations; ils stipulent seulement qu'on ne devra pas leur faire attendre le relevé de compte plus de huit jours, quand ils en auront adressé la demande à la douane.

Les sujets du roi d'Aragon réglaient mensuellement. Il était dit dans leurs traités qu'au commencement du mois on dresserait le compte de chaque marchand, en défalquant de ce qu'il devait payer les avances qu'il aurait pu avoir à la douane, et lui donnant son *bérat*, ou sa quittance.

Les douanes avaient à délivrer aux marchands, en raison des opérations qui se faisaient par son intermédiaire, deux pièces comptables, nommées en arabe le *bérat* et le *tenfids*.

Le *bérat* était la quittance des droits de douane. Muni de cette pièce, *instrumentum, carta*, le marchand pouvait transporter en franchise les marchandises sur lesquelles il avait acquitté les droits dans toutes les autres villes du royaume, et partir lui-même quand il lui convenait. Le bérat est fréquemment désigné dans les textes chrétiens par les mots *albara, arbara, albara expeditionis*, traduction du mot arabe *bérat*, ou par les mots *appodixia expedimenti*, le congé.

Le *tenfids*, ou *tanfitum*, était une attestation ou un reçu soit de la douane, soit de l'un des autres dépôts où l'on vendait et achetait les marchandises du gouvernement. Il constatait l'*avoir* en marchandises ou la créance d'un marchand. Le *tenfids* servait à faire le règlement des comptes, et à établir la balance par doit et avoir.

Au moment du départ, tout marchand se présentait à la douane avec ses effets et marchandises, pour que l'on constatât si ses comptes étaient réglés, ou que l'on perçût les droits dont il pouvait être encore redevable. Le traité de 1323, entre le roi d'Aragon et Abou-Bekr, roi de Tunis et de Bougie, porte qu'aucune caisse ou ballot des sujets de la couronne d'Aragon ne devra être ouvert ni retenu par la douane à la sortie des marchands : « Que negun estrumaç, « o caxes de mercades é sotsemes del dit rey d'Arago, en la « exida, guardats ne uberts no sien. »

Il n'est pas possible que l'exemption de la visite de douane, même de la visite des effets et bagages particuliers des marchands, fût ainsi accordée d'une manière générale et sans condition par le gouvernement arabe, comme le donnerait à entendre cette rédaction. La fraude aurait pu trop facilement en abuser. Une reconnaissance ou constatation préalable des effets à l'usage particulier des marchands, devait précéder le transport à la douane et à bord des navires. Admise et sous-entendue, sans doute comme passée en usage dans le traité catalan de 1323, la mesure est très bien expliquée dans le traité génois de 1433 : « Quand lesdits « marchands génois voudront quitter Tunis, ou toute autre ville « de Sa Royale Majesté, la douane du lieu devra envoyer un « inspecteur au fondouc génois. Cet inspecteur visitera (*videre* « *debeat*) les malles, caisses ou les paniers (*capsam, bonetiam* « *et stumatios*) de chaque marchand ; après la visite, il les fera « lier (ou plomber) et charger, afin que ces objets ne soient « plus ouverts, ni à la douane ni ailleurs. »

Après nous être occupé des pratiques et des usages divers qui réglaient les opérations commerciales des marchands chrétiens avec les marchands arabes, et leurs rapports avec les douanes, nous terminerons ces longs annexes du récit historique en parlant des marchandises mêmes qui faisaient l'objet des importations et des exportations du commerce chrétien dans le Magreb.

II. Tableau des échanges entre les chrétiens et les Arabes d'Afrique.

Les documents anciens spécifient rarement la nature même des marchandises que les navires chrétiens transportaient d'Europe en Afrique. Les traités n'arrivent presque jamais à ces indications de détail. Les actes d'association et les contrats de nolis se bornent le plus souvent à des stipulations générales sur les conditions de l'apport de fonds ou de marchandises de chaque associé, et le partage des bénéfices entre coassociés. Les tarifs indiquant les provenances nous donneraient seuls ces renseignements particuliers et précis; mais nous ne possédons qu'un bien petit nombre de documents de ce genre : une énumération sommaire des principales productions du Magreb importées en Flandre au treizième siècle; un tarif pisan du quinzième siècle, et les extraits d'un livre vénitien appelé *Tarif des poids et mesures*, rédigé à la fin du quinzième siècle ou au commencement du seizième.

Cependant, en réunissant ces diverses notions aux indications données par Pegolotti vers 1350, aux indications d'Uzzano en 1442, et à celles que fournissent les traités, nous pouvons avoir une idée assez complète de l'ensemble des marchandises d'importation et d'exportation qui constituaient la matière même du commerce maritime entre le Magreb et l'Europe au moyen âge. Nous les énumérerons ici succinctement.

Nous n'avons pas besoin de dire quelle satisfaction nous éprouverions si cette nomenclature, dressée entièrement sur des documents certains, venait à fournir par hasard quelques notions qui pussent tourner au profit de l'industrie ou de l'agriculture de notre colonie.

§ 1.

Importations d'Europe en Afrique.

1. *Oiseaux de chasse.*

Des faucons, des gerfauts, des autours.

2. *Bois.*

De Venise à El-Mehadia, à Tripoli et dans tout le Magreb, des bois de toute façon, des ensouples ou rouleaux de tisserand, des bâtons, des vases, des ustensiles et tous objets de boissellerie. De Gaëte à Tunis, de Venise à Tripoli, des bois bruts et des bois équarris ou sciés en planches, des bois de lances.

3. *Métaux.*

Cuivre, importé en grande quantité du douzième au seizième siècle dans tout le Magreb, d'où il pénétrait dans le pays des noirs. On l'apportait soit en barres, soit en feuilles, soit en fils. Étain, fer, acier. Venise défendait à ses galères l'exportation directe du cuivre et de l'étain, et de tous objets fabriqués avec ces métaux, de l'Angleterre et de la Flandre au Magreb. Il fallait que ces marchandises, pour aller en Afrique, eussent payé les douanes à Venise ou sortissent de Venise.

4. *Armes.*

Cottes de mailles, casques, lances, cuirasses, épées, venant en grande partie de la Lombardie et de l'Allemagne, importées même quand les prohibitions ecclésiastiques s'étendaient au Magreb.

5. *Métaux précieux et monnaies.*

Indépendamment des espèces monnayées, il se faisait une

importation incessante d'or et d'argent en lingots, en lames et en fils dans tous les États du Magreb, soit pour les travaux de bijouterie, soit pour les hôtels des monnaies établis à Maroc, Tunis, Bougie et Tripoli. Les rois d'Afrique accordaient une remise de moitié du droit ordinaire de dix pour cent sur ces objets, et la franchise entière quand les métaux étaient achetés pour leur propre usage ou pour les hôtels des monnaies. Les seigneurs indépendants de Tripoli ont autorisé quelquefois la fabrication à leurs hôtels des monnaies d'espèces arabes au compte de maisons chrétiennes.

6. *Bijoux.*

Pierres précieuses, rubis et balais, émeraudes, turquoises, perles et bijoux divers, montés ou non montés. Cette catégorie comprenait certainement, avec les verroteries de Venise, les coraux travaillés et sertis qu'on réexportait en Barbarie.

7. *Quincaillerie et mercerie.*

Fils de fer et fils de laiton, objets divers en fil de laiton, cottes de mailles, trompettes, outils en fer et acier, chandeliers et bassins en cuivre, et autres articles de quincaillerie, généralement dits articles de Milan. Fils d'or.

8. *Laque vernis et mastic.*

Grande importation de laques de toutes sortes dans le Magreb, dès le douzième siècle et jusqu'au seizième. Le mastic est cité comme article d'importation dans les documents de Pise et de Gênes. Pegolotti est à consulter sur les qualités requises dans les différentes laques et sur l'étendue du commerce de ces matières au moyen âge.

9. *Tissus et draps.*

1. Tissus de coton.
2. Tissus de lin et de chanvre. Toiles fines et toiles grossières. Toiles de Bourgogne. Toiles dites de *fondouc* ou d'entrepôt.
3. Tissus de laine. Étoffes légères et draps. Futaines blanches et noires. Camelots. Estanfort d'Arras. Canevas.
4. Draps d'Arras. Draps blancs de Perpignan. Draps rouges de Languedoc. Draps de Châlons, de Douai et de Saint-Quentin. Drap dit *vintain*. Draps rayés, dits *biffes de Paris*. Draps de Florence. *Spiga*, drap commun fabriqué en Italie. Draps d'Angleterre fins et grossiers, tondus et non tondus. Draps étroits, appelés en Italie *ses* et *sventoni*. Bérets et bonnets.
5. Tissus de soie. Draps d'or et brocarts, avec ou sans duvet. Draps de soie, damas, taffetas cramoisis, satins, velours divers, velours écarlate. Étoffes de soie fabriquées dans les Cévennes.

10. *Matières textiles.*

Lin. Fil de Bourgogne. Quelques soies. Des cotons filés. Or et argent filés.

11. *Substances tinctoriales.*

1. Teintures minérales. Cinabre, orpiment ou arsenic jaune.
2. Teintures végétales. Guède ou pastel, indigo, safran.

12. *Substances servant à la teinture ou au blanchiment.*

Alun. Céruse. Soufre, très employé au Magreb pour le blanchiment des toiles.

13. *Céréales.*

Orge, froment et fèves de Catalogne, du Roussillon, du

bas Languedoc et des îles Baléares, dans les royaumes de Tunis et de Bougie. Dès le douzième siècle, et moyennant un léger tribut, les rois de Tunis s'étaient réservé la faculté d'exporter en franchise les blés de Sicile dans leurs États.

14. *Épiceries.*

Poivre, noix muscades, manne, girofle et bois de girofle, rhubarbe, gingembre, cannelle et toutes épiceries en général. Elles parvenaient en Barbarie par trois voies différentes : 1° par les navires chrétiens venant des ports d'Europe où se trouvaient de grands entrepôts d'épiceries des Indes ; c'était, sans aucun doute, la moins abondante ; 2° par les navires chrétiens et arabes faisant le commerce direct d'Égypte en Barbarie ; 3° enfin par les caravanes, exclusivement musulmanes, qui chaque année se rendaient du Magreb en Égypte et revenaient dans l'ouest, en traversant les royaumes de Maroc, de Tlemcen, Tunis et Tripoli.

15. *Parfums.*

Musc, benjoin, civette, bois d'aloès, ambre parfumé, tigname, plantes et substances odorantes en général.

16. *Substances médicinales.*

Gomme, borax, storax, camphre, laudanum, aloès, tartre, safran.

17. *Vin.*

Transport continuel, et qui paraît avoir été considérable, de vins de France, de vins d'Espagne et de vins de Grèce dans tous les royaumes du Magreb, où la vente s'en faisait publiquement. Non seulement les bazars et les fondoucs chrétiens renfermaient souvent une ou plusieurs boutiques appropriées à la vente du vin en gros et en détail, mais il existait dans plusieurs villes, à Tunis et à Bougie notamment, un magasin ou entrepôt général appelé le *fondouc du vin*, dans lequel la vente avait lieu avec la permission du roi et sous la surveillance de ses agents ou des marchands auxquels il en affermait le droit. Les notaires instrumentaient quelquefois dans ce lieu, que les chartes désignent sous le nom de *domus gabelle vini*. La ferme était mise aux enchères et paraît avoir été une source de revenus assez considérables. Vers 1300, un noble vénitien, Marc Caroso, l'avait obtenue du roi de Tunis, pour un an, au prix de 34,000 besants, somme qui pouvait répondre au moins à 70,000 francs. Un Pisan l'acheta après lui. Le fermier, qui avait intérêt à centraliser le débit à son entrepôt, payait une indemnité mensuelle de 50 besants au consul vénitien pour qu'on ne vendît pas du vin dans le fondouc de la nation à Tunis.

Par suite d'arrangements particuliers concernant soit le règlement d'indemnités dues pour dommages commerciaux, soit la solde des milices auxiliaires, les émirs déléguèrent quelquefois et temporairement aux rois chrétiens tout ou partie des revenus de la gabelle du vin. En 1323, le roi d'Aragon obtint, au moins momentanément, la franchise presque entière des vins importés dans les royaumes de Tunis et de Bougie; pour tout droit, la douane dut se borner à retenir une jarre sur un transport excédant cent jarres de vin.

L'usage et le débit du vin étaient choses si communes en Afrique, qu'on avait coutume de donner en certaines circonstances aux portefaix arabes et autres gens de service, en sus de leur salaire, une gratification supplémentaire appelée *le vin*, expression et rémunération répondant au *bakchich* des Orientaux, à la *mancia* des Italiens et à notre *pourboire*. Les rois de Tunis envoyaient souvent aux ambassadeurs, à leur arrivée, des fruits, des confitures et du vin.

La plus grande partie de ces vins importés en Afrique était sans doute destinée aux chrétiens habitant le pays, aux marchands et aux agents ou employés des fondoucs et des consulats, aux troupes des milices chrétiennes et peut-être aux prisonniers chrétiens; mais il paraît incontestable qu'une partie était directement et ostensiblement vendue aux musulmans eux-mêmes. Nous voyons dans le chapitre des statuts de la ville de Marseille de l'an 1228, relatif aux vins de France exportés par Marseille à Ceuta, Oran, Bougie, Tunis et autres villes de Barbarie, où ils se vendaient en gros et en détail, qu'il y avait des magasins et des débits dans lesquels il était permis de vendre du vin aux Sarrasins, et d'autres affectés seulement à la vente aux chrétiens et non aux Sarrasins : *Ad vinum ibidem vendendum Saracenis; ad vinum vendendum christianis tantum et non Saracenis.* Les Almoravides ont été accusés par les Almohades d'avoir toléré parmi eux l'usage du vin. La date du statut de Marseille montre que les Almohades auraient encouru eux-mêmes le reproche qu'ils adressaient à leurs prédécesseurs pour décrier leur doctrine et leur autorité.

18. *Navires.*

Les sultans exemptaient la vente des navires et des barques opérée dans leurs ports, à des chrétiens ou à des musulmans alliés, de tous tarifs. Le droit de 10 pour 100 n'était prélevé que lorsque la vente avait lieu à des chrétiens ou à des Arabes n'ayant pas des traités avec les Maugrebins. Venise et Gênes, qui possédaient de grands chantiers de construction, durent à ces dispositions de vendre beaucoup de navires et d'agrès maritimes sur toute la côte d'Afrique. L'Église, en prohibant expressément et d'une manière permanente ce commerce avec les Arabes de Syrie et d'Égypte, ne l'interdit avec l'Afrique occidentale qu'aux époques très rares dans lesquelles les sultans de Tunis ou de Maroc, qui ne soutinrent pas la cause des Sarrasins d'Orient pendant les croisades, se trouvèrent en guerre avec les rois d'Espagne ou de France, comme en 1270 et 1390.

19. *Verres et verroteries.*

Les traités ne désignent jamais spécialement un objet de commerce dont il s'est fait cependant durant tout le moyen âge et presque jusqu'à nos jours un immense transport d'Italie sur toute la côte d'Afrique, depuis l'Égypte jusqu'au Maroc : ce sont les verroteries et les verres de Venise. Ces articles étaient sans doute compris sous la désignation générale de marchandises diverses, et rangés vraisemblablement dans la catégorie des bijoux, *zoie, jocalia,* sur laquelle on prélevait seulement le demi-droit, c'est-à-dire 5 pour 100, au lieu de 10 pour 100, tarif ordinaire des importations.

Établie dans l'île de Murano au douzième siècle, l'industrie du verre et des mosaïques acquit dès le treizième siècle, à Venise, une splendeur qui ne fit que s'accroître jusqu'au seizième, qui déclina ensuite, mais qui néanmoins se conserva autant que la république, et qui même aujourd'hui n'est pas entièrement perdue. Quelques fourneaux s'allument encore à Murano et fabriquent des perles à collier appelées *conterie,* des fils de verre, des lustres, et divers objets de formes et de qualités inférieures. Au temps de tout son éclat, du treizième au seizième siècle, la verrerie de Venise fabriquait en immenses quantités, et dans le goût le plus gracieux, des coupes, des flacons à parfums et à liqueurs, des miroirs, des bouteilles, des lustres, des boîtes, des fleurs, des perles ou marguerites, des boutons, des vitraux, des verres colorés de tous genres, des chapelets et des colliers variés. Les fabricants de verroterie avaient des facteurs et des magasins dans tous les fondoucs de la nation vénitienne, principalement à Alexandrie, à Tripoli et à Tunis. De Tripoli, où est restée la dernière factorerie de Venise, les verroteries pénètrent dans le Darfour et le Fezzan.

20. *Objets divers.*

Papier ordinaire, papier royal, vieux papier. Soies de porc, os d'animaux, fer aimanté, *terra gritta*, *bagade*.

§ 2.

Exportations d'Afrique.

1. *Esclaves.*

Nous n'avons à nous occuper ici des esclaves que comme l'un des objets de commerce entre les chrétiens et les Arabes d'Afrique.

On a vu qu'une esclave sarrasine, Aïssa, fut vendue à Marseille vers 1236, au prix de 8 livres 12 deniers, environ 400 francs en valeur relative, ce qui nous semble un prix assez modique.

Des esclaves musulmans provenant du Magreb se vendaient quelquefois à Gênes au quatorzième siècle encore. Le tarif de la douane de Pise du quinzième siècle constate que les esclaves de tout âge et de tout sexe payaient quatre *lires* à l'entrée et à la sortie de la ville. Au commencement du quinzième siècle, on transportait des esclaves des deux sexes, noirs et blancs, de Barbarie en Espagne. On sait qu'à une époque bien antérieure, le Magreb, comme l'Égypte, fournissait au service des hommes riches d'Orient des mulâtresses et de jeunes esclaves européens, c'est-à-dire chrétiens.

Nous pensons que la vente réciproque d'esclaves entre musulmans et chrétiens, par les voies régulières, dut être fort rare sur les côtes d'Afrique au moyen âge. Le grand marché où les sultans d'Égypte achetaient les jeunes esclaves européens qui leur servaient à entretenir la milice des mamelouks était Constantinople et la mer Noire, et il faut avouer que les intermédiaires habituels de cette traite infâme étaient presque toujours, nonobstant les perpétuelles défenses du Saint-Siège, des agents et des marins chrétiens, surtout des Génois (1).

En dehors des faits de guerre qui jetaient sur les marchés publics tant de malheureux prisonniers, la piraterie, largement pratiquée par les chrétiens et les musulmans dans toute la Méditerranée, était aussi une source d'approvisionnement toujours certaine pour les marchands d'esclaves, malgré mille entraves. Les traités conclus entre États chrétiens et maugrebins prohibèrent néanmoins, dès le douzième siècle, et de la manière la plus formelle, la mise en vente d'hommes tombés ainsi en captivité. Du moment où leur nationalité était reconnue, et quelle que fût la cause qui les avait privés de la liberté, ils devaient être libérés ou rachetés par les souverains du pays. L'exécution de ces engagements rencontrait des difficultés; mais les obligations réciproques contractées à cet effet par les émirs arabes et les princes chrétiens sont très expresses.

2. *Chevaux.*

Chevaux de Barbarie ou chevaux barbes. L'exportation en fut quelquefois interdite pour l'Espagne.

3. *Poissons salés.*

Sorra de Barbarie : c'étaient les œufs et les intestins du thon salé.

4. *Cuirs.*

Les noms de *maroquin* et de *cordouan* rappelleront toujours

(1) Voy. notre *Hist. de Chypre*, t. II, p. 125. *Not. sur le transport des armes et des esclaves en Égypte.*

la bonté et la célébrité des cuirs de l'Afrique et de l'Espagne musulmane. Durant tout le moyen âge, il s'en fit une exportation continuelle et très considérable d'Afrique en Europe. Dès le douzième siècle, et peut-être avant cette époque, le maroquin rouge ou cordouan vermeil était particulièrement recherché en Normandie et en Angleterre. Les chrétiens exportèrent d'abord les cuirs tannés et colorés, et plus tard les peaux crues, qu'ils travaillèrent eux-mêmes. On n'a commencé à préparer et à teindre les cuirs à Paris qu'au milieu du quatorzième siècle.

Nos traités mentionnent les peaux et les cuirs préparés ou non préparés provenant d'un grand nombre d'animaux : de bœufs, de vaches, de veaux, de chèvres, de moutons, d'agneaux, de chevaux et de chameaux, appartenant aux royaumes de Fez, de Tlemcen, de Bougie, de Tunis et de Tripoli. C'est l'indice le plus certain d'un autre genre de richesse, celle des bestiaux. Aussi n'est-il pas étonnant de lire dans une géographie du dixième siècle qu'il y avait dans le Magreb plus de chameaux que dans toute l'Arabie. On voit dans El-Bekri que cette richesse agricole en bestiaux de toute sorte n'avait guère diminué au douzième siècle.

Au treizième, les peaux de mouton et les peaux d'agneau se vendaient en moyenne, à Tunis, 15 dinars le cent.

6. *Écorces de Bougie.*

L'*iscorza di Buggiea*, qui figure dans une liste de marchandises donnée par Pegolotti au quatorzième siècle, devait être un article de commerce bien connu. C'était vraisemblablement une écorce tannique servant au travail des cuirs, peut-être l'enveloppe du *sumac thezera*, employée dans la préparation des maroquins. Cet arbuste se trouve encore aujourd'hui dans la province d'Oran. Les montagnes situées au nord de Collo, entre les golfes de Bougie et de Philippeville, renfermaient autrefois une essence d'arbre dont l'écorce, peut-être encore une écorce à tan, était très recherchée. Quelques anses de la côte en tiraient leur nom : le *port des Écorceurs*, le *port de l'Arbre*. On signalait aussi dans ces montagnes l'existence du cuivre et du lapis-lazuli.

6. *Bois.*

L'exportation de cet article dut être presque nulle. El-Bekri signale des bois de thuya dans le sud Oranais. Nous ne savons rien de précis sur les chênes-liège.

7. *Substances tinctoriales ou servant à la teinture.*

Indigo, cochenille ou kermès de Barbarie, safran, semence de cochenille, guède ou pastel d'Oran, aluns divers exportés de Tunis dès le douzième siècle par les Pisans, alun de Maroc, noix de galle, alun blanc de Sedjelmesse dans le Maroc; alun de Castillon, venant de Barbarie, le même que l'alun dit de plume, *allume di piuma*, du royaume de Bougie.

8. *Sel.*

Exportation considérable et continuelle de toute la région orientale depuis Tripoli et Kaïrouan jusqu'à Tunis.

Venise, cherchant à acheter du sel dans toute la Méditerranée pour ses propres besoins et pour suffire aux immenses demandes qu'elle recevait de la haute Italie, conclut à cet effet des traités spéciaux avec le seigneur de Tripoli et de Gerba, dont le territoire renferme de nombreux lacs salés. La république monopolisait deux seules marchandises, qui suffisaient à lui donner de grands bénéfices : le sel et le blé. El-Tidjani dit que la saline de Touzer est une merveille dont les historiens n'ont pas assez parlé.

9. Sucre.

Les difficultés que peut rencontrer la réacclimatation de la canne à sucre en Algérie ne devraient pas arrêter nos essais, si l'on était certain d'ailleurs de réunir toutes les conditions nécessaires à une grande et avantageuse culture, c'est-à-dire l'eau et la main-d'œuvre en abondance. La température et le sol paraissent généralement favorables à la plante dans tout le nord de l'Afrique, et c'est une erreur de croire qu'on l'y a propagée seulement au quatorzième siècle. Au dixième et au douzième, elle était récoltée en grand sur les bords du golfe de Cabès et dans la campagne de Kaïrouan. Au treizième, les sucres bruts de Maroc paraissent dans les états de marchandises vendues en Flandre et à Venise. Suivant Edrisi, le sucre récolté et fabriqué dans le Maroc méridional était connu de « l'univers entier ». La culture de la canne n'était pas encore abandonnée au seizième siècle. On citait alors les sucres de Bone, et on remarquait pour leur abondance et leurs belles qualités les plantations du Sous et de Ceuta.

10. Cire.

La richesse de l'Afrique, surtout de la Mauritanie, en miel et en cire, constatée dès les temps anciens, s'est maintenue jusqu'à nous. La cire a été pendant tout le moyen âge exportée du Maroc, d'Alger, de Tunis, de Bone, de Bougie, et peut-être est-ce vraiment, comme on le répète sans le croire, du nom de cette dernière ville que vient notre mot *bougie*, qui a dû être introduit d'abord sous la forme de *chandelle* ou *cire de Bougie*, comme on disait *candela de Babylonia*, chandelle d'Égypte.

Il est encore possible que les *rotuli barbaresci*, appartenant à un marchand de Montpellier et saisis par les Génois, dont il est question dans un arrêt du parlement de Paris de 1314, soient des pains de cire de Barbarie.

11. Huile.

C'était un des grands objets de commerce du Magreb, très riche encore aujourd'hui en oliviers, malgré l'appauvrissement général des plants. Il est souvent question dans nos documents de l'huile de Maroc, de Bougie, de Tunis, de Tripoli, de Sfax, de Cabès, surtout de celle de l'île de Gerba. Une anecdote historique conservée par les auteurs arabes rappelle l'extrême abondance des oliviers dans l'Afrique ancienne et les profits considérables que valait au pays l'exportation de l'huile à l'étranger. En 647, l'armée barbare ayant battu le patrice Grégoire près de Carthage, les habitants apportèrent des monceaux d'or aux pieds du général musulman pour l'apaiser. « D'où vous viennent ces richesses ? » demanda Abd-Allah. — « Nous les devons à l'huile que nous vendons aux Romains, » lui fut-il répondu. Le chroniqueur désigne vraisemblablement sous le nom de Romains les habitants de l'Italie et des Gaules.

12. Céréales. — *Prix du blé en Afrique.*

Blé, orge, grains divers des trois royaumes du Magreb.

Venise et Gênes exportaient également pour leurs flottes des farines et du biscuit de mer, ou *panatica*, de Tunis et de Tripoli.

Les traités reconnaissaient aux Vénitiens et aux Génois la faculté d'exporter sans payer aucun droit de douane une certaine quantité de blé, s'il y avait disette bien constatée chez eux, et si le prix du blé ne dépassait pas en Afrique un maximum fixé. Les conditions étaient ainsi réglées dans le détail pour les deux pays. Le traité vénitien de 1231 porte qu'au cas de disette d'un an au moins, les Vénitiens pourront exporter en franchise le chargement de huit navires par an, tant que durera la disette, si le blé ne vaut dans le royaume de

Tunis que le prix de trois besants ou dinars à trois besants et demi. Le traité de 1251 élève à douze le nombre de navires exemptés en ce cas des droits de douane, et ce nombre, avec les conditions premières, est maintenu dans les traités suivants. Le traité génois de 1236 stipule que, s'il y a disette générale à Gênes, la république pourra faire exporter sans payer les droits de sortie, pour être dirigés seulement sur Gênes, le chargement de cinq navires, pourvu que le prix du blé ne dépasse pas en Afrique trois besants ou trois besants et demi. Les traités de 1250 et 1272 conservent ces dispositions. En 1433, il est dit que, lorsqu'il y aura disette à Gênes, et tant que le blé ne vaudra pas à Tunis plus de cinq besants le cafis, les Génois pourront exporter sans payer les droits de douane quinze mille cafis de blé. Si le prix du blé devenait supérieur au chiffre fixé, le sultan aurait à apprécier le cas pour déterminer la quantité de froment dont il autoriserait l'exportation en franchise.

Un changement dans la valeur des monnaies ayant eu lieu ensuite à Tunis, le nouveau traité génois de 1445 modifia les conditions de l'exemption des droits de douane, en se fondant précisément sur la modification survenue dans le cours des monnaies : *quia moneta nunc mutata est*. Il fut dit qu'au cas de disette à Gênes, les Génois pourraient acheter sans payer les droits d'exportation quinze mille cafis de blé par an, tant que le prix du blé ne dépasserait pas à Tunis quinze besants le cafis.

Nous ne connaissons pas les changements d'espèces auxquels le traité fait allusion. En ce qui concerne les conditions et les traités antérieurs du treizième et du quatorzième siècle, nos calculs, concordant avec ceux de M. Amari, nous permettent de dire que l'exportation en franchise était accordée aux Vénitiens et aux Génois, pour les quantités déjà indiquées de navires ou de cafis, quand le prix du blé ne dépassait pas en Afrique vingt à vingt-trois francs l'hectolitre, ce qui peut être considéré comme le prix moyen du blé dans le Magreb au moyen âge.

Il y eut à Tlemcen en 1227 une telle disette, que le prix du blé monta jusqu'à deux cent quarante francs le cafis, ou plus de cent francs l'hectolitre, suivant l'auteur du *Roudh-el-Kartas*.

13. *Fruits et herbes.*

Des dattes, et probablement aussi des bananes; des pistaches exquises, des figues sèches, des raisins secs de Bougie et de Bone, que les Italiens appellent encore, d'un mot arabe, *zibibo*. Amandes d'une qualité supérieure. Fenouil de Tunis. Aneth, plante odoriférante, assez semblable au fenouil. Cumin.

Au onzième siècle, à l'époque où les rois de Sicile étaient maîtres d'une partie des côtes maugrebines, l'île de Gerba possédait une espèce de pomme très renommée. Les Normands, enchantés de retrouver en Afrique les fruits de leur pays, s'amusaient, à l'époque de la maturité, à dépouiller les vergers pour envoyer les plus belles pommes aux seigneurs et aux dames de la cour de Palerme, sans prendre la peine, bien entendu, d'indemniser les propriétaires. Ceux-ci, fort ennuyés de ces procédés, laissèrent périr tous les pommiers, qui depuis lors sont inconnus, croyons-nous, à Gerba.

14. *Étoffes. — Tapis.*

Boucrans de Tripoli. Haïks de Gerba. Tapis de Tunis et de Tripoli. Toiles et cotonnades de Barbarie. Étoffes diverses de laine et de coton fabriquées dans le pays et exportées, mais en petite quantité vraisemblablement. Au quatorzième siècle, Sousa fabriquait de fines étoffes appelées *soussia*.

15. *Matières textiles.*

1. Laines et toisons. Comme celle des cuirs, l'extraction

continuelle des laines et des toisons (*baldrones*, *baldroni*) de Barbarie annonce l'abondance des troupeaux. Toutes les provinces en fournissaient et on envoyaient en Italie et en France; mais il est fait mention particulièrement fréquente dans nos documents des laines de Tripoli et de l'île de Gerba, des laines du royaume de Tunis et de Bougie. Les laines s'achetaient soit grasses, soit lavées.

2. Coton. Culture très répandue dans tout le nord de l'Afrique au dixième siècle. Aux onzième et quatorzième siècles, les cotons de Msilah, Biscarah et Mostaganem étaient estimés pour leur excellente qualité. On cultivait aussi le coton à Tobna dans le Zab. Au seizième, les Vénitiens exportaient en grandes quantités des cotons de toute la Barbarie, et particulièrement d'Oran; le Maroc fabriquait des cotonnades.

3. Lin. La culture en était très répandue autrefois à Médéah, à Bone et dans toute la Mitidja. Les fils de Sousa étaient estimés, et les tisserands nombreux en cette ville.

4. Soie, cultivée du dixième au seizième siècle. On estimait les soies de Gabès pour leur finesse et leur bonté.

16. *Vannerie.*

Corbeilles, cabas, nattes et autres ouvrages en feuilles de palmier et en sparte, ou jonc marin.

17. *Métaux.*

Ibn-Haukal disait au dixième siècle que le fer, le plomb et le mercure étaient habituellement exportés du Magreb en Orient. Bakoui signale des mines d'argent à Rakendour à six journées au sud de Maroc. Bekri assure qu'on trouve du lapis-lazuli, du cuivre et du fer dans le pays des Kétama, non loin de Kaïrouan. Édrisi rapporte que de son temps, au onzième siècle, le fer était toujours exploité dans les environs de Bougie. Nos traités mentionnent seulement aux treizième, quatorzième et quinzième siècles, l'exploitation du plomb, et réservent par privilège l'exportation en franchise de ce métal du royaume de Tunis et de Bougie aux seuls Vénitiens. L'acier et le cuivre dont il est question dans quelques documents pisans étaient plutôt des importations en Afrique, bien que les mines de Mouzaïa attestent l'existence de précieux minerais dans notre colonie.

On connaît les beaux travaux de nos ingénieurs sur les gisements métalliques de l'Algérie. L'auteur principal de ces savantes explorations, M. Henri Fournel, exprime ainsi, sous une forme vive et originale, et au fond très sérieuse, les espérances qu'elles permettent de concevoir : « Quand je songe « aux avantages immédiats qu'on peut tirer de l'exploitation « de mines depuis si longtemps oubliées, quand je songe aux « métamorphoses que les eaux artésiennes peuvent produire « dans la fertilité d'un sol comme celui de l'Afrique, je suis « entraîné à admettre que c'est par le dessous que nous ar- « riverons à la conquête définitive du dessus. »

Le Soudan fournissait beaucoup d'or brut aux dixième, onzième et douzième siècles. L'or est mentionné comme objet d'importation d'Afrique à Porto Pisano dans le tarif de 1461; et le tarif vénitien de 1540 mentionne aussi l'*oro barbaresco*, qui était sans doute de la poudre d'or, parmi les exportations du Magreb.

18. *Objets divers.*

1. Plumes d'autruche.
2. Ivoire.
3. Corail, régulièrement exploité dès le dixième siècle à Tenez, Ceuta et Mers-el-Kharès, près de Tabarca. Le corail de Ceuta était moins estimé. Le rouge était le plus recherché. On travaillait aussi les sortes blanches et noires. Venise, Gênes, Naples et Barcelone recevaient la plus grande partie

des coraux rouges exportés en Europe. Marseille ne s'est occupée en grand de cette industrie que beaucoup plus tard, à l'époque de la fondation du bastion de France, près de Bone; mais ses pêcheurs allaient récolter le corail dans les eaux de la Sicile, et peut-être sur les côtes d'Afrique dès le moyen âge.

On exportait au seizième siècle, comme autrefois, beaucoup de coraux rouges en Égypte et en Syrie pour les chapelets musulmans. Le roi de Tunis affermait souvent la pêche du corail à des Catalans, et la prétention des corailleurs de Cagliari et d'Alghero, quand la Sardaigne fit partie du royaume d'Aragon, fut d'obtenir du fermier espagnol, ainsi que de l'autorité arabe, le même traitement que les corailleurs de Barcelone.

4. Armes du Maroc.

5. Probablement quelques porcelaines fabriquées autrefois dans le pays, et de ces vases en argile appelés aériens à cause de leur extrême légèreté, et destinés à contenir l'eau en la rafraîchissant.

6. Épiceries. Grâce à son voisinage de l'Égypte, Tripoli recevait, tant par navires arabes que par navires chrétiens, une grande quantité d'épiceries, dont une partie était réexportée en Europe.

7. Vernis et gomme arabique.

8. Dans l'inventaire d'une pharmacie de Gênes, en 1312, il est fait mention de pots ou faïences dorées de Bougie. Abou-Obaïd parle des vases d'argile destinés à contenir l'eau que l'on fabriquait à Tunis mieux qu'en aucun autre pays; ils étaient d'une extrême blancheur et d'une finesse approchant de la transparence (1).

(1) M. de Sacy, *Notices et extraits*, t. XII, p. 491.

1350. — Importance relative du commerce du Magreb.

La multiplicité des objets d'échange n'est pas toujours la preuve d'un grand trafic. Quelques produits, les épices, la soie, le sucre ou le coton, peuvent suffire aux plus vastes opérations de commerce. Mais quand à une régulière fréquentation des navires étrangers dans un pays s'ajoute une grande variété de matières exportables, on peut être assuré que ce pays possède un commerce extérieur actif, facile et avantageux. Tel était alors l'état de l'Afrique septentrionale. D'après ce que dit Balducci Pegolotti du commerce général de la Méditerranée de son temps, on peut certainement placer les relations du Magreb avec les chrétiens au second rang d'importance. Il n'y avait au-dessus que le commerce de Constantinople et d'Égypte, en comprenant dans ce dernier le commerce de Chypre. Jusqu'à la découverte du cap de Bonne-Espérance, l'île de Chypre fut, pour la chrétienté entière, l'entrepôt naturel de l'Égypte et de la Syrie, et le marché obligé de toutes les petites marines chrétiennes qui n'avaient pas de traités directs avec ces pays. Constantinople résumait tout le commerce de la mer Noire et de l'Asie centrale.

L'Égypte et Chypre étaient les grands marchés des productions de l'Inde et de l'Arabie. Le Magreb fournissait à l'Italie, à la France et à l'Espagne, et par ces pays au reste de l'Europe, des cuirs, des laines, des écorces tanniques, de l'huile, du blé, de la cire, de l'ivoire et du corail. Les chrétiens vendaient surtout aux Maugrebins, comme aux Arabes d'Égypte, des toiles, des fers, de la quincaillerie, des bijoux, des navires et des métaux précieux. Ces marchandises, auxquelles on peut ajouter les esclaves et les épiceries venant directement d'Égypte au Magreb, et dont il se faisait un immense débit en Europe, formaient les chargements habituels des navires qui périodiquement se rendaient dans les ports de l'Afrique. Rarement un navire chrétien parcourait toutes les escales de Tripoli au Maroc. Les expéditions isolées ou en conserve avaient généralement un parcours limité. Mais il n'était pas un port de la côte africaine ouverte au commerce chrétien qui ne vît au moins deux fois dans l'année les navires de chaque nation.

C'est à ces rapports habituels que les Génois durent de pouvoir effectuer contre Tripoli un coup de main des plus audacieux. Exécuté par des Arabes contre une ville chrétienne, il eût fourni à nos chroniqueurs ample matière de déclamation contre les ravages des barbares.

La suite naturelle des événements nous amène à parler de ce grave incident.

1355. — La ville de Tripoli, gouvernée par un émir indépendant, est pillée par les Génois.

Tripoli, possédé quelque temps par les rois de Sicile au douzième siècle, repris ensuite par les Almohades, ne fut jamais un royaume tout à fait indépendant comme Bougie, parce que son territoire restreint ne pouvait former un grand État. Son éloignement permit cependant à ses gouverneurs d'exercer une autorité considérable. Au quatorzième siècle, à l'époque où le sultan de Maroc Abou-Einan envahit le Magreb central à la tête des troupes mérinides, les Beni-Thabet, ses oualis héréditaires, avaient cessé de payer le tribut, représentant l'impôt, qu'ils devaient annuellement envoyer à Tunis, et bornaient leur déférence à faire prononcer la prière publique au nom des rois hafsides.

Le pays était dans cette situation quand Philippe Doria, amiral génois, battu en Sardaigne par les Aragonais, eut l'idée de se dédommager de son échec sur Tripoli. Aucun prétexte de guerre n'existait entre Ibn-Thabet et la république de Gênes ; mais Tripoli était une ville riche, facile à prendre, ne relevant à peu près que d'elle-même. C'en fut assez aux yeux de l'amiral pour justifier son projet. Comme il y avait toujours dans le port de Tripoli, nous dit un auteur arabe de ce temps, « un grand mouvement commercial et beaucoup d'ar« rivages et de départs », sept galères de Doria purent jeter l'ancre (juin 1355) à côté de deux navires musulmans venant d'Alexandrie avec un chargement d'épiceries, sans éveiller la moindre défiance. A l'entrée de la nuit, l'amiral feignit de s'éloigner ; puis, de grand matin, il rentre dans le port, escalade les murs de l'enceinte, massacre ceux qui résistent, et se trouve bientôt maître de la place, surprise et sans défense. Assuré des portes et de la citadelle, il donna avis de son facile triomphe à la république, et fit procéder avec ordre au pillage du palais, des bazars et des plus belles maisons. On dit qu'il rassembla des richesses pour une valeur de plus de dix-huit cent mille florins en marchandises, en bijoux et en numéraire, sans compter sept mille hommes, femmes et enfants, qu'il retint prisonniers.

La crainte qu'un pareil forfait ne provoquât des représailles terribles dans les pays musulmans détermina la république à frapper l'amiral et son armée d'une sorte de bannissement et à chercher à s'entendre avec les princes d'Afrique, tout en exigeant une rançon de la ville de Tripoli. Le roi de Tunis Abou-Ishak, deuxième du nom, fils d'Abou-Yahya Abou-Bekr, satisfait au fond de savoir les Tripolitains châtiés, fort ébranlé lui-même par l'invasion mérinide, n'éleva pas de réclamations. Abou-Einan, rappelé dans le Maroc, laissa les Tripolitains aux prises avec les difficultés sans vouloir s'en mêler. Ibn-Thabet ayant été tué lors de la prise de la ville, les Génois se mirent en rapport avec Ahmed Ibn-Mekki, seigneur du golfe de Gabès, qui, au moyen des sommes avancées par les gens du Djérid et de celles que le sultan de Maroc finit par envoyer lui-même, parvint à payer le rachat de la ville et à retirer de la captivité un grand nombre de prisonniers. On ne put les racheter tous; et Philippe Doria, gracié au bout de trois ans, pendant lesquels il dut faire à ses frais des courses sur les côtes de Catalogne, put voir errer encore dans les rues de Gênes un nombre considérable d'esclaves tripolitains attendant leur liberté.

1356. — Traité des Vénitiens avec le seigneur de Tripoli.

L'agression de Philippe Doria laissa de profondes rancunes dans la population de Tripoli; les relations des chrétiens avec la région orientale du Magreb s'en ressentirent longtemps. Venise parvint cependant, dès l'an 1356, à traiter d'un accord avec Ahmed Ibn-Mekki. La république chercha à rassurer ses nationaux et à prévenir autant que possible les contestations avec les gens du pays. Nous n'avons trouvé aucun accord semblable dans les archives de Gênes; mais il ne faut rien inférer de ces faits négatifs. Nous possédons des traités d'une grande importance dont les chroniques ne disent rien, et les historiens mentionnent souvent des conventions diplomatiques que l'on ne retrouve ni dans les archives ni dans les cartulaires des anciens États.

Le traité conclu à Tripoli, le 9 juin 1356, par Bernabo Giraldo, envoyé du doge de Venise, et le prince Ahmed, stipule que le consul vénitien résidant à Tripoli, au fondouc de la nation, avait le droit de nommer des vice-consuls dans l'étendue de la seigneurie d'Ahmed, qui comprenait expressément, outre la ville de Tripoli, les villes de Gabès et de Sfax et les îles de Gerba et de Kerkeni, c'est-à-dire la Tripolitaine et la Petite-Syrte, ou pays des Lotophages. On régla le change des monnaies; on précisa les usages et les droits du port et de la douane, afin d'éviter les occasions de conflit. Il fut déclaré que les patrons vénitiens, tout en restant soumis à l'obligation de donner caution pour l'ancrage et l'arborage, ne se verraient plus enlever à leur arrivée le timon et les voiles du navire, usage qui amenait toujours des difficultés lors du départ des navires. Le change de la double d'or de Venise fut fixé à six besants arabes, le besant valant dix *miliaresi* d'or. Les droits d'importation furent laissés au taux ordinaire de 10 pour 100, plus quelques pièces en nature à prélever sur les chargements de planches, de bois travaillé et de fer. Les métaux précieux eurent l'entrée en franchise, et les Vénitiens purent, sous des droits peu considérables, faire frapper à Tripoli, avec l'or qu'ils apportaient, des besants arabes au coin de l'émir. Les droits sur les exportations, assez difficiles à déterminer, mais peu élevés, furent énumérés en détail. Le sel, les laines, les toisons, les cuirs, l'huile, quelques épiceries venues d'Égypte, des dattes, des tapis et quelques étoffes, formaient l'ensemble des achats vénitiens. La sortie de ces derniers objets, tous manufacturés dans le pays, fut exemptée des droits.

Le commerce du sel provenant des grands lacs de la principauté fut un des objets essentiels du traité. On régla que le muid ou cafis arabe devrait contenir un nombre déterminé de mesures de Venise pareilles à la mesure modèle poinçonnée et envoyée par la république. On convint de la rétribution due aux Arabes des salines occupés à charger le sel, aux chameliers qui le transportaient au bord de la mer, aux déchargeurs et aux bateliers qui l'apportaient au navire. Le salaire était léger : quelque peu d'argent, un certain nombre de sacs de biscuit et du fromage; plus, par chaque cent cafis de sel extrait de la saline, un baril de vin, que les Arabes de la saline revendaient sans doute aux taverniers chrétiens, car la liberté la plus entière était accordée aux Européens pour le commerce et l'usage du vin.

Le traité déclarait une alliance perpétuelle entre l'émir et la république; il donnait les assurances les plus formelles pour la liberté des personnes et des transactions, la protection des hommes et des marchandises naufragés, la personnalité des dettes de chaque individu, et l'irresponsabilité de la colonie et du consul.

1358. — Ressentiment de la population de Tripoli contre les chrétiens.

Mais il avait été plus facile d'accorder ces promesses qu'il ne le fut d'en assurer l'exécution. Un fonds de malveillance subsista longtemps dans la population tripolitaine contre les chrétiens, même à l'égard des Vénitiens demeurés étrangers aux derniers événements. En 1358, un armateur de Venise, voulant obtenir la restitution de ses marchandises arbitrairement saisies par Ibn-Mekki, fut obligé de menacer l'émir d'exercer contre ses sujets les représailles particulières que le droit maritime autorisait alors, nonobstant les traités généraux. En 1362, le doge eut à envoyer à l'émir un messager spécial chargé de se plaindre des dénis de justice réitérés éprouvés par les Vénitiens, et de racheter plusieurs sujets de la république détenus prisonniers au mépris des traités.

Il fallut du temps pour faire oublier les anciens ressentiments. L'irritation survécut à Ibn-Mekki, mort en 1364, et à son fils, chassé en 1369 par les enfants d'Ibn-Thabet. Ceux-ci, lors de la chute de leur père, s'étaient réfugiés à Alexandrie et s'y étaient enrichis par le commerce. A la mort d'Ibn-Mekki, le souvenir de leur ancienne puissance leur donna l'ambition de la reconquérir. Ils nolisèrent plusieurs bâtiments chrétiens, s'emparèrent de Tripoli avec l'aide des Arabes du voisinage, offrirent au sultan de Tunis, qui accepta, le rétablissement de l'hommage avec l'ancien tribut, et reprirent à peu près la position qu'avait leur famille avant l'invasion génoise. Il semble même qu'ils aient conservé comme leur père la possession des îles de Gerba et de

Kerkeni, et que la postérité déchue d'Ibn-Mekki n'ait plus possédé sur la côte de la Byzacène que la ville de Gabès.

Les richesses agricoles de Gerba attiraient toujours les barques étrangères dans le golfe. Il existe plusieurs chartes de nolis, passées en ce temps entre les marchands de Pise et de Gênes, pour aller effectuer le chargement des belles laines de l'île sous la protection du pavillon pisan, momentanément mieux vu peut-être à Tripoli que le pavillon génois.

1357-1367. — Traités et alliances des Pisans et des rois d'Aragon avec les rois de Maroc. Nouvelle invasion mérinide dans l'est de l'Afrique.

La république de Pise, quoique distancée par les progrès, de Gênes et de Venise et menacée plus directement par l'essor du commerce florentin, conservait encore son rang et ses privilèges auprès des émirs d'Afrique, dans l'ouest comme vers Tripoli. Les avantages que lui avait assurés la mission de Renier Porcellini à Tunis en 1353 lui furent reconnus en 1358 par le sultan Abou-Einan, au Maroc et dans les autres pays soumis alors à la domination mérinide, pays qu'il n'est point facile d'ailleurs de déterminer.

Parvenu au trône du vivant de son père par la révolte et l'usurpation, Abou-Einan poursuivait les projets d'Aboul-Hassan et voulait étendre son empire sur tout le nord de l'Afrique. Il soumit le Magreb central et une grande partie du Magreb oriental. Une de ses armées, secondée par sa flotte, s'empara même de la ville de Tunis au mois de ramadan 758 (août-septembre 1357), et obligea Abou-Ishak à se renfermer avec ses ministres dans la forteresse d'El-Mehadia. Mais quelques mois après, la garnison mérinide laissée à Tunis fut obligée de se rembarquer, à l'approche d'Ibn-Tafraguin, chambellan d'Abou-Ishak, qui rétablit le jeune roi dans sa capitale. Abou-Einan conserva cependant une grande partie des provinces orientales, et l'impôt y fut perçu en son nom durant tout son règne.

Dans les actes de la négociation qu'un de ses ambassadeurs suivait auprès du roi d'Aragon, pendant que lui-même combattait les partisans hafsides aux environs de Constantine, et dans le diplôme qu'il remit, le 9 avril 1358, à Pierre de la Barbe, ambassadeur de la république de Pise, les titres suivants lui sont donnés : « Roi « de Fez et de Mékinès, de Salé et de Maroc, de la terre « de Sous et de Sedjelmesse, et des terres du Midi, de « Tezza et de Tlemcen, d'Alger, de Bougie et de Cons- « tantine, de Bone et de Biskara, et des terres du Zab « (les oasis au sud de l'Aurès), d'Afrika (El-Mehadia) et « Gabès, des terres du Beled-el-Djerid, de Tripoli, de « Tanger, Ceuta, Gibraltar et Ronda, et autres terres de « ponant et de levant, et de l'Espagne (ou Andalou- « sie). »

Le roi de Grenade, tour à tour vassal et partisan du roi de Castille ou du roi de Maroc, pouvait alors rendre hommage à Abou-Einan, dont il recherchait la protection ; Gibraltar avait été reconquis sur les chrétiens en 1339 ; mais il n'est pas certain que les forces mérinides occupassent encore toutes les autres villes énumérées parmi les possessions du sultan, notamment Tripoli et El-Mehadia. On remarquera cependant que Tunis, rendu à Abou-Ishak au milieu de l'année 1357, ne figure pas dans le titre royal d'Abou-Einan, et que la ville de Bougie, qui y est nommée, ne fut en effet reconquise par les Hafsides qu'en 1359 ou 1360, après la mort d'Abou-Einan, survenue à la fin du mois de novembre 1358.

Les rapports de l'Aragon et du Maroc, généralement pacifiques, s'étaient resserrés sous Abou-Einan, par suite de la haine profonde résultant des circonstances de politique et de famille qui divisèrent Pierre IV d'Aragon et le roi de Castille, du même nom que lui, connu sous le nom de Pierre le Cruel. A une époque indéterminée, Pierre IV envoya Pierre Boil, viguier général du royaume de Valence, à Abou-Einan pour lui proposer une alliance de défense, ou du moins de neutralité réciproque, au cas de guerre avec la Castille. Le sultan répondit favorablement aux ouvertures du roi d'Aragon, et un premier traité fut rédigé alors. Le roi Pierre (qui ne dit rien de ces faits dans la chronique de son règne, tandis qu'il y a inscrit la mention de son traité de 1345, dont nous n'avons pas les actes) ratifia une première fois la convention à Saragosse pour une durée de cinq ans. Il la prorogea peu après pour une nouvelle période de cinq années, à Carinena, en présence d'un ambassadeur marocain, à qui fut remise une lettre patente de confirmation du 10 août 1357, laquelle est parvenue jusqu'à nous. Elle avait été dressée dans une grande réunion où se trouvait Henri de Transtamare, le frère naturel et le futur vengeur des forfaits de Pierre de Castille.

La lettre est conçue dans les termes les plus bienveillants. Le roi y donne au sultan les titres d'ami et de frère. Il lui promet que si, durant les dix années auxquelles doit s'étendre le traité, la guerre venait à éclater entre le roi de Castille et le Maroc, l'Aragon ne fournirait aucun secours au roi chrétien ; il s'engage à la même neutralité vis-à-vis du roi de Grenade. L'accord, étant en même temps politique et commercial, assurait aux musulmans marocains et andalous la sécurité la plus complète dans les ports et les îles de la couronne d'Aragon ; voyageurs ou marchands étaient certains d'y trouver aide et protection. Des garanties étaient énoncées pour les naufragés, dont les biens et les personnes devaient être expressément respectés.

Le roi de Castille chercha, dès l'année suivante, à faire rompre ce traité, et n'y parvint pas. Il avait agi auprès d'Abou-Einan, et s'était même cru en position d'obtenir le concours des princes musulmans contre le marquis de Tortose, seigneur d'Albaracin, qui possédait des terres dans le royaume de Murcie, dépendance de la Castille. Il fallut que le roi d'Aragon démontrât au sultan par une ambassade expresse que le marquis de Tortose, alors même qu'il serait devenu vassal de la couronne d'Aragon postérieurement à l'accord de 1337, ce qui était contesté, se trouvait compris dans les avantages et les obligations de ce traité, attendu, disait justement le roi, que les conventions des princes concernent les terres et les personnes présentement dépendantes de leur couronne, comme celles qui leur sont ultérieurement dévolues par les événements.

La guerre éclata de nouveau sur ces entrefaites entre l'Aragon et la Castille, qui eut pour elle le Portugal et la république de Gênes ; mais ni le roi de Maroc ni le roi de Grenade n'y prirent part. Le traité de 1357 conserva ses bons effets, et à la mort d'Abou-Einan, suivie dans le Maroc de désordres tels, que dans les seules années 1361 et 1362 trois princes se succédèrent sur le trône, Pierre IV envoya, le 17 décembre 1361, en Afrique Bernard de Cabrera, chargé de négocier avec le nouveau sultan mérinide, pour une durée et aux conditions qu'il apprécierait, le renouvellement des anciens accords. Le plénipotentiaire devait suivre une négociation semblable en Andalousie auprès de Mohammed, roi de Grenade, Malaga, Alméria et Cadix.

Nous ignorons les suites immédiates de ces communications. Les documents récemment retrouvés par le savant directeur des archives de Barcelone, documents que n'avait pas connus Capmany, constatent néanmoins la continuité de relations pacifiques entre l'Aragon d'une part, le roi de Maroc, qui résidait à Fez quand la première capitale était insurgée ou occupée par un compétiteur, et le roi de Grenade de l'autre. Un traité d'amitié fut même renouvelé entre ces princes en 1367, vers l'époque où le roi d'Aragon faisait la paix avec la république de Gênes, et où les traités de Carinena et de Bernard de Cabrera arrivaient vraisemblablement à leur terme légal.

1366-1378. — Rapports des Pisans avec les rois de Bougie, de Bone, de Tunis, sous Aboul-Abbas II. Fin de l'occupation mérinide dans le Magreb.

La guerre civile qui troublait l'empire mérinide permit au Magreb oriental de reconquérir son indépendance et son unité. Un prince habile et ferme se trouvait dans la famille hafside pour profiter des difficultés du Maroc et des fautes du divan de Tunis, où les ministres dominaient le prince et mécontentaient les populations. C'était Aboul-Abbas II, petit-fils du sultan Abou-Bekr, dont il semble avoir suivi les traces pendant un règne d'une exceptionnelle durée. D'abord gouverneur de Constantine comme son aïeul, il eut de fréquents démêlés avec son cousin Abou-Abd-Allah, fils d'Abou-Ishak II, commandant à Bougie, et fut poussé à lui faire la guerre par les tribus mêmes de son gouvernement, exaspérées de sa dureté. Vainqueur d'Abou-Abd-Allah, qui fut tué près de Lebzou, Aboul-Abbas se présenta, le 3 mai 1366, devant la ville de Bougie. Les habitants le reçurent en triomphe. « Comme je demeurais alors « dans la ville de Bougie, dit Ibn-Khaldoun, je sortis « au-devant d'Aboul-Abbas avec une députation des « notables. Le sultan m'accueillit de la manière la plus « gracieuse. » Notre historien était alors *hadjeb* ou premier ministre d'Abou-Abd-Allah, le prince déchu. Acceptant les faits accomplis avec la résignation d'un vrai musulman, il ajoute dans son autobiographie : « Je mis « le sultan Aboul-Abbas en possession de Bougie, et les « affaires reprirent aussitôt leur train ordinaire. »

La république de Pise ne perdit pas un instant pour se mettre en bons rapports avec le nouveau souverain. Ses nationaux, toujours nombreux à Bougie, s'étaient hâtés de la prévenir du changement survenu dans le gouvernement du pays. Jean del Conte, doge des républiques unies de Pise et de Lucques, dépêcha un des membres de la famille d'Alliata au Magreb avec une lettre de félicitations pour Aboul-Abbas. Le 10 juin de cette même année 1366, c'est-à-dire un mois et quelques jours seulement après la prise de possession de sa capitale, l'émir répondit aux magistrats pisans en accédant à leur désir de conclure un traité. Sans attendre les négociations, il avait recommandé aux gouverneurs de Bone, Collo et Djidjelli de veiller au maintien des franchises pisanes. Il l'annonça à Jean del Conte et lui promit que ses compatriotes, voyageurs ou marchands, trouveraient comme par le passé bon accueil et sécurité dans tous ses États présents et futurs.

Le pressentiment d'Aboul-Abbas sur sa fortune politique ne fut pas trompé. Attaqué par Abou-Hammou II, roi de Tlemcen, qui voulut venger la mort d'Abou-Abd-Allah, son beau-père, il rejeta l'armée zianite dans Alger, et s'empara de Dellys ou Tedelès, position importante vers Bougie. C'était le prélude de succès plus décisifs. Les Kaoub, grande tribu maîtresse de la campagne dans l'ancienne Proconsulaire, s'étant prononcés pour lui, il pénétra dans la ville de Tunis (1370-1371), battit le jeune sultan Aboul-Baka II, fils d'Abou-Ishak, qui périt avec le navire sur lequel on l'avait embarqué pour le sauver, et se vit acclamé par les populations. En quelques années il reprit Sousa, El-Mehadia, les villes du Djerid, les îles du golfe de Gabès, où les émirs s'étaient arrogé les impôts, et rendit au royaume hafside ses anciennes limites et ses ressources. Devenu le restaurateur de la monarchie et de l'autorité royale, il voulut partager l'administration des provinces entre les princes du sang, afin d'éviter les troubles que leur ambition provoquait sous chaque règne. Il pouvait en juger par sa propre expérience.

Abou-Abd-Allah, son fils aîné, reçut le commandement de la province de Bougie, avec le droit de disposer du trésor et de l'armée. Abou-Ishak, son fils puîné, eut le gouvernement absolu de Constantine. Il donna la vice-royauté de Bone à Abou-Abd-Allah Mohammed, son neveu. Chaque prince prit un titre royal et eut le cérémonial d'une cour souveraine. « Les choses ont « continué en cet état jusqu'à ce jour, dit Ibn-Khaldoun, « et nous sommes maintenant à l'an 783. » Le célèbre écrivain, qui fut attaché tour à tour dans sa vie un peu nomade à la secrétairerie et à la cour de la plupart des princes du Magreb, ses contemporains, à Tunis, à Tlemcen et à Fez, mit la dernière main à ce chapitre de son histoire universelle en 1382, au Caire, « cette métropole de l'univers », où il occupa les hautes fonctions de cadi, et où il termina, en 1406, sa longue et laborieuse carrière.

Une pièce des archives de Pise se rapporte parfaitement à la situation rappelée ici par Ibn-Khaldoun. Le 11 septembre 1378, le conseil des anciens de la république, présidé par Pierre de Gambacorte, membre de l'une de ses plus illustres familles, envoya Rainier de Gualandi en ambassade auprès « des rois de Tunis, « de Bone et de Bougie. » Quelques difficultés s'étaient élevées, quelques agressions avaient eu lieu sans doute depuis peu entre les marins pisans et les gens du pays. Les instructions données à Gualandi lui prescrivaient de prier les émirs du Magreb oriental de consentir à un examen général des griefs et des plaintes allégués de part et d'autre, à l'oubli du passé, et à la rédaction de nouveaux traités pour rappeler les droits et les faveurs dont la nation pisane avait toujours joui en Afrique.

On ne sait quel fut le résultat précis de l'ambassade de Gambacorte. On est autorisé à croire qu'elle eut un bon succès. Les traités postérieurs indiquent que les Pisans, comme tous les autres peuples chrétiens, trouvaient toujours en Afrique la protection, l'accueil, les garanties, les droits qu'Abou-Zakaria leur avait promis à l'origine de la dynastie des Abou-Hafs, et que les autres émirs leur avaient également accordés dans le Maroc et à Tlemcen.

1323-1396. — Relations du midi de la France. Privilége spécial des consuls de Narbonne en Orient.

Le midi de la France ne put que profiter aussi des bonnes dispositions des gouvernements africains, tout autorise à le dire, car son commerce général n'avait jamais été plus actif et plus étendu.

Aiguesmortes, développé par saint Louis, envoyait annuellement ses galères sur les côtes d'Espagne, d'Italie et du Levant. Nous ne voudrions assurer que sur des documents certains qu'elles traversaient la Méditerranée et allaient visiter les escales du Magreb. Pourquoi en douter néanmoins, quand on voit qu'en 1334 une de ces galères, montée par deux patrons, l'un de Montpellier, nommé Pierre d'Auriac, l'autre de Venise, se rendait en Chypre pour prendre un chargement de marchandises commissionnées par diverses maisons de Narbonne, de Montpellier et de Carcassonne (1).

L'essor du commerce marseillais, dont nous avons vu un si précieux aperçu au treizième siècle, ne s'était point

---

(1) *Hist. de Chypre*, t. III, p. 729.

ralenti. Pegolotti et les récits des pèlerins du quatorzième siècle en témoignent. Les Provençaux avaient des comptoirs dans les principaux ports de la Méditerranée. Leurs navires devaient toucher assez fréquemment aux côtes de la Petite-Arménie, où l'atlas catalan de 1375 marque à l'ouest de Gorhigos une localité appelée *lo Proensal*. Les consuls de Marseille, sans avoir le privilège de protéger les pèlerins dont jouirent les consuls de Narbonne comme sujets directs de la couronne de France, y participaient cependant. En 1332, des Franciscains anglais débarqués à Alexandrie demandent à prendre de préférence leur logement au fondouc des Marseillais (1).

Nîmes était en pleine prospérité. Montpellier, sujette d'abord de la maison d'Aragon, achetée en 1349 par le roi de France, fut florissante également sous les deux couronnes, jusqu'aux calamités du quinzième siècle, que le génie de Jacques Cœur ne put conjurer. La marine de Lattes ne suffisant pas à leurs opérations, les marchands de Montpellier recouraient aux villes voisines, à Marseille, Narbonne et Aiguesmortes pour les multiplier et les étendre au loin. Montés sur des navires nolisés en totalité ou en participation, mais agissant généralement pour leur compte, on les trouve au commencement du quatorzième siècle sur toutes les rives de la Méditerranée, actifs, industrieux et estimés comme les Florentins; s'occupant, comme eux, d'affaires de banque et du commerce en gros des étoffes, des draps et de l'épicerie. Une ancienne enquête mentionne, entre autres

---

(1) *Hist. de Chypre*, t. II, p. 340; cf. 28, 126.

marchandises transportées entre Savone, Narbonne et Tunis par un Montpelliérain, des chevaux et des oiseaux, vraisemblablement des oiseaux de chasse (1). En 1323, c'est grâce aux instances et à la considération d'un autre bourgeois de Montpellier qu'une église de la Vierge, située au Vieux-Caire, fut rendue aux chrétiens (2). Pegolotti ne néglige pas de donner le rapport des poids et des mesures de Montpellier avec ceux du Maroc, de Tunis et des Baléares.

Narbonne, berceau de la grande maison génoise des Doria (3), dans laquelle Philippe de Valois prit en 1336 son amiral, Haïton Doria, filleul peut-être d'un prince arménien, était gouvernée, sous la suzeraineté du roi de France, par une famille de vicomtes, presque tous hommes capables et entendus aux choses de la politique et de la mer. En 1323, Amaury VI de Narbonne avait été mis à la tête de la flotte que Charles le Bel destinait à porter des secours aux chrétiens d'Orient, et particulièrement au roi d'Arménie. En 1339, le vicomte Amaury VIII fut un des trois commissaires qui terminèrent à Tlemcen, dans un traité de commerce conclu avec le sultan de Maroc, la négociation dont il avait été chargé par le roi de Majorque, encore seigneur du Roussillon et de la baronnie de Montpellier (4). Son neveu Amaury IX reçut de Charles V, en 1369, le brevet d'amiral de France, à titre d'amirauté et d'office de la couronne.

(1) M. Port, *Hist. de Narbonne*, p. 131.
(2) Voyage de Siméon, *Hist. de Chypre*, t. II, p. 350, n. 1.
(3) *Hist. de Chypre*, t. II, p. 158, n.
(4) *Doc. hist., Mélanges*, 1re série, t. II, p. 114. M. Port, p. 133, 134.

Des dangers menaçaient sans doute déjà l'avenir de Narbonne du côté de ses graux, qui s'ensablaient, et de l'Aude, qui avait dévié. Rien cependant ne paraît encore amoindri dans ses relations maritimes quand, en 1340 et 1346, Andronic et Jean Paléologue assuraient la liberté de son commerce dans tout l'empire grec; quand, en 1350, ses affaires étaient traitées aux douanes chypriotes sur le même pied que celles des Provençaux et des Catalans (1); quand, en 1356, elle obtenait des lettres patentes du grand maître de Rhodes (2) pour négocier librement avec l'île et ses dépendances, ce qui comprenait quelques ports de mer de la côte voisine et en certains temps la ville de Smyrne elle-même.

Un privilège spécial et une considération particulière étaient attachés alors dans le Levant au pavillon des Narbonnais, que l'on savait être un pavillon français. Les pèlerins de Terre sainte débarquant à Alexandrie recherchaient de préférence le voisinage et la protection de l'agent que Frescobaldi et le baron d'Anglure appellent le *consul des Français et des pèlerins* ou le *consul de Narbonne et des pèlerins* (3). Nous ne voulons pas manquer, sans y insister toutefois, de rappeler ici les faits qui montrent que le roi de France, héritier des traditions de Charlemagne et de saint Louis, l'espoir toujours déçu, mais toujours vivant des futures croisades, était partout aux yeux de la chrétienté et de l'islamisme, le protecteur désigné des pèlerins et des saints lieux. Il y avait ailleurs autant de piété qu'à Marseille et à Paris;

---

(1) *Hist. de Chypre*, t. II, p. 104, n.; t. III, p. 728.
(2) M. Mouinés, *Invent. des Arch. de Narbonne*, t. I, p. 16. M. Port, p. 122.
(3) Voy. *Hist. de Chypre*, t. II, p. 350.

mais le commerce primait toutes choses à Venise comme à Gênes.

De l'ensemble de ces circonstances et de ces considérations, on peut conclure, sans s'écarter de légitimes conjectures, que la France méridionale ne resta pas étrangère durant le quatorzième siècle au commerce particulier du Magreb, si familier aux marins de l'Aragon et l'Italie. Les villes placées immédiatement sur la mer, comme Marseille, Aiguesmortes et Narbonne, n'étaient pas seules à y participer. Les places intérieures en rapport d'affaires avec ces ports, Montpellier, Nîmes, Avignon, Carcassonne, Draguignan (1), y trouvaient des avantages proportionnés au développement de leur industrie et de leur marché.

1313-1400. — Nombreux captifs chrétiens en Afrique.

Un fait nouveau frappe cependant, en lisant les actes du quatorzième siècle : ce sont les mentions réitérées concernant les pirates et les esclaves chrétiens et musulmans. Les gouvernements des deux nations promettent réciproquement et dans les mêmes termes d'interdire la course à leurs sujets et d'indemniser l'étranger qui en aurait souffert ; ils s'obligent souvent à réunir leurs navires pour agir en commun contre les pirates ; afin d'ôter aux corsaires le plus sûr bénéfice de leurs brigandages, ils interdisent absolument la vente des objets et des hommes capturés, ils s'engagent à permettre le rachat immédiat ou même la mise en liberté sans rançon des captifs. Bien grandes seraient l'erreur et

---

(1) Pegolotti, p. 228.

l'illusion, si l'on croyait que la sécurité de la mer eût été ainsi suffisamment assurée.

Au mépris de toutes ces défenses et de toutes ces précautions, malgré la sincérité des efforts faits de part et d'autre pour en procurer l'exécution, les esclaves musulmans étaient nombreux en Europe, et plus nombreux encore les malheureux chrétiens qui traînaient leurs fers en Afrique, près de leurs compatriotes pratiquant en toute sécurité le commerce dans le même pays et sous leurs yeux. On sait les dangers qu'avaient à braver alors les marchands sur les routes de terre; en mer, les périls croissaient avec les difficultés de la répression.

Nous avons rappelé le dévouement infatigable de ces hommes, appartenant au monde ou à l'Église, qui s'employaient tour à tour à retirer les esclaves chrétiens des mains des musulmans, et à soutenir, durant les longueurs de la captivité, le courage de ceux qu'ils ne pouvaient racheter. Un jeune prêtre, bien digne de continuer de nos jours, s'il eût été nécessaire, les travaux apostoliques de la Rédemption en Afrique, dont il s'était préparé à écrire l'histoire dans le pays même où elle a eu surtout à s'exercer, feu l'abbé Godard, ancien vicaire apostolique au Maroc, a énuméré les principaux rachats opérés par les ordres religieux à partir du treizième siècle. On voit la progression croissante du nombre des chrétiens asservis et le zèle des Rédemptoristes grandissant avec les difficultés et les dangers. On sent, à la multiplicité des délivrances, que le mal s'était accru. Depuis le démembrement de l'empire almohade, il n'y avait plus au Magreb une autorité assez forte et assez respectée des populations. La prédominance définitive des chrétiens dans la péninsule ibérique, en déterminant beaucoup de familles musulmanes à venir se fixer en Afrique, y avait introduit un sentiment de rancune et de vengeance inconnu aux anciennes tribus. Pour les Maures espagnols réfugiés au Magreb, la course et la piraterie n'étaient que la continuation légitime d'une guerre de nationalité et de religion.

Piraterie des chrétiens.

Il faut bien distinguer sans doute dans la course les faits de guerre entre nations belligérantes et les déprédations des vrais pirates s'attaquant indifféremment à tous marchands et à tous pays, amis ou ennemis, nationaux ou étrangers. Les premiers actes, à quelques excès qu'ils aient été portés, peuvent passer dans l'ancien état de la société pour inévitables et légitimes. Les progrès du droit international n'ont pu encore faire disparaître de nos guerres maritimes tout ce qu'il y reste d'inutilement barbare contre la propriété privée.

Les actes de piraterie sont seuls de vrais brigandages. Mais ici se présente la question de savoir quelle part de responsabilité incomberait aux chrétiens, et quelle aux musulmans, durant la période postérieure aux grandes invasions sarrasines, qu'on pourrait appeler la période de la paix et du commerce. Nous croyons que la statistique des forfaits dont la Méditerranée a été le théâtre du onzième au seizième siècle, s'il était possible de la dresser, mettrait à la charge des chrétiens une quotité fort lourde dans l'ensemble des pillages et des dévastations maritimes que nous rejetons trop facilement au compte des barbares. Si les chrétiens nous paraissent avoir plus souffert de la piraterie musulmane, c'est qu'ils avaient un commerce plus considérable, et des côtes moins faciles à défendre; c'est que leur histoire générale nous est mieux connue que celle des Arabes. Les témoignages des chrétiens révèlent eux-mêmes tout le mal imputable aux pirates d'origine chrétienne. Du douzième au quinzième siècle, Grecs et Latins ont commis sur mer d'innombrables forfaits.

A peine reconquises sur les Sarrasins, les îles de Sardaigne, de Corse, de Sicile, et les Baléares, devinrent le refuge de corsaires aussi redoutables que les brigands des grandes routes. Les faubourgs de Cagliari servaient de repaire aux forbans. Malte fut au treizième siècle le centre d'expéditions d'un Génois fameux dans l'histoire maritime, jugé peut-être moins sévèrement par son temps que par le nôtre, mais qui n'était qu'un vrai bandit. Enrichi par quelques déprédations heureuses avant d'avoir un domicile fixe, il voulut agrandir le cercle de ses opérations : il fit construire trois grands navires, enrôla des compagnons en Provence, dans l'Archipel, en Sicile, en Espagne, et s'établit souverainement avec eux dans l'île de Malte, pour se livrer en grand à la piraterie. Du temps même de ce hardi marin, nommé Henri, vivait un corsaire marseillais non moins redouté, Hugues Fer, qui s'était associé avec l'amiral sicilien, disgracié par Frédéric II, pour s'enrichir par la course au détriment des sujets du prince d'abord, et puis de tous les marchands qui tombaient sous sa main, musulmans ou chrétiens.

La supériorité de la marine européenne donnait même un certain avantage aux navigateurs et aux corsaires chrétiens, dont les rôles et les actes se confondaient trop souvent. Beaucoup d'armateurs catalans, génois, pisans ou provençaux, sans parler des Grecs, ne craignaient pas de faire entrer la course dans les chances de leur industrie et de leurs expéditions commerciales. Leur audace était inouïe. On a vu en 1200, en pleine paix, deux nefs pisanes, l'*Orgueilleuse* et la *Couronnée*, assaillir dans la rade de Tunis trois vaisseaux musulmans, jeter à l'eau ou enchaîner l'équipage, outrager les femmes, enlever les marchandises, et, par une sorte de dérision, engager les Arabes de la flotte royale, à laquelle ils parvinrent à échapper, à s'indemniser, s'ils le voulaient, sur les marchands pisans restés à Tunis. Les pirates étaient si nombreux dans les eaux de Sicile, que l'une des causes qui déterminèrent les rois de Tunis à consentir au payement d'un tribut aux rois normands fut l'espoir de les éloigner de leurs côtes par cet abonnement fixe et annuel.

Les flibustiers chrétiens s'attaquaient probablement de préférence aux terres et aux galères musulmanes; mais à l'occasion tout leur était de bonne prise, et nul prétexte de nationalité ou de guerre de croisade ne saurait être invoqué pour leur excuse. Du douzième au quatorzième siècle, les chroniques vénitiennes sont remplies de plaintes contre les ravages des corsaires d'Ancône sur les deux rives du golfe Adriatique. A la même époque, les pirates génois dévastaient les îles et les côtes de l'empire de Constantinople. Ces agressions contre des pays toujours hostiles aux Latins pouvaient paraître moins odieuses aux Occidentaux pendant le moyen âge; mais comment le gouvernement de Gênes put-il tolérer si longtemps, si ce n'est par l'impossibilité de les réprimer, les attaques incessantes de ses sujets sur les côtes inoffensives du royaume latin de l'île de Chypre? Que dire des déprédations auxquelles put se livrer sur la Méditerranée cette faction politique, chassée de Gênes en 1323, qui prit le parti de se réfugier sur la mer pour y vivre d'aventures? Comment qualifier le pillage, sans provocation et sans excuse, de la ville de Tripoli, en 1355, par les vaisseaux de Philippe Doria?

Entre les Aragonais et les Génois, si rarement en bonnes relations, la guerre et la course étaient également fréquentes; mais les documents du règne de Pierre IV attestent, par les honorables efforts du roi, que les corsaires catalans n'épargnaient pas davantage, quand ils se sentaient en force, la marine des Pisans, les fidèles alliés de la couronne d'Aragon. Les Vénitiens eux-mêmes, les plus honnêtes marins peut-être du moyen âge, n'ont pas toujours respecté les marchands étrangers. Les empereurs de Constantinople se plaignaient souvent de leurs agressions; et d'autre part les rapines, les extorsions, les forfaits de tout genre des Grecs contre les marchands vénitiens et contre tous les navires qui se hasardaient à passer entre l'Archipel et la mer Noire furent, on peut le dire, perpétuels et incalculables.

Elle tend à diminuer.

Il serait trop facile de citer des faits particuliers et de signaler les ravages des corsaires chrétiens, se perpétuant encore, quoique en décroissant, dans l'ouest de l'Europe jusqu'au seizième siècle et au delà. Mais il est incontestable qu'à partir du quatorzième siècle la course diminue chez les chrétiens, grâce au progrès général du commerce maritime, à la formation des marines nationales, aux croisières qu'entretinrent les grands États et que secondèrent si bien les galères de Rhodes et du Saint-Siège. Bien que la piraterie eût au contraire pris en ce temps un caractère plus habituel, le commerce chrétien aurait fini par en triompher, si l'établissement de la puissance turque sur la côte d'Afrique, succédant à l'expulsion des Maures d'Espagne, ne fût venu aggraver les périls de la navigation, et faire de tous les Barbaresques ensemble une vraie nation de forbans.

La piraterie se développe au contraire en Afrique.

La honte du régime turc est d'avoir encouragé les dispositions à la piraterie des populations du Magreb, au lieu de les réprimer; d'avoir organisé la course comme une institution permanente, profitable et légitime; d'avoir facilité ses armements, abrité ses déprédations, partagé ses bénéfices, tandis que les sultans des anciennes dynasties arabes, ne se bornant pas à des actes de répression, réparaient souvent les dommages qu'ils n'avaient pu prévenir. Pour être juste, il ne faut pas oublier sans doute que la piraterie s'était développée en Afrique par l'effet des succès des chrétiens d'Espagne, qui rejetaient sur les côtes du Magreb des populations ulcérées, et par suite des guerres des dynasties qui s'étaient partagé l'empire almohade. En même temps que les marchands chrétiens étaient entourés de soins et d'égards, que les officiers publics et les habitants du pays traitaient de bonne foi avec eux, on voit le brigandage des corsaires arabes se perpétuer sur la mer, malgré les traités et malgré les efforts des princes. Cette double et contraire tendance est surtout manifeste au quatorzième siècle. On sait les dispositions innées pour la piraterie des populations du golfe de Gabès, qui appartenaient la plupart à une secte schismatique. « En vendant des vrais croyants aux chré-« tiens, dit un musulman du quatorzième siècle, ces « gens-là croient faire une œuvre méritoire. » Restés quand même ennemis des chrétiens, ils les pourchassaient avec autant d'acharnement que les orthodoxes. Le port d'El-Mehadia à l'est de Tunis, et à l'ouest toute la côte depuis le cap de Fez jusqu'au cap Blanc, abritaient des corsaires plus redoutés et mieux organisés que ceux de Cagliari. Déjà au douzième siècle, El-Bekri disait que l'on construisait « à Mers-el-Kharès de nom-« breux vaisseaux pour aller porter le ravage sur les « côtes du pays de Roum ». En parlant de Bone, il ajoute ces mots : « C'est de là que partent souvent des « galères pour faire la course contre les pays chrétiens. » Oran et la côte du Maroc avaient leurs marins et leurs pirates, qui devinrent plus entreprenants que ceux du Magreb oriental.

Il est possible qu'El-Bekri, en parlant ici des corsaires arabes, n'ait en vue que la guerre déclarée et les entreprises qu'elle autorise; mais ce que dit Ibn-Khaldoun au quatorzième siècle de la ville de Bougie, l'un des ports où les marchands chrétiens avaient les plus nombreux établissements et où ils étaient le mieux accueillis, concerne bien les plus odieuses pratiques de la piraterie.

Il s'était formé dans le port de Bougie, vers le milieu du quatorzième siècle, une véritable société d'écumeurs de mer, recrutés vraisemblablement parmi les montagnards voisins de Bougie et de Bone, schismatiques comme ceux de Gerba. Ses opérations s'étendaient au loin, et les dispositions des habitants de ces pays à méconnaître l'aut... de Tunis devaient favoriser leurs entreprises.

Voici le témoignage accusateur, et qui paraît réellement exagéré, tant il est grave et odieux, d'Ibn-Khaldoun lui-même. Il fut écrit, comme l'on sait, vers l'an 1382 : « L'habitude de faire la course contre les chrétiens
« s'établit à Bougie il y a une trentaine d'années. La
« course se fait de la manière suivante : une société plus
« ou moins nombreuse de corsaires s'organise ; ils cons-
« truisent un navire et choisissent pour le monter des
« hommes d'une bravoure éprouvée. Ces guerriers vont
« faire des descentes sur les côtes et les îles habitées
« par les Francs ; ils y arrivent à l'improviste et enlè-
« vent tout ce qui leur tombe sous la main ; ils attaquent
« aussi les navires des infidèles, s'en emparent très
« souvent, et rentrent chez eux chargés de butin et de
« prisonniers. De cette manière, Bougie et les autres
« ports occidentaux de l'empire hafside se remplissent
« de captifs ; les rues de ces villes retentissent du bruit
« de leurs chaînes, surtout quand ces malheureux,
« chargés de fers et de carcans, se répandent de tous

« côtés pour travailler à leur tâche journalière. On fixe
« le prix de leur rachat à un taux si élevé, qu'il leur est
« très difficile et souvent même impossible de l'acquit-
« ter. »

En aucun point du continent chrétien la haine de l'infidèle n'eût fait tolérer de semblables et publiques associations pour le brigandage maritime; mais la Méditerranée vit parfois des expéditions chrétiennes qui en avaient toutes les conséquences. Sans revenir sur les courses de Henri de Malte et des proscrits génois de 1323, il suffit de rappeler les milliers de cultivateurs et de propriétaires arabes de toute condition enlevés à Gabès en 1284, à Gerba en 1310, à Tripoli en 1355, par Muntaner, par Roger et Philippe Doria, qui s'en félicitent, et qui vendirent leurs prisonniers en Europe comme un vil bétail.

La barbarie des temps, l'impuissance des pouvoirs supérieurs, perpétuaient un tel état dans tous les pays maritimes; et cependant, au milieu des préventions et des antipathies entretenues ainsi de part et d'autre, le commerce se maintenait; il prospérait même à peu près partout, malgré les dangers de la mer et les difficultés des communications entre peuples étrangers, que l'action des consuls et des gouvernements ne suffisait pas toujours à prévoir ou à aplanir. Nous avons déjà signalé les obstacles rencontrés souvent en Afrique par le commerce chrétien dans le détail de ses opérations, nous devons les rappeler de nouveau quand l'occasion s'en présente. Il ne faudrait pas croire que les discussions entre marchands de nationalité différente et que les plaintes des marchands européens contre les agents des émirs fussent rares, parce que l'esprit bienveillant des traités tendait à les conjurer. En recherchant et en divulguant sans ménagements tout ce que nous pouvons savoir des conditions faites aux chrétiens en Afrique sous les Arabes, nous sommes assuré qu'un avantage suffisant restera à cette époque, en comparaison du régime odieux qui lui succéda.

####### 1360-1473. — Difficultés inévitables du commerce.

Les traités garantissaient bien la sécurité des personnes et des transactions; ils reconnaissaient bien aux consuls le droit d'intervenir en faveur de leurs nationaux vis-à-vis des marchands ou des officiers arabes. Rien néanmoins ne pouvait prévenir les abus d'autorité ou les dénis de justice et déjouer les ruses de la cupidité. C'étaient tantôt les officiers de la douane royale qui exagéraient quelques-unes des dispositions des tarifs, qui retardaient la reddition des comptes ou en refusaient la rectification; tantôt les émirs eux-mêmes qui, méconnaissant leurs propres engagements, saisissaient arbitrairement les biens ou les personnes des marchands. Il n'est pas de nation chrétienne qui n'ait eu à élever des réclamations sur des torts semblables ou des griefs plus graves. Tout indique néanmoins qu'à la longue, malgré le mauvais vouloir et les lenteurs, malgré les guerres qu'on n'évitait pas toujours, la nation ou les parties lésées finissaient par recevoir les dédommagements auxquels elles avaient droit. Le développement soutenu des rapports entre les chrétiens et les Arabes de la côte d'Afrique, du treizième au quinzième siècle, en est la preuve.

A une époque qu'il est difficile de préciser, et à l'occasion de quelques événements dont on connaît peu le caractère, les plaintes réciproques des marchands pisans et arabes étant devenues très vives, une rupture entre les deux peuples était presque imminente. Il y eut même de part et d'autre un commencement d'hostilités, auquel semble avoir pris part tout le Magreb oriental; la bonne entente paraît avoir été rétablie néanmoins par un ambassadeur envoyé, en 1378, au roi de Tunis Aboul-Abbas et aux princes de sa famille qui régnaient souverainement à Bone et à Bougie.

1381. — Rivalité des Vénitiens et des Génois.

L'affaiblissement de la république de Pise mettait partout en présence les intérêts et les forces de Gênes et de Venise. Les deux républiques, dans tout le développement de leur puissance, luttaient encore à forces égales et se partageaient les succès et les revers. Gênes eut même quelque temps l'avantage, quand, maîtresse du commerce de la mer Noire et du port de Famagouste, qu'elle avait outrageusement enlevé aux rois de Chypre, elle envoya ses escadres bloquer les lagunes de Venise.

Le traité signé à Turin en 1381 pour mettre fin à la guerre de Chioggia, en rouvrant le Bosphore aux Vénitiens, assura la longue prospérité de leur commerce sur la Méditerranée, pendant que Gênes, divisée par les séditions, vit chaque jour décliner sa fortune et sa puissance. Les Vénitiens usèrent alors avec plus de suite et de bonheur contre les Génois de la même tactique

que ceux-ci avaient employée contre les Pisans. Établis à Beyrouth, d'où ils neutralisaient l'importance commerciale de leur colonie de Famagouste; maîtres de l'île de Crète et des meilleures positions de la Morée, qui nuisaient aux établissements génois de Chio et de l'Archipel; bien accueillis au Magreb, jouissant en Égypte de conditions exceptionnellement avantageuses, ils dominèrent bientôt sur tous les points le commerce des Génois.

La faveur attachée partout aux entreprises des Vénitiens dut nuire à la longue au crédit des Génois en Afrique. La république, qui, malgré ses troubles intérieurs, veillait toujours avec sollicitude à son commerce maritime, en fut réduite souvent à faire la guerre aux émirs. Ses galères firent quelques prises heureuses sur leurs bâtiments et sur leurs côtes; elle ne retira aucun avantage durable de ces expéditions, qui irritèrent les populations musulmanes. Les habitants de Gerba, d'El-Mehadia, les peuples du Maroc, où Gênes avait eu dans les siècles précédents une situation excellente, dirigèrent des incursions sur ses îles et ses rivières. Les Maures d'Andalousie prirent part aux hostilités. Gênes résista avec énergie, et souvent avec bonheur, aux attaques des Arabes. Elle couvrait son territoire et envoyait des croisières surveiller les côtes du Magreb, en exigeant que les communes des deux rivières qu'elle protégeait et associait à son commerce, comme Savone, Oneille, Albenga, Chiavari, contribuassent à ses armements.

1383. — Les Génois attaquent le royaume de Tunis et s'emparent de l'île de Gerba.

Un traité conclu à Tunis en 1383, par Frédéric Lecavelo, pour la délivrance réciproque des prisonniers et le rétablissement des bons rapports, rencontra de la part de l'émir des difficultés inouïes jusque-là. Les agressions des pirates d'El-Mehadia s'étant renouvelées sur ces entrefaites, la république de Gênes fit la paix avec l'Aragon, et chercha à former une coalition des marines chrétiennes contre Aboul-Abbas-Abou-Bekr, roi de Tunis. Elle aurait surtout voulu déterminer les Vénitiens à s'unir plus étroitement à eux pour agir en Afrique, après s'être vengés des Arabes d'Espagne, avec l'assistance des flottes de Zara et d'Ancône. La république de Venise, n'ayant pas de motifs suffisants de rupture avec Aboul-Abbas, se borna prudemment à promettre cinq galères, que les circonstances ne lui permirent pas d'envoyer à l'expédition. La république de Pise, dans le même esprit de réserve, autorisa seulement ceux de ses sujets des territoires de Pise, Livourne, Piombino et de l'île d'Elbe, qui avaient souffert des incursions des pirates africains, à venger par des représailles leurs griefs personnels. L'armement pisan compta néanmoins cinq galères, aux ordres de François Orlandi. Le gouvernement de Sicile se montra plus décidé. Dans l'espoir de faire diversion aux troubles intérieurs et de reconquérir l'île de Gerba, la reine Marie arma trois grosses galères, et en donna le commandement à l'amiral Mainfroy de Clermont. Les Génois, disposant d'une flotte de douze galères commandée par Raphaël Adorno, frère du doge, consentirent à commencer les hostilités suivant les vues particulières de la Sicile. Les îles du golfe de Gabès furent occupées et rançonnées. La république de Gênes, dédommagée par une indemnité de trente-six mille florins d'or, abandonna toute prétention à la conquête. Une garnison sicilienne fut rétablie au Cachetil de Gerba, et Mainfroy de Clermont, avec l'autorisation du conseil de Sicile et au nom de la reine Marie, fut investi de la seigneurie des îles par le Saint-Siège, suzerain honorifique du royaume de Sicile, et saisi autrefois par Roger Doria du droit d'hommage sur l'île de Gerba.

Juin-septembre 1390. — Expédition des Génois et du duc de Bourbon contre El-Mehadia.

Gênes, au milieu d'une paix toujours incertaine avec l'Aragon, n'osant entreprendre rien de plus direct contre le royaume de Tunis sans avoir des forces de débarquement, avait envoyé une ambassade solennelle au roi de France.

La république espérait que Charles VI, en paix alors avec le roi d'Angleterre, ne refuserait pas le secours de ses armes à une nation de tout temps alliée de sa couronne. Son espoir ne fut pas tout à fait déçu. Les pirates africains, ceux de Bougie et du Magreb oriental surtout, n'avaient probablement pas respecté toujours les côtes du Languedoc, et les députés ne manquèrent pas de faire remarquer ces faits à la cour de France : d'ailleurs il s'agissait de faire la guerre aux mécréants, et les chevaliers y étaient toujours disposés. Ces raisons ne suffirent pas pourtant à entraîner le roi dans une entreprise dont les Génois auraient voulu faire une sorte de croisade. Seulement, comme les dernières trêves assuraient pour trois ans la paix avec l'Angleterre, le roi permit à un prince de sa famille de conduire à Gênes les hommes d'armes qui seraient disposés à l'accompagner. De nombreux barons suivirent le duc de Bourbon, oncle du roi, et le sire de Coucy, comme ils étaient allés quelque temps auparavant guerroyer les Maures d'Espagne, ignorant la plupart quelles injures il s'agissait de venger et ne s'en occupant guère. S'ils succombaient, ils gagnaient le ciel; s'ils échappaient à la mort, ils revenaient presque toujours satisfaits de la gloire qu'ils avaient acquise. Plusieurs chevaliers anglais, profitant de la trêve, se joignirent à eux sous la conduite du comte de Derby.

L'expédition, commandée par le duc de Bourbon et dirigée sur mer par Jean Centurione, mit à la voile au milieu de l'été. Elle se dirigea vers le fameux port d'El-Mehadia, appelé Africa par les chrétiens, l'ancienne capitale des Zirides, alors bien déchu de son ancienne importance, toujours riche et commerçant néanmoins. Maîtres de cette place, qui était, comme le dit bien Froissart, une des citadelles du royaume de Tunis, et que sa position isolée sur une presqu'île rend facile à défendre, les chrétiens avec une flotte et une armée suffisantes espéraient agir librement sur la mer et sur le continent. Contre toute attente, El-Mehadia, renforcée par les secours de Tunis, résista énergiquement et avec succès. Les Francs avaient coupé l'isthme communiquant de la ville au continent par un rempart de bois qui les abritait; ils avaient élevé une haute tour pour battre ses murailles. Ils ne purent les forcer néanmoins, et furent obligés de se tenir constamment sur la défensive pour repousser les nomades et les populations de la côte, dont Abou-Farès, fils du sultan, aidé de ses oncles, était venu prendre le commandement. Deux longs mois de combats et d'escarmouches se passèrent sans résultats. La grande tour de bois fut brûlée par le naphte enflammé que lançaient les assiégés. Les Génois, craignant de voir les mauvais temps d'automne retenir leur flotte sans abri sur les côtes d'Afrique, négocièrent en particulier et au mieux de leurs intérêts les conditions de la retraite. Les Français finirent par accéder à leurs raisons, et les alliés reprirent ensemble la haute mer vers le mois de septembre.

1390. — Étonnement des Arabes de se trouver en guerre avec les Français.

Cette guerre offrit une circonstance assez remarquable. On y vit une preuve frappante de la différence qu'il y avait dans les dispositions des Arabes d'Orient et celles des musulmans du Magreb. Pour les premiers, tous les chrétiens étaient à peu près indistinctement des ennemis; les autres, qui n'eurent jamais à repousser de guerre générale, connaissaient les diverses nations du pays des Francs; ils savaient les raisons de combattre occasionnellement les unes et de vivre en paix avec les autres. Les Maugrebins comprenaient que les Génois, avec lesquels ils avaient eu des démêlés, eussent dirigé une flotte contre eux; ils ne savaient pourquoi les Français, qui n'avaient rien à leur reprocher, étaient venus envahir ainsi leur pays. Ce que dit Froissart de l'étonnement des Berbères de se voir attaquer par des gens avec qui ils étaient en paix mérite d'être rappelé, parce que Froissart a tenu le récit de cette expédition de la bouche même de plusieurs chevaliers de l'armée française.

Telles sont ses paroles : « Durant les neuf semaines
« que dura le siège d'Afrique, beaucoup de seigneurs
« de France et des autres pays se plurent à voir l'équipe-
« ment et la manière de combattre des mécréants, car
« entre seigneurs de condition et d'honneur toute nou-
« veauté plaît. Il y avait aussi chez les Sarrasins bien des
« jeunes gentilshommes, selon leur loi, qui avaient grand
« plaisance à voir l'arroi des chrétiens, leurs armes,
« leurs pennons, et qui le soir, de retour dans leur lo-
« gis, en devisaient longuement entre eux. Mais d'une
« chose s'émerveillaient-ils surtout. C'était de savoir
« pourquoi les Français s'étaient joints aux Génois dans
« cette guerre. Après en avoir souvent parlé, ils prirent
« un trucheman sachant bien parler le génois, et le char-
« gèrent d'aller demander aux Français pourquoi ils
« étaient venus avec si grande force en l'empire de
« Barbarie, en la terre du roi d'Afrique, qui ne leur
« avait jamais fait aucun mal. A la vérité, dit l'inter-
« prète arabe au duc de Bourbon, nous et les Génois
« nous sommes depuis longtemps en guerre ; mais ceci
« ne vous regarde pas ; vous êtes une nation éloignée
« de nous, et les Génois nous sont voisins. Nos vais-
« seaux prennent sur eux et les leurs prennent sur
« nous ; et depuis longtemps il en est ainsi, quand nous
« n'avons pas de traités ou de trêves avec eux. »

Les barons français faisaient de la politique chevaleresque; ils n'auraient pu trouver une raison sérieuse à leur agression contre le royaume de Tunis, si ce n'est le désir de venir en aide à une nation amie de leurs rois, comme la république de Gênes. Rarement en rapport avec les Arabes, confondant à peu près tous les musulmans dans une égale réprobation, ils dirent à l'interprète qu'ils faisaient la guerre aux gens de sa secte pour deux motifs : d'abord parce qu'ils avaient crucifié Jésus-Christ, et ensuite parce qu'ils ne croyaient ni au baptême ni à la sainte Vierge. « De cette réponse, « ajoute Froissart, les Sarrasins ne firent que rire, di- « sant qu'elle n'était ni raisonnable ni bien prouvée, « attendu que c'étaient les Juifs et non pas eux qui « avaient mis à mort Notre-Seigneur Jésus-Christ. »

1391-1397. — Renouvellement des traités de paix entre les chrétiens et le roi de Tunis.

La cour de France éprouva un vif déplaisir de l'échec subi par la fleur de sa chevalerie. Le duc de Bourbon, accusé d'impéritie, sentait toute la responsabilité qui pesait sur lui. Longtemps après il y pensait encore; et il chercha à organiser avec le maréchal Boucicaut, devenu gouverneur de Gênes, une nouvelle expédition contre les Sarrasins. « C'était, nous dit Froissart, au- « tant pour satisfaire à son honneur et celui de son fils, « que pour le bien de son âme et l'apaisement de sa « conscience. » Peut-être, dans les projets de voyages maritimes qui l'occupèrent jusqu'à la fin de sa vie, pensait-il, malgré l'âge qui s'avançait, à quelque expédition nouvelle, soit en Barbarie, soit en Andalousie, où le comte de Clermont, son fils, s'était déjà rendu pour combattre les Maures. Le roi Charles VI lui-même eut un moment la pensée de s'armer et d'aller en Barbarie venger l'échec de son oncle. Si les affaires du schisme n'eussent fait une prompte diversion, le royaume, pour une cause presque puérile, allait peut-être se voir entraîné dans une expédition formidable où ses vrais intérêts n'étaient nullement engagés.

Les communes italiennes se hâtèrent d'ouvrir des négociations pour rétablir au mieux possible leurs relations avec le royaume de Tunis. Aboul-Abbas, sans revenir sur les conditions particulières qui avaient déterminé les Génois à lever le siège d'El-Mehadia, consentit à cesser les hostilités contre eux. La guerre continua néanmoins avec les Pisans, et plus particulièrement avec les Siciliens, que les Arabes poursuivirent dans le golfe de Gabès et jusqu'en Sicile.

La république de Gênes se borna à demander en termes généraux le renouvellement du traité conclu dix ans auparavant par Frédéric Lecavelo, et s'occupa activement de la délivrance des prisonniers génois que les accidents de la guerre ou de la course avaient fait tomber aux mains des Arabes. Le nombre, d'après un document du temps, semble n'avoir été que de deux cent soixante individus. Mais peut-être y eut-il plusieurs rachats successifs. On la traita durement à cet égard. Elle se vit obligée de payer une somme d'argent pour chaque captif, homme, femme ou enfant, mesure contraire aux anciens traités, dans lesquels était stipulée la libre et immédiate remise des esclaves saisis par les corsaires, aussitôt que les puissances contractantes pouvaient avoir action de gré ou de force sur les capteurs.

Elle dut relâcher sans indemnité et indistinctement tous les prisonniers sarrasins. Seulement, pour chaque musulman libéré, on promit de lui abandonner sans rançon un chrétien des terres de sa juridiction, sujet ou protégé.

Le traité de paix fut signé au palais du roi par Gentile de Grimaldi et Luchino de Bonavey, en son nom, et le directeur de la douane arabe, chargé des pouvoirs d'Aboul-Abbas, le 17 octobre 1391. Les conditions du rachat de ses prisonniers l'avaient occupé avec une louable sollicitude. Olivier de Martino, envoyé en ambassade à Tunis avant Grimaldi, était parti de cette ville le 8 juillet 1391, après avoir préparé sans doute la négociation; il y serait retourné, et l'ambassadeur vénitien l'y aurait retrouvé encore l'année suivante, veillant peut-être aux derniers soins de la rapatriation et du règlement des comptes, si le traité vénitien dont nous allons avoir à parler ne fut négocié en effet qu'en 1392.

Les Pisans paraissent avoir tardé à obtenir le renouvellement de la paix. Ils avaient envoyé, vers 1393, Nicolas Lanfreducci à Tunis pour représenter à Aboul-Abbas que la république n'était point entrée dans la ligue formée contre lui, bien que des armateurs pisans eussent séparément offert, comme ils disaient en avoir le droit, leurs navires à l'amiral Mainfroy de Clermont. Néanmoins c'est le 14 décembre 1397 seulement qu'Abou-Farès, fils d'Aboul-Abbas, scella par un nouvel acte l'oubli du passé et la reprise de bonnes relations. Le traité rétablit toutes les franchises des Pisans et des chrétiens naviguant sous pavillon pisan, telles qu'elles étaient consacrées dans les anciens accords : la juridiction des consuls, la liberté des fondoucs et de droit de 10 pour 100 sur les importations. De nouvelles et expresses prescriptions furent insérées dans l'acte contre les corsaires musulmans et chrétiens.

La république alla même dans cette voie plus loin qu'elle ne s'était jamais engagée et que les rois de Tunis ne l'exigeaient. Par une disposition spéciale, et contraire à tous les précédents de ses relations avec les Arabes d'Afrique, disposition qu'elle ajouta au texte latin de son traité comme une sorte de menace vis-à-vis de ses propres agents, elle voulut rendre les consuls de la république responsables de tous dommages qu'un sujet pisan pourrait sciemment occasionner à un Sarrasin dans l'un des ports du roi de Tunis. Il est possible qu'une plus rigoureuse surveillance des agents pisans eût pu empêcher les armateurs de leur nation de se joindre séparément à l'expédition des Génois et des Français contre Tunis. Le désir de prévenir des entreprises semblables, qui pouvaient avoir des conséquences extrêmement fâcheuses pour la nation entière, fit peut-être insérer dans la circonstance présente au traité de 1397 une clause aussi dure, d'une application aussi difficile, et qui ne se retrouve dans aucun autre traité maugrebin, de la nation pisane elle-même, ni avant ni après cette époque.

1391 ou 1392. — Traité vénitien. Récit des négociations adressé par l'ambassadeur au doge de Venise.

Venise, demeurée étrangère à la guerre, voulut néanmoins renouveler ses traités après la paix. Elle chargea de cette mission Jacques Valaresso, qu'elle envoya à

Tunis en qualité d'ambassadeur et de consul. Le dernier accord connu de la république avec les rois hafsides remontait à l'année 1317. Ce traité, conclu pour quinze ans, pouvait être considéré comme périmé en 1332. Il est vraisemblable que des renouvellements successifs, soit par actes écrits qui ne nous sont pas parvenus, soit par conventions verbales consenties entre les émirs et les consuls dûment autorisés, le maintinrent en vigueur bien au delà du terme primitivement fixé. Il en fut de même pour le traité arrêté à Tunis le 4 juillet 1391 ou 1392 par Valaresso, au nom du doge Antoine Venier, avec Aboul-Abbas, lequel reproduit exactement les dispositions de 1317. Bien que le nouveau pacte fût conclu pour une durée de dix ans seulement, il paraît avoir été considéré comme toujours subsistant, sans avoir reçu une nouvelle promulgation solennelle jusqu'en 1427. Valaresso ne voulut signer et jurer le traité qu'après avoir reçu gratuitement, au nom de la république, les captifs vénitiens, au nombre de trente-cinq, qu'on avait pu trouver à Tunis et à Bone, et que le roi avait rachetés de ses propres deniers.

Le lendemain 5 juillet, l'heureux négociateur rendit compte au doge de ce qu'il avait fait depuis son arrivée en Afrique. On lira avec intérêt quelques extraits de cette longue et curieuse dépêche, où se manifeste à un si haut degré l'estime qu'on avait à l'étranger et jusque chez les musulmans de la sagesse et de la loyauté vénitienne.

Arrivé le 6 juin à la Goulette, Valaresso notifia sa venue par un interprète au directeur du port, qui se rendit aussitôt à bord de sa galère et reçut de lui une lettre pour le roi. Dès le lendemain un *baron* apporta à l'ambassadeur avec les compliments du prince une charte de sauf-conduit. Valaresso descendit immédiatement à terre, accompagné de Jacques de Civrano et d'une suite de dix personnes. Montés à cheval, les Vénitiens furent rendus en une heure à Tunis. Le roi les reçut sans délai; il demanda à Valaresso des nouvelles du doge Venier, reçut avec plaisir les cadeaux de la Seigneurie : deux gerfauts de chasse, que l'émir apprécia particulièrement et dit estimer au moins deux mille doubles d'or, une pièce de velours cramoisi et deux pièces de drap; il s'entretint longtemps avec l'envoyé et lui témoigna une estime particulière pour la nation vénitienne. Il demanda ensuite à voir les cadeaux destinés à son frère El-Moula-Zakaria; puis il renvoya Valaresso à ce prince pour tout ce qui concernait la conclusion du traité et la délivrance des prisonniers.

Le frère du roi accueillit l'ambassadeur avec les mêmes égards que le sultan, et le fit accompagner dans un beau verger où était un superbe appartement qui lui était personnellement destiné. Valaresso y reçut dès ce jour et les jours suivants, de la part du roi et de son frère, des viandes, des confitures, des fruits et du vin.

La grande affaire de l'ambassadeur était la délivrance des prisonniers et la conclusion du traité de commerce. Mais rien en ces matières et dans les habitudes des cours musulmanes ne marchait bien vite, si l'argent ne frayait les voies. L'entourage des princes se jetait sur les ambassadeurs comme sur une aubaine, chacun vantant son influence pour se faire donner des cadeaux et ne se hâtant jamais de finir. Après le médecin du roi, à qui l'on dut remettre une bourse de cinquante doubles d'or, Valaresso reçut plusieurs fois la visite du secrétaire de Zakaria, Celui-ci lui dit que le règlement de toutes ces affaires dépendait uniquement de son maître, tout-puissant dans le gouvernement. Il le prévint en même temps officieusement que le prince ne consentirait pas à rendre gratuitement les captifs vénitiens, qui se trouvaient presque tous déjà à sa disposition. Valaresso se montra très blessé de ces exigences : « Quelle paix « serait-ce donc, dit-il, s'il me fallait payer le rachat de « mes prisonniers! Jamais la république de Venise ne « se soumettra à une pareille condition. » Il fallut se calmer et accorder quelque chose. On prit un détour pour sauvegarder la dignité de la Seigneurie et la foi des traités. Valaresso promit un présent de deux cents doubles d'or au prince et un cadeau de cinquante doubles au secrétaire. L'envoyé ne fut pas content et dit que les Génois, en pareille circonstance, lui avaient précédemment donné jusqu'à cinq cents doubles. « Mais « tu sais bien, répondit Valaresso, que les Vénitiens « n'ont fait aucun mal à ton maître, et que d'ailleurs « ils ne demandent pas deux cent soixante prisonniers. » On finit par s'accorder; le roi promit de racheter les captifs de ses deniers, et le jour de l'audience royale consacrée à l'ouverture des négociations régulières, attendu depuis si longtemps, fut enfin fixé.

« Le 11 juin, dit Valaresso, dont nous reproduirons maintenant les paroles mêmes, le seigneur roi m'envoya un de ses barons suivi d'une nombreuse escorte de cavaliers qui m'accompagnèrent à l'audience. Après la salutation, le roi me fit asseoir, et j'exposai l'objet de mon ambassade suivant la commission de Votre Seigneurie. Le roi me fit dire : « Je sais que les Vénitiens sont des « gens loyaux. Ils disent toujours la vérité. Ce qu'ils « promettent, ils le tiennent. Ils ne nous ont jamais causé « aucun tort. Aussi je veux qu'il soit fait avec eux un « bon et ferme traité pour le présent et l'avenir. J'or-« donnerai dans tous mes États à tous mes sujets de « traiter les Vénitiens et les protégés vénitiens comme « de vrais et fidèles amis. En ce qui concerne les captifs, « je suis disposé à les racheter tous de mes deniers et « à te les remettre. Quant aux traités, tu désires que je « les confirme. Donne-moi une copie de l'ancien traité « (celui de 1317), que je désire examiner. Quand je l'au-« rai vu, je ferai ce que tu désires. » Comme j'avais fait faire par avance une copie de ce traité, continue l'envoyé, je répondis au roi : « Magnifique seigneur, j'ai « devers moi cette copie ; s'il vous convient, je puis vous « la remettre. » Dès qu'il l'eut, il se la fit lire, et me dit : « L'heure est un peu avancée, tu peux te retirer. « Je te ferai prévenir un autre jour. » J'ajoutai : « Sei-« gneur, accordez-moi ce plaisir, que je voie demain « matin mes captifs en liberté. » Le roi répondit : « Mon « frère et tous ceux qui m'entourent m'ont dit que tu « étais un homme de bien ; va, je ferai des choses qui « te seront agréables. »

« Je me retirai, et aussitôt que je fus rentré dans le verger où je demeurais, des serviteurs du roi et de son frère arrivèrent et me présentèrent tous les captifs, en me disant : « Faites-en ce que vous voudrez. » J'ordonnai de suite de leur ôter les fers et de remettre, suivant l'usage, dix-sept pièces d'or aux serviteurs des princes.

Le 18, le roi m'envoya chercher et me dit : « Il y a
« plusieurs des articles de ton traité qui ne répondent
« pas exactement aux nôtres. As-tu là le texte arabe du
« traité? » Je répondis que non, sachant que le texte
était à Venise.

« Le roi chargea quelques-uns de ses barons de s'entendre avec moi au sujet de ces différences, et ils me dirent que quatre articles sur les trente-cinq que j'avais remis n'étaient pas comme il fallait. Je répondis que je n'étais pas autorisé à les modifier. Après bien des pourparlers, ils me firent connaître ainsi les différences du quatrième article : « Tu dis dans cet article que sur le
« droit de 10 pour 100 concernant l'importation, nous
« devons faire remise aux Vénitiens de cinq *miliaresi*
« par cent besants. Le roi ne pourra jamais consentir à
« cette diminution, parce qu'il ne l'a concédée à aucune
« nation chrétienne. Les cinq *miliaresi* dont tu veux
« parler sont ce que l'on appelle le *mursuruf*. On en a
« accordé autrefois la remise à votre ambassadeur, et le
« roi ne reviendra pas sur cette faveur. Ensuite, dans le
« même article, tu dis que sur chaque chargement trois
« écheveaux par sac de lin et trois sacs entiers doivent
« être exemptés des droits (de sortie); jamais le roi ne
« fera cette remise aux chrétiens. En outre, à la fin du
« même article, tu dis que sur les marchandises qu'on ten-
« terait de soustraire aux droits de douane aucune taxe
« [autre que le droit ordinaire] ne devrait être perçue.
« Mais crois-tu que cela soit juste? On dit que les Véni-
« tiens sont des gens loyaux, et tu voudrais que ceux
« qui font le mal reçussent le bien? Serait-ce équitable?
« Assurément non. Il faut empêcher qu'on n'ait occasion

« de mal faire. Voyons, veux-tu que toute marchandise « non déclarée soit confisquée, ou bien préfères-tu « qu'elle soit frappée d'un double droit, comme pour « tous les autres chrétiens? » Nous restâmes ainsi jusqu'au 21 à parler de ces choses.

« Le 21 juin, le roi m'envoya chercher de nouveau. Quand je fus en sa présence, il dit aux trois barons qui s'étaient plus particulièrement occupés d'affaires avec moi de nous rendre au lieu habituel de nos conférences, et de n'en pas quitter que nous ne fussions d'accord. Une fois assis, l'un d'eux dit à mon drogman : « Dis à « l'ambassadeur que le seigneur roi a déclaré qu'au« jourd'hui était un jour favorable, et qu'il veut que le « traité soit rédigé. » En même temps il me remit par écrit l'état de ce que le roi accordait à la république de Venise, et il reçut de nous notre rédaction. Se l'étant fait lire, il dit que des trente-deux articles qu'elle contenait il y en avait trois pour lesquels il désirait qu'on fît ce qu'il avait déclaré dans les précédentes réunions; et il me les fit lire successivement.

« Sur le vingt et unième article, relatif aux hommes qui arment des corsaires, après bien des pourparlers, un des barons se leva, alla trouver le roi, puis il revint et se montra satisfait de la rédaction telle qu'elle est dans le traité définitif.

« Au sujet du seizième article, où il est dit que le seigneur roi ne pourra employer à son service un navire vénitien qu'avec le consentement du patron du navire, les commissaires déclarèrent qu'afin de prévenir toute difficulté à cet égard, ils désiraient que l'on conservât l'ancienne coutume, en vertu de laquelle chaque navire vénitien [à son arrivée à Tunis ou à son départ] paye deux doubles d'or et une *squarcina* [bien que cette obligation ne soit pas écrite dans les traités anciens]. J'en préviens Votre Seigneurie, parce que le roi tient à ce qu'on ne s'écarte pas de l'usage.

« Les différences du quatrième article nous occupèrent bien longtemps. Voyant ces retards, et ne voulant pas compromettre de plus grands avantages, je consultai de nouveau mes instructions, et nous nous mîmes enfin amicalement d'accord sur ces bases-ci : On payera le droit sur les marchandises importées à raison de dix besants pour cent besants. Les gens de la douane et les peseurs cesseront d'exiger un rotl par poids (quintal?), un quart de *miliaresi* par jarre d'huile, une demi-jarre par cent jarres, une jarre entière par navire, et enfin huit *miliaresi* par cent besants de l'argent employé en achats. Toute marchandise cachée payera double droit. On abandonne les cinq *miliaresi* pour cent du droit qui s'appelle le *mursuruf*. Et comme il reste quelque incertitude au sujet de ce dernier droit, il est convenu qu'on fera venir de Venise le texte arabe de l'ancien traité et qu'on le suivra littéralement.

« Toutes ces choses étant écrites, comme on allait procéder à la signature des témoins, j'exprimai le désir que cette formalité fût accomplie devant le roi lui-même, et on y consentit.

« Nous nous rendîmes donc tous ensemble devant Sa Magnificence. Quand j'eus fait les salutations, je dis au roi combien j'étais satisfait des choses qui venaient d'être écrites, mais j'ajoutai respectueusement qu'on ne me demandât pas de les jurer avant que j'eusse reçu tous les captifs de Bone, afin de pouvoir les envoyer à Venise par la galère. Le roi me fit dire qu'il était certain que j'aurais à Tunis tous les captifs de Bone dans le courant du mois de juin; qu'il approuvait ce que j'avais dit, mais qu'il ne pouvait faire autrement.

« Le lendemain j'allai remercier le frère du roi de tout ce qu'il avait dit au roi de Votre Seigneurie et de moi-même. Il serait trop long de vous rapporter notre conversation. Je prie instamment Votre Seigneurie d'exprimer au prince ses remerciements. Ce sera fort utile ici à nos commerçants. Deux jours après, le médecin du roi vint me voir et me faire ses politesses de la part du roi. Il m'adressa beaucoup de questions et finit par me dire : « Le roi voudrait savoir si tu as l'au-
« torisation d'acheter quelques marchandises pour la
« Seigneurie. » Je répondis : « Non; mais si le seigneur
« roi veut vendre quelques marchandises et qu'il me
« les désigne, je te dirai quelles sont celles qui pour-
« raient convenir à la Seigneurie. » Il me dit : « Le roi
« a de l'huile, du blé, des grains, des cuirs et des toi-
« sons. » Je répondis que la république ne faisait le commerce que de deux choses, du sel et du blé.

« Il me demanda ensuite si je pouvais faire venir ici un grand navire qui dût aller à Alexandrie, ajoutant qu'il y avait à Tunis beaucoup de Sarrasins disposés à payer de gros nolis pour le transport des marchandises qu'ils avaient en grandes quantités, telles que l'huile, les cuirs et les toisons. Je répondis : « Grâce à Dieu, la
« galère ira bientôt porter les nouvelles de la paix à
« Venise; nos navires reviendront ici, et vous pourrez
« régler alors tout ce que vous voudrez pour le nombre

« et la grandeur des navires. » Quant au blé, aux grains et au sel, je lui dis de m'en remettre les prix et les échantillons pour vous les envoyer. Je préviens Votre Seigneurie que le blé vaut ici quatre doubles le cafis, qui est une mesure de trois *staria* de Venise. Il y a deux espèces de sel; je ne puis trop vous en dire encore ni le prix ni la qualité. Le médecin ne m'a pas reparlé depuis de ces choses.

« Enfin, le 4 du présent mois de juillet, vos captifs de Bone sont arrivés. Je me suis rendu immédiatement chez le roi, qui les a fait mettre à ma disposition. Aussitôt j'ai prié le roi de vouloir bien s'occuper de la conclusion du traité, et de faire dresser les instruments de la paix, afin que je pusse les envoyer à Votre Seigneurie. Il dit à ses officiers de s'entendre de suite avec moi et de les faire écrire, ce qui fut exécuté. Il y a deux instruments de paix, l'un en arabe, l'autre en latin. Le traité est fait pour dix ans, comme il est dit dans les actes.

« J'envoie à Votre Seigneurie par la présente galère les trente-cinq captifs qui étaient à Bone ou à Tunis. Je vais m'efforcer de réunir ceux qui restent dans les autres parties de la Barbarie, afin de leur rendre la liberté comme le roi me l'a promis. Dès que je les aurai, je les enverrai à Votre Seigneurie, à qui je me recommande humblement.

JACQUES VALARESSO,
ambassadeur et consul à Tunis.

1392-1409. — Négociations et trèves successives entre le royaume de Tunis, la Sicile et l'Aragon.

Les négociations de la Sicile, interrompues souvent

par les luttes des partis à l'intérieur et les plus vives hostilités au dehors, se prolongèrent au delà du règne d'Aboul-Abbas. Mainfroy de Clermont garda Gerba bien peu d'années. En 1392, il ne résidait plus dans l'île, et les Gerbiotes, contents d'être délivrés des chrétiens, refusaient d'obéir au roi de Tunis, qui les avait défendus. La flotte de Sicile n'avait pu secourir Mainfroy et suffisait à peine à protéger les côtes du royaume. En 1393, les Arabes, débarqués à Syracuse, enlevèrent un nombre considérable de captifs de tous rangs. Parmi les plus marquants se trouva l'évêque de la ville, qui resta trois ans leur prisonnier.

Martin d'Aragon, duc de Montblanc, dont le fils Martin le Jeune avait épousé la reine Marie, en précédant ses enfants dans l'île qu'il venait gouverner pour eux, dut se borner à négocier avec le roi de Tunis. L'insubordination des barons ne lui permettait pas de réorganiser le service militaire, seul moyen de rendre la paix et la sécurité au royaume. De Catane, où la révolte des Palermitains l'avait obligé de chercher un refuge, il donna des instructions à Guillaume Talamanca et à Vito de Malcondignis, il les chargea d'aller à Tunis ménager la délivrance des captifs et la cession des îles du golfe. Dom Martin invoquait comme des titres à la remise des îles la récente occupation de Mainfroy et l'ancienne possession de la maison de Sicile, dont le souvenir était encore vivant parmi les chrétiens et les Maures. Pour le cas où le roi de Tunis s'excuserait sur la révolte des Gerbiotes de son impossibilité à rendre l'île, les envoyés devaient lui demander au moins l'admission d'une garnison chrétienne dans la forteresse du Cachetil, si elle se trouvait encore en son pouvoir. Les ambassadeurs devaient enfin engager Aboul-Abbas à consentir à un traité de paix général avec les princes de Sicile et d'Aragon, traité dont le duc Martin s'offrait d'être le médiateur, en réglant convenablement la question du tribut que le royaume de Tunis devait toujours payer à la maison de Barcelone.

L'ambassade n'eut pas de résultat; peut-être même, bien qu'on l'eût préparée avec beaucoup de soin, ne s'achemina-t-elle pas vers sa destination. L'année suivante, Martin, désirant avant tout reconquérir les îles du golfe de Gabès, afin d'affermir son autorité sur les factions en donnant une satisfaction à l'amour-propre national, chargeait Guillaume Talamanca et Vito de Malcondignis, autorisés par avance à prendre possession du gouvernement de Gerba au nom de la couronne de Sicile, de se rendre en Afrique et d'user de tous les moyens pour obtenir la cession désirée, soit du sultan de Tunis, souverain nominal du territoire, soit de l'émir de Tripoli, actuellement protecteur des îles. En exécution des promesses qu'un émissaire juif lui avait clandestinement transmises, l'émir de Tripoli, à la condition de restituer l'île aux Siciliens, aurait reçu immédiatement une assistance contre le roi de Tunis, qui l'assiégeait. Si les envoyés échouaient à Tripoli, ils devaient se rendre à Tunis et y présenter les réclamations libellées dès l'année précédente, en s'occupant du rachat des captifs. Les événements servirent assez bien, quelque temps du moins, cette politique ambiguë.

Les Gerbiotes, espérant toujours trouver leur indépendance au milieu des luttes de ceux qui se disputaient leur suzeraineté, arborèrent les drapeaux de Sicile pour échapper au roi de Tunis, pendant que ses troupes étaient occupées au siège de Tripoli, et reçurent une garnison sicilienne. On sait, de source certaine, qu'au printemps de l'année 1393 Hugues de Santa-Paz et Guillaume Talamanca avaient pris possession de Gerba ; dom Martin se flattait même alors que Tripoli ne tarderait pas à proclamer la souveraineté du roi de Sicile. Mais cette espérance et la nouvelle prise de possession de Gerba paraissent avoir été de bien courte durée. En 1398, l'île n'appartenait plus aux Siciliens, et le golfe de Gabès comme Tripoli étaient rentrés sous la dépendance du roi de Tunis.

La Sicile et l'Afrique se trouvaient néanmoins en paix. Une trêve formelle existait même entre les deux États, et la navigation marchande avait repris son cours entre leurs sujets. Martin le Jeune occupait alors le trône de Palerme, pendant que le roi Martin son père régnait à Barcelone, où l'avait appelé, en 1395, la mort de son frère Jean Ier. Le roi de Sicile promettait à Abou-Farès, fils et successeur d'Aboul-Abbas, de seconder son désir pour arriver à la conclusion d'un traité de paix avec l'Aragon. Les correspondances et les négociations avancèrent très lentement. Les républiques marchandes conduisaient leurs affaires avec plus de suite et de diligence. En 1409, la situation était à peu près la même qu'en 1398, sans qu'on fût parvenu à un traité définitif. Les répugnances ou les lenteurs semblaient venir alors de l'Aragon. Le roi de Sicile, Martin le Jeune, avait chargé deux marchands juifs de Trapani de se rendre à Tunis pour discuter les bases d'un accord général avec le sultan Abou-Farès, en rappelant à ses mandataires que la convention ne pouvait recevoir sa dernière sanction qu'avec le concours et l'adhésion du roi d'Aragon son père. En attendant, disait le roi, rien ne s'opposait à la publication d'une trêve illimitée entre la Sicile et l'Afrique, avec la clause que, lorsqu'une des deux parties jugerait à propos de dénoncer l'armistice, deux mois de répit seraient donnés aux sujets des deux pays pour terminer librement leurs affaires et opérer leur rapatriement. Comme condition préliminaire, Martin exigeait, par une juste réciprocité de l'obligation imposée aux chrétiens de racheter leurs prisonniers à prix d'argent, qu'une somme de trente mille doubles d'or fût payée pour la rançon des musulmans sujets des rois de Tunis, qui se trouvaient actuellement captifs en Sicile.

Rien de définitif ne paraît être résulté de ces nouvelles négociations ni pour l'Aragon ni pour la Sicile, réunis alors sous le même sceptre avec une administration distincte. Les relations des sujets des deux royaumes étaient protégées par de simples trêves, prorogées ou renouvelées de temps à autre, au milieu d'hostilités presque continuelles. On ne voit pas que les rapports réciproques des princes de la maison d'Aragon et des rois de Tunis aient été réglés dans leur ensemble politique et commercial avant le règne d'Alphonse le Magnanime, qui reçut de son père Ferdinand, en 1416, la triple couronne de Naples, de Sicile et d'Aragon.

1350. — Du commerce florentin en Afrique au xiv° siècle.

Les Siciliens et les Sardes, comme les Vénitiens, sans négliger le Maroc, étaient, ainsi que les Génois et les Pisans, en rapports plus suivis d'affaires et d'intérêts avec Tunis et la Mauritanie orientale. Les Florentins s'y trouvaient avec eux, développant toujours leur commerce, mais contraints de rester encore les clients obligés de la marine et de la république de Pise.

Alors même que les Florentins auraient conservé à Tunis l'avantage des entrepôts séparés et des garanties personnelles accordées à leur nation au treizième siècle, dont parle Villani, et que ne rappelle pas Balducci Pegolotti, ils ne pouvaient avoir ni le rang ni le traitement de nation maritime. Privés de rivages et de ports, ils étaient obligés de traiter avec les villes de l'Adriatique et de la Méditerranée pour aller exploiter au loin les branches diverses du commerce et de la banque, que leur génie industrieux savait faire fructifier partout.

Ils avaient des arrangements particuliers avec les Pisans, pour le dépôt des laines et des draps à Pise et à Porto-Pisano, à la faveur desquels ils pouvaient facilement se rendre partout où les Pisans allaient commercer en Afrique. Ils y étaient cependant considérés comme une nation d'une condition différente et moins favorisée. La douane arabe exigeait de leurs marchands diverses prestations supplémentaires, plus ou moins arbitraires, qui élevaient l'ensemble des droits prélevés sur leurs importations à 11 1/2 pour 100, tandis que le taux à peu près uniforme du tarif pour les autres chrétiens était de 10 pour 100.

Les plus grandes maisons de Florence acceptaient cette situation secondaire et ne se laissaient pas frustrer par ce qu'elle pouvait avoir d'assujettissant des bénéfices certains qu'elle offrait. Le commerce d'ailleurs ne dérogeait pas en Italie, et plus d'une famille, dans un rang moins éminent que les Médicis, les Cornaro, les Spinola et les Doria, a été conduite par le négoce à la fortune et à l'illustration. Florence compte parmi ses gloires le génie commercial et les immenses relations des Bardi, des Villani et des Peruzzi (1). Les Acciaiuoli, qui possédaient en 1340 des comptoirs dans la plupart des villes commerçantes de la Méditerranée, notamment à Tunis, ont été ducs d'Athènes et seigneurs de Corinthe.

S'ils se trouvaient encore politiquement subordonnés en quelques pays d'Orient et d'Afrique à la protection pisane, les Florentins éclipsaient depuis longtemps leurs voisins en Europe par les armes, les arts et l'industrie. Depuis plus d'un siècle, les fabriques de Florence avaient dépassé tout ce que Pise pouvait produire, et la fortune de ses citoyens lui permettait d'enlever aux Pisans leurs propres armées, en renchérissant sur les prix d'enrôlement de leurs condottieri.

1356-1407. — Florence cherche à s'établir dans la Méditerranée et aspire à devenir une puissance maritime.

Florence, exubérante de richesses qu'alimentait surtout le commerce extérieur, devait aspirer à forcer les

(1) Un descendant de cette grande famille, M. le commandeur Peruzzi, a publié un livre fort intéressant sur les relations et les vastes opérations de

barrières qui la séparaient d'une mer aussi familière à ses marchands qu'aux marins dont elle était obligée d'emprunter les vaisseaux. Éloignée de l'Adriatique par une chaîne de montagnes, elle tendait sans cesse vers la Méditerranée, sur les bords de laquelle elle pouvait seulement trouver l'extension nécessaire à sa puissance.

Pise prévoyant le danger, et ne sachant comment y remédier, voulut revenir sur les facilités qu'elle avait accordées aux Florentins. Elle hâta les événements qui achevèrent sa perte. Pour éviter les gabelles pisanes, les Florentins traitèrent avec la république de Sienne en 1356. Ils firent du petit port aujourd'hui abandonné de Talamone, au sud de Piombino, entre l'Ombrone et l'Albenga, le nouvel entrepôt de leurs marchandises, et louèrent des vaisseaux à Gênes, en Provence et en Aragon pour les transporter eux-mêmes à l'étranger.

Atteints ainsi dans la source de leurs revenus, les Pisans recoururent à la guerre ; elle leur fut désastreuse. Battus sur terre et sur mer, obligés de rendre à leurs rivaux leurs anciennes franchises et de payer une indemnité de guerre (1364), ils s'adressèrent aux Visconti, qui firent nommer Jacques d'Appiano, seigneur de Piombino, capitaine héréditaire de la république de Pise à la place de Pierre Gambacorte, chef du parti populaire. A la mort de Jacques d'Appiano, son fils Gérard,

---

sa maison. Elle avait au milieu du quatorzième siècle, avant que Florence fût desservie par une marine propre, jusqu'à 16 comptoirs, dont les principaux, en dehors de l'Italie, étaient Avignon, Paris, Londres, Bruges, Majorque, Clarence en Morée, Rhodes, Chypre et Tunis. (*Storia del commercio e dei banchieri di Firenze*, dal comm. S. L. Peruzzi; Florence, 1863.)

qui n'avait ni les talents ni l'ambition de son père, vendit la seigneurie de Pise, dont il n'attendait que des ennuis, à Jean Galéas Visconti, nommé récemment par l'Empereur duc de Milan, en se contentant de sa principauté héréditaire de Piombino et de l'île d'Elbe.

Mais les Pisans, considérant le traité comme offensant pour leur honneur, refusèrent de s'y soumettre. Ils résistèrent aux Visconti et forcèrent Gabriel-Marie, fils légitime de Jean Galéas, devenu seigneur de Pise dans le partage de l'hérédité paternelle, à invoquer la protection de Boucicaut, gouverneur de Gênes pour le roi de France. Ceci dut avoir lieu vers la fin de l'année 1403, au mois de novembre ou de décembre. Pour tout concilier, Boucicaut aurait voulu amener les Pisans, du consentement de Gabriel-Marie, qui avait déjà fait hommage au roi Charles VI pour la citadelle de Pise, à demander le protectorat du roi de France, et il put l'espérer un moment, tant étaient grandes chez les Pisans, surtout chez le bas peuple, la crainte et l'horreur de la domination florentine. Mais quand le maréchal voulut occuper réellement la forteresse de Pise, où il avait déjà fait entrer quelques-uns de ses officiers, la population entière se souleva (23 juillet 1405), repoussa le navire qui arrivait chargé de troupes, attaqua la citadelle, et finit par s'en emparer le 6 septembre 1405, malgré la résistance des détachements lombards, génois et français qui s'y trouvaient réunis.

Boucicaut, sans se laisser rebuter par les difficultés imprévues, conçut alors un projet très favorable aux intérêts de Gênes et que son active piété aurait voulu faire servir en même temps à la pacification de l'Église.

Sur son conseil, Gabriel-Marie, seigneur de Pise, vendit la seigneurie à la république de Florence, à la condition, qui fut acceptée, d'effectuer tout le commerce pisan par bâtiments génois, et d'abandonner le parti d'Innocent VII, que la France et Gênes considéraient comme antipape. Les Pisans dédaignèrent ce nouveau traité, et Boucicaut ne voulut point le leur imposer par la force; mais la république de Florence se crut autorisée à le maintenir, et entreprit résolument le siège de la ville de Pise, jugeant le moment opportun pour s'en emparer. Les Pisans essayèrent de conjurer le danger. Ils appelèrent à leur aide le roi Ladislas, qui ne put quitter Naples; ils offrirent alors le protectorat de la république aux ducs de Bourgogne et d'Orléans, et les princes firent expédier aussitôt l'ordre à Boucicaut d'arrêter l'attaque des Florentins. Mais le maréchal refusant de se charger d'une pareille mission, si contraire à ses premiers engagements avec Florence, le siège continua, et, après deux années d'une résistance des plus énergiques, Jean Gambacorte signa, le 9 octobre 1407, la reddition de la ville. Ainsi finit la république de Pise.

Florence usa avec la plus grande modération de la victoire : elle permit aux Pisans de conserver tout ce qui leur conviendrait de leurs statuts, elle adopta même provisoirement pour son commerce maritime le pavillon pisan, le champ écarlate à la croix blanche, depuis si longtemps connu sur la Méditerranée. Elle trouvait un avantage immédiat à une concession qui adoucissait pour les Pisans l'amertume de la déchéance. Elle ne chercha pas même à se substituer nominalement à son ancienne rivale. Les traités subsistants lui suffisaient pour entretenir et protéger au dehors les intérêts de ses sujets anciens et nouveaux, entre lesquels elle ne fit plus de distinction.

1414. — Commerce de Piombino et de l'île d'Elbe.

La famille d'Appiano, cédant vraisemblablement à quelque instigation étrangère, semble avoir voulu profiter de ces temps de lenteur pour s'approprier les privilèges de la république de Pise, dont l'île d'Elbe aurait surtout profité. Quoique Jacques II, fils de Gérard, se trouvât placé depuis 1403 sous la protection de Florence, ses traditions héréditaires le portaient plutôt à rechercher l'amitié des ducs de Milan. Depuis quinze ans son père et son grand-père s'étaient succédé, par l'appui des Visconti, à la tête du gouvernement de Pise; le dernier traité de la république avec Tunis avait été conclu sous l'administration de son aïeul, qui y prend le titre de « capitaine de la garde de la ville et comté de Pise, défenseur du peuple de Pise ». Les dispositions de ce traité permettaient d'associer les habitants de Piombino et de ses îles aux franchises pisanes, ce qui fut expressément stipulé dans les traités suivants; il eût suffi d'omettre dans un nouvel acte le nom de la ville de Pise, en conservant seulement celui de Jacques d'Appiano, pour convertir en une véritable souveraineté, que les Arabes auraient admise sans difficulté, l'autorité du capitaine de Pise. Mais la république de Florence n'aurait jamais permis qu'une telle succession passât en d'autres mains que les siennes; et l'on ignorerait la pensée irréalisable qu'eurent peut-être les patrons du jeune seigneur de Piombino, si un projet de renouvellement du traité pisan de 1397, sous la date de 1414, et au nom seul de Jacques d'Appiano, ne se trouvait dans les portefeuilles des Archives de Florence.

1421. — Florence, devenue puissance maritime par l'acquisition de Livourne et de Porto-Pisano, se substitue aux Pisans.

Ni ces tentatives, peut-être moins effectives que le document toscan ne l'indique, ni l'appât de nouvelles possessions, ne précipitèrent les résolutions de la seigneurie. La conquête de Pise et l'adjonction de la république gibeline entière à leurs domaines étaient sans doute pour les Florentins d'un grand effet politique, non d'une réelle importance géographique et commerciale. Territorialement, ils y gagnaient enfin le libre accès de la mer; ils n'y trouvaient ni un littoral ni un port suffisants. La république de Pise avait perdu la Corse et la Sardaigne depuis plus d'un siècle, Livourne et Porto-Pisano depuis vingt ans. Des cent lieues de côtes où elle pouvait librement établir ses chantiers et recruter ses matelots au douzième siècle, de Porto-Venere à Civita-Vecchia, elle ne possédait plus que les terres plates et inutiles de l'embouchure de l'Arno; il fallait aux Florentins, associés désormais aux Pisans, des ressources plus considérables pour créer tout un nouvel état maritime. Après avoir tenté de s'établir dans le golfe de la Spezzia, par l'acquisition de Porto-Venere qu'ils ne purent conserver, ils fixèrent leurs vues sur Livourne, prévoyant le dessein réalisé depuis par les Médicis, qu'en ce lieu, soit dans les anciens bassins de Porto-Pisano (1), soit dans les bassins actuels, pouvait être facilement créé un des ports les plus vastes et les plus sûrs de la Méditerranée. Ils déterminèrent la république de Gênes obérée à leur céder cet emplacement magnifique, qu'elle avait reçu en 1407 du duc de Milan et de Boucicaut sans pouvoir l'utiliser, et en prirent possession le 30 juin 1421.

De cette acquisition seulement datent le rôle et la politique maritime de la république de Florence. Mais dès ce moment elle veut avoir comme Gênes et Venise son propre commerce d'exportation et d'importation; elle réorganise toutes ses institutions commerciales, elle fait construire des navires, en même temps qu'elle développe son industrie des draps et des étoffes de soie; elle envoie ses consuls et ses ambassadeurs au loin, elle négocie avec les États chrétiens et musulmans de la Méditerranée et du nord de l'Europe; elle revendique partout les possessions, le traitement et les droits de la république de Pise, dont elle n'avait été jusque-là que l'héritière nominale.

1421-1422. — Son premier traité avec le roi de Tunis, conclu par Barthélemy de Galea, ratifié par les soins de Neri Fioravanti.

L'année même où elle acquérait Livourne, Florence traitait avec le sultan d'Égypte et avec l'empereur de Constantinople; elle chargeait en même temps un ambassadeur d'aller demander à Tunis le renouvellement

(1) On sait que Porto-Pisano, le grand port de la république de Pise, n'était pas à l'embouchure même de l'Arno; il se trouvait bien plus au sud, et immédiatement au nord des bassins de la ville actuelle de Livourne.

en son nom des anciens privilèges pisans. Le traité obtenu à cet effet du roi Abou-Farès par Barthélemy de Galea fut d'abord rédigé en arabe le 5 octobre 1421. Une circonstance inconnue, peut-être la mort de l'envoyé, en tint inaccomplie pendant deux ans la conclusion définitive. Un nouvel agent, Neri Fioravanti, dut se rendre en Afrique. Il termina les arrangements à la satisfaction commune, et rapporta à Florence, au mois de décembre 1423, les articles de la convention rédigés, suivant l'usage, en un double instrument arabe et chrétien.

Le traité améliorait sur quelques points les anciennes conditions du commerce pisan, en les assurant expressément aux Florentins et aux Pisans; il les étendait aux habitants de la seigneurie de Piombino et de ses îles, qui s'étaient soustraits sur ces entrefaites à la suzeraineté lombarde, pour rentrer en bonnes relations avec la république de Florence.

Les stipulations relatives à la sûreté des marchands, à la protection des naufragés, à la vente des navires, aux droits et aux obligations des courtiers interprètes, aux ventes à l'enchère sous la garantie des agents de la douane, furent rappelées et confirmées. Le droit d'importation de 10 pour 100 sur les marchandises, réduit à 5 pour 100 sur les métaux précieux et les bijoux, fut maintenu, avec faculté de porter les marchandises dans toutes les villes du pays, de ne payer les droits d'entrée que six mois après la vente des marchandises, et de réexpédier en franchise les marchandises non vendues. Les fondoucs pisans devinrent la propriété commune des deux pays; les consuls furent à la nomination de la république de Florence, et conservèrent la faculté de voir personnellement le roi, au moins deux fois par mois, pour l'entretenir des intérêts de leurs nationaux. Le traité, prévoyant le cas où l'un des sujets des seigneuries de Florence ou de Piombino se trouverait débiteur d'un Arabe, oblige le consul ou le directeur de la douane à faire acquitter la dette; mais il ne rend pas l'agent chrétien passible de dommages dans le cas où un sujet arabe serait lésé par un sujet ou protégé florentin, comme le traité pisan de 1397, par une dérogation assez inexplicable aux anciennes franchises, en avait formulé l'obligation dans le texte chrétien.

Les articles qui avaient assuré longtemps aux armateurs pisans les profits considérables du fret et de la commission furent renouvelés, et il fut dit que les sujets ou protégés de la république jouiraient des avantages du présent traité, alors même qu'ils viendraient en Afrique avec leurs marchandises sur navire étranger.

Des prescriptions spéciales concernent les corsaires. Diversement exprimées dans la rédaction arabe et la rédaction chrétienne, elles ont pour but commun de réprimer les actes de piraterie auxquels les navires marchands et amis ne craignaient pas souvent de prendre part, en interdisant la vente des prises, et s'obligeant réciproquement à saisir les biens et les personnes des corsaires. Dans le cas où le sultan dirigerait un armement maritime contre les pirates, la république s'engage à participer à l'expédition en mettant quelques galères de guerre à la disposition de l'amiral arabe. Les traités génois renferment la même clause de coopération armée pour les mêmes circonstances.

1445. — Nouveau traité florentin conclu par Baldinaccio degli Erri. Modifications des tarifs de douane à l'égard des sujets de la république de Florence.

La reconnaissance de la nouvelle république, comme représentant les deux États réunis de Florence et de Pise, ne dut pas rencontrer de sérieuse difficulté en Afrique. Pour les Arabes rien n'avait changé; ils étaient habitués à voir les Pisans et les Florentins naviguer et commercer ensemble, quoique soumis à des tarifs différents; le pavillon pisan flottait toujours sur les navires toscans. Les deux nations ne formaient à leurs yeux qu'un seul peuple, et le rédacteur arabe du dernier traité, conservant les habitudes du pays, continuait à le désigner sous son ancien nom de Pisan. L'instrument chrétien au contraire, conformément au changement politique qui était survenu, substitue partout au nom de *Pisans* le nom de *Florentins*.

Il est très possible que la persistance de l'ancienne dénomination ait amené quelques difficultés dans les rapports des marchands florentins avec les douanes arabes. La république de Florence, qui avait accepté le tarif exceptionnel de 11 1/2 pour 100 sur ses importations, tant qu'elle s'était trouvée dans l'obligation d'emprunter à Pise ses moyens de transport, voulut vraisemblablement faire bénéficier tous ses sujets du taux inférieur de 10 pour 100 accordé au commerce européen en général, et conservé particulièrement aux Pisans dans le dernier traité de 1421-1423. On ne sait quel arrangement put intervenir à cet égard, mais il y eut évidemment transaction, et peut-être remaniement partiel du traité entre les deux États, à une époque peu éloignée de la mission de Fioravanti. L'application d'un nouveau tarif sur les importations est simplement constatée, sans mention des circonstances qui le firent établir, dans un nouvel accord conclu en 1445 par Baldinaccio degli Erri, envoyé en ambassade à Tunis, « au nom de la république des Florentins et des Pisans ».

Ce traité, dont le texte arabe, seul connu, réunit toujours ainsi les noms des deux nations, élève le droit qu'elles avaient à payer pour l'avenir sur leurs importations au taux de 10 1/2 pour 100, qui paraît être devenu vers ce temps le taux habituel de la douane arabe sur toutes les importations chrétiennes, à l'exception des métaux précieux, exemptés toujours de la moitié du droit. Les exportations durent acquitter le tarif ordinaire de 5 pour 100 comme celles des Génois. Le traité rappelle d'ailleurs les dispositions anciennes relativement aux consuls, aux marchands, aux comptes de la douane, au fondouc des Pisans à Tunis, nommé l'*Akaba*, dont l'agrandissement, les réparations et l'entretien restaient à la charge du gouvernement royal.

Le traité ne renferme pas les stipulations directes de 1421 en faveur de Piombino et de l'île d'Elbe. Mais les sujets de la principauté pouvaient d'autant mieux profiter alors des avantages reconnus au pavillon pisan ou florentin, que la république se trouvait dans les meilleures relations avec eux. Elle les avait associés à sa politique en faveur de René d'Anjou, et elle défendait leur pays contre Alphonse d'Aragon, qui, déjà maître de Naples en 1442, cherchait à s'avancer sur les côtes de la Toscane.

1438-1465. — Élévation du tarif de la douane de Tunis pour les nations chrétiennes.

Le traité de 1445, en stipulant que les importations toscanes seraient à l'avenir soumises au droit de 10 1/2 pour 100, ajoute que telle était la pratique du royaume de Tunis à l'égard des nations alliées, *secondo la costumanza dei confederati*. Il semblerait, d'après cette déclaration, que les Vénitiens comme les Génois, les Provençaux comme les Aragonais, devaient payer 10 1/2 sur leurs importations dans les royaumes de Tunis et de Bougie. Cependant l'obligation du nouveau tarif tunisien ne paraît pas avoir été absolument générale et sans admettre des exceptions.

Les Vénitiens, quelque honorée que fût leur position en Afrique, semble l'avoir accepté cependant. Après les inutiles tentatives de Valaresso, en 1392, pour obtenir la réduction du 10 pour 100, ils se contentèrent dans le traité de 1438 de l'abolition absolue du droit de *mursuruf* ou de drogmanat à la douane, et ne réclamèrent pas contre l'élévation du tarif sur les importations à 10 1/2.

Le traité génois de 1433 avait maintenu le 10 pour 100 sur les importations, plus le *mursuruf* pour les ventes faites par les drogmans de la douane en dehors des enchères, en supprimant un certain droit dit de *tavale*. Mais le traité de 1445, de la même date que le traité toscan de Baldinaccio degli Erri, et postérieur au traité vénitien, dans lequel le nouveau tarif de 10 1/2 est accepté, ne le stipule pas; au contraire, on y déclare abolis formellement, pour les importations et les ventes génoises, le *mursuruf* et tous droits autres que le 10 pour 100, *nisi solum decem pro centenario*. Il est possible que le gouvernement de Tunis ait obligé plus tard la république de Gênes à payer 10 1/2 pour 100 comme les autres nations. Les traités n'en disent rien toutefois. Mais il n'est pas non plus impossible que l'obligation acceptée par elle pour ses négociants, en 1465, de payer les droits d'importation en nature dès l'entrée des marchandises à la douane, sans profiter des délais ordinaires laissés au payement effectif, délais qui se prolongeaient ordinairement de plusieurs mois au delà du moment de la vente des marchandises, ait paru au roi de Tunis un avantage suffisant pour compenser le maintien, par exception, en faveur des Génois, de l'ancien tarif de 10 pour 100.

Nous n'avons pas de renseignements précis sur le tarif des douanes dans l'ouest maugrebin à cette époque. On sait seulement que jusqu'en 1508 les Vénitiens payèrent 10 pour 100 à Oran sur leurs importations, et nous pouvons conjecturer que le tarif était le même dans tous les ports des royaumes de Tlemcen et de Maroc.

1433-1443. — Difficultés inévitables du commerce.

En montrant par les témoignages les plus certains qu'il y eut, au moyen âge entre les Maures d'Afrique et les chrétiens des relations plus fréquentes et plus confiantes qu'on ne le pense généralement, il faut prendre garde d'exagérer les faits ou de donner aux stipulations des traités une portée qu'ils ne peuvent comporter. Les garanties promises dans les pactes et les privilèges commerciaux, et la bonne foi des négociations, ne prouvent pas, non plus que le silence des chroniques, que ces relations n'étaient jamais troublées par la fraude des particuliers ou le mauvais vouloir des gouvernements. A chaque siècle nous avons eu à signaler des faits particuliers qui attestent surabondamment les difficultés du commerce entre peuples de langue, de mœurs et d'habitudes si différentes.

On l'a vu, et nous l'avons déjà répété plusieurs fois, les traités garantissaient bien aux marchands que les douaniers et les interprètes d'Afrique devaient se borner à prélever les droits fixes et connus, sans exiger en sus ni gratifications en argent ni prélèvement de denrées; mais la répétition même de ces stipulations dans la plupart des traités montre qu'il devait y avoir de grandes difficultés à les faire observer. L'action des négociateurs sur ce point spécial se bornait à poser des règles qui permissent d'empêcher les abus de devenir trop criants, et les agents arabes d'exiger comme un droit les pourboires ou prélèvements surérogatoires que la coutume autorisait vraisemblablement partout. Les Vénitiens finirent même par régulariser l'abus en autorisant dans certains cas les prélèvements en nature.

Rien de mieux établi dans les traités et de plus facile en apparence à obtenir que le prompt règlement du compte des marchands à la douane, et l'immédiate livraison des marchandises déposées dans les magasins publics, soit pour la vente, soit pour la réexportation; et néanmoins nous voyons le doge de Venise intervenir lui-même, vers 1433, auprès du sultan Abou-Farès pour obtenir la remise à Jean de Canale de quarante-six balles de toile de Bourgogne que la douane de Tunis retenait indûment et depuis longtemps.

Toutes les conventions commerciales assuraient, en cas de naufrage sur les côtes d'Afrique, et la remise des objets naufragés et l'assistance la plus efficace aux personnes. Et cependant les magistrats de Barcelone, en remerciant le roi de Tunis, vers 1439, des ordres qu'il avait bien voulu donner pour la protection d'un vaisseau catalan échoué près de Bone, lui dénoncent l'inique conduite du caïd de la ville, qui avait odieusement traité plusieurs hommes de l'équipage, et qui détenait encore une partie du chargement. Nous savons que peu de temps après cinq cents captifs chrétiens, dont quatre-vingts originaires de la ville de Barcelone, avaient été jetés dans les fers à Tunis, en représailles de la capture de quelques Maures sur les côtes de Sicile. Frère Mayali, du couvent de Saint-Martin, à qui fut dû le rétablissement de la paix entre la Sicile et le royaume de Tunis, vers 1438, avait eu, peu après la conclusion d'un traité de commerce, à réclamer du sultan la restitution d'un chargement de blé parti de Syracuse et saisi arbitrairement par les agents royaux dès son arrivée à Tunis.

Devant ces violations réciproques des engagements qui semblaient devoir le mieux garantir la liberté du commerce et des personnes, comment ne pas croire que les autres clauses des traités concernant la juridiction et l'irresponsabilité des consuls, la liberté des transactions et la police des douanes, fussent toujours bien respectées? Mais combien de faits semblables ne trouverait-on pas dans l'histoire des rapports internationaux des peuples chrétiens! Sans vouloir entrer dans la recherche inutile de ces incidents, il est permis d'affirmer qu'au quinzième siècle les obstacles inhérents au commerce étranger, le mauvais vouloir, les malentendus, les fraudes clandestines, les abus, n'étaient ni plus graves ni plus multipliés en Afrique qu'en Europe, bien que l'autorité des émirs ne pût, comme au temps de l'unité de l'empire almohade, assurer aussi bien le respect des traités ou punir leur transgression.

1415. — Le développement de la piraterie dans l'ouest du Magreb amène la fondation des établissements militaires des Portugais et des Espagnols en Afrique.

On n'a pas oublié ce que les écrivains arabes disent des nombreux corsaires qu'armaient au quatorzième siècle les populations des golfes de Gabès et de Bone. Au quinzième siècle, l'habitude de la piraterie s'était propagée sur toute la côte du Magreb, principalement dans le nord-ouest, où la configuration montueuse du pays et le voisinage de l'Espagne avaient toujours entretenu un esprit d'indiscipline et de révolte. Du vaste littoral, si souvent indépendant des sultans de Maroc, où se trouvent Tanger, Ceuta et Tétouan, puis les forteresses du Rif, devenues des présidios espagnols, sortaient des barques et des navires armés qui épiaient les navires marchands à l'approche du détroit, et poussaient impunément leurs incursions jusque sur les rives chrétiennes. La nécessité de pourvoir à la sécurité de leurs côtes amena les Européens à agir eux-mêmes contre les populations chez qui les sultans affaiblis ne pouvaient plus assurer le respect des traités et leur propre autorité.

Le Portugal fut amené par les événements à rouvrir le premier une période d'hostilités incessantes entre les deux rives de la Méditerranée, telle qu'on n'en avait pas vu depuis les grandes invasions des dixième et onzième siècles. Ce petit et glorieux pays était alors gouverné par un roi résolu, ambitieux, excellent homme de guerre et politique prudent, Jean ou João Ier. Depuis plusieurs siècles, une suite de guerres heureuses contre les Maures et les Espagnols avait développé sa marine et préparé la nation aux conquêtes qu'elle entreprit bientôt en Afrique et dans les Indes.

1415. — Progrès du Portugal. Prise et occupation de Ceuta.

Fondé par Alphonse de Bourgogne, qui conquit Lisbonne sur les Maures en 1147, le royaume de Portugal était parvenu dès le douzième siècle à soumettre l'Alemtejo et les Algarves, et à compter assez sur ses forces pour les envoyer au delà de ses frontières, désormais assurées. En 1180, il gagnait sa première bataille navale sur les Almohades; en 1212, il prenait part au grand triomphe de l'Espagne à Navas de Tolosa; à la fin du treizième siècle, sa puissance avait assez de notoriété pour que la cour de Rome demandât sa coopération contre les Tartares. Précédé peut-être par les marins normands vers les Iles Canaries à la fin du quatorzième siècle, les Portugais ne tardèrent pas à fréquenter aussi ces pays; ils occupèrent Madère en 1419, et commencèrent vers la même époque ces explorations hardies qui devaient les conduire par la plus glorieuse persévérance des côtes de l'Afrique occidentale à la découverte du cap de Bonne-Espérance et de la route des Indes.

Jean Ier, désireux de diriger surtout les vues de ses sujets vers les pays de l'Équateur sans négliger les avantages d'un commerce plus rapproché, s'était plaint souvent aux sultans mérinides des agressions parties de leurs provinces septentrionales. Fatigué de l'inutilité de ses représentations, il se décida à venger ses griefs et à tenter de se fixer au centre de ces populations hostiles, pour être à même de protéger le passage de ses vaisseaux de l'Océan dans la Méditerranée. La promptitude de ses mouvements surprit les Arabes et obtint un plein succès. Au mois d'août 1415, à la tête d'une flotte de cent vingt voiles, il parcourut en maître tout le détroit et s'établit définitivement à Ceuta, le Gibraltar africain. Il voulut glorifier son triomphe en ceignant lui-même le baudrier de chevalier à ses cinq fils dans la grande mosquée de la ville, convertie en église, devenue peu après le siège d'un évêché. Satisfait des résultats de sa conquête, Jean ne voulut pas poursuivre la guerre contre les Maures, et de vingt années on ne revit un souverain portugais en Afrique. Mais il entretint toujours à Ceuta des forces suffisantes pour résister aux attaques des rois de Maroc et de Grenade, et il fit de la ville, considérablement accrue dans ses fortifications, une sorte d'école militaire où vinrent se former d'habiles officiers pour la guerre et les sciences navales.

1419-1433. — Chrétiens et évêques résidant à Maroc.

L'évêché établi à Ceuta sur la demande du roi Jean et doté par lui n'a pas cessé d'être occupé depuis lors. Le prélat étendait sa juridiction sur une partie du territoire européen du Portugal au delà du détroit, et dépendait de l'archevêché de Lisbonne. Au dix-septième siècle, quand la ville de Ceuta devint un préside espagnol, l'évêché fut placé sous la suffragance de l'archevêque de Séville.

La ville de Maroc conserva aussi sous les Mérinides l'ancien siège épiscopal qu'Agnello avait inauguré au treizième siècle à Fez, sous les Almohades. Les milices mozarabes et européennes et les colonies chrétiennes des ports de mer formaient avec les prisonniers de guerre tout le troupeau de ces nouveaux évêques. Le pays ne paraissait plus posséder à cette époque les restes de l'ancienne population chrétienne qui s'y trouvait encore deux siècles auparavant. Quelquefois le découragement ou la frayeur éloignait le pasteur, exposé comme ses ouailles aux caprices de peuplades grossières que l'ignorance rendait de plus en plus fanatiques. En 1419, les chrétiens habitant la ville de Maroc exposèrent au pape que leur évêque les avait abandonnés, et s'était même éloigné de l'Afrique sans laisser un prêtre pour le remplacer. Martin V frappa d'une censure publique le prélat pusillanime qui mettait en balance sa sécurité personnelle et le besoin des âmes; il investit en même temps un religieux cordelier nommé Martin de Cardenas des fonctions de vicaire général, avec l'autorisation d'exercer tous les pouvoirs épiscopaux auprès des chrétiens du Maroc tant qu'il résiderait au milieu d'eux. Ces évêques, ainsi que leurs prêtres, étaient généralement d'origine espagnole ou portugaise, comme on le voit, en 1433, à l'occasion de la nomination de l'évêque Barthélemy de Ciudad-Rodrigo. Comme le clergé, la majeure partie des chrétiens habitant l'ouest du Magreb, soldats, commerçants ou artisans, venaient de l'Espagne.

L'évêché du Maroc cessa d'exister au seizième siècle avec la dynastie mérinide, qui lui avait continué la protection des Almohades. Il périt comme elle sous la réaction des schérifs, souverains actuels du Maroc, dont un des moyens de succès auprès des populations soulevées par leurs prédications contre les anciens sultans, fut d'exagérer la tolérance que les Mérinides avaient montrée à l'égard des chrétiens et de leurs ministres.

1420-1465. — Derniers traités des Génois en Afrique.

Depuis l'époque où nous l'avons vue entreprendre et arrêter brusquement l'expédition à peu près inutile d'El-Mehadia, la république de Gênes consumait ses forces au milieu des luttes de ses doges, tour à tour nobles ou plébéiens; par moments elle cherchait un remède à un affaiblissement que les meilleurs citoyens reconnaissaient, en confiant le gouvernement de l'État à des princes étrangers. Boucicaut avait donné des soins particuliers à la marine et aux relations maritimes de la république. Il avait envoyé Châteaumorand en Orient pour renouveler les traités avec les princes chrétiens et musulmans; lui-même, à la tête d'une grande flotte, il avait visité le Levant, où la jalousie des Vénitiens contraria ses desseins. On ne voit pas s'il put agir pour les intérêts des Génois en Afrique. Ce que nous savons des nouveaux rapports de la république avec les émirs du Magreb est postérieur au protectorat français, dont les Génois n'avaient pas tardé à se lasser.

Le duc de Milan Philippe-Marie Visconti, devenu seigneur de Gênes en 1421, agit comme Boucicaut. Il chercha à développer sa force militaire en dirigeant l'activité de la nation vers les choses extérieures. La course ayant de nouveau amené des sujets génois dans les prisons d'Afrique, Ambroise Spinola se rendit par ses ordres à Tunis, en 1423, avec quelques gentilshommes de la cour de Milan; il visita le sultan et en obtint le rachat et la remise des captifs.

Peu de temps après, Visconti dut envoyer un nouvel ambassadeur à Tunis, Christophe Maruffo, pour défendre la situation et les privilèges de la nation génoise, gravement menacés par suite de l'un de ces accidents de navigation, véritables actes de piraterie, que la bonne foi des gouvernements ne pouvait toujours prévenir. Il s'agissait de l'enlèvement et de la détention plus ou moins prolongée d'un personnage important, nommé Aben Sichari, par des armateurs génois. Nous n'avons pas l'arrangement conclu à cette occasion; il en est seulement question dans le renouvellement général des traités arrêté le 9 octobre 1433, à Tunis, par les soins d'André de Mari, ambassadeur de Visconti, et de Muleï Siech, lieutenant du roi Abou-Farès. L'affaire d'Aben Sichari était terminée. La contribution extraordinaire de sept mille doubles d'or, imposée comme indemnité par le sultan sur les marchandises génoises à leur entrée à Tunis, et à laquelle Maruffo avait été obligé de consentir, était intégralement payée. Il n'en était question dans le nouveau traité que pour constater la satisfaction complète donnée aux ayants droit, ainsi qu'en témoignait une quittance de la douane arabe remise aux marchands génois de Tunis.

La nouvelle convention rétablissait les rapports de Gênes avec le royaume du Magreb sur leur ancien pied de bienveillance, de confiance et de réciprocité. Elle renouvelait, pour les Génois et tous étrangers naviguant sous pavillon génois, les droits, usages et privilèges, quant aux consuls, aux fondoucs, aux douanes et aux achats, que nous avons si souvent détaillés. L'entière liberté du commerce leur était assurée « dans tous les lieux où ils avaient coutume de se rendre », particulièrement dans les villes de Tunis, de Bone et de Bougie. On abolit même pour eux le droit supplémentaire, désigné sous le nom de *tavale*, que la douane arabe ou ses préposés obligeaient quelquefois les marchands chrétiens à payer sur les importations, indépendamment du droit fixe de 10 pour 100 et du droit de drogmanat où de *mursuruf*. Mais on exigea que la république livrât en marchandises une valeur de seize mille doubles d'or pour le rachat de tous les sujets génois qui se trouvaient captifs en ce moment dans les États de l'émir par suite d'actes d'hostilité ou de course. Les objets que le sultan exprima le désir de recevoir en payement de la contribution sont des lingots d'argent, de la toile de Bourgogne, du mastic, des draps de Florence, des florins, des épées courtes, du fil d'or, du poivre et autres épiceries.

Raphaël Adorno, nouveau doge de Gênes, sans attendre l'expiration du traité de Visconti, voulut peu après son avènement le faire renouveler en son nom. Il envoya à cet effet à Tunis un des membres du parti aristocratique, Zacharie Spinola, en ambassade auprès du roi Abou-Omar Othman, successeur d'Abou-Farès. Spinola, secondé par le consul Cyprien de Mari, obtint du sultan la confirmation des anciennes franchises de la nation et la prorogation du précédent traité de douze années au delà des vingt années pour lesquelles il avait été conclu d'abord, ce qui prolongeait sa validité jusqu'à l'année 1465.

Si les dates de l'unique copie que nous avons de ces nouveaux traités sont exactes, Spinola fit à Tunis un séjour d'une durée exceptionnelle. Au mois de mai 1441, il aurait arrêté la prorogation générale du traité d'André de Mari avec Muleï Siech, toujours vice-roi comme en 1433; et, le 19 décembre 1445, il aurait scellé avec le roi un traité qui, sous la forme de note additionnelle au texte de 1441, rappelait en détail les dispositions de 1433, et y ajoutait ou renouvelait plus expressément quelques clauses.

On insistait sur l'abolition de toutes prestations ou gratifications supplémentaires à l'occasion des importations, comme le *mursuruf* et le *tavale*, les droits concernant les importations, y compris le drogmanat devant rester fixés à 10 pour 100. On rappelait la faculté d'exportation en franchise d'une certaine quantité de froment, quand Gênes pouvait craindre une pénurie d'approvisionnements, et la liberté de transporter ailleurs qu'à Tunis, sans payer de nouveaux droits, toutes marchandises ayant une première fois acquitté les douanes, ce que constatait une quittance régulière ou bérat du directeur de la douane. Les consuls étaient autorisés à faire entrer chaque année deux tonneaux de vin en franchise pour leur usage. On rappelait enfin cette promesse des anciens traités de ramener à Tunis et de remettre immédiatement (sans rançon) au consul génois tout sujet de la république qui viendrait à être capturé par les sujets du roi de Tunis, promesse à laquelle les hostilités et la piraterie donnaient de si fréquents et cruels démentis.

Parvenu au terme de sa durée, le traité de 1445 fut renouvelé par les soins d'Antoine de Grimaldi, ambassadeur génois, au nom du duc de Milan, seigneur de Gênes, et de la république de Gênes. Le roi Abou-Omar Othman régnait encore à Tunis; il sanctionna la confirmation des franchises génoises pour une durée de trente années musulmanes, le 15 mars 1465. Les dangers de la navigation n'ayant fait que s'accroître depuis les derniers traités par suite des succès et de l'insolence des Turcs, on crut nécessaire de rappeler expressément les capitulations qui protégeaient les Génois.

Les biens et les personnes saisis par les capitaines maures devaient être immédiatement restitués dès leur arrivée dans le royaume de Tunis; si on refusait de remettre les marchandises, la déclaration de valeur faite par la république devait suffire pour exiger une indemnité équivalente et la punition des coupables. Les Génois se réservèrent expressément la faculté de payer en nature, et dès leur arrivée, les droits de douane, qui devaient être alors de 10 1/2 pour 100. Il fut dit ou répété que toute vente faite à un Sarrasin devenait irrévocable, une fois la livraison effectuée, à moins qu'on ne découvrît un vice caché dans la qualité ou la quantité de la marchandise livrée. Les gouvernements arabes prenaient loyalement tous ces engagements, et ils donnèrent souvent des preuves de leur désir de les observer en protégeant efficacement les personnes et le commerce des Génois; mais il ne leur était pas facile de faire exécuter leurs ordres par les populations, que les événements extérieurs irritaient de plus en plus contre les chrétiens. D'autre part, la république de Gênes, troublée par les factions, appauvrie par la perte ou la ruine de ses colonies d'Orient, n'avait plus au dehors cette influence qui suffisait autrefois autant que ses flottes à faire respecter ses nationaux.

1424-1440. — Prospérité et commerce général de Venise. Son commerce avec la Barbarie.

Venise, plus heureuse, partageait en Italie avec Florence la suprématie politique qu'aucune puissance ne pouvait lui contester sur mer. Elle avait réparé les désastres de la guerre de Ténédos, accru sa marine, étendu ses possessions en terre ferme, ajouté à ses colonies maritimes Corfou, Durazzo, Argos, Napoli de Romanie, autant de comptoirs pour son commerce et de places fortes pour la guerre contre les Turcs, dont elle supportait avec le pape l'effort principal. Sa marine et l'ensemble de ses affaires dépassaient hors de toute proportion ce que les autres États pouvaient réunir. Ses arsenaux construisaient des navires de toutes formes et de toutes grandeurs, des galères de commerce pour l'État, et des bâtiments pour les particuliers. Il en était qui portaient plusieurs millions de livres en poids. L'usage s'était introduit, depuis le quatorzième siècle, de construire en outre de grands vaisseaux appelés *coches* ou *coqves*, capables de se défendre contre les pirates et de résister même aux galères. En 1440, on institua un service spécial de galères faisant chaque année le voyage et la visite des échelles d'Afrique, qu'on appela les *galères de Barbarie*. Pour chaque expédition, la location de chaque galère était mise à l'encan et adjugée au plus offrant, aux conditions écrites dans un cahier des charges. Elles naviguaient ensuite en conserve, sous les ordres d'un capitaine nommé par la seigneurie. On savait d'avance la durée approximative du voyage, la durée du séjour dans chaque échelle, et les points où l'on devait toucher.

Le commerce d'Égypte, qui était la principale source de sa richesse, donnait à Venise les marchandises des Indes, de la Chine et de l'Arabie, qu'elle revendait avec d'immenses bénéfices. Chypre lui fournissait du coton, du blé, du sucre, du sel, des plantes aromatiques, du cuivre et des étoffes. Beyrouth, l'Asie Mineure, Constantinople et le Péloponèse lui donnaient les produits et les tissus d'Alep, de Damas, de la Perse et de la haute Asie; la mer Noire et la mer d'Azof, des pelleteries et des métaux. Le Magreb lui fournissait surtout du sel, du blé, de la cire, des laines et des cuirs. En retour, et indépendamment des métaux, des draps et des toiles, elle versait en Mauritanie et en Égypte d'immenses quantités de verroteries qui pénétraient chez toutes les peuplades de l'intérieur de l'Afrique, des quantités non moins considérables de quincaillerie et de boissellerie, produits de sa propre industrie; elle transportait dans tout l'Orient les objets manufacturés que les étrangers, ses tributaires, faisaient affluer de tous côtés dans ses magasins et ses bazars, qui étaient le marché universel et permanent des produits de l'Orient et de l'Occident.

C'est le tableau que présente, en 1423, le doge Thomas Mocénigo aux sénateurs réunis autour de son lit de mort, dans ce discours où respire la noble satisfaction du chef d'un grand État, calme, fort et prospère : « Dieu soit
« loué ! Vous avez vu sous notre règne la dette publique
« diminuer de quatre millions ; votre monnaie a frappé
« annuellement un million de ducats d'or et deux cent
« mille pièces d'argent... Vous avez sur mer trois mille
« petits navires montés par dix-sept mille marins, trois
« cents navires avec huit mille marins, quarante-cinq ga-
« lères avec onze mille marins. Vos arsenaux occupent
« seize mille ouvriers charpentiers ou menuisiers... Vous
« transportez annuellement dans le monde pour dix mil-
« lions de ducats de marchandises... pour cinq cent
« mille de Syrie et d'Égypte... Les Florentins seuls vous
« envoient seize mille pièces de drap, que vous expor-
« tez dans la Pouille, en Sicile, en Barbarie, en Syrie,
« en Chypre, à Rhodes, en Égypte, en Romanie, à Can-
« die, en Morée, en Istrie ; ils vous achètent en retour,
« par semaine, pour sept mille ducats de laines de
« France et de Catalogne, du kermès, des grains, de la
« soie, de l'or, des fils d'argent, de la cire, du sucre, des
« joyaux. Toutes les autres nations vous donnent de
« même, par leurs rapports, des bénéfices si considéra-
« bles, que le produit du nolis seul s'élève à deux mil-
« lions de ducats, le gain sur l'exportation et l'importa-
« tion à deux autres millions de ducats. Persévérez
« dans cette voie, et vous serez toujours leurs maîtres. »

1427-1456. — Ses nouveaux traités avec les rois de Tunis.

Le traité conclu par Jacques Valaresso en 1391 ou 1392, au nom d'Antoine Venier, avec Abou'l-Abbas, roi de Tunis, devait rester en vigueur jusqu'en 1402. On ne voit pas que la république de Venise l'ait fait renouveler à l'expiration du terme prévu. Il fut prorogé sans doute par des accords successifs ou par de simples lettres missives, et laissé sous la sauvegarde des habitudes et de la bonne foi réciproques. C'est en 1425 seulement, vingt-trois ans après le délai fixé à la durée de l'ancien traité, qu'un ambassadeur vénitien, Bertuccio Faliero, étant venu à Tunis au nom du doge Foscari, fit dresser par son notaire une expédition du traité de Valaresso, conservé dans les coffres du consulat, et qu'il en demanda le renouvellement authentique au roi Abou-Farès. On se contenta d'ajouter deux articles à la première rédaction, le trente-cinquième et le trente-sixième. L'un stipulait et confirmait la réciprocité la plus entière des amendes pécuniaires et des châtiments corporels contre tout Maugrebin coupable de quelque crime ou délit contre un Vénitien, ou d'un Vénitien contre un Maugrebin. L'autre portait acceptation par la république de Venise du droit de réquisition maritime dans les cas déterminés pour le service du sultan, droit remplacé jusque-là à Tunis, à l'égard des Vénitiens, par une taxe de navigation de deux doubles d'or et un quart environ, que payait chaque bâtiment en arrivant dans les ports africains.

Dix années après, nous ne savons à quelle occasion,

Foscari envoya un nouvel ambassadeur à Tunis pour rétablir plus solennellement les capitulations qui garantissaient les établissements et le commerce vénitiens dans le royaume d'Afrique. Léonard Bembo partit du Lido en 1437, sur une galère de la famille Querini, et scella le nouveau traité le 30 mai de l'année suivante, avec le roi Abou-Omar Othman. L'ambassadeur avait aussi à s'occuper des réclamations adressées déjà depuis quelque temps à la république par le roi de Tunis contre Jérôme Canale, chef de l'une des maisons commerçant avec le Magreb. Le règlement de cette affaire, d'une nature assez sérieuse, dut être l'objet d'un arrangement séparé que nous n'avons pas.

Le traité fut une revision nouvelle des anciens accords, qu'on s'était borné depuis 1305 à reproduire presque littéralement. La situation générale restait à peu près la même, et telle qu'elle était pour la plupart des nations chrétiennes. Quelques légers changements étaient seuls apportés aux conditions du commerce. On élevait un peu les tarifs. De 10 pour 100, le droit sur les importations fut porté au taux de 10 1/2, qui paraît être devenu vers cette époque le tarif habituel et commun.

Les denrées alimentaires, les métaux précieux et les bijoux importés restèrent au tarif de 5 pour 100. Les Vénitiens acceptèrent la surcharge des pourboires et des prélèvements en nature sur certains articles, usage invétéré qu'aucune prescription paraît n'avoir pu supprimer. Le droit sur les exportations, sauf les objets et les cas privilégiés, fut laissé à 5 pour 100. L'exportation du plomb fut assurée des mêmes faveurs qu'autrefois.

Toute marchandise qu'on tenterait de soustraire aux droits de douane, et sur laquelle on se bornait autrefois à prélever le simple droit (quand on ne la confisquait pas), devait être frappée d'une double taxe : c'était de stricte justice.

Des dispositions d'un ordre plus relevé témoignent que ces modifications n'avaient aucun caractère personnel ou blessant, et que la nation vénitienne conservait, avec une extension significative même en quelques cas, le rang et la considération dont elle avait toujours joui à Tunis. Il est déclaré en plusieurs articles que, sous aucun prétexte, la communauté ni le consul de Venise ne pouvaient être rendus collectivement ou séparément responsables des actes d'un de leurs nationaux, et que les dettes ainsi que les délits restaient expressément des charges personnelles. La faculté de voir le sultan et de l'entretenir de ce qui intéressait le commerce des Vénitiens, faculté limitée antérieurement à une ou deux audiences par mois, est garantie dans le nouveau traité d'une manière générale et pour tous les cas où le consul croirait nécessaire de recourir au prince lui-même.

De nombreux articles réglaient dans un esprit d'équité le loyal respect des transactions, la liberté des ventes, les successions *ab intestat,* les marchés faits au nom du sultan, l'apurement des comptes vénitiens à la douane. Il est dit à la fin du traité que, si une nation chrétienne dont les bâtiments stationnaient ordinairement en dehors du cap de la Goulette venait à être autorisée à faire opérer le transport de ses marchandises à l'intérieur du cap par ses propres barques, la même faculté appartiendrait dès lors et de ce fait aux Vénitiens.

Le 9 octobre 1436, deux ans avant le terme du privilège remis à Léonard Bembo, Abou-Omar Othman renouvela pour trente ans les franchises vénitiennes par un nouveau diplôme. Maffeo de Pesaro fut l'ambassadeur de Foscari à Tunis en cette occasion. Il se mit en rapport avec le vice-roi de Tunis et son frère, chargés des pouvoirs du sultan. Les plénipotentiaires lurent en commun une charte où étaient rappelés tous les articles des précédents traités, et la chancellerie royale expédia ensuite l'acte de confirmation générale, laquelle fut traduite en vénitien. On y lit : « Ils ont con« firmé le pacte pour trente ans, à raison de douze lu« nes par an. Et le jour de la confirmation, ils ont été « d'accord suivant la teneur de ladite charte, qui a eu « ses témoins, et suivant tous les articles de ladite « charte, dans les formes et les conditions stipulées, dé« signant le tout, article par article, ponctuellement tel « qu'il est écrit, sans rien ajouter ni diminuer, ainsi « qu'ils sont convenus et comme il est d'usage dans les « traités entre Maures et Vénitiens. » Il y eut donc deux instruments distincts qui résumèrent et terminèrent la mission de Pesaro, et chacun des deux instruments put avoir plusieurs originaux, ampliations ou versions originales : 1° cette note ou *charte* des articles de paix et de commerce présentée par l'ambassadeur, rédigée évidemment en latin ou en vénitien, et qui servit vraisemblablement de base à un traité bilatéral conçu en la forme ordinaire, traité que nous n'avons pas; 2° le diplôme d'Abou-Omar lu et traduit publiquement, puis remis à l'ambassadeur, qui peut-être emporta cette seule pièce à Venise, en laissant au consulat de Tunis le traité réel et détaillé.

Nous ne connaissons pas les accords que la république de Venise dut conclure dans l'ouest du Magreb avec les rois de Tlemcen et de Maroc. Les conditions devaient en être à peu près les mêmes que celles des traités de Tunis. Jusqu'au seizième siècle, le commerce vénitien fréquenta toute la côte de Barbarie avec la même régularité et la même sécurité. La plupart de ses grandes familles y avaient des comptoirs et des agents. On cite notamment les Zuliani ou Giuliani, les Brioni, les Soranzo et les Contarini comme s'étant enrichis par leurs factoreries de Tanger, de Tunis et de Barca.

Observations générales sur la rédaction et la traduction officielle des traités conclus entre les chrétiens et les rois du Magreb.

Le traité de Venise avec le roi de Tunis de l'an 1456, celui de la république de Gênes arrêté en 1465, et celui de la république de Florence conclu en 1445 avec les souverains du même État, sont les derniers traités ou diplômes commerciaux que nous ayons du temps des dynasties arabes et berbères qui ont régné sur l'Afrique septentrionale jusqu'à la conquête des Turcs. Les traités catalans connus remontent au quatorzième siècle.

Nous retrouvons dans tous ces documents les mêmes principes qui, en 1231, sous Abou-Zakaria Yahya Ier, et dès le siècle antérieur, avaient assuré au commerce européen dans le Magreb des facilités et des garanties au moins égales et souvent supérieures à celles du commerce des nations chrétiennes entre elles.

Nous avons donné à l'exposé de ces principes toute l'étendue nécessaire, à l'époque même où les relations des chrétiens et des Arabes, qu'ils devaient protéger, entraient dans leur plein développement. Maintenant, parvenu à une époque où les documents nous manquent, sans que les communications qu'ils réglementaient aient cessé, nous voulons examiner les traités dont nous nous sommes historiquement occupé comme documents paléographiques et en dehors des questions de droit et de doctrine qui s'y rattachent. Ce nouvel exposé, quoique plus particulièrement destiné à rappeler des faits et des usages de pure archéologie diplomatique, touche aussi à l'histoire des rapports des chrétiens et des Arabes (1).

Les textes chrétiens donnent l'interprétation et non la version de ce texte. Leur sincérité et leur authenticité.

Nous cherchons s'il est quelque objection non résolue par les observations précédentes, soit dans l'appréciation particulière du traité de 1353, soit dans la critique faite de ce que l'on a appelé d'une manière générale l'irrégularité, l'imperfection et l'infidélité de la traduction européenne des autres traités arabes. Nous n'en trouvons pas.

(1) Nous croyons ne devoir donner ici que la fin et le résumé de la discussion à laquelle nous avons dû nous livrer pour répondre aux objections élevées par le savant éditeur du *Recueil des diplômes arabes des Archives de Florence* contre les rédactions chrétiennes des traités conclus avec les Arabes.
Les personnes que ces questions pourraient intéresser trouveront cette discussion dans l'Introduction même de nos traités, p. 270-397, et dans la *Bibliothèque de l'École des Chartes*, 6ᵉ série, t. III, p. 425-451 (1867).

Nous remarquons, au contraire, que les arguments produits contre le sens et la valeur intrinsèque de ces rédactions, pris en groupes, se détruisent l'un par l'autre. Plus on démontrera que les rédactions chrétiennes s'écartent par la forme des rédactions arabes, plus on établira la sincérité et la loyauté des traducteurs. L'interprète infidèle, acheté par l'or des musulmans ou des chrétiens, qui aurait voulu glisser quelque clause favorable à ses séducteurs, en supposant qu'il crût possible qu'un texte altéré pût réellement être utilisé dans l'application, aurait vraisemblablement cherché à cacher sa supercherie par une grande fidélité sur les autres parties de sa rédaction. Mais comme tout diffère dans toutes les pièces, l'ensemble et les détails, les préambules et chacune des stipulations du dispositif; comme tout est exprimé dans le texte européen d'une manière différente du texte arabe, sans que la substance même de la convention soit cependant altérée en rien de capital, il faut bien reconnaître que les textes chrétiens ne paraissent imparfaits que si on veut les prendre pour des versions littérales de l'instrument arabe, dont ils ne sont qu'une interprétation; et il faut admettre, en réhabilitant complètement la bonne foi, si ce n'est l'habileté des interprètes, que tout ce qui nous paraît dans les rédactions chrétiennes ajouté ou supprimé par la ruse ou l'impéritie n'est que déplacé, transposé, ou emprunté ouvertement et légitimement soit à d'autres parties du traité, soit à l'usage public et notoire, qui suppléait à toutes les particularités non exprimées dans les actes écrits.

Sans quoi il faudrait accuser les ambassadeurs eux-mêmes d'ineptie ou de perfidie, et l'on serait contraint d'en arriver à dire que les gouvernements européens ont été dupes d'étranges et continuelles mystifications, en donnant, et cela pendant trois ou quatre cents ans consécutifs, des soins puérils à la conservation et à la transcription d'actes falsifiés et dérisoires. De pareilles suppositions sont superflues et tombent dans l'absurde. La nature et la durée des rapports qui ont existé entre les Européens et les Arabes maugrebins, depuis la fin des grandes invasions jusqu'à l'établissement de la domination turque en Afrique, disent assez qu'ils reposaient sur des actes sérieux et dignes de confiance, quelque mal rédigés qu'ils fussent.

Nous nous croyons donc autorisé à ne pas partager sur ce point l'opinion exprimée, comme appréciation définitive des textes chrétiens qui nous occupent, dans la préface du *Recueil des diplômes arabes des Archives de Florence*. Ces documents, d'après M. Amari, ne pourraient offrir à l'histoire de sûres et exactes données qu'après avoir été revus, rectifiés, complétés par un orientaliste connaissant la langue arabe. Nous croyons la prétention excessive et mal fondée.

Bien que les agents chrétiens coopérant à la confection de l'instrument européen prissent quelquefois une partie des éléments de leur rédaction en dehors du texte arabe et dans le fonds commun des usages établis et des conventions oralement débattues en leur présence; bien que l'acte, en partie original, qu'ils formaient ainsi puisse renfermer des particularités de rédaction utiles à éclairer ou à compléter la rédaction arabe, ce qui a été constaté, il est certain que, dans la plupart des cas (1), la charte chrétienne est postérieure à la rédaction arabe; elle n'en est que l'interprétation, abrégée ordinairement dans l'énonciation des clauses contractuelles, mais accrue dans les préambules, et surtout dans les validations, de circonstances et de notions nouvelles quelquefois très importantes.

Aussi, pour le cas où il fallût faire un choix entre l'un et l'autre instrument comme source d'informations utiles à l'histoire des peuples et des institutions de l'Europe chrétienne, nous croyons qu'il y aurait avantage à préférer le document latin, dont le dispositif même, quoique généralement plus concis que le dispositif musulman, n'omet rien d'essentiel.

Tels qu'ils sont, en effet, sans le secours de la précieuse lumière qu'y jette la comparaison du texte arabe, quand on a la bonne occasion de le posséder et l'inappréciable avantage de le comprendre, les textes chrétiens de ces traités sont généralement intelligibles, complets, et se suffisent parfaitement en eux-mêmes. Sans autre assistance, on peut connaître toutes les conditions de protection et de liberté offertes par les rois maugrebins aux nations chrétiennes pour leur séjour et leur commerce en Afrique pendant tout le moyen âge.

C'est qu'en effet chacun des deux instruments du traité avait en soi une valeur propre et distincte. Une fois les points essentiels de la négociation débattus et arrêtés entre les plénipotentiaires, chaque nation en

(1) Excepté à Tunis, à la mort de saint Louis, où la première base du traité fut écrite en français; excepté encore quelques négociations suivies en Aragon et terminées par un acte primitif rédigé en catalan.

rédigeait la charte à sa façon, dans sa langue et avec les formes propres à sa chancellerie.

Nous l'avons vu ; presque toujours, — toujours pourrions-nous dire, si les observations de M. de Sacy sur le traité conclu à Carthage en 1270 ne signalaient une dérogation très vraisemblable à l'usage ordinaire, — presque toujours, quand les négociations avaient lieu en Afrique, le texte arabe était écrit le premier et livré ensuite aux interprètes et notaires chrétiens, qui rédigeaient séparément la charte de leur traduction ou de leur interprétation. La forme de cette translation d'une langue dans l'autre n'avait rien de précis, rien de réglementaire. Interprète et notaire procédaient comme ils voulaient, au mieux de leur expérience et de leur instruction. Ils cherchaient à reproduire toutes les conditions essentielles de la convention, en ménageant le plus possible l'amour-propre et les sentiments des chrétiens dans les cas, extrêmement rares d'ailleurs, où le texte arabe aurait eu une forme soit impérieuse, soit blessante.

Quoique les notaires chrétiens reproduisent quelquefois les formules usitées en Europe pour attester que la transcription ou la traduction était faite mot à mot, sans additions ni suppressions, ils n'ont presque jamais suivi exactement la disposition générale de l'acte arabe. Tantôt ils traduisent littéralement les phrases arabes, trop littéralement même, tantôt ils les abrègent, tantôt ils les développent. Quelquefois la pièce réunit les trois systèmes, si l'on peut employer cette expression pour parler de procédés qui n'ont précisément rien de systématique et de régulier. Mais, quelle que soit la forme

suivie, l'ensemble de l'acte chrétien finit par donner complètement et exactement tout ce qu'il y a d'essentiel et de fondamental dans la rédaction arabe. C'est ce que M. de Sacy remarquait à propos d'un traité conclu en 1290 entre la république de Gênes et l'Égypte. « La tra-
« duction latine de ce traité, dit l'illustre orientaliste,
« diffère beaucoup de la rédaction arabe, et l'on pourrait
« la regarder comme un traité particulier de commerce
« conclu par suite du traité de paix. Cependant les arti-
« cles qui concernent les sujets du sultan, quoique
« exprimés d'une manière plus courte dans la rédaction
« latine, sont *absolument conformes pour le fond* au
« traité arabe. » Ce que M. de Sacy disait du traité égyptien de 1290, nous le répétons, et nous avons cherché à le prouver pour tous les traités franco-maugrebins.

Si nous possédions les traductions arabes de quelques-uns de ces traités rédigés en Europe et en langue latine, il est très vraisemblable que nous y trouverions les mêmes divergences, provenant du fait des interprètes, des secrétaires ou notaires arabes. Il se formait ainsi deux textes du même accord, chacun n'ayant de valeur et d'intérêt que pour les gens de la langue dans laquelle il était écrit. Et de même que les Arabes, ne s'inquiétant que de leur rédaction, n'admettaient pas, au cas de conflit sur l'interprétation d'un article, qu'on pût leur opposer la rédaction chrétienne quand le traité avait été primitivement rédigé en Afrique et en langue arabe, de même nous sommes porté à croire que les chrétiens n'auraient pas permis qu'on opposât une traduction arabe, quelque authentique qu'elle fût, au texte chrétien conclu en Europe et rédigé primitivement dans une langue chrétienne, tels par exemple que les traités aragonais de Valence, de Barcelone et du col de Paniçar, de 1271, 1274, 1285, 1309, 1314 et 1323.

A l'exception de ces traités, qui sont des textes primitifs et originaux, dont nous n'avons pas la contre-partie arabe, les textes latins des autres traités que nous avons ne sont donc pas les actes primordiaux de l'accord, mais bien les interprétations ou les versions officielles et originales qui en furent faites et authentiquées dans la séance même de la conclusion des négociations ou peu après.

Réduits à leur vraie valeur comme instruments diplomatiques, ils gardent toute leur importance et leur utilité comme pièces historiques. Nous pouvons avoir la certitude que les exemplaires de ces documents, conservés encore dans les archives publiques de l'Europe, sont des actes aussi sincères et aussi dignes de confiance que tous les autres traités qu'elles renferment.

1412-1451. — La Sicile, après avoir vainement essayé de reconquérir Gerba, vit en paix avec les rois de Tunis.

La digression que nous avons cru devoir consacrer à l'examen et à la défense de l'authenticité des rédactions chrétiennes de nos traités a depuis longtemps interrompu le récit des faits historiques. Nous nous étions en dernier lieu occupé du commerce des Génois et des Vénitiens. Nous avions vu que Venise, nonobstant les grandes guerres nécessitées par la défense de ses possessions de terre ferme et de ses colonies maritimes contre les Milanais et contre les Turcs, et que Gênes, malgré ses incessantes commotions intestines, conservaient toujours l'une et l'autre un grand commerce dans la Méditerranée et surtout au Magreb. Les gouvernements des deux États continuaient à couvrir d'une protection spéciale les relations avec l'Afrique, où la marine et l'industrie des deux nations trouvaient des débouchés indispensables.

Les États du sud de l'Italie étaient moins prospères que ceux du nord et du centre. L'extinction de la famille des princes d'Aragon, survenue presque à la même époque dans sa double lignée, à Barcelone par la mort de Martin Ier en 1409, à Palerme par la mort de Martin II en 1410, priva la Sicile, réunie dès lors à la Castille, des avantages d'une royauté qu'elle avait conquise et à laquelle elle s'était attachée. Le roi Alphonse s'efforça de faire oublier aux Siciliens la perte de l'indépendance par une administration vigilante et généreuse. Il entretint leurs flottes ; il flatta leur courage en les appelant à reconquérir leurs anciennes colonies d'Afrique. Sous les ordres de son frère don Pedro, duc de Noto, gouverneur de l'île, ils dirigèrent un grand armement sur l'île de Gerba, avec laquelle ils se trouvaient presque toujours en hostilité. Si l'expédition n'atteignit pas le but espéré, don Pedro parvint du moins à débarquer dans l'île de Kerkens (1424), à l'autre extrémité du golfe de Gabès ; il y fit près de trois mille prisonniers, et ne se retira, disent les historiens de Sicile, qu'après avoir obtenu d'Abou-Farès, roi de Tunis, la mise en liberté de tous les chrétiens retenus captifs dans ses États. Alphonse prit lui-même le commandement d'une autre expédition en 1431, et fut moins heureux que son frère. Abou-Farès ne voulut pas abandonner les Gerbiotes, malgré leur insubordination habituelle. Il leur envoya de nombreuses troupes, et le roi d'Aragon, à peine débarqué à Gerba, fut obligé de reprendre la mer.

Détourné par ces échecs répétés de poursuivre ses projets en Afrique, Alphonse chercha depuis lors à vivre en bonne intelligence avec les princes arabes, en se bornant à demander le rétablissement des anciens traités et la mise en liberté réciproque des captifs. La négociation paraît avoir été d'assez longue durée.

C'est à ces relations pacifiques que se rapportent les extraits de la Chronique de l'abbaye de Saint-Martin des Échelles près de Palerme, publiés dans nos documents. Le frère Jean Mayali, moine de Saint-Martin, en fut l'agent accrédité au nom d'Alphonse auprès des rois d'Afrique. Mayali, qui jouissait d'une grande estime à la cour du prince arabe, résida longtemps à Tunis avec les pleins pouvoirs d'envoyé et de négociateur du roi d'Aragon et de Sicile. On l'y voit en 1438, en 1443; on l'y retrouve en 1451. Par ses soins, des trèves furent renouvelées entre les deux pays, et les navires siciliens purent commercer, quelque temps au moins, en sécurité dans le royaume de Tunis, comme ils commerçaient encore avec la Grèce et la Syrie.

1137-1456. — Griefs et réclamations des marchands arabes et chrétiens.

Les rois d'Afrique, en veillant généralement à prévenir ou à réprimer les agressions de leurs sujets, eurent souvent à se plaindre aussi auprès des gouvernements chrétiens d'actes plus ou moins répréhensibles de leurs nationaux et des dénis de justice de leurs consuls.

On a vu que l'ambassadeur vénitien venu à Tunis en 1437, pour renouveler l'ancienne alliance de la république, avait à satisfaire en même temps aux réclamations réitérées du sultan contre un armateur de Venise. En 1446 et 1449, le gouvernement du roi Abou-Omar Othman gardait encore rancune aux Florentins d'actes assez graves commis contre le royaume de Tunis ou ses sujets par Thaddée et Philippe Caleffi, citoyens de Florence, sous le règne d'Abou-Farès, son grand-père. Ces récriminations prolongées et tardives, car les faits incriminés remontaient à près de trente-deux ans, attestent du moins que les Toscans ne donnaient pas souvent occasion à des plaintes semblables. La république de Florence avait d'ailleurs fait tout ce qui lui était possible en cette circonstance pour atteindre et frapper les coupables. Elle les avait condamnés au bannissement comme traîtres à la patrie et elle avait confisqué leurs biens.

Peut-être la république de Gênes mit-elle aussi tous ses soins à satisfaire aux réclamations énumérées dans une note de la chancellerie du roi de Tunis, Abou-Omar, en date du 6 février 1432, qui lui parurent fondées. La note énonce une série de griefs nombreux et très sérieux dont les sujets arabes auraient été victimes de la part de Génois. Un armateur, sujet de la république, qui s'était chargé de marchandises arabes pour les vendre à compte commun en Europe avec les propriétaires, avait outrageusement surpris leur bonne foi dans la reddition de ses comptes. — Un capitaine génois, Luc Balaram, avait nolisé son navire à des Arabes de Tunis pour porter du blé à Tripoli. Le chargement une fois à bord, le capitaine s'était dirigé sans plus de façon vers Gênes et y avait vendu tout le grain, en offrant, il est vrai, d'en payer la valeur aux propriétaires. — Un petit navire parti de Gaëte avec un chargement de bois et de fer à destination de Tunis avait été arrêté et gardé par les Génois. L'expéditeur et le destinataire étaient Arabes; ils se plaignaient depuis longtemps et on ne répondait pas à leurs lettres. Le consul même, qui était alors (vers 1445) Cyprien de Mari, avait refusé de leur donner satisfaction. — Deux marchands arabes de Sfax avaient été maltraités. — Un corsaire génois avait pris une fuste arabe de Bone. — Plusieurs Maures avaient été enlevés, battus et retenus comme esclaves par des Génois aidés de Catalans; on avait eu de la peine à les racheter. La république de Gênes n'avait pas puni les coupables. Enfin, le sultan se plaignait de ce que plusieurs associés ou facteurs d'une maison de commerce de Gênes bien connue avaient depuis peu introduit de la fausse monnaie arabe à Sfax et à Tripoli. Un tel crime était puni en Afrique de la perte du poing; le roi de Tunis demandait que le doge condamnât ses sujets délinquants à subir le même supplice.

A un court intervalle de ces réclamations, nous trouvons le gouvernement génois insistant auprès d'Abou-Omar pour obtenir la délivrance de dix habitants de Bonifacio enlevés et réduits en esclavage par les Arabes, en représailles des méfaits d'un pirate corse nommé Anechino. Le doge, le conseil des Anciens, les protecteurs de la banque de Saint-Georges, chargés alors de l'administration de l'île de Corse au nom de la république, représentaient au sultan que les traités existant entre la république et le royaume de Tunis protégeaient les habitants de l'île de Corse à l'égal des autres sujets génois; que ces traités prohibaient absolument la détention arbitraire des sujets des deux États, et que les Corses retenus captifs devaient être mis en liberté, attendu qu'on ne devait pas les rendre responsables des actes d'un bandit qui attaquait indistinctement les chrétiens et les musulmans.

1453. — Décadence générale de la civilisation musulmane. Funeste effet de la prise de Constantinople par les Turcs.

Diverses causes tendaient à cette époque à multiplier chez les Arabes ces brigandages incessants qui devenaient l'effroi de la navigation. La principale était la décadence générale et sensible, dès la fin du quatorzième siècle, de ce qui restait encore d'intellectuel et de lettré dans l'islamisme. Partout, en Orient comme en Afrique et en Espagne, le mahométisme, déjà bien dégradé, tombe alors dans un état pire d'ignorance et de barbarie. Les hautes traditions d'administration se perdent; l'emploi de la force paraît plus que jamais le seul moyen de gouverner. Au Magreb, en même temps que l'autorité des émirs s'affaiblit, les populations arabes et berbères deviennent moins hospitalières et plus fanatiques; tout souvenir des écoles et des bibliothèques fondées par les anciens rois s'efface parmi elles; les instincts grossiers y prennent le dessus;

elles apprécient moins l'avantage des relations avec les étrangers.

La prise de Constantinople par Mahomet II vint aggraver encore la situation en exaltant partout l'orgueil des populations musulmanes dans ce qu'il avait de plus haineux. Ce fut comme l'avènement d'un de ces mauvais principes dont le triomphe momentané enhardit les sentiments bas et cupides. La chasse et le trafic des captifs chrétiens se répètent et se perpétuent dès lors d'une manière effrayante, malgré les traités qui défendent la piraterie et malgré l'intérêt évident des gouvernements arabes à faire observer ces traités, sources de profits assurés pour leur trésor et leurs sujets.

On jugera du funeste effet de l'établissement des Turcs à Constantinople sur la sécurité et le commerce de la Méditerranée par ce seul fait qu'en 1458, trois années seulement après la chute de l'empire byzantin, les états de Sicile, voulant réserver le peu qui restait de la marine du pays pour protéger ses côtes contre les corsaires, interdisaient aux navires siciliens de se rendre désormais dans les ports de la Romanie et préféraient abandonner le commerce extérieur aux marines étrangères, mieux en état de se défendre.

1156-1492. — Le commerce des chrétiens se maintient néanmoins sur la côte d'Afrique.

Heureusement l'Europe, à mesure que l'esprit féodal s'affaiblissait, trouvait dans la création des marines nationales et le développement des forces publiques les moyens de contre-balancer avantageusement les nouveaux dangers de la navigation. Les courses des pirates turcs et maugrebins nuisirent surtout aux marines des petits pays de l'Archipel et de l'Adriatique. Le commerce des États qui n'avaient pas en eux des causes intérieures d'affaiblissement, comme la Sicile et Naples, ne souffrit pas d'abord des précautions nouvelles qu'il dut prendre pour sa sécurité. Il semble seulement qu'à certaines époques il se soit éloigné du Maroc, où les relations avec les Maures d'Andalousie et les événements de la guerre entretenaient une plus vive animation, pour se diriger de préférence vers le Magreb oriental.

Les républiques de Gênes et de Venise renouvellent leurs traités avec les rois de Tunis en 1456 et 1465 pour de longues périodes, et leur commerce conserve dans les royaumes de Tunis et de Bougie, à travers des périodes difficiles, la même situation et les mêmes faveurs. Ce que dit Léon l'Africain des nombreux établissements génois en Afrique remonte à cette époque et aux derniers temps des dynasties arabes. Venise avait comme Gênes ses relations et ses comptoirs dans les royaumes de Tunis et de Tlemcen; peut-être même à Ceuta, quoique les documents ne fassent pas mention de ces derniers. Durant toute la seconde moitié du quinzième siècle, et particulièrement de 1410 et 1440 à 1493, les nominations de consuls pour Tunis se succèdent régulièrement chaque deux ou trois ans à la chancellerie ducale, et les nominations de capitaines des galères de Barbarie ont lieu chaque année.

Nous voyons, d'autre part, la république de Florence, dès que la paix de l'Italie le lui permet, reprendre ses rapports avec l'Afrique et réclamer dans le royaume de

Tunis les droits que lui avaient conférés la conquête de Pise et ses propres traités de 1423 et 1445. En 1446, la commune avait à réclamer auprès du sultan Abou-Omar Othman la mise en liberté de trois citoyens florentins retenus à Tunis en représailles des courses d'un pirate toscan. Elle remit à cette occasion à Thomas di Piero dei Velluti des instructions dignes d'attention. La note toscane renferme un tableau évidemment exagéré de la sécurité du pays sous le gouvernement exceptionnellement long et sage d'Abou-Omar; elle témoigne au moins de l'importance que la république donnait toujours au commerce d'Afrique, bien que les événements politiques l'aient forcée à l'interrompre peu après pendant près de dix ans. « Tu diras à Sa Sérénité que la
« seigneurie de Florence sait depuis longtemps par ses
« marchands combien est grande son équité et son hu-
« manité, quelle sûreté trouvent les voyageurs et les
« marchands dans ses États; sécurité telle, nous dit-on,
« que tout voyageur, fût-il chargé d'or et de pierres
« précieuses, peut traverser sans courir aucun risque
« les lieux les plus sauvages et les plus déserts; sa jus-
« tice ne fait nulle différence entre ses sujets et les
« étrangers, aussi avons-nous toujours désiré que nos
« marchands se livrassent au commerce avec son
« royaume comme avec un des pays où ils trouveront
« le plus de loyauté et de protection. »

Enfin, la France elle-même reprend dans la même période, une première fois par Montpellier et sous l'impulsion de Jacques Cœur, plus tard par Marseille, acquise avec toute la Provence au roi Louis XI, une part plus importante au commerce d'Afrique, tandis que le

Roussillon, naviguant encore sous le pavillon d'Espagne, envoyait aussi quelques navires sur les côtes de Barbarie.

Du commerce français.

En jetant un coup d'œil sur l'ensemble du commerce et de la marine de la France au commencement du quinzième siècle, on est frappé de l'état d'infériorité dans lequel toutes ses ressources se trouvaient par rapport aux époques précédentes et aux pays voisins. Narbonne, Montpellier, Marseille même, n'avaient plus les vastes relations du treizième et du quatorzième siècle. La guerre des Anglais, les ravages des grandes compagnies, les entreprises malheureusement vaines de la maison d'Anjou pour conserver le trône de Naples, avaient réduit partout la fortune publique et amoindri ou éteint les foyers de l'industrie privée. Le mal était à peu près général. En Normandie comme en Provence et en Languedoc, des étrangers, des Catalans, des Italiens surtout, s'étaient établis dans nos ports, et s'occupaient des affaires commerciales plus que les Français eux-mêmes. Thomas Basin, ne voyant que les choses de son temps, et ne les voyant pas complètement, exprime ainsi son admiration pour Jacques Cœur, qui avait relevé le commerce de la France, et qui était parvenu, au milieu du quinzième siècle, à reconstituer à Montpellier une de ces opulentes maisons d'affaires maritimes pareilles à celles que l'Italie comptait en si grand nombre et à celles que Marseille, Narbonne et Montpellier avaient eu elles-mêmes autrefois, du temps des Manduel et des Seraller : « C'est cet argentier du « roi Charles VII, dit Basin, qui le premier parmi les

« Français de son temps arma et équipa des galères.
« Ses vaisseaux emportaient des draps de laine et autres
« objets manufacturés du royaume sur les rivages
« d'Afrique et d'Orient, où ils arrivaient jusqu'à Alexan-
« drie d'Égypte. Ils rapportaient dans les pays du Rhône
« des étoffes de soie variées, et toutes sortes d'aromates
« et d'épiceries. »

On peut avec assurance comprendre Bougie, Tunis et Tripoli parmi les pays désignés un peu confusément par Thomas Basin sous le nom d'Afrique, car Matthieu d'Escouchy dit expressément que les vaisseaux de Jacques Cœur allaient en Barbarie « et jusques en Babilonne ». On peut croire aussi que, si son inique procès n'était venu mettre une fin malheureuse aux entreprises de l'intelligent ministre, qui avait obtenu en 1447, par les soins de Jean de Village, son neveu, le rétablissement d'un consulat français à Alexandrie, sa protection aurait continué les heureux effets de son exemple et ranimé les diverses branches de l'industrie maritime, qui n'étaient que languissantes, mais non anéanties dans nos provinces méridionales. La pêche et la navigation occupaient toujours les populations des côtes de la Provence et du Languedoc. Avant même les grandes entreprises de Jacques Cœur, comme après le désastre de sa maison, Montpellier conserva encore dans sa déchéance quelques restes de son grand commerce extérieur, si florissant au treizième et au quatorzième siècle. Les soins donnés, à cette époque, par les rois de France à l'entretien de ses canaux et de ses voies de communication avec la mer en sont la preuve.

Les ruineuses expéditions des princes d'Anjou n'avaient pas éteint tout commerce extérieur en Provence. Le duc Louis et ses enfants protégèrent toujours l'industrie, qui avait encore une assez grande importance dans plusieurs villes. La préparation des cuirs, favorisée par l'extraction continue des peaux de Barbarie et des écorces tanniques, avait pris même vers ce temps une grande extension à Marseille.

Dans les autres pays du midi de la France appartenant aux couronnes unies d'Aragon et de Castille, nous retrouvons encore à cette époque des souvenirs de relations directes avec la Barbarie. Divers actes reçus par les notaires de Perpignan attestent que des navires roussillonnais partis des ports de Collioure, de Port-Vendres et de Canet, osaient braver les corsaires et se rendre à Dellys, à Alger et jusqu'à Tunis. Comme les navires de Jacques Cœur, ils étaient surtout chargés de draps, le grand article de nos manufactures méridionales. Ils rapportaient principalement des cuirs et de l'huile. Sans avoir l'importance de la navigation de la Catalogne et de la Provence, il paraît que la navigation roussillonnaise, secondée par l'exploitation des bois des Pyrénées, était plus qu'un grand cabotage. Elle aurait franchi le détroit de Gibraltar et dépassé la Sicile, pour remonter jusqu'aux ports de la Gascogne et de la Normandie d'un côté, atteindre l'Archipel grec et la Syrie de l'autre. Une pareille extension n'aurait eu rien de surprenant aux siècles antérieurs. Elle est plus extraordinaire au quinzième. On peut l'admettre cependant avec les savants du pays, en souhaitant qu'ils mettent en lumière les documents sur lesquels ils fondent leur opinion.

Il reste toujours établi que le Languedoc par Montpellier, depuis que Narbonne et Aigues-Mortes étaient ensablés, le Roussillon par Collioure, et la Provence par Marseille, envoyaient encore des navires et des marchands sur les côtes du Magreb au quinzième siècle. Nous ne pouvons rien affirmer pour les autres parties de la France. Comment douter cependant que les villes portugaises de Ceuta et de Tanger, qu'Arzilla, plus éloignée vers Salé et cependant visitée par les Européens au quatorzième siècle, que les ports de Bougie et de Tunis, où les gouvernements étaient toujours bienveillants pour les chrétiens, ne reçussent pas aussi dans leurs eaux quelques voiles de Bayonne, qui dès le quatorzième siècle passaient dans la Méditerranée; quelques-uns de ces hardis navires de Normandie, si ce n'est même de Bretagne, qui dès le treizième et le douzième siècle avaient longé le détroit de Maroc et porté les croisés au fond de la Méditerranée; qui au quatorzième, peut-être avant les Portugais, s'étaient avancés vers le cap Bojador, en commerçant avec le Sénégal et la Guinée; qui en 1402 donnèrent un amiral à la Castille, Robert de Braquemont; qui firent vers la même époque la conquête des Canaries avec Jean de Bethencourt, et pour lesquels le duc de Bretagne obtint en 1479 la faculté de commercer avec le pays des Turcs, avant que Charles VIII, devenu duc de Bretagne, donnât l'ordre de construire dans leurs ports une partie de la flotte dont il avait besoin pour son expédition de Naples?

1482. — Louis XI cherche à développer le commerce d'Afrique.

Louis XI voulut multiplier les rapports de la France avec la côte d'Afrique. Le même mouvement qui porta cet esprit actif et pratique à instituer les postes, à fonder des manufactures de soie, à augmenter le nombre des foires, à négocier des traités avec les étrangers, l'amena à donner une protection particulière au commerce de la Provence, quand la mort successive de son oncle et de son cousin René et Charles III d'Anjou l'eut mis en possession de ce riche comté (1481).

Dès l'année 1482, ou peu après, il annonça son accession à la souveraineté de la Provence au roi de Tunis, le sultan Abou-Omar Othman, dont le long règne nous a si souvent fourni l'occasion de parler de ses bonnes dispositions pour les chrétiens, et à son fils, qui gouvernait souverainement les provinces de Bone et de Bougie. Le roi de France exprimait aux princes son désir de voir continuer et se développer à l'avantage réciproque des deux pays les relations existant entre la Provence et l'Afrique du temps du roi René, son oncle : « Pour ce que, disait Louis XI au roi de Bone,
« nous avons délibéré à l'aide de Dieu d'élever en notre
« pays de Provence la navigation, et fréquenter la mar-
« chandise de nos sujets avec les vôtres, par manière
« qui s'ensuive utilité et profit d'une part et d'autre, et
« que la bénivolence accoutumée entre la majesté du roi
« de Tunis, votre père, auquel présentement écrivons,
« et la vôtre et celle de bonne mémoire de Sicile, notre
« oncle, non pas seulement soit conservée, mais accrue,
« nous avons voulu vous avertir en vous priant bien

« affectueusement qu'il vous plaise accueillir nos sujets,
« lesquels viendront pratiquer et troquer de par delà,
« les traiter favorablement comme vous faisiez par le
« temps que notredit oncle vivoit, car ainsi ferons-nous
« à vos sujets quand le cas adviendra. »

Louis XI sollicitait en même temps l'émir de Bone, et il demandait à Abou-Omar d'appuyer sa réclamation auprès de son fils, pour que les marchandises d'un navire de Jean de Vaulx, ancien général de Provence, alors trésorier royal en Dauphiné, naufragé sur ses côtes, fussent restituées, « comme il est juste », aux représentants que les intéressés envoyaient en Afrique. Il semblerait d'après ces documents que le roi Louis XI, pas plus que René d'Anjou, ni comme roi de France, ni en sa qualité de comte de Provence, n'entretenait alors de consul permanent dans les royaumes de Tunis et de Bone.

1453-1479. — Dernières relations de la Sicile avec les rois de Tunis. Décadence de l'île.

Le roi René, malgré le titre de roi de Sicile, gardé par les princes d'Anjou comme une protestation contre les Vêpres siciliennes, n'avait réellement régné que sur la Provence, où il mourut en 1480, et sur le royaume de Naples, que lui avait enlevé, dès 1442, Alphonse Ier de Castille, déjà roi d'Aragon et de Sicile.

Un moment relevée de son affaissement sous le règne de ce prince ambitieux et énergique, qui tenta de lui rendre ses possessions d'Afrique, l'île languit de nouveau après lui. Préoccupés surtout de leurs intérêts en terre ferme, ayant à se prémunir à la fois contre la France dans le royaume de Naples, en Navarre et en Roussillon, Alphonse et ses successeurs abandonnèrent le gouvernement de la Sicile à des vice-rois, qui la plupart furent égoïstes et négligents.

Il se fit alors en Sicile une révolution analogue à celle qui faillit se généraliser en France au commencement du quinzième siècle, et qui, effectuée réellement dans l'empire grec au douzième siècle, fit passer l'industrie maritime aux étrangers. Des Vénitiens, des Génois et des Toscans vinrent établir leurs comptoirs d'une manière définitive dans les principaux ports de l'île, et s'emparèrent du commerce extérieur, que ses habitants n'étaient plus capables ou soucieux de continuer. La marine et l'industrie locale achevèrent de se perdre, en un temps où il eût fallu développer tous les moyens de défense. La Sicile avait été un des premiers pays sur lesquels s'étaient jetés les pirates grecs et turcs depuis la prise de Constantinople. La frayeur et la misère régnaient dans les campagnes et jusque dans les villes maritimes. En quelques années, Favignana et Marettimo, deux îles du cap de Trapani, étaient devenues des repaires d'où les forbans donnaient impunément la chasse aux navires qui traversaient les mers de Sardaigne et d'Afrique; Trapani, riche autrefois comme Messine d'hôtels et de consulats nombreux, vit à la même époque diminuer sa population et son commerce.

On ne sait combien de temps avaient pu se conserver les bons effets des négociations de frère Mayali, terminées en 1431. Les rapports pacifiques entre les habitants des côtes d'Afrique et de Sicile ne semblent pas avoir été de longue durée, malgré les bonnes dispositions du sultan de Tunis, le vieil Abou-Omar. La décision des états de Palerme de 1458 tendait à établir sur les côtes un système de précaution plus propre à la guerre qu'aux relations amicales. D'après ce que nous savons d'une série de correspondances et d'ambassades, poursuivies pendant dix années, de 1470 à 1479, sans aboutir à un traité définitif, il semble que des hostilités pires qu'une guerre déclarée soient venues s'ajouter aux malheurs de l'île, et rendre bien difficiles les rapports d'échange et de commerce entre les deux pays. En 1470, le vice-roi Lop Ximénès d'Urrea s'occupait d'un traité de paix qui devait s'étendre aux royaumes de Naples et d'Aragon, bien que les couronnes eussent été séparées de nouveau à la mort d'Alphonse. Cinq points étaient surtout recommandés à André Navarre, chargé de se rendre à Tunis : la conclusion d'un traité de paix pour trente ans; la délivrance réciproque des prisonniers; l'égalité des droits et du traitement des autres nations chrétiennes, pour tous les marchands siciliens, napolitains et aragonais, dans les échelles de Mauritanie; l'assurance que toute personne naviguant sous le pavillon d'Aragon trouverait sécurité, aide et protection dans le royaume de Tunis, et enfin la reconnaissance ou l'*exequatur* à obtenir du sultan de Tunis pour le consul ou les consuls qui seraient chargés de représenter en Afrique les intérêts du roi Ferdinand pour le royaume de Naples, du roi Jean pour les royaumes d'Aragon, de Sicile et de Navarre, et les intérêts du pape, considéré comme souverain de pays qui pouvaient commercer avec l'Afrique.

La mission de Navarre ne paraît pas avoir atteint la fin désirée. En 1472, un ambassadeur du roi de Portugal, Alphonse V, dit l'Africain, se trouvant à Tunis, s'occupait, à la demande du vice-roi de Sicile, de l'affaire du traité et de la délivrance de cinq cents captifs chrétiens détenus dans les États de l'émir. Les prisonniers durent être rendus néanmoins à la liberté, car une trêve de deux années, à partir du 1er janvier 1474, fut publiée au mois de décembre 1473 dans les îles de Sicile et de Malte. En témoignage de ses bonnes dispositions, Abou-Omar Othman nomma même un consul chargé de protéger les intérêts de ses sujets en Sicile, et confia ces fonctions, avec l'agrément du vice-roi, à Jacques Bonanno, maître des comptes et membre du conseil royal de Palerme. Bonanno avait pouvoir de nommer des vice-consuls, autorisés eux-mêmes à rester en charge au delà de la durée des préliminaires de paix, si le grand traité, dont on n'avait pas abandonné la pensée, venait enfin à être heureusement conclu.

Il paraît certain que les gouvernements d'Aragon et de Sicile étaient moins désireux d'arriver à une entente définitive qu'Abou-Omar lui-même. Le 8 juin 1475, l'on n'avait pas encore envoyé d'ambassade à Tunis. D'Urrea s'en excusait auprès de l'émir en alléguant les préoccupations du roi Jean et la guerre que ce prince, « le plus grand et le plus puissant des rois de la chrétienté », avait eu à soutenir contre le roi de France pour reprendre le Roussillon. D'Urrea chargeait en même temps Guillaume de Peralta, trésorier général, d'aller à Tunis et d'y arrêter au moins une nouvelle prorogation de la trêve de 1476 à 1478.

Peralta et Pujades, adjoints à l'ambassade, trouvèrent chez le roi de Tunis et chez les membres de sa famille les intentions les plus pacifiques, si bien qu'on pouvait se croire près de conclure les interminables pourparlers dont le dernier mot était toujours attendu de Naples ou de Barcelone, quand, en 1479, la constitution de la monarchie de Ferdinand V par la réunion de la Castille à l'Aragon sembla remettre tout en question. Le 8 décembre 1479, on voit le conseil de régence de Palerme, dans une séance solennelle et oiseuse, délibérer pour savoir s'il fallait se contenter d'une trêve avec le royaume de Tunis, ou s'il n'était pas préférable d'obtenir enfin un traité général de paix et de commerce. Cette dernière opinion, conforme aux sympathies du pays, rallia la grande majorité du conseil, et pourtant rien ne se termina.

Les historiens de l'île accusent la couronne d'Espagne, dans le dessein de ralentir tout progrès industriel en Sicile, d'avoir empêché la conclusion d'un traité qui eût été trop avantageux à son commerce et à son autonomie. Les faits donnent une apparence de raison à ces dures récriminations. Que les maîtres de l'Irlande ne jugent pas trop sévèrement une telle politique. La Sicile fut délaissée par la Castille comme elle l'avait été par l'Aragon. Rien n'y prospéra depuis, tandis que Ferdinand et Isabelle poursuivaient leurs succès contre les Maures, tandis que les républiques italiennes, ne pouvant prévoir l'immense révolution qui allait ébranler les bases de leur commerce, trouvaient à s'enrichir encore sans sortir de la Méditerranée.

1439-1479. — Du commerce de l'Aragon avec l'Afrique jusqu'à la réunion des couronnes d'Aragon et de Castille.

Les ressources maritimes de l'Aragon, surtout celles de la Catalogne, et la richesse générale de la nation, étaient telles au quinzième siècle, qu'au milieu de troubles et d'armements qui semblaient devoir absorber toutes les forces du pays, le commerce avec le Magreb s'était maintenu sans apparent affaiblissement.

En 1439, en 1444, 1447, 1462, pendant la guerre étrangère et pendant la guerre civile, la couronne d'Aragon ou la commune de Barcelone, momentanément indépendante, entretiennent toujours de bons rapports avec les rois de Tunis, et les marchands catalans fréquentent comme auparavant les ports de Barbarie. Bien que les magistrats de Barcelone aient eu quelquefois à se plaindre d'injustices et de violences commises en Afrique au détriment de leurs compatriotes, la nation catalane y était généralement bien vue par les gouvernements et la population. L'ensemble et la continuité des relations ne permettent pas d'en douter, et la lettre que le doge de Venise écrit en 1458 aux conseillers de Barcelone, pour les prier de recommander à leurs concitoyens résidant en Afrique et en Languedoc de vivre en bonne harmonie avec les Vénitiens qui se rendaient annuellement de Barbarie à Aigues-Mortes, confirme ces appréciations.

Les Catalans apportaient en Afrique beaucoup de draps, ils s'y adonnaient en grand à l'exploitation des bancs de coraux; ils nolisaient leurs navires aux gens du pays pour les transporter d'un port à l'autre ou en

Espagne, eux et leurs marchandises. En 1446, un négociant de Barcelone avait affermé le droit de pêcher le corail sur toute la côte de Tunisie ; et l'on apprend d'une lettre des magistrats municipaux de Cagliari que le concessionnaire principal, ne se contentant pas du dixième prélevé par lui sur la récolte de chaque bateau corailleur d'origine sarde, voulait exiger le droit exorbitant du tiers.

En 1462, quand le roi d'Aragon Jean II était éloigné de Barcelone, où ses sujets soulevés par la mort du prince de Viane lui défendaient de rentrer; quand la Catalogne était envahie par Gaston de Foix, rien ne paraît encore changé dans les rapports de l'Aragon et de l'Afrique. Barcelone insurgée cherchait à maintenir ses relations avec les émirs du Magreb, en invoquant la protection des anciens traités royaux. A l'occasion du voyage de quelques marchands catalans à Tunis, la commune leur remit, le 2 décembre 1462, pour le sultan Abou-Omar Othman une lettre de recommandation dans laquelle les conseillers priaient « Son Altesse » d'accorder comme par le passé à leurs concitoyens la faveur et les facilités assurées aux sujets africains en Aragon. Peu d'armateurs purent néanmoins profiter des bonnes dispositions de la commune ; la guerre civile troublait trop profondément le pays. Pendant dix années de la résistance la plus obstinée et la plus déraisonnable, poursuivie sur terre et sur mer, la Catalogne invoqua tour à tour l'appui de la Castille et l'appui de la France, offrant de sacrifier tout, même sa liberté, à des rancunes contre un prince qui ne demandait qu'à tout oublier. Obligée enfin de se soumettre en 1472,

Barcelone chercha aussitôt à réparer les maux de la guerre.

Les effets s'en étaient fait ressentir jusqu'en Afrique. Des bâtiments catalans ayant attaqué des navires majorcains dans le port de Bougie, les agresseurs, arrêtés par l'autorité arabe, n'obtinrent leur liberté qu'en laissant comme caution toutes leurs marchandises séquestrées à la douane. Au retour de la paix en 1473, la commune chargea Jean Sala, l'un de ses concitoyens, d'aller à Bougie demander la restitution des biens confisqués. « Votre Altesse, disait le conseil de Barcelone
« à l'émir, nous aurait depuis longtemps rendu ces mar-
« chandises, si nous les avions réclamées; nous ne
« l'avons pu à cause des guerres épouvantables qui ont
« désolé notre pays et qui ont bouleversé non seulement
« le commerce, mais toutes les choses de ce monde.
« Maintenant, seigneur, que le repos est arrivé pour
« nous, veuillez accueillir avec votre bonté accoutumée
« notre demande et notre envoyé Jean Sala, afin que
« les nombreux marchands nos concitoyens désireux de
« reprendre le commerce avec votre pays aient moyen
« de s'y rendre comme autrefois en toute sécurité. »

Les efforts des magistrats barcelonais, quoique bien accueillis à Bougie, restèrent sans effet auprès de leurs concitoyens. Les ressources du pays étaient épuisées. De longtemps Barcelone ne put se relever de la lutte insensée qu'elle avait soutenue pendant de si longues années. A partir de la pacification et de l'année 1473, nous ne retrouvons plus rien dans ses annales et ses archives sur le commerce d'Afrique. En 1479, quand la mort du roi Jean II vint réunir les deux couronnes de Castille et d'Aragon si longtemps ennemies, le rôle et l'intérêt particulier de l'Aragon s'effacèrent, absorbés dans l'unité grandiose de la nouvelle monarchie, qui, après avoir pacifié la Péninsule, anéanti les bandes de brigands dans les provinces et chassé les Maures de Grenade, put aspirer à la suprématie européenne, et qui s'y maintint jusqu'au temps de Richelieu.

Mais nous anticipons un peu sur les temps, et il nous faut revenir aux événements qui précédèrent l'union et le triomphe de Ferdinand et d'Isabelle.

1453-1492. — Les rois de Castille occupent quelques positions en Afrique pour concentrer leurs efforts contre Grenade.

Depuis longtemps la Castille comme le Portugal n'avaient avec les populations du Magreb que des rapports difficiles. Le Portugal, en vue de l'exploration de la côte occidentale d'Afrique déjà projetée, avait dû prendre ses précautions contre les pirates du Rif en occupant Ceuta. La Castille avait à craindre à la fois les rois de Grenade, trop puissants encore pour accepter la vassalité que leur avaient imposée les victoires des anciens rois, sans songer à s'en affranchir, et les divers partis du Maroc, qui au milieu de leurs propres divisions encourageaient également les Andalous à la résistance.

La chute de Constantinople provoqua l'explosion des haines et des rancunes de tout l'islamisme occidental. A la nouvelle du triomphe de Mahomet II, le roi de Grenade refusa d'observer les conditions du traité qui le liait à la Castille. Trois années de guerre obligèrent Abou-Ismail à déposer les armes et à doubler le tribut d'obéissance. Ce ne fut qu'un armistice; la paix était devenue impossible entre les deux peuples. L'idée de la sujétion révoltait désormais les Andalous, quand le croissant s'élevait au-dessus de Sainte-Sophie comme un appel aux armes et un gage de victoire. L'émir qui eût voulu s'assurer le trône par la soumission aux chrétiens eût payé de la vie ses lâches calculs. L'année même où il signe le traité de 1457, Ismaïl le viole ouvertement en apprenant la révolte d'Alphonse Fajardo, oncle du grand sénéchal de Murcie. La défection d'Alphonse ne le décourage pas; des échecs répétés, la perte de Gibraltar en 1462, la prise d'Archidona en 1463, l'obligent seuls à subir de nouveau la paix et le tribut. Il meurt vaincu, mais non soumis, léguant à ses successeurs le soin de continuer la lutte.

L'occasion s'en fit attendre jusqu'aux troubles qui éclatèrent peu de temps avant la mort de Henri IV (1474). La guerre eut pour les musulmans des retours inespérés, et l'Andalousie put se croire un moment revenue au temps du grand Almanzor. Ferdinand et Isabelle, occupés contre le Portugal et l'Aragon, furent contraints d'accepter une paix de trois ans (1477), en renonçant expressément au tribut que les émirs acquittaient depuis deux siècles. « Dites à vos souverains, « aurait répondu Aboul-Haçan aux messagers des prin- « ces, qu'ils sont morts et ne reviendront pas ceux qui « payaient un tribut aux chrétiens. Grenade ne forge « plus que des fers de lance et des épées pour ses « ennemis. »

L'union de l'Aragon et de la Castille, effectuée en 1479, et la paix avec le Portugal, conclue en 1480, vinrent enfin rendre leur liberté d'action aux souverains des royaumes unis et leur permettre de concentrer leurs efforts contre les Maures. Ce fut, avec la conquête du nouveau monde, l'œuvre capitale et la gloire du règne des *Rois Catholiques,* désignation légale des deux époux, qui semble un hommage rendu à la virile entente d'Isabelle et de Ferdinand. Tout dès lors concourt en Espagne vers ce but suprême, la politique, l'administration, les prières de l'Église, le vœu de la nation entière, identifiée avec ses princes. Afin de surveiller les vaisseaux de Tlemcen et de Maroc, on s'empare de Melilla, près d'Oran, restée depuis lors un préside espagnol; la même année (1481), Kasserès, à peu de distance de Melilla, est occupé; des croisières permanentes sont établies entre ces villes et les côtes d'Andalousie; une armée régulière remplace bientôt les chevauchées féodales, l'artillerie est réformée, les paysans sont armés en masse pour la délivrance des chrétiens de Grenade sous le nom de Sainte-Hermandad (fraternité), un corps spécial de trente mille *talladores* est adjoint à l'armée, pour incendier les moissons, chasser les laboureurs, couper au pied les arbres fruitiers dans toutes les campagnes musulmanes. Tout se prépare pour le combat mortel que l'Espagne va livrer à l'islamisme.

Telle était encore la force de l'Andalousie musulmane, que, malgré la défaillance et la trahison de quelques émirs, il fallut plus de dix années de cette lutte implacable, dont quelques revers noblement réparés augmentèrent encore la grandeur, pour assurer le triomphe des chrétiens. Les dix-sept places fortes et les quatre-vingts bourgs de l'émirat furent conquis un à un;

Grenade, enfin, en face de laquelle le camp des assiégeants avait, pour ainsi dire, pris racine en donnant naissance à la ville de Santa-Fé, capitula seulement le 2 janvier 1492. Comme lassée des efforts que lui avait coûté une si glorieuse conquête, l'Espagne hésita alors à pousser plus loin ses succès, et peut-être Ximenès lui-même ne se fût-il jamais décidé à aller attaquer les Arabes en Afrique, si la révolte des Maures andalous, provoquée par les instigations du Maroc, ne fût venue, quelques années après, irriter les vainqueurs en réveillant leurs alarmes.

1458-1491. — Établissements militaires des Portugais dans le nord de l'Afrique. Commencements de la nouvelle dynastie des chérifs au Maroc.

Depuis l'affaiblissement de l'autorité mérinide, les Portugais se trouvaient vis-à-vis du Maroc dans la même position que les Espagnols, obligés de supporter les attaques des populations maritimes s'ils ne voulaient aller eux-mêmes les réprimer sur le continent africain. Ceuta était plutôt une place de refuge et une base d'opérations militaires qu'une échelle de commerce. Les hostilités entre la garnison et les indigènes étaient incessantes. Les besoins de la défense, l'absolue nécessité d'assurer les explorations de leurs navires vers les côtes occidentales, où ils commençaient à commercer, amenèrent les Portugais à s'étendre des deux côtés du détroit. Ksar-el-Srir, poste avancé vers Tanger, fut conquis en 1458, et conservé malgré les plus vives attaques; Anfa, entre Azamour et Rabat, dont les corsaires infestaient les côtes chrétiennes, fut détruit en

1463; Arzilla, ville plus rapprochée du Portugal, que les Européens visitaient quelquefois dès le quatorzième siècle, fut prise en 1471; Tanger enfin, la seconde forteresse du détroit sur la côte africaine, capitula et arbora le drapeau portugais dans la même campagne. Maître des quatre positions de Ceuta, Ksar, Tanger et Arzilla, Alphonse V s'intitula, d'après Marmol, « roi d'au delà et en deçà de la mer », titre un peu prématuré, qu'auraient pu seules justifier les conquêtes des règnes suivants.

Tant que les chérifs, fondateurs de la dynastie régnante aujourd'hui au Maroc, ne furent que les rivaux des sultans mérinides, ils se gardèrent d'inquiéter les établissements chrétiens. La diversion des Portugais était même favorable à leurs propres projets. Mais quand leur souveraineté fut reconnue à Fez et à Maroc, le voisinage de ces postes leur inspira des inquiétudes et ils commencèrent par défendre aux indigènes de communiquer avec les garnisons chrétiennes. Les présides, où l'hostilité des Maures obligea les Portugais à se tenir renfermés, ne furent dès lors que des postes d'observation et des ports de relâche. Tous les efforts des successeurs d'Alphonse pour asseoir une vraie domination sur les côtes du nord du Maroc échouèrent, tandis que dans les provinces méridionales ils parvinrent peu après à fonder de vraies colonies agricoles et commerciales. Les populations des alentours d'Azamour et de Safi, ports de mer dont ils s'étaient emparés, acceptèrent leur domination, payèrent régulièrement l'impôt et apportèrent les produits de leurs champs aux flottes portugaises.

1487-1497. — Révolution opérée dans le commerce de la Méditerranée
par la découverte du cap de Bonne-Espérance.

Mais les comptoirs de la province de Dekkala, les postes du Sénégal et de la Guinée, étaient de peu d'importance à comparer aux marchés immenses que découvraient dans un autre hémisphère le génie persévérant du roi Jean II et le courage de ses marins, pendant que Christophe Colomb donnait tout un monde nouveau au roi de Castille. En dix années, les prédictions jugées insensées ou téméraires recevaient la plus éclatante justification, les rêves de gloire et de fortune étaient réalisés et dépassés. Dias doublait le cap de Bonne-Espérance en 1487; Christophe Colomb abordait aux Lucayes en 1492, et en 1497 Vasco de Gama découvrait les Indes. Les conditions et le siège du commerce de l'ancien monde étaient changés. Cadix allait recevoir les galions des deux Amériques; Lisbonne devenait le centre des épices, des aromates et de mille autres substances de l'extrême Orient, qui se vendaient en Europe au poids de l'or.

Les événements donnaient à la fois une cruelle leçon à l'imprévoyance des Génois, qui avaient méconnu les offres de Christophe Colomb, et à la politique étroite que les Vénitiens avaient suivie durant les croisades. Si la république de Venise, comme Innocent III l'avait prescrit, comme saint Louis l'avait souhaité, comme un de ses citoyens les plus éclairés, Sanudo l'ancien, le lui avait conseillé encore tardivement; si la république, au lieu d'aller attaquer les Grecs de Constantinople pour conserver ses privilèges à Alexandrie, fût restée fidèle à la pensée des guerres saintes; si elle eût consacré ses efforts à abattre l'empire des mamelouks en Égypte afin de recouvrer plus sûrement le saint sépulcre, elle eût probablement, et trois cents ans avant les Portugais, pénétré jusqu'aux Indes et atteint la source même de ces précieuses denrées dont le commerce faisait sa fortune.

Chose étrange et pourtant facile à comprendre! les découvertes de Christophe Colomb et d'Améric Vespuce, poursuivies et proclamées pendant plus de dix années, laissèrent Venise à peu près indifférente, parce qu'elles n'affectaient pas les voies et les objets ordinaires de son négoce. Un seul voyage de Vasco de Gama aux Indes émut le gouvernement vénitien et souleva les alarmes de la nation entière. L'évidence du danger frappa le pays de stupeur comme un coup de foudre.

Prévenu par une dépêche de son ambassadeur, reçue à Venise le 24 juillet 1501, de l'arrivée à Lisbonne des galères de Vasco de Gama, le conseil des Dix s'assemble aussitôt pour délibérer avec les comités. Nous ne savons quelles furent les premières résolutions que la gravité de la situation lui inspira, ni s'il crut devoir agir alors sans attendre d'autres informations; mais un contemporain nous fait connaître l'inquiétude subite et profonde qui s'empara de la cité à l'annonce de ces événements. « Quand les nouvelles arrivées de Lisbonne se
« répandirent à Venise, dit Priuli, la ville entière fut
« comme glacée d'effroi. Les gens les plus sages di-
« saient que jamais plus grand malheur n'avait atteint
« la république. Chacun comprit que l'Allemagne, la
« Hongrie, la Flandre, la France, obligées autrefois de

« venir acheter les épices à Venise, allaient maintenant
« trouver ces denrées à bien meilleur marché à Lis-
« bonne. Les épiceries qui arrivent à Venise par l'É-
« gypte, la Syrie et autres pays du sultan, payent en
« divers lieux des droits si élevés, que ce qui a coûté à
« l'origine un ducat, Venise peut le vendre soixante et
« quelquefois cent ducats. Le voyage de mer suppri-
« mant tous ces droits, Lisbonne va pouvoir donner à
« bas prix ce que Venise devra toujours vendre à des
« taux exorbitants. »

1503-1504. — Vains efforts de Venise pour ruiner le commerce des Portugais dans les Indes.

Devant les dangers qui menaçaient son commerce d'une crise incalculable, deux partis se présentaient à la république de Venise.

Entrer résolument, mais pacifiquement, dans la lutte commerciale, malgré l'avance considérable des Portugais, soit en acceptant les offres du roi Emmanuel pour monopoliser le commerce des épiceries à Lisbonne au détriment de l'Égypte, soit en agissant isolément pour son propre compte et cherchant à prévaloir sur ses rivaux par la libre concurrence. Là, Venise pouvait employer avantageusement ses immenses ressources maritimes et son influence politique. En s'avançant à la fois par les deux routes et sur les deux mers qui enveloppent l'Afrique, elle pouvait obtenir d'être admise dans les Indes au même titre que les Portugais.

Ou bien refuser les propositions du Portugal, qui nécessairement subordonnaient le marché de Venise à celui de Lisbonne; se refuser également à l'entente et à l'action isolée dans les voies commerciales; accepter la guerre et tenter violemment d'arrêter et de ruiner, s'il était possible, le nouveau commerce des Portugais.

Quels furent, dans les conseils de la république, les défenseurs, s'il y en eut, de la concurrence pacifique et commerciale? Combien de temps la république hésita-t-elle, si elle hésita, entre les deux politiques qui s'offraient devant elle? Nous ne savons. Nous ne connaissons ses déterminations qu'à une époque postérieure de deux ou trois années à la dépêche de 1501, quand les progrès continus des explorations portugaises et la dépréciation énorme des prix de l'épicerie à Venise redoublaient l'anxiété du gouvernement et de la nation.

La république ne songeait plus alors qu'à une chose, sans oser la poursuivre ouvertement. A tout prix, elle cherchait à entraver le nouveau commerce des Portugais; mais elle ne voulait pas encore faire la guerre au roi Manuel, et, en attendant, elle cherchait à agir dans les Indes par l'intermédiaire et l'influence des sultans du Caire. Politique irrésolue et languissante, peu digne de la grandeur de Venise, et qui ne suffit pas à conjurer le péril.

En 1503, en même temps que la république entretient des agents à Lisbonne chargés de l'instruire exactement de tous les arrivages des Indes, elle envoie Benoît Sanudo au Caire pour conférer secrètement avec le sultan des événements qui menaçaient également l'Adriatique et l'Égypte. Nous ne savons presque rien de cette mission. Nous avons heureusement les instructions confidentielles remises par le conseil des Dix à François Teldi l'année suivante (1504), en l'envoyant comme agent intime auprès de Kansou-al-Gouri. L'inquiétude profonde du gouvernement de Saint-Marc s'y révèle dans toutes ses recommandations. Déclarer la guerre aux Portugais, provoquer contre eux les défiances et l'hostilité des rois de l'Inde, il est décidé à tout quand l'occasion sera favorable; s'il hésite en ce moment à faire une démonstration belliqueuse qui soulèverait la colère des rois chrétiens, c'est devant la difficulté de l'entreprise et devant la seule crainte de l'insuccès qu'il s'arrête. Il cherche à concerter d'autres moyens avec le sultan; tous lui seraient également bons; il sent surtout qu'il faut négocier dans le plus grand secret, afin de ne pas éveiller l'attention des princes d'Europe et de la cour de Rome.

Teldi devra se rendre de nouveau au Caire comme un simple négociant particulier, et continuer à s'occuper du commerce des bijoux, qui lui a procuré déjà de hautes relations parmi les émirs. Il devra employer toute son industrie à obtenir une audience privée du sultan; et là seulement, quand il se trouvera seul devant Sa Hautesse, *solus cum solo*, il montrera les lettres de créance de la république, et abordera aussitôt cette grave matière du commerce des Indes : *materia de singular et incomparabile importantia*. Il ne cachera rien de l'immense préoccupation du conseil au prince; il lui confirmera tout ce que Benoît Sanudo lui a déjà dit; il remerciera Sa Hautesse de la réponse récemment apportée à Venise par le vénérable gardien du mont Sion. Dans une négociation aussi importante, dans une occurrence où les intérêts de la république et les intérêts du sultan sont identiques, il faut tout se dire sans réserve; il faut chercher ensemble les mesures les plus efficaces et se préparer le plus secrètement possible contre l'ennemi commun. Venise en fait l'aveu; elle n'est pas en état actuellement de s'opposer par la guerre au nouveau commerce. Plus de quatre mille milles séparent le Portugal du fond de l'Adriatique; d'ailleurs le roi d'Espagne, maître aujourd'hui du royaume de Naples, qu'il a conquis sur les Français, n'abandonnerait pas le roi Emmanuel son gendre. Il est impossible à la république de combattre contre de tels alliés, que servirait encore le vif mécontentement du pape.

Sans doute, comme le sultan le propose, il est bon de réunir en Égypte d'immenses quantités d'épiceries; mais ces approvisionnements, propres à faire baisser momentanément le prix des denrées indiennes à Lisbonne, n'occasionneront qu'un léger désavantage au marché portugais. Pour ruiner, s'il est possible, ce commerce, il faut l'atteindre dans sa source même, avant qu'il ait pris plus de développement. Tout en continuant à faire venir de grandes quantités de poivre, de cannelle et autres produits orientaux, dont la vente amoindrira toujours les bénéfices des Portugais, il faut que le sultan envoie sans tarder des ambassadeurs aux rois et aux rajahs de l'Inde, afin de les engager à repousser les étrangers qui veulent s'établir dans leur pays, et à continuer à vendre leurs denrées aux seuls marchands de l'Égypte et de la Syrie, comme ils ont fait jusqu'à présent. Il faut encourager au plus tôt les rois de Calicut et de Cambaye, qui ont refusé les propositions des Portugais, à persévérer dans leur prudente politique ; il faut enfin montrer aux rois de Cochin et de Cananor qu'en accueillant les Européens ils s'exposent aveuglément aux plus grands dangers. Tant qu'ils se sentiront faibles, les Portugais vivront en bonne intelligence avec les indigènes, en cherchant toujours à augmenter leur commerce et leur nombre à côté d'eux. Dès qu'ils pourront se suffire à eux-mêmes, ils chercheront à se fixer pour toujours dans le pays, et le premier usage qu'ils feront de leur force sera de chasser ou de dépouiller les princes imprévoyants dont ils sollicitent aujourd'hui humblement la bienveillance et l'hospitalité.

Tel dut être et tel fut certainement l'entretien de Teldi avec le sultan. La conduite de la république de Venise répondit aux conseils qu'elle donnait au Caire. Les sultans agirent conformément à ces conseils. Mais le concert et l'action commune de tous ces intérêts ne purent créer que de passagères entraves au mouvement invincible qui poussait les Portugais et l'Europe à leur suite vers les Indes. Les sultans d'Égypte finirent par accueillir les marchands portugais jusque dans la mer Rouge ; et Venise, irrévocablement atteinte dans la source première de son commerce, dut se résigner à la décadence.

De nos jours, l'Égypte a vu se réaliser, pour le bien du monde entier et par la glorieuse initiative de la France, une rénovation inverse à celle qu'elle tenta vainement d'entraver au seizième siècle. Le cap de Bonne-Espérance est délaissé à son tour. Nulle puissance n'a pu empêcher le commerce et l'industrie de l'Occident de retrouver par l'isthme de Suez, rendu à la navigation, la voie directe de ces immenses marchés qui leur sont nécessaires, qu'approvisionnent trois cents millions d'habitants, et que la Providence semble avoir dotés d'une richesse et d'une incomparable variété de productions pour être les réserves inépuisables du genre humain.

1487-1518. — Les découvertes des Portugais ne nuisent pas directement au commerce de Barbarie.

Pendant que s'agitaient entre le Caire et Venise les graves questions soulevées par l'établissement des Portugais dans les Indes, les rapports des nations chrétiennes et de Venise elle-même avec l'Afrique occidentale avaient pu continuer sans obstacles et sans changements, parce que ces rapports trouvaient en eux-mêmes leurs propres ressources. Dans le mouvement général du commerce de la Méditerranée, les échanges avec la Mauritanie n'avaient jamais eu qu'une importance secondaire. Au moyen âge comme dans l'antiquité, les grandes relations commerciales furent toujours dirigées vers ces trois points de l'Orient : la mer Noire, l'Égypte et la Syrie, dont les routes convergeaient toutes vers les pays d'où venaient les marchandises les plus précieuses et les plus nécessaires au luxe et à la vie commune : les épiceries, les parfums, les bijoux, les métaux et les tissus précieux. Mais ces objets recherchés et de haute valeur ne remplaçaient pas les marchandises encore considérables et assez variées que donnaient le Magreb et les contrées limitrophes : le sel, le blé, les laines, les cuirs, le coton, la cire, le corail, les plumes d'autruche et l'ivoire. D'autre part, tout le commerce intérieur de l'Afrique se faisant par les indigènes, car les chrétiens ne quittèrent jamais les côtes, les Arabes trouvaient dans leurs relations avec les Européens le double bénéfice de la vente de leurs propres récoltes et du commerce des objets importés de l'étranger aux caravanes de l'intérieur.

Il paraît que l'un des articles les plus avantageux de commerce pour les chrétiens comme pour les Africains étaient les métaux et particulièrement le cuivre, dont la couleur brillante plaît toujours aux populations nègres. Les Génois et les Vénitiens en envoyaient de grandes quantités en Afrique au douzième et au seizième siècle, par le Maroc comme par Tunis et le Djérid, d'où les caravanes transportaient les pacotilles en Nubie, au Darfour, dans le centre de l'Afrique et jusqu'à Tombouctou. On importait le cuivre et le laiton sous toutes les formes, en masse, en barres, en feuilles et en fils. On apportait aux mêmes échelles de grandes quantités de quincaillerie, de verroterie, de coutellerie et d'objets divers compris sous l'ancienne dénomination italienne de *mercerie;* des draps légers appelés *spiga,* des toiles, des laques, et quelque peu de soufre destiné au blanchîment des toiles.

Nous ne devons pas nous en tenir à ces indications générales et rapides. Avant d'atteindre le terme assez prochain de cet exposé, qui est l'époque où la domination turque s'établit en Afrique, il nous semble utile de montrer d'une manière plus précise quel était encore le commerce des nations chrétiennes de la Méditerranée avec le Magreb aux derniers temps des dynasties arabes. Nous avons déjà vu que l'Aragon avait conservé ses relations avec le Magreb jusqu'à sa réunion à la Castille. Nous avons rappelé les efforts du roi Louis XI, dès que la possession de la Provence lui avait été acquise, pour nouer avec les rois de Bone et de Tunis de pacifiques communications dans l'intérêt de nos provinces méridionales. Examinons ce qui concerne les rapports commerciaux du Magreb avec les trois grandes républiques de Venise, de Gênes et de Florence.

1456-1508. — Commerce vénitien au Magreb à la fin du quinzième siècle. Escales principales des galères de Barbarie.

Venise, malgré les immenses dépenses où l'avaient entraînée ses guerres contre le duc de Milan et les Florentins pour dominer en Italie, n'avait jamais rien négligé de ce qui se rattachait à l'industrie et aux affaires maritimes. Elle avait développé l'importation des laines et la fabrication des draps dans tous les pays qu'elle avait conquis en terre ferme; elle avait agrandi son arsenal, augmenté son artillerie, perfectionné la construction navale à ce point qu'elle fournissait des modèles et des ingénieurs aux peuples du Nord. Elle veillait en même temps à l'entretien de ses colonies et de son commerce par une vigilance constante et d'opportunes concessions. Après avoir énergiquement défendu les Grecs et leur capitale contre les Turcs, elle avait traité avec Mahomet II dès l'an 1454, et en avait obtenu le rétablissement de son baile ou consul général à Constantinople.

Nous l'avons vue, au milieu du quinzième siècle, renouveler à Tunis les privilèges qu'elle avait conservés presque sans modification depuis l'origine de la monarchie d'Abou-Zakaria; cinquante ans après, elle jouissait des mêmes faveurs à Tunis et dans toutes les provinces hafsides. Sa position fut moins bonne dans les ports des royaumes de Tlemcen et de Maroc, quand les Espagnols s'emparèrent de ces places au commencement du seizième siècle.

Avant la perturbation occasionnée par les expéditions du cardinal Ximénès dans les relations des chrétiens en Afrique, le commerce du Magreb, que l'on désignait à Venise sous le nom de *commerce de Barbarie*, était, après celui de l'Égypte, le plus considérable peut-être de la république. Nous possédons des témoignages certains et nombreux de son état prospère à cette époque : les listes de nomination des consuls et des capitaines dont nous avons déjà parlé, les instructions et les commissions ducales dressées en 1507 et 1508 pour le capitaine des galères de Barbarie, les doléances présentées en 1518 par la république à Charles-Quint sur les conséquences fâcheuses qu'avait eues pour le commerce vénitien la conquête d'Oran en 1508; le livre enfin de Léon l'Africain, écrit vers 1526, où abondent les observations et les renseignements sur la situation du nord de l'Afrique aux derniers temps des dynasties arabes et avant la conquête turque.

Chaque année, dans la seconde quinzaine de juillet, peu après le départ des galères dites de Flandre, qui se rendaient dans les ports de la Normandie et des Pays-Bas, la grande conserve des « galères de Barbarie » mettait à la voile au Lido. L'itinéraire et les stations étaient à peu près réglés ainsi d'avance : à Syracuse, deux jours d'arrêt; à Tripoli, huit jours; à l'Ile de Gerba, huit jours; à Tunis, quinze jours et même davantage si le capitaine et le conseil des Douze le jugeaient nécessaire, « car Tunis, disent les instructions, est un des « points les plus essentiels du voyage »; à Bougie, quatre jours; à Alger, quatre jours; à Oran ou à Velez de la Gomera, dix jours; à One, au mieux qu'en jugera le conseil des patrons.

Oran et One dépendaient du royaume de Tlemcen, dont Barberousse s'empara vers 1518, sans pouvoir enlever cependant Oran aux Espagnols. One fut démantelé plus tard par Charles-Quint. C'était le port même de la ville de Tlemcen. Ses habitants se distinguaient par leur hospitalité, leur aisance et le bon goût qu'ils montraient dans la décoration de leurs demeures. Quoique la ville fût petite, elle faisait un commerce très actif avec les Espagnols et les Italiens. Léon l'Africain s'y était rencontré avec un secrétaire du roi de Tlemcen chargé de régler les comptes d'un navire génois; il dit à cette occasion que les droits (10 pour 100) payés à la douane de l'émir sur les marchandises de ce seul navire s'élevèrent par extraordinaire à quinze mille ducats d'or.

L'Espagne, dont la tendance commerciale a toujours été d'exagérer les droits protecteurs et les règlements prohibitifs, fit aux chrétiens étrangers dans ses possessions d'Afrique une situation moins avantageuse que celle du régime arabe. La république de Venise s'en plaignait dans une dépêche à François Cornaro en date du 22 mai 1518 : « Quand la ville d'Oran appartenait aux « Maures, dit le sénat, les Vénitiens n'y payaient que

« 10 pour 100; aujourd'hui ils payent beaucoup plus à
« Sa Majesté Catholique, attendu qu'ils sont soumis à
« deux droits : 10 pour 100 à l'entrée et 10 pour 100 à
« la sortie. Bien que nos marchands aient pour habi-
« tude de vendre leurs marchandises en laissant les
« droits à la charge de l'acquéreur, l'aggravation n'en
« reste pas moins en réalité au détriment du vendeur. »

Velez de la Gomera, ou Badis, que les galères vénitiennes gagnaient en quittant Ono, se trouvait dans le
royaume de Fez. Cette ville devait être peu éloignée
d'une localité aujourd'hui inconnue nommée *Arcudia*,
qui servait également d'escale et de port à la ville de
Fez. La conserve ne s'avançait guère au delà vers l'ouest.
De Badis ou d'Arcudia elle remontait généralement au
nord vers l'Espagne; elle stationnait quelques jours
dans les villes principales de l'Andalousie depuis Malaga
jusqu'à Tortose, regagnait ensuite Tunis, et rentrait de
là dans l'Adriatique en touchant seulement Syracuse. On
estimait à quarante mille ducats, c'est-à-dire à environ
300,000 francs, valeur intrinsèque, l'ensemble des marchandises vénitiennes vendues annuellement aux seules
échelles de Tunis et de Gerba.

Un mois avant et durant un mois encore après le départ de la grande conserve, il était interdit à tout navire
de commerce vénitien de se rendre en Barbarie. Depuis
le mois de novembre jusqu'au départ de la conserve de
Venise et encore un mois au delà, aucun des navires
vénitiens qui se trouvaient en Afrique ne pouvait prendre à son bord des marchands maures ou des marchandises appartenant à des Maures, les bénéfices de ces
transports étant réservés aux galères de la conserve.

Indépendamment des navires qui se rendaient directement aux ports de la Mauritanie, soit isolément, soit en flottille, trois galères vénitiennes faisaient annuellement le trajet de Tunis et de Tripoli de Barbarie à Alexandrie. Ces communications, plus rapides et moins coûteuses que les voies de la Cyrénaïque, servaient au commerce et au transport des pèlerins de la Mecque. L'une des galères dépassait Alexandrie, remontait la côte de Syrie et allait correspondre avec les comptoirs vénitiens de Beyrouth et les galères du Levant, qui se rendaient en Syrie par la voie de l'Archipel.

Ces voyages complémentaires au fond de la Méditerranée, s'étendant des côtes de la Barbarie aux échelles de Syrie et d'Égypte, avaient autant d'utilité pour les musulmans que pour les chrétiens. La république de Venise ayant été contrainte de les interrompre quelque temps au quinzième siècle, le sultan d'Égypte insista auprès du gouvernement ducal pour qu'il voulut bien les rétablir.

Mais le divan du Caire et le sénat de Venise, on le sait, avaient, au seizième siècle, à veiller ensemble à de plus sérieux intérêts qu'à rendre les communications du Magreb et de l'Égypte plus faciles ou plus régulières.

1460-1512. — Commerce des Florentins. Escales de leurs galères. Prix de nolis pour la Barbarie.

Les Florentins, depuis qu'ils avaient renouvelé en 1423 et 1448, au nom des républiques unies de Pise et de Florence, les anciens traités pisans de Tunis, avaient été forcés de négliger beaucoup le commerce d'Afrique.

Au milieu des dissensions intérieures et des guerres incessantes, tantôt contre les Vénitiens au profit des Sforza de Milan, tantôt dans le royaume de Naples en faveur des princes d'Anjou, le commerce extérieur de la Toscane s'était ralenti, et les expéditions de Barbarie avaient été presque entièrement arrêtées. L'interruption dura assez longtemps. D'après les pièces diplomatiques, la suspension fut postérieure à l'année 1446, peut-être même à l'année 1449; mais elle put se prolonger jusqu'en 1458. Dès que les circonstances devinrent moins difficiles, la république, où dominait déjà l'heureuse influence des Médicis, réorganisa le service des galères, qui annuellement, d'après une méthode analogue au système vénitien, et après une adjudication publique, se rendaient en Afrique, sous la conduite d'un capitaine de la seigneurie. Quand la paix devint à peu près définitive pour elle, la république s'empressa d'envoyer en ambassade à Tunis Angelo Guglielmino degli Spini, muni d'instructions datées du 22 avril 1460, avec une copie des anciens traités qu'on désirait renouveler. Trois recommandations étaient particulièrement faites à l'envoyé. Il devait demander à Abou-Omar Othman la restitution intégrale de l'ancien fondouc pisan, dont les marchands étrangers s'étaient emparés durant le long éloignement des Toscans, puis la réinstallation d'un consulat florentin à Tunis, et enfin, d'une manière générale, le rétablissement de la nation dans les conditions que lui avaient assurées les négociations de Barthélemy Galea et de Fioravanti en 1421-1423, et le traité de Baldinaccio degli Erri en 1445.

Satisfaction fut accordée à la république; mais nous

ne savons s'il y eut à cette occasion un nouveau et véritable traité synallagmatiquement débattu avec le sultan de Tunis, ou si l'on se contenta d'un diplôme royal qui remit les choses en leur ancien état. La seigneurie, dans ses relations ultérieures avec le divan de Tunis, invoque bien un traité, *capitoli*, *fœdus*, qui aurait été arrêté alors avec Abou-Omar; et néanmoins, vingt et un ans plus tard, lorsque Florence voulut renouveler avec le vieil Abou-Omar lui-même ses anciennes capitulations, on remit à l'ambassadeur comme première base de sa négociation, non l'acte de Guglielmino de 1410, mais le traité antérieur obtenu par Baldinaccio degli Erri en 1415.

Quoi qu'il en soit, les relations et le commerce avec le Magreb oriental, réglementés par des ordonnances nouvelles, reprirent et se poursuivirent régulièrement depuis la mission de Guglielmino, sous la protection d'agents florentins résidant à Tunis. Comme les galères qui de Porto-Pisano partaient pour le Levant et le Ponant, les galères de Barbarie avaient leur cahier des charges, leur ordre de départ et leur itinéraire fixés d'avance par le gouvernement. En raison du grand nombre de pirates qui infestaient dans ces temps les mers de Barbarie, il avait été décidé que la navigation d'Afrique se ferait généralement par deux galères au moins voyageant de conserve.

Un règlement du 8 décembre 1458 en avait arrêté ainsi les escales. En partant de Porto-Pisano ou de Livourne, au mois d'avril ou d'août, les galères se dirigeaient d'abord vers Gênes. Elles pouvaient séjourner trois jours entiers sur les rivières de Levant et de

Ponant. De la côte de Gênes elles cinglaient directement vers Tunis, où il leur était libre de rester douze jours. Les stations et les relâches suivantes étaient ainsi déterminées : à Bone, trois jours; à Collo, trois jours; à Bougie, trois jours; à Alger, trois jours; à Oran, six jours; à One, trois jours; à Almeria, dans le royaume de Grenade, cinq jours; à Alchuda, ou Arcudia, qui était escale de Fez, trois jours; à Malaga, trois jours; à Cadix, deux jours; à San-Luc de Bonromeda, ou San-Lucar de Barameda, douze jours. De ce point, qui est au delà de Cadix, à l'embouchure du Guadalquivir, les galères regagnaient la Toscane, en reprenant les mêmes escales qu'elles avaient desservies à l'aller. Il est vraisemblable que le voyage, dans son ensemble, devait durer de trois à quatre mois.

L'itinéraire n'était pas absolument impératif. De concert avec les patrons, le capitaine, s'il le jugeait opportun, pouvait modifier un peu les séjours et même la direction générale du voyage, sans toucher toutefois aux côtes de Catalogne et de Sicile, réservées exclusivement aux galères de Ponant et de Romanie.

Un ordre de 1460 décida que les capitaines de retour à Porto-Pisano après un premier voyage en Barbarie pourraient, pendant un délai qui ne devrait pas excéder trois mois, entreprendre un second voyage, dans lequel ils auraient la faculté, une fois revenus à Tunis, d'aller à Alexandrie en touchant l'île de Rhodes, et de retourner ensuite à Tunis pour rentrer en Toscane. Cette navigation facultative et supplémentaire, comme celle des galères vénitiennes, facilitait les communications du Magreb avec le Levant, et ne laissait pas un seul pays important de l'Orient méditerranéen en dehors du parcours des galères chrétiennes.

La république modifiait d'ailleurs elle-même l'époque des départs et les stations des galères, suivant les intérêts du commerce et la situation des pays qu'elles devaient aborder. En quelques circonstances on voit les conseils de Florence mettre à l'enchère le départ de quelques galères de Barbarie, autorisées exceptionnellement à toucher la plage romaine, Gaëte, Naples et la Sicile; d'autres pouvaient aller relâcher à Cagliari; le tout sans préjudice des galères de Catalogne et de Romanie qui venaient faire escale dans ces îles, et qui visitaient en Orient, Alexandrie, Chypre, Rhodes, la Morée, Constantinople et la mer Noire.

Un tarif spécial fut arrêté en 1460, et revisé en 1461, pour fixer le prix de nolis des marchandises à transporter de Porto-Pisano en Barbarie et en Andalousie, la navigation de tous les pays musulmans occidentaux étant toujours régie par les mêmes règlements et le même service. L'énumération comprend quelques articles de commerce dont il n'était pas question dans les tarifs plus anciens, tels que le papier.

1461. — Nolis de Porto-Pisano pour Tunis et toute la Barbarie jusqu'à Cadix.

	Florins.	Sous.	Deniers.
Draps de Florence, la pièce................		1	5
Draps d'Angleterre, *sanza grana* (fins? lisses?), la pièce de treize cannes....................		1	
Draps d'Angleterre, *di grana* (non tondus?), la pièce de treize cannes.....................		2	
Draps ..... *panni venu* ..... la pièce...........			15
Draps étroits, à savoir : *ses* et *sventoni*, la pièce ...			6

DE L'AFRIQUE SEPTENTRIONALE. 521

	Florins.	Sous.	Deniers.
Futaines, canevas et toiles, la balle de deux cent cinquante livres...		2	
Draps de soie sans or et cramoisis, à quatre ducats la livre, par chaque cent...		3	
Draps cramoisis et or sans duvet, damas, brocarts, à cinq ducats la livre, par chaque cent...		3	
Draps d'or et brocarts avec duvet, à six ducats la livre, par chaque cent...		3	
Argent et or, or filé et argent filé, à la valeur, par cent.	1	10	
Papier, la balle de douze lismes...		13	4
Papier royal, la balle de douze lismes...	1	6	8
Vieux papier (*carte di stracci*), la balle...		10	
Gomme, soufre, le quintal de cent cinquante livres..		8	
Céruse, le baril...		6	8
Huile, vin de Malvoisie (*Malvagie*), le tonneau...		4	
Vins d'autres pays, le tonneau...		3	
Fromage, le quintal...		8	
Laques de toutes sortes, le quintal...		2	
Cotons, le quintal...		1	
Noix de galle?.... et cuivre (*ghalla et rami*), le quintal...		8	
Berrets, bonnets et mercerie, le cent en poids....	1	10	
Kermès, le cent (en poids?)...		2	
Soie, le quintal de cent cinquante livres...		10	
Cire...		12	
Cuirs de Barbarie, par neuf cuirs...		1	
Cuirs de Galice, par huit pièces...		1	
Cuirs de Portugal, par sept pièces...		1	

Nolis de retour, de Cadix et de toute la Barbarie jusqu'à Porto-Pisano.

	Florins.	Sous.	Deniers.
Cuirs d'Espagne, par six pièces...		1	
Or de pays divers, au cent de valeur...	1	10	
Dattes, le quintal de cent cinquante livres...		8	
Vernis, Gomme arabique, le cent...		10	
Plumes d'autruche, au cent de valeur...		4	
Peaux d'agneau et autres peaux, la balle de deux cent cinquante livres...	1	5	

Le commerce florentin se maintint ainsi pendant longtemps, régulier, actif, prospère partout, en Afrique et dans toute la Méditerranée, partout envieux du commerce vénitien, comme la politique des deux États se trouvait partout opposée et rivale.

Il existe un monument curieux de cet antagonisme presque général et de cette jalousie quelquefois mesquine qu'expriment tant d'autres écrits du temps. C'est une spirituelle épître adressée aux Vénitiens par Benedetto Dei et insérée ensuite par lui dans sa *Chronique* même, à l'année 1473. Il y a beaucoup de vrai dans cette satire d'ailleurs injurieuse et passionnée, dont un extrait fera juger le fond et la forme. « Je ne vous dis « rien de la Catalogne, de l'Espagne, *de la Barbarie*, et « de Séville, ni du Portugal, ni de bien d'autres lieux « de ces côtes où Florence possède des banques, des « fondoucs, des consuls et des églises; où nous fai- « sons tant et tant de commerce d'étoffes de soie, de « cochenille, de cire et de soie, comme le savent fort « bien vos galéasses qui chaque année vont en ces pays; « nous y faisons un plus grand négoce que vous, et je « vais vous le faire toucher du doigt, sots Vénitiens, « en vous disant que votre seigneurie croit qu'on ne « se procure l'épicerie et le coton qu'à Alexandrie, tan- « dis qu'il nous est bien facile de trouver toutes ces « choses d'un autre côté, par la voie de Brousse. Et vous « ne me direz pas le contraire, à moi qui ai demeuré « pendant douze ans de suite à votre Venise, sur le « grand canal, dans la maison de messer Marino Ca- « pello. »

Toutefois des événements imprévus, l'union momentanée des Vénitiens et des Florentins contre le pape et le roi Ferdinand, de l'an 1475 et 1477, vinrent de nouveau ralentir ou suspendre même tout à fait le commerce de Barbarie. Avant la pacification complète de l'Italie, Florence, où l'insuccès de la conjuration des Pazzi avait accru l'autorité des Médicis, nomma de nouveaux capitaines pour les galères d'Afrique et de Ponant. Un ordre du 22 janvier 1479, en notifiant aux commandants l'ordre de reprendre la mer, leur prescrit de se tenir sans cesse en éveil, et prêts à répondre à une attaque toujours possible de la part du roi de Naples.

Il semblait qu'on inaugurât un nouveau commerce, tant la suspension des communications paraît avoir été complète entre Florence et l'Afrique durant ces quelques années. Les magistrats florentins en font eux-mêmes la remarque. Peu après, en 1481, la république, voulant donner à ses relations avec le Magreb la régularité qu'elles avaient autrefois et renouveler ses anciens traités, envoya un ambassadeur à Tunis, où régnait toujours le vieux Abou-Omar Othman. Nous avons dit que Jean Strozzi, ambassadeur de la seigneurie, reçut à cette occasion, pour son instruction principale, l'ancien traité conclu par Baldinaccio degli Erri en 1445, ce qui laisse à supposer que la mission de Guglielmino en 1460 ne s'était pas terminée par un traité formel. On n'eût pas manqué, ce semble, d'en donner le texte au nouveau négociateur, avec la copie du traité de 1445.

La brièveté exceptionnelle de la lettre de créance et

des instructions remises à Strozzi nous permet de citer en entier les deux documents :

Au roi de Tunis. « Sérénissime et très glorieux prince, « notre père et notre bienfaiteur particulier, salut. « Jean Strozzi, notre noble concitoyen, remettra à Ta « Majesté nos présentes lettres de créance. Tu enten- « dras de lui ce que nous l'avons chargé de te dire. « Nous prions Ta Majesté de l'accueillir avec bonté et « de lui accorder, avec la bienveillance à laquelle tu « nous as accoutumés, ce qu'il te demandera en notre « nom. Salut et bonheur. Du palais de Florence, le « 2 août 1481. »

Instructions du conseil des Huit à Strozzi. « Tu re- « cevras avec cette lettre de créance pour la Majesté du « roi de Tunis copie des articles (*capitoli*) de paix con- « clus autrefois par Baldinaccio degli Erri avec Sa Ma- « jesté. Dès que tu seras arrivé au lieu de sa résidence, « tu demanderas audience à Sa Majesté, et tu lui feras « nos salutations. Tu diras ensuite que notre cité et « notre peuple, toujours dévoués et pleins de respect « pour Sa Majesté, désirent obtenir de sa bonté le re- « nouvellement du traité (*la pace*) que fit autrefois Bal- « dinaccio. Tu diras que tu as devers toi une copie des « articles de ce traité et que nous tenons beaucoup à « renouveler les mêmes capitulations. Tu mettras donc « tous tes soins à les obtenir et à en faire dresser des « écritures publiques, que tu porteras à la seigneurie « et à son chancelier. En demandant le traité, tu t'oc- « cuperas aussi des prisonniers de notre nation qui sont « à Tunis, et tu feras tout ce qui sera en ton pouvoir « pour les ramener avec toi. Le 2 août 1481. »

On ne sait quels furent les incidents des relations de la république de Florence avec Tunis, jusqu'à la conquête turque. En 1512, la seigneurie se louait des dispositions bienveillantes d'Abou-Abd-Allah Mohammed, second successeur d'Abou-Omar, son grand-oncle, et lui recommandait un de ses nationaux à qui le directeur de la douane de Tunis redevait diverses sommes d'argent. La révolte de Pise dut nuire cependant à la navigation d'Afrique, et il nous paraît douteux que les Florentins, alliés avec la France contre l'Espagne et Naples, eussent conservé la paisible possession de tous leurs comptoirs barbaresques, comme les Vénitiens et les Génois, quand Barberousse vint poser en Afrique le fondement de la puissance turque en s'emparant d'Alger.

1465-1514. — Le commerce génois, en décadence dans la Méditerranée orientale, se soutient en Afrique.

Dès l'époque où les Génois perdirent leurs colonies de la mer Noire et virent leurs franchises de Galata méconnues par les Turcs eux-mêmes, dont ils avaient imprudemment favorisé les intérêts, beaucoup d'armateurs avaient préféré diriger leurs opérations vers l'Afrique. Le commerce génois au Magreb, développé momentanément par ces circonstances, ne tarda pas cependant à souffrir comme toutes les affaires de la république des commotions incessantes que provoquait le protectorat de la France, tour à tour sollicité ou rejeté par le peuple et la noblesse. Les décisions du sénat et de la banque de Saint-Georges, chargée de la gestion des finances et de la plupart des colonies de l'État, en témoignant de leur sollicitude pour le commerce de Barbarie, montrent cependant l'amoindrissement évident de ce commerce avant même l'arrivée des Turcs.

Le 27 janvier 1490, la république augmente de 5 pour 100 les abonnements à payer par les fermiers de l'ancien et du nouvel impôt établi sur les marchandises de Tunis, et cède ces revenus à la banque de Saint-Georges. Le 13 mai 1504, afin d'indemniser quelques marchands génois qui avaient éprouvé des dommages dans le royaume d'Afrique, elle est contrainte de surélever certains droits concernant le commerce maugrebin. Le 20 février 1514, le sénat exempte au contraire les marchandises provenant de Tunis et du reste de la Barbarie d'un impôt nouvellement créé, pour ne point aggraver les charges qu'elles supportaient déjà. En 1524, le 23 février, l'office de Saint-Georges, considérant la diminution des bénéfices effectués par les associations formées pour le commerce de Tunis en 1444, 1519 et 1520, réunit les gestions particulières de ces syndicats aux comptes généraux de la banque.

Nous devons recueillir ces rares indications fournies par les actes des archives publiques, car les historiens du temps, tout entiers aux événements militaires qui troublaient alors l'Italie et le nord de l'Afrique, s'occupent bien peu de l'état du commerce. Le livre de Léon l'Africain, plus utile à cet égard que les écrits des propres chroniqueurs de Gênes, nous apprend que les marchands génois étaient cependant nombreux encore sur toute la côte de Mauritanie au commencement du seizième siècle. Ils y primaient les Catalans et les Provençaux.

Éloignés momentanément par l'expédition des Espagnols de la ville d'Oran, où ils possédaient de date ancienne un fondouc et une loge consulaire, ils avaient toujours des agences importantes à Bone, à Tunis et à Tripoli. Ils vivaient en bonne intelligence avec la population dans cette dernière ville, où ils étaient parvenus à calmer les animosités perpétuées si longtemps par le souvenir du pillage de 1355. Prévenus par eux de l'approche de Pierre de Navarre, les habitants de Tripoli purent sauver une partie de leurs richesses, avant l'assaut qui rendit les Espagnols maîtres de la ville en 1510. Senarega, fort attentif à mentionner les expéditions de Ximénès et du roi Ferdinand en Afrique, ne dit absolument rien des intérêts et des établissements de ses compatriotes dans ces mêmes lieux.

Ils faisaient cependant un commerce considérable de cuirs et de cire à Collo, à l'est de Bougie. Au port de Rusicada, ou Stora, près de Philippeville, ils chargeaient beaucoup de grains et vendaient en échange des parties considérables de draps d'Europe. De Bone ils exportaient des céréales et du beurre. Sur les côtes voisines ils se livraient en grand à la pêche du corail, que leur affermait le roi de Tunis. Quand les Turcs furent établis à Alger et à Gerba, avant d'être maîtres de toute la Mauritanie, les Arabes des environs de Bone devinrent plus agressifs, et les Génois demandèrent au roi de Tunis l'autorisation de bâtir sur la côte un poste de refuge et de sûreté pour leurs pêcheurs. Le roi y consentit, mais la population de Bone s'y opposa, en alléguant que les Génois, à la faveur d'une concession semblable, avaient autrefois réussi à s'emparer de la ville de Bone et l'avaient mise au pillage.

Néanmoins les Génois obtinrent plus tard, peut-être des Turcs eux-mêmes, la faculté de construire dans ces parages un établissement fortifié pour la protection des corailleurs, comme les Français fondèrent en 1628, dans le même but et près de la Calle, le poste du *Bastion de France.* Encore aujourd'hui, les gens du pays et nos bonnes cartes désignent sous le nom de *Fort génois* une petite forteresse élevée près des bancs de coraux de la rade de Bone, vers le cap de Garde, qui termine la rade au nord-ouest.

1465-1515. — Garde chrétienne du roi de Tunis. Débris des anciennes populations chrétiennes.

Tunis était toujours le centre principal des relations européennes avec la Berbérie. Malgré l'effroyable développement de la piraterie et de la traite des esclaves chrétiens en Afrique même, depuis que les corsaires turcs infestaient la Méditerranée, le gouvernement des Hafsides conservait ses anciennes traditions de bienveillance et de confiance à l'égard des nations chrétiennes en général. Les fondoucs européens jouissaient à Tunis de la plus grande sécurité ; nous retrouvons dans cette ville au seizième siècle, avant l'établissement des Turcs, une petite population de chrétiens indigènes, vivant à l'abri de ces sentiments d'équité et de tolérance que la chute de la civilisation n'avait pas tout à fait éteints chez les Maugrebins.

Léon l'Africain, mort à Tunis en 1532, sous l'avant-

dernier sultan hafside, en parle ainsi : « Il y a dans le
« faubourg situé près de la porte d'El-Manera une rue
« particulière qui est comme un autre petit faubourg,
« dans lequel habitent les *chrétiens de Tunis*. Ils sont
« employés à la garde du sultan et ont quelques autres
« emplois particuliers. Dans le faubourg qui est près de
« la porte de la Mer, Bab El-Baar (du côté de la Gou-
« lette), demeurent les marchands étrangers chrétiens,
« tels que les Génois, les Vénitiens et les Catalans. Ils y
« ont tous leurs fondoucs et leurs maisons particulières,
« séparées de celles des Maures (1). »

Les deux groupes de nationalités chrétiennes sont ici
bien distingués, comme ils l'étaient en réalité : au
nord, du côté de la mer, les marchands chrétiens
venus d'Europe; de l'autre côté de la ville, près de la
porte d'El-Manera, les *chrétiens de Tunis*, c'est-à-dire
les chrétiens du pays. Il est impossible en effet de ne
pas reconnaître dans ce groupe isolé de Tunisiens
chrétiens un reste conservé, après tant de siècles
d'oubli, des anciennes tribus chrétiennes et autoch-
tones dont nous avions vu des fractions encore considérables aux douzième et treizième siècles.

Ces chrétiens étaient la plupart employés dans les
services de la maison et de la garde du roi. L'attrait de
ces avantages pouvait engager de temps à autre quelques émigrants européens à venir grossir leurs rangs;
mais ces cas devaient être rares. Le fond de la popula-

---

(1) Vers l'an 1535 déjà, sous le sultan El-Haçan, il y avait à Tunis près de
onze mille esclaves chrétiens, si les chiffres donnés par l'auteur de l'*Histoire
de la fondation de la régence d'Alger* (trad. de MM. Sander Rang et F. Denis,
t. I, p. 336) sont exacts.

tion tient encore au sol et y a ses racines. Léon l'Africain désigne plusieurs fois les individus de cette population sous le nom de *chrétiens de Tunis;* et ce qu'il en dit ne permet de les confondre ni avec les marchands européens vivant dans leurs magasins du côté du lac, ni avec les renégats cosmopolites qui étaient admis aussi, d'après ce qu'il nous apprend lui-même, dans les armées du roi de Tunis.

Les chrétiens du faubourg d'El-Manera conservaient la pratique de leur religion au milieu des musulmans; ils avaient vraisemblablement une chapelle et un chapelain. Leurs croyances, loin de nuire à leur position, les maintenaient en estime et en faveur auprès du sultan. Ils formaient ses gardes du corps, sa garde particulière, *guardia secreta;* ils entouraient immédiatement la personne du prince lors de ses sorties, et dans l'intérieur du palais ils occupaient des charges de confiance.

Vers la fin du seizième siècle, en 1583, quand les Turcs, maîtres depuis longtemps des provinces d'Alger et de Tlemcen, s'emparèrent de la ville de Tunis et détrônèrent Mohammed, le dernier des Abou-Hafs, tout changea pour les étrangers. Les chrétiens d'El-Manera purent s'estimer heureux, si la persécution n'en fit pas des martyrs ou des apostats, de se sauver parmi les Européens. Les musulmans seuls eurent le droit de porter des armes. Les chrétiens des factoreries, traités de *chiens* et de *ghiaours*, vécurent dans l'appréhension et la contrainte, au milieu d'une population dont un odieux gouvernement entretenait l'hostilité et récompensait les méfaits.

L'Espagne n'eut jamais une politique commerciale vis-à-vis de l'Afrique. — Ximénès poursuit en Afrique les Maures andalous et leurs alliés. — Charles-Quint passe en Afrique pour combattre les Turcs.

Si, de la conduite et de la situation des républiques italiennes en Afrique, nous portons nos regards sur la politique suivie dans le même pays par les Espagnols, réunis enfin sous le même sceptre, nous trouvons des vues et des intérêts tous différents.

Le commerce n'avait jamais été le motif direct des résolutions des rois de Castille et de Portugal dans leurs relations avec les musulmans d'Afrique. Les rois d'Aragon eux-mêmes durent veiller à leur puissance militaire et à l'extension de leurs États avant d'en venir à conclure les traités spéciaux qui profitèrent à l'industrie de leurs sujets et à leur propre trésor. Le règne de Ferdinand et d'Isabelle, en fondant l'unité de la monarchie espagnole, donna la prédominance aux intérêts et à la dynastie de Castille. Ce sont les desseins et la politique castillane qui dirigèrent les expéditions de Ximénès et de Charles-Quint en Afrique, expéditions d'ailleurs si opposées dans leur principe et dans leur but, comme furent opposées les tendances mêmes de Ferdinand et de son propre ministre.

Dès que l'insurrection de Grenade et des Alpuxarès fut réprimée, l'Espagne entière eut instinctivement la pensée de poursuivre les musulmans jusque dans les royaumes de Tlemcen et de Maroc, d'où leur étaient venus les secours et les excitations à la révolte. Au milieu même de la guerre d'Italie et de Roussillon, Mers-el-Kébir fut conquis (1505), le Penon d'Alger occupé

(1508). Ces entreprises glorieuses, en constatant l'infériorité désormais irrémédiable des Maures jusque sur leurs propres rivages, satisfirent amplement le sentiment public et ses légitimes exigences. L'intérêt et la gloire de l'Espagne ne demandaient rien de plus. C'était la pensée intime du roi Ferdinand. Mais Ximénès, rendu plus libre en Italie par la ligue de Cambrai, ordonna de reprendre les hostilités. Craignant l'hésitation du roi et la tiédeur de la nation, le vieux cardinal prit lui-même, à l'âge de soixante-dix ans, la direction des armements, et y consacra sa fortune personnelle. Sa passion pour la grandeur de l'Espagne et l'exaltation de la foi chrétienne ne distingua plus, parmi les dynasties du Magreb, celles qui avaient fait cause commune avec les Andalous de celles qui avaient respecté les anciennes alliances. L'Afrique entière, à ses yeux, devait expier la longue résistance de Grenade et subir le joug, car les projets du cardinal n'allaient à rien moins qu'à la conquête de tout le littoral africain, en y relevant partout la croix et les églises. En 1509, il passe le détroit, s'empare d'Oran, d'où il demande au Saint-Siège le rétablissement de l'ancien évêché; rappelé en Espagne par les soins du gouvernement, il laisse à Pierre de Navarre l'ordre et les moyens de continuer la guerre. Bougie, conquise en 1510, recouvre aussitôt son évêché. Gerba et Kerkeni résistèrent. Mais la terreur des armes chrétiennes fut telle que le roi de Tlemcen, le roi de Tunis et la ville d'Alger, jouissant alors d'une sorte d'indépendance qui facilita la conquête des Barberousse, achetèrent leur sécurité en s'engageant à payer un tribut annuel à la couronne d'Espagne.

Ce fut le dernier succès des armées de Ferdinand en Afrique et le dernier éclat des magnifiques plans de Ximénès. Ils échouèrent parce qu'ils dépassaient les aspirations et les désirs réels du pays. Le Maure n'était plus pour l'Espagnol le conquérant orgueilleux qui avait si longtemps blessé sa foi et humilié sa fierté, ni le voisin encore inquiétant et parfois redoutable de sa sécurité. Tout ce qu'il y avait alors en Espagne d'esprits hardis, avides de combats ou de richesses, trouvait à se satisfaire soit dans les armées de Gonzalve de Cordoue, soit dans les aventures du nouveau monde. Nulle part le commerce et la colonisation ne suivirent en Afrique l'action militaire. Le roi Ferdinand lui-même n'avait jamais complètement approuvé les vues du cardinal; il les tenait pour excessives et un peu chimériques. La nation en jugeait comme le souverain. En autorisant la continuation des armements exigés par le cardinal, Ferdinand pensait bien plus à les employer dans une nouvelle campagne contre Louis XII qu'à les renvoyer dans les golfes de Bougie ou de Gerba.

Avec Ximénès, mort en 1517, finit, prolongée au delà de son triomphe possible, cette longue et noble guerre de délivrance que le roi Pélage avait inaugurée huit cents ans auparavant dans les montagnes des Asturies.

Plus tard, quand Charles-Quint ramène les flottes espagnoles sur les côtes d'Afrique, quand il détruit les fortifications de la ville d'One, qu'il s'empare de Tlemcen et de Tunis, ce ne sont ni les Maures d'Espagne ni les Arabes du Magreb qu'il veut frapper. Bien loin d'avoir des pensées de conquêtes durables, il soutint les dynasties indigènes, que Ximénès voulait anéantir ou opprimer. Il secourut les Hafsides à Tunis; il restaura les Beni-Zian à Tlemcen. L'ennemi qu'il poursuivait en Afrique comme sous les murs de Vienne, c'était les Turcs, et en poursuivant les Turcs il voulait combattre la France.

François Ier et Richelieu, par leur alliance avec les Ottomans contre la maison d'Autriche, firent acte de haute intelligence et de patriotisme. Chaque siècle a des intérêts et des droits contingents. Dieu veuille que la France du dix-neuvième siècle ne paie pas trop chèrement la faute qu'elle a faite en le méconnaissant et en ne mettant pas sa main dans la main de l'Autriche, quand il y avait à résister ensemble à des périls communs.

La décadence et la barbarie de l'Afrique septentrionale datent surtout du régime turc.

Pour nous en tenir à l'objet spécial de cette histoire, nous répéterons, en la terminant, ce qui en est comme le résultat et la conclusion générale, à savoir : que les temps les plus mauvais de la barbarie et de l'inhospitalité du Magreb, les seuls dont l'Europe et l'Afrique semblent avoir aujourd'hui conscience, sans en connaître l'origine, ne datent que du seizième siècle et de l'établissement des Régences barbaresques.

A l'époque antérieure, quand il n'y avait en Afrique que des Arabes et des Berbères, quelque dégradation qu'eût subie leur état moral, le gouvernement des princes indigènes s'inspirait encore de principes de justice, d'impartialité et de tolérance. Les traités étaient observés, les tarifs commerciaux régulièrement appliqués, les naufragés assurés de la protection royale, la personne des consuls et des marchands respectée, leurs biens et leur fortune inviolables, leurs demeures, leurs églises et leur culte choses sacrées.

Nos sujets d'Afrique n'ont qu'à remonter de quelques siècles dans leur propre histoire pour retrouver les témoignages de cette situation et se convaincre que les deux nations et les deux religions ont pu vivre longtemps libres et respectées sous le même ciel. Les garanties qu'ils accordaient au moyen âge à nos marchands, nous les leur donnons aujourd'hui au centuple.

A côté de nous, et sous une domination qui est un bienfait pour eux, ils peuvent prospérer et vivre heureux. La France le leur a promis en leur indiquant les voies de l'avenir : à eux les libres et féconds travaux du sol; à nous les applications de l'industrie et l'indivisible exercice de la souveraineté.

Les Arabes qui accepteront sans réserve le sort, enviable pour tant d'autres, que Dieu leur a fait y trouveront leur avantage et pourront calmer les scrupules de leur conscience en méditant ces paroles du Coran : « Sache que ceux qui nourrissent la haine la plus vio- « lente contre les vrais croyants sont les idolâtres. « Sache bien, au contraire, que les hommes les plus « disposés à les aimer sont ceux qui disent : *Nous som-* « *mes chrétiens* (1). »

(1) Sourate V^e, verset 85.

FIN.

TABLE DES MATIÈRES.

	Pages.
Avant-propos	1
Le Magreb et ses délimitations	1
Mobiles des invasions arabes	4
Gouvernement équitable des Arabes dans les pays conquis	5
Le christianisme n'est pas proscrit par eux	5
Chrétiens indigènes restés en Afrique après la conquête	6
A la fin du xe siècle, la puissance arabe décline, et les nations chrétiennes reprennent l'avantage dans toute la Méditerranée.	9
1002-1050. — Les chrétiens, plus confiants, portent la guerre sur les côtes d'Afrique. Ils enlèvent aux Arabes la Sardaigne et la Corse	13
IXe-XIe siècle. — Au milieu des guerres et des invasions, tous rapports religieux et commerciaux n'avaient pas cessé entre l'Afrique et l'Europe chrétienne.	17
X^e-XIe siècle. — Prospérité de l'Afrique aux xe et xie siècles	22
1048-1052. — Les Zirides, gouverneurs du Magreb au nom des califes d'Égypte, se déclarent indépendants. Invasion des Arabes de la haute Égypte dans le Magreb	24
X^e-XIe siècle. — Persistance et diminution des évêchés et des centres chrétiens en Afrique. Empiétements de l'évêque de Gummi	26
1053. — Les papes maintiennent la prééminence du siège de Carthage	29
1007-1090. — Démembrement du royaume des Zirides. Création du royaume berbère des Hammadites à El-Cala, puis à Bougie, dans la Maurétanie Sitifienne	32

TABLE DES MATIÈRES.

	Pages.
1063-1159. — Principauté berbère des Beni-Khoraçan à Tunis.	31
1073. — Difficultés de l'évêque de Carthage avec ses fidèles et avec l'émir du pays................	34
1068-1076. — Diminution des évêchés et des centres chrétiens en Afrique..........................	38
1076-1077. — Rapports amicaux de Grégoire VII et d'En-Nacer, roi berbère de la Maurétanie Sitifienne......	41
1053-1082. — Origine berbère des Almoravides. Ils font la conquête du Magreb occidental jusqu'à Alger...	44
1083-1100. — De la ville d'Alger. Les Almoravides soumettent l'Espagne musulmane................	47
1057-1075. — Nouveaux succès des chrétiens dans le Magreb oriental. Conquête de la Sicile............	51
1087. — Suite des succès chrétiens. Prise et pillage d'El-Mehadia............................	53
1067-1091. — Bougie devient la capitale du royaume des Hammadites. Avantages de sa situation.........	56
1120-1150. — Le Madhi, chef des Almohades, s'élève contre les Almoravides. Rapides conquêtes de la nouvelle secte dans le Maroc et en Espagne.....	58
1100-1147. — Milices chrétiennes au service des Almohades et des Almoravides.........................	61
1087-1147. — Alternatives de relations commerciales et d'hostilités entre les chrétiens et les Arabes. Navire des moines de la Cava................	62
1133-1138. — Traités des Pisans et des Génois avec les princes almoravides. Accord des Génois avec les Provençaux en vue du commerce du Maroc.....	67
1157. — Situation avantageuse des Pisans à Tunis......	71
1087-1157. — Que les premiers traités conclus en ces temps entre les chrétiens et les Arabes furent vraisemblablement des conventions verbales et non écrites..........................	74
1147-1159. — Abd-el-Moumen détruit la dynastie des Almoravides, le royaume des Hammadites de Bougie et la principauté des Beni-Khoraçan de Tunis.................................	77

TABLE DES MATIÈRES.

Pages.

1131-1152. — Roger II, roi de Sicile, fait des conquêtes sur la côte d'Afrique, et détruit le royaume des Zirides d'El-Mehadia.................... 79

1131-1151. — Gouvernement éclairé et équitable de Roger à l'égard des Arabes...................... 82

1159-1163. — Abd-el-Moumen, continuant ses conquêtes, chasse les Francs d'El-Mehadia, et étend l'empire almohade sur tout le nord de l'Afrique.. 84

1153-1183. — Commerce et traités génois dans l'empire almohade. Associations génoises en vue du commerce d'Afrique........................ 87

1166-1181. — Traités et relations des Pisans avec les Almohades........................... 90

1186. — Diplôme commercial accordé par Yacoub Almanzor aux Pisans........................ 91

1180-1181. — Traité de paix et de commerce entre le roi almohade Yousouf et le roi de Sicile...... 95

1181. — Origine du tribut payé par les rois de Tunis aux rois de Sicile........................ 96

1181-1203. — Traités des Pisans et des Génois avec les Ibn-Ghania, princes des Baléares, jusqu'à la conquête de Majorque par les Almohades...... 98

1200-1203. — Importance du commerce des Pisans à Tunis sous le gouvernement du cid Abou-Zeïd Abou-Hafs............................ 102

1200-1203. — Lettres de marchands arabes à des Pisans..... 107

1184-1203. — Ali et Yahya Ibn-Ghania relèvent le parti almoravide contre les Almohades, et règnent quelque temps à Bougie et à Tunis............. 111

1204-1207. — Le sultan En-Nacer reconquiert le Magreb oriental, et nomme Abou-Mohammed, le Hafside, son lieutenant à Tunis. Fin des Ibn-Ghania............................ 114

1207-1221. — Bonnes relations des commerçants d'Italie et de Provence avec la Tunisie, les Baléares et le Maroc pendant l'administration d'Abou-Mohammed, le Hafside.................... 117

TABLE DES MATIÈRES.

Pages.

1177. 1199-1206. — D'Abd-el-Kerim et d'Ali Ibn-Ghazi Ibn-Ghania, souverains d'El-Mehadia............ 121

1114-1192. — Persistance et diminution des populations chrétiennes en Afrique. L'église de Sainte-Marie d'El-Cala des Hammadites................. 121

1114-1192. — Colonies européennes éparses dans le pays.... 128

1198-1226. — Les Almohades protègent les ordres religieux. Dévouement des Franciscains, des Dominicains et des Rédemptoristes................. 130

1212-1238. — Démembrement de l'empire almohade.......... 133

1229-1262. — Origine du royaume chrétien de Majorque..... 136

1227-1258. — Commerce de l'Aragon avec l'Afrique......... 139

1228-1236. — Établissement de la dynastie des Hafsides à Tunis par Abou-Zakaria Yahya Ier........... 140

1235. — Formation du royaume des Beni-Zian à Tlemcen. 143

1213-1248. — Origine et fondation de la dynastie des Mérinides à Fez................................ 145

1234-1235. — Les Génois rançonnent la ville de Ceuta....... 149

1229-1236. — Traités de commerce d'Abou-Zakaria-Yahya Ier, roi de Tunis, avec les chrétiens............. 151

1138-1255. — Nouvelles notions sur le commerce des Marseillais. Son étendue et son importance au XIIIe siècle................................... 153

1229-1236. — Principes généraux des traités conclus entre les chrétiens et les musulmans du Magreb.... 157

    I. Mesures protectrices des personnes et des biens des chrétiens.. 161

      § 1. *Sécurité des personnes. — Liberté des transactions*.................................. 161

      § 2. *Juridiction et irresponsabilité des consuls*... 163

      § 3. *Propriété de fondoucs, d'églises et de cimetières*..................................... 166

      § 4. *Responsabilité individuelle*................. 172

      § 5. *Proscription du droit d'aubaine*............. 174

      § 6. *Proscription réciproque de la piraterie*..... 175

      § 7. *Protection des naufragés et abolition du droit d'épaves*.................................. 179

TABLE DES MATIÈRES.

	Pages
§ 8. Admission d'étrangers sous pavillon allié...	181
§ 9. Garanties pour le transport, la garde, la vente et le payement des marchandises.........	184
§ 10. Réexportation en franchise des marchandises non vendues...................	186
II. Prescriptions d'ordre général et de police concernant les chrétiens...................	187
§ 1. Des ports ouverts seuls au commerce chrétien.	187
§ 2. De la liberté du culte..................	191
§ 3. Prescriptions diverses. — Bains. — Police du port...........................	194
§ 4. Des droits de douane sur les importations et les exportations....................	195
1° Importations. — Droits principaux..	199
2° Exportations. — Droits principaux..	201
§ 5. Mesures contre la contrebande............	202
§ 6. Droit de préemption..................	204
§ 7. Arrêt de prince.....................	206
§ 8. Réciprocité de protection et de traitement due aux sujets et marchands arabes..........	208
III. Observations générales...................	210
1230-1250. — Commerce des Génois en Afrique.......	212
1230-1276. — Commerce du Languedoc et du Roussillon....	213
1200-1216. — Ménagements d'Innocent III pour les Arabes de Sicile............................	216
1220-1226. — Soulèvement des Arabes de Sicile. Les dernières familles musulmanes de l'île sont transférées à Lucera...................	219
1227-1242. — Bonnes relations de Frédéric II avec les princes arabes d'Égypte et du Magreb............	221
1227-1254. — Rapports amicaux des rois du Maroc avec les papes...........................	224
1233-1251. — Évêché de Fez ou de Maroc................	225
1227-1253. — Chrétiens servant dans l'armée et le gouvernement des rois de Maroc et de Tlemcen......	227
1246-1266. — Innocent IV demande à El-Saïd et à Omar-el-Morteda l'occupation de quelques places for-	

		Pages
	les dans le Maroc pour les auxiliaires chrétiens..	229
1250-1264. —	Renouvellement des traités de Tunis avec Gênes, Venise et Pise.............................	233
1250-1264. —	Étendue du commerce des Pisans. Écoles et savants de Bougie. Fibonacci apprend les mathématiques en cette ville.....................	236
1252. —	Origine des privilèges florentins en Afrique....	238
1253-1263. —	Relations accidentelles des nations du nord de l'Europe avec le Magreb....................	240
1266-1268. —	Le roi de Tunis soutient les ennemis de Charles d'Anjou, et refuse de payer le tribut dû à la Sicile...	243
1270. —	Observations sur la seconde croisade de saint Louis..	244
1270. —	Intérêt personnel et presque exclusif du roi de Sicile dans la croisade de 1270............	246
1270. —	Du traité de Tunis et des avantages qu'il assurait au roi de Sicile. Combien il est faux que le traité ait autorisé la prédication de l'Évangile..	248
1271-1278. —	Les chrétiens renouvellent leurs traités avec le roi de Tunis......................................	252
1274-1282. —	Alliances momentanées des sultans de Maroc et des rois chrétiens...............................	255
1282. —	Alliance projetée d'Abou-Yousouf-Yacoub, roi de Maroc, et de Philippe III, roi de France.	256
1277-1282. —	Pierre III, roi d'Aragon, intervient dans les débats des émirs de Tunis.....................	259
1277-1282. —	Réponse du pape aux propositions du roi d'Aragon...	261
1283-1318. —	Séparation momentanée des royaumes de Tunis et de Bougie.....................................	263
1284-1318. —	Commerce des Marseillais. Que les constitutions pontificales prohibant ou limitant les rapports des chrétiens avec les Sarrasins ne s'appliquaient pas aux côtes du Magreb............	265

TABLE DES MATIÈRES.

		Pages.
1290-1300.	Des milices chrétiennes servant dans les armées des rois du Magreb....................	265
1290-1300.	Que les hommes de ces milices n'étaient ni des renégats ni des transfuges................	267
1290-1300.	Leur recrutement approuvé par les princes chrétiens...........................	269
1290-1300.	Approuvé par le Saint-Siège................	271
1290-1300.	Leur utilité dans les guerres des rois berbères.	274
1260-1313.	Nombreux captifs chrétiens en Afrique. Dévouement des ordres religieux................	276
1285-1309.	Le tribut dû par le roi de Tunis à la Sicile passe à la couronne d'Aragon, puis au roi de Naples...........................	279
1289-1310.	De l'île de Gerba et de sa population.........	282
1289-1310.	Conquise par Roger Doria, l'île reste aux héritiers de l'amiral sous la suzeraineté apostolique..............................	283
1289-1310.	Tentatives des rois de Tunis pour reprendre Gerba.............................	285
1310-1311.	Muntaner devient capitaine de Gerba et de Kerkeni au nom du roi de Sicile, seigneur usufruitier des îles......................	286
1311-1313.	Muntaner seigneur de Gerba pendant trois ans sous la suzeraineté du roi de Sicile, à qui passe la souveraineté définitive de l'île.....	289
1313-1335.	D'un nouveau tribut qui aurait été payé par les rois de Tunis aux rois de Sicile pendant l'occupation de Gerba..................	290
1335.	Les rois de Sicile perdent Gerba et les autres îles du golfe........................	292
1335.	Du nouveau et de l'ancien tribut de Tunis à la Sicile............................	293
1287-1339.	Difficultés inévitables du commerce..........	295
1292-1323.	Subsides d'argent, d'hommes et de navires échangés entre les rois d'Aragon et de Sicile et les rois arabes. Milices chrétiennes. Prise de Ceuta par l'armée de Maroc et d'Aragon.	299

TABLE DES MATIÈRES.

Pages.

1292-1323. — Divisions politiques du Magreb. Prospérité de Tunis.................................... 305

1305-1317. — Nouveaux traités des chrétiens avec les rois d'Afrique. Modification des traités vénitiens. Du maintien possible, par tacite reconduction, des traités non expressément renouvelés... 307

1313-1353. — Traités des Pisans. Révolutions et désordres en Afrique. Invasion des Mérinides à Tunis.... 312

1317-1364. — Relations de Gênes, de Naples et de la Sicile avec l'Afrique. Rares notions sur ces rapports... 314

1302-1311-1349. — Traités des rois de Majorque avec l'Afrique jusqu'à la réunion du royaume de Majorque à l'Aragon et du bas Languedoc à la France. Les rois de Majorque veulent avoir un consul particulier à Tunis.................... 316

1302-1315. — Traités des rois d'Aragon avec les rois de Bougie, de Tlemcen, de Maroc et de Tunis....... 320

1320. — Le commerce chrétien, borné au littoral, ne pénétrait pas dans l'intérieur de l'Afrique...... 329

1318-1375. — Principales échelles de la côte d'Afrique....... 331

1350. — Usages généraux du commerce chrétien en Afrique... 334

    I. Des douanes arabes.......................... 335

      § 1. *Des personnes préposées et employées aux douanes*................................. 336

        1. Directeur ou alcade de la douane. — Importance de ses fonctions. — Sa juridiction................................. 336

        2. Fonctionnaires et employés arabes........ 338

        3. Interprètes................................. 339

        4. Agents chrétiens........................... 340

        5. Portefaix et canotiers..................... 342

      § 2. *Des ventes entre chrétiens et musulmans*.... 343

        1. Des ventes faites dans l'intérieur et sous la responsabilité de la douane. *Halka*.. 343

TABLE DES MATIÈRES.

	Pages.
2. Des ventes faites en dehors de la douane..........	315
§ 3. Des droits de douane...................	315
1. Droits principaux...................	315
a. Importations...................	315
Exemption entière...........	316
Exemption du demi-droit........	317
b. Exportations. Franchises diverses......	317
2. Droits additionnels...................	350
a. Drogmanat ou mursuruf...........	351
b. Droit d'ancrage, d'abordage, d'arborage, ou de navigation..........	353
c. Droit des portefaix, ou déchargeurs..................	354
d. Droit dû aux canotiers...........	354
e. Albara..................	354
f. Compte franch..............	354
g. Droits de balance, de pesage, mesurage, magasinage............	354
h. Droit de roll...............	355
i. Droit de quint..............	355
j. Malzem..................	357
k. Fedo. — Feitri. — Tavale..........	357
§ 4. De la perception et du fermage des droits de douane.......................	358
§ 5. Des règlements de compte avec la douane. — Béral. — Tenfuls. — Départ des marchands..................	360
II. Tableau des échanges entre les chrétiens et les Arabes d'Afrique...................	364
§ 1. Importations d'Europe en Afrique...........	365
1. Oiseaux de chasse.................	365
2. Bois.......................	365
3. Métaux.....................	365
4. Armes.....................	365
5. Métaux précieux. Monnaies............	365
6. Bijoux....................	366

TABLE DES MATIÈRES.

Pages.
- 7. Quincaillerie et mercerie................. 366
- 8. Laques, vernis et mastic................. 366
- 9. Tissus et draps........................ 367
- 10. Matières textiles...................... 367
- 11. Substances tinctoriales................. 367
- 12. Substances servant à la teinture ou au blanchiment...................... 367
- 13. Céréales............................. 367
- 14. Épiceries............................. 368
- 15. Parfums.............................. 368
- 16. Substances médicinales................. 368
- 17. Vin.................................. 368
- 18. Navires.............................. 370
- 19. Verres et verroteries.................. 371
- 20. Objets divers......................... 372

§ 2. *Exportations d'Afrique*..................... 372
- 1. Esclaves............................. 372
- 2. Chevaux.............................. 373
- 3. Poissons salés........................ 373
- 4. Cuirs................................ 373
- 5. Écorces de Bougie..................... 374
- 6. Bois................................. 375
- 7. Substances tinctoriales, ou servant à la teinture........................ 375
- 8. Sel.................................. 375
- 9. Sucre................................ 376
- 10. Cire................................. 376
- 11. Huile................................ 377
- 12. Céréales. — Prix du blé en Afrique...... 377
- 13. Fruits et herbes...................... 379
- 14. Étoffes, tapis........................ 379
- 15. Matières textiles, laines, coton, lin...... 379
- 16. Vannerie............................. 380
- 17. Métaux.............................. 380
- 18. Objets divers........................ 381

1350. — Importance relative du commerce du Magreb.. 382
1355. — La ville de Tripoli, gouvernée par un émir in-

TABLE DES MATIÈRES.

Pages.

                 dépendant, est pillée par les Génois........ 384

1356. — Traité des Vénitiens avec le seigneur de Tripoli. 386

1358. — Ressentiment de la population de Tripoli contre les chrétiens........................ 389

1357-1367. — Traités et alliances des Pisans et des rois d'Aragon avec les rois de Maroc. Nouvelle invasion mérinide dans l'est de l'Afrique............ 390

1366-1378. — Rapports des Pisans avec les rois de Bougie, de Bone et de Tunis sous Aboul-Abbas II. Fin de l'occupation mérinide dans le Magreb oriental................................ 394

1323-1396. — Relations du midi de la France. Privilège spécial des consuls de Narbonne en Orient..... 398

1313-1400. — Nombreux captifs chrétiens en Afrique........ 402

1313-1400. — Piraterie des chrétiens..................... 404

1313-1400. — Elle tend à diminuer..................... 407

1313-1400. — La piraterie se développe au contraire en Afrique..................................... 408

1360-1378. — Difficultés inévitables du commerce.......... 412

1381. — Rivalité des Vénitiens et des Génois........... 413

1388. — Les Génois attaquent le royaume de Tunis et s'emparent de l'île de Gerba.............. 415

Juin-septembre 1390. — Expédition des Génois et du duc de Bourbon contre El-Mehadia............... 416

1390. — Étonnement des Arabes de se trouver en guerre avec les Français........................ 418

1391-1397. — Renouvellement des traités de paix entre les chrétiens et le roi de Tunis............... 420

1391 ou 1392. — Traité vénitien. Récit des négociations envoyé par l'ambassadeur Valaresso au doge de Venise................................... 423

1392-1409. — Négociations et trêves successives entre le royaume de Tunis, la Sicile et l'Aragon..... 432

1350. — Du commerce florentin en Afrique au xive siècle. 437

1356-1407. — Florence cherche à s'établir dans la Méditerranée et aspire à être une puissance maritime..... 438

1414. — Commerce de Piombino et de l'île d'Elbe...... 442

	Pages.
1421. — Florence, devenue puissance maritime par l'acquisition de Livourne et de Porto-Pisano, se substitue aux Pisans....................	413
1421-1423. — Son premier traité avec le roi de Tunis, conclu par Barthélemy de Galea, ratifié par les soins de Neri Fioravanti.....................	414
1445. — Nouveau traité florentin conclu par Baldinaccio d'Antonio degli Erri. Modification des tarifs de douane à l'égard des sujets de la république de Florence.....................	447
1438-1465. — Élévation du tarif de la douane de Tunis pour les nations chrétiennes.....................	449
1433-1443. — Difficultés inévitables du commerce..........	450
1415. — Le développement de la piraterie dans l'ouest du Magreb amène la fondation des premiers établissements militaires des Portugais et des Espagnols en Afrique.....................	453
1415. — Progrès du Portugal. Prise et occupation de Ceuta par les Portugais.....................	454
1419-1433. — Chrétiens et évêques résidant à Maroc........	455
1420-1465. — Derniers traités des Génois en Afrique........	457
1424-1440. — Prospérité et commerce général de Venise. Son commerce avec la Barbarie.................	462
1427-1456. — Ses nouveaux traités avec les rois de Tunis....	465
1430. — Observations générales sur la rédaction et la traduction officielle des traités conclus entre les chrétiens et les rois du Magreb au moyen âge.	469
Les textes chrétiens donnent l'interprétation et non la version du texte arabe. Leur sincérité et leur authenticité..	470
1412-1451. — La Sicile, après avoir vainement essayé de reconquérir Gerba, vit en paix avec les rois de Tunis.....................	476
1437-1456. — Griefs et réclamations de marchands arabes et chrétiens.....................	478
1453-1492. — Décadence générale de la civilisation musulmane. Funeste effet de la prise de Constantinople par les Turcs.....................	481

TABLE DES MATIÈRES.

Pages

1156-1492. — Le commerce des chrétiens se maintient néanmoins sur la côte d'Afrique.................. 482
Du commerce français..................... 485
1482. — Louis XI cherche à développer le commerce d'Afrique.. 489
1453-1479. — Dernières relations de la Sicile avec les rois de Tunis. Décadence de la Sicile............. 490
1139-1479. — Du commerce de l'Aragon avec l'Afrique jusqu'à la réunion des couronnes d'Aragon et de Castille.. 495
1453-1492. — Les rois de Castille occupent quelques positions en Afrique pour concentrer leurs efforts contre Grenade, qui capitule................. 498
1458-1481. — Établissements militaires des Portugais dans le nord de l'Afrique. Commencements de la nouvelle dynastie des chérifs du Maroc..... 501
1487-1497. — Révolution opérée dans le commerce de la Méditerranée par la découverte du cap de Bonne-Espérance..................................... 503
1503-1504. — Vains efforts de Venise pour ruiner le commerce des Portugais dans les Indes............... 505
1487-1518. — Les découvertes des Portugais ne nuisent pas directement au commerce de Barbarie...... 510
1456-1508. — Commerce vénitien au Magreb à la fin du XVe siècle. Escales principales des galères de Barbarie....................................... 512
1460-1512. — Commerce des Florentins. Escales et itinéraire de leurs galères. Prix de nolis pour la Barbarie... 516
1461. — Nolis de Porto-Pisano pour Tunis et toute la Barbarie....................................... 520
1463-1514. — Le commerce génois, en décadence dans l'Orient, se maintient en Afrique..................... 525
1465-1515. — Garde chrétienne du roi de Tunis. Débris des anciennes populations chrétiennes......... 528

L'Espagne n'eut jamais une politique commerciale vis-à-vis de

	Pages
l'Afrique. Ximénès poursuit en Afrique les Maures andalous et leurs alliés. Charles-Quint passe en Afrique pour combattre les Turcs...	531
La décadence et la barbarie de l'Afrique septentrionale datent surtout du régime turc...	531

FIN DE LA TABLE DES MATIÈRES.

ADDITIONS ET CORRECTIONS.

Page 2, *ligne* 9, *au lieu de :* cinq grandes provinces, *lisez :* sept provinces.

— *ligne* 15, *au lieu de :* les trois Mauritanies, *lisez :* les trois Maurétanies. Dans tout le cours de l'ouvrage, *lisez :* Maurétanie. Les inscriptions ne donnent jamais la leçon *Mauritania*.

Page 127, *ligne* 9, *après le nom de la ville d'El-Cala, ajoutez en note :* « il ne reste aujourd'hui de cette « capitale éphémère des Hammadites (voy. « p. 32) que le minaret de sa principale « mosquée, situé dans la campagne à 7 lieues « N. E. de Msilah vers Sétif. »

Page 332, *lignes* 10-11, *au lieu de :* One ou Honeïn... port de Tlemcen, *rasée* en 1533, *lisez :* démantelée seulement, car la localité de Mersa Honaï existe encore à l'embouchure de la Tafna. Elle répond d'une manière certaine à *Gypsaria* de Ptolémée, que l'Itinéraire d'Antonin nomme *Artisiga*. Revue Africaine, janv.-févr. 1886, p. 33.

www.ingramcontent.com/pod-product-compliance
Lightning Source LLC
Chambersburg PA
CBHW060758230426
43667CB00010B/1614